品味唐朝

唐人的文化、经济和官场生活

赖瑞和

——

著

中西书局

作 者 简 介

　　赖瑞和(1953—2022),广东梅县人。台湾大学外文系毕业,普林斯顿大学东亚研究所博士,专长唐史、中国中古文献学、西方汉学。曾任台湾清华大学历史研究所教授,2016 年秋退休,回马来西亚老家柔佛新山(Johor Bahru)归隐。

作者赖瑞和

自　序

　　品味唐朝,方法很多。本书所收的十四篇论文,想从四大面向——职官、日常生活、碑志和地理——来细细品尝唐人的文化、经济和官场生活。这四大面向,我常戏称是我治唐史的"四把钥匙",模仿已故北大邓广铭先生治中国史的"四大钥匙"——年代、地理、职官、目录。

　　比如书中的第一篇论文,论韦应物的诗《送杨氏女》,便用上了这四把钥匙。

　　诗人韦应物的官历,过去我们都很熟悉,但却无人点出他这些官的深层意义。本文细考发现,他一生所做的官,都是唐人所说的"美官"——不是上等州县的好官,就是京城人人称羡的郎官。这些官的月俸钱都很可观。他不应当"贫穷"。他在诗里常说的"贫俭"和"贫约"等等,应该都是谦词,不可当真。他女婿杨凌结婚时的官衔大理评事,也很有意义,不可忽略。它等于告诉我们,杨凌是在幕府做事。这点是前人所未言者。

　　从日常生活的角度去看这首韦诗,可以讨论的事物就更多了。比如韦应物一生四处宦游做官,住在哪里?答案:住在官舍。我们从唐代的"郡斋诗",可以得到许多关于唐代官舍的材料。他家中必定也跟中古时代官宦之家那样,蓄有家奴。这在当时的士人阶层,是很普遍的现象。所以,他妻子死后,韦应物可不是现代人所说的那种可怜兮兮的"单亲老爸",而是一个拥有众多家奴帮他做家务的家长。他和两个女儿,仍然可以过着非常舒适的士人家生活,有奴婢的照顾。

　　韦应物和他妻子元苹,以及他父亲等人的墓志,都先后在西安出土,为本文的历史重建工作,提供了许多绝佳的证据。近数十年来,唐墓志和碑刻的大量出土和出版,改写了不少唐史叙事。碑志这把钥匙,在本书所收的其他论文中,也充分发挥了它的强大功能。碑志在职官研究上的重要性,更是明显易见。如果不是靠了碑志,本书第三辑中的好几篇论文,根本无法完成。我们今天绝不能单靠两《唐书》等传统文献来做研究和立论了。

地理是唐史研究中比较被忽视的一环。然而三十年前，我年轻的时候，曾经乘搭火车和长途客车，在中国大地上行走了超过四万公里，后来写成一本旅行书《杜甫的五城：一位唐史学者的寻踪壮游》（清华大学出版社，台北尔雅出版社）。我一直对唐人的旅行、宦游和出行方式深为着迷。韦应物诗中那位杨氏女，刚完婚就要在隔天一大早"大江溯轻舟"，从此跟她的父亲家人别离了，不知"见尔当何秋"，好不悲伤。中古时代的女子，一般只不过从城中的某一坊，嫁到同一城中的另一个坊。或从这一村子，嫁到数里外的另一个村子。但杨氏女为什么竟然要嫁得那么远，需要乘坐一艘"轻舟"，溯着"大江"往上游去，才能到夫家？因为她嫁给一个士人官员杨凌。他在江上游某个幕府做官。杨氏女不得不跟着他远行也。

士人是唐代最常需要远行的一个群体（而非和尚和商人）。唐代的水陆驿站，大抵是为士人做官出行而设，附带传送文书和包裹，递解被贬的官员等等。水驿恐怕又比陆驿更重要。杨氏女出嫁，用的就是水驿。她乘坐的那艘"轻舟"，在大江上行走，看来好不"危险"。其实"轻舟"只不过是文学语言，实际上应当是指滁州水驿站的一艘官船，坚牢可靠。我们大可不必替她担心。同样，《王维的〈相思〉和唐代的南方》一文，也探讨了王维如何从长安到遥远的岭南去出任南选使，见到"南国"的古典相思树和红豆。他走的也大半是水路。

我一向喜欢把唐史上的种种问题，当成一个一个"悬案"来逐一破解，不爱做"唐宋变革"或"士族的没落"那种大题目，偏爱做我已故宋史老师刘子健先生所说的"中"甚至"小"的题目。这"四把钥匙"，正是我做"破案式唐史研究"的利器。

一般唐史学者，恐怕不会把日常生活视为治史的一把钥匙。但我过去在台湾清华历史所，教过十一年"唐代日常生活史"之类的课，养成了一种处处以日常生活的观点来观看唐史的习惯。我常发现，它是一把灵巧的钥匙，可以解开唐史上的许多"谜"。一般的日常生活史，研究的不外乎衣食住行等基本民生事。我还没有写过这一类的论文，但本书中有两篇论文，曾经发给生活史课上的研究生当教材，却涉及另一层次的唐人生活。

一是《唐人在多元货币下如何估价和结账》这一篇，乍看之下，好像是唐代货币史的一篇论文,但我更关心的,其实是唐人在日常生活中,如何使用不同的货币来估价和结账。货币的使用,无疑是日常生活上很重要的事,跟衣食住行同样重要。此外,这篇论文也关注地理的差异,如何影响到不同货币的使用。比如敦煌西北地区一向缺乏铜钱,织品货币就成了主流。等到敦煌陷入吐蕃,连织品也缺乏,谷物便成了主要货币。在汉中等山谷贫穷地区,人们甚至连"一斤麻,或一两丝,或蜡或漆,或鱼或鸡",都可以拿去当货币来购买盐。

另一篇跟日常生活息息相关的论文是《刘知幾和唐代的书及手抄本》。据刘知幾自述,他少年时代所读的书,"多因假赁"而"部帙残缺,篇第有遗"。这句话有些不好理解,过去也未见有学者解说。为什么借来的书,就多是"残缺"的?但如果放在唐代日常生活孩童读书的角度看,便豁然可解,因为抄书是非常耗时和耗纸张的事。唐代民间抄书,因人力有限,纸张昂贵短缺等因素,常常是"选择性地抄书",只抄写自己想读的部分。这才导致刘知幾当时所借到的书,多是"残缺"的,"篇第有遗"的。这也意味着,他那时代的民间用书,很可能不是卷轴式的,而是散页式,未经装裱的。

再如《唐代的侍御史知杂》,原本是一篇官制论文,但我却被颜真卿《争座位帖》所提到的"别置一榻"挑起了兴趣,于是探讨了这个"榻"的意义,相信可以给一篇原本很枯燥的官制考证,增添一点日常生活的鲜味。

当然,过去十多年来,我用功最深的,还是唐代的职官制度,先后出版了《唐代基层文官》《唐代中层文官》和《唐代高层文官》三书,构成我的文官三部曲。然而,本书第三辑的八篇职官论文,却因种种原因,并没有收在这三部曲中,成了"孤魂野鬼"。现在趁这机缘,终于收入本论文集中。其中《唐代的待诏》和《唐代的翰林待诏和司天台》这两篇,涉及唐代文官中一些伎术官僚和杂色才艺人,跟唐代士人所做的清官和清望官很不同。由此,我才理解到唐代的所谓"文官",其实是个非常复杂的群体,有清官和浊官之分等等,可以做更精细的"类型研究",于是又写了另一篇论文《唐"望秩"类官员与唐文官类型》。

书中所收的十四篇论文,有些发表超过十年,文中的观点和书目不免有些过时,现在都经过了不同程度的修改和更新。书中附录的三篇学术随笔,追忆我从外文系英美文学的世界,如何走回中古中国的唐朝,等于是我个人的"汉学师承记"。

书名《品味唐朝》，隐含了一个食物意象，也就是要把唐朝当成一道美食来品尝。书的封面最好选用一幅有食物的唐人画。我过去为了教"唐代日常生活史"的课，搜集了数千张唐代的墓室壁画图和唐代文物图，以便随时可以做成投影片放给学生看，有图为证，以图证史。翻找了一会儿，发现西安韦项墓的年代很明确（玄宗开元六年，718），且出土了一幅线刻画，刻在石椁棺的石板上，很适合用在封面上。画中那个宦门侍女（一说贵族仕女），右手托着一大盘包子走过来，好像要请大家品尝的样子。画家正好捕捉到她走动的瞬间——注意她的左手，正配合步伐，向上挥动，婀娜多姿，风情万种。她的容貌和神情优雅，衣着细节和头饰也都很有看头。画的线条非常流畅。画者肯定是唐代的一个专业画家，很可能在替韦项家中某个真实的唐代女子写真。

最后，要特别感谢北京师范大学历史学院的徐畅老师，把本书推介给中西书局，并感谢李碧妍主任很快就接纳出版。中西书局近年来出了好几本一流的唐史研究专书，比如我老师杜希德《唐代财政》的中译本，以及我的朋友黄正建兄的《走进日常——唐代社会生活考论》，成了唐史出版的重镇之一。拙书能由中西书局出版，我也深感与有荣焉。

赖瑞和

2019 年 11 月 15 日

目　　录

第一辑　唐诗、小说和写本文化

韦应物的诗《送杨氏女》
——历史和文学的读法

永日方戚戚，出门复悠悠。女子今有行，大江溯轻舟。

尔辈况无恃，抚念益慈柔。幼为长所育，两别泣不休。

对此结中肠，义往难复留。自小阙内训，事姑贻我忧。

赖兹托令门，仁恤庶无尤。贫俭诚所尚，资从岂待周。

孝恭遵妇道，容止顺其猷。别离在今晨，见尔当何秋。

居闲始自遣，临感忽难收。归来视幼女，零泪缘缨流。

——韦应物《送杨氏女》①

　　韦应物这首《送杨氏女》很有名，也收在清代蘅塘退士所编的《唐诗三百首》中，写一个父亲送一个出嫁的女儿。唐诗中送官场同僚朋友的作品很多，但送出嫁女儿的诗，却极为少见（如果不是仅此一见）。历代文评家和现代学者，对这首诗的品评读法，大抵皆从文学的观点出发，纯就诗论诗，没有把它放在唐代社会生活的背景下来讨论。例如，金性尧在《唐诗三百首新注》中所写的一段赏析，便很有代表性。他说：

　　女儿要出嫁了，本来应该高高兴兴，即使有些伤感，做父亲的也和母亲不同些。可是因为两女从小丧母，作者对他亡妻的情爱又很深挚，不禁又想起她们在地下的母亲来。大江轻舟，女子有行，感情上也更容易触动。一面又以父亲的身份，严正而恳切地叮嘱着。其次，韦氏虽然做了多年的官，却还过着贫俭生活，连女儿的嫁妆也不丰厚。从韦氏一生为人看，可以相信他说的是真话。

① 陶敏、王友胜校注《韦应物集校注》卷四，上海古籍出版社，2011年增订版，第266—267页。

诗中的"尔辈苦无恃"是全诗关节。通篇质朴无华,语重心长,结末尤其沉痛。[1]

这些当然都说得很好。但如果我们能在文学观点之外,再增加一个历史的视角,深入去了解诗写作的背景,以及它提到的一些有意义的细节,比如"大江溯轻舟"和"别离在今晨",我们应当能获得更多读诗的乐趣。至于诗中未提到的,比如作者韦应物写诗时的官场身份,他工作的场所和他家人生活的环境,如果我们能够从历史的脉络去了解,也能发现不少有趣的细节。这种"历史+文学"的读法,应当远比"纯文学"方法[也就是过去文学批评所说的"新批评"(New Criticism)或"内在研究"]更为过瘾。本文尝试阐明这一点,可看作是"新历史主义"(New Historicism)的读法。

2007 年,韦应物和夫人元苹的墓志,以及他儿子韦庆复和夫人裴棣的墓志在西安出土。这四方墓志,以及后来出土的韦应物父亲韦銮的墓志,也为本文的历史重建工作,提供了一些极佳的历史证据。

一、刺史的地位职望

据陶敏和王友胜的《韦应物集校注》,这首诗写于唐德宗建中三年(782)或四年(783)。当时韦应物(735—790)[2]年约 48 或 49 岁,正在滁州(今安徽滁州市)当刺史。在唐代,刺史是一个高官,是一州的州长。州长嫁女儿,在唐代那个生活节奏缓慢的社会,应当是一件轰动当地的大事,会有不少州内的官员和下属前来祝贺,相信也会有不少当地民众前来围观看热闹。

从历史的观点看,我们首先要面对两个关键问题:第一,刺史是一种怎样的高官?第二,唐代基本上还在行使传统的婚礼古法,也就是《仪礼·士婚礼》所描述的那六套仪式:问名、纳采、纳吉、纳征、请期及亲迎。那么,刺

---

[1] 金性尧注《唐诗三百首新注》,上海古籍出版社,1980 年,第 40 页。"尔辈苦无恃"在陶敏校注本中作"尔辈况无恃"。

[2] 韦应物的生卒年,过去有多种说法。此依陶敏据 2007 年出土墓志的最新考定《韦应物生平再考》,《文学遗产》2010 年第 1 期,第 136—138 页。

史嫁女儿,在女方家举行的婚礼部分,比如下婿、障车、亲迎、催妆等礼仪,①会在什么地方举行? 如果我们能解决这两个问题,那我们就可以欣赏这首诗中更多细微处和弦外之意。

我在《唐代高层文官》一书中,研究过刺史这种高官。这里不拟重复申论。简单说,刺史是一州的最高长官,唐诗中雅称为"使君"。他主要负责征收州内的税赋后上缴,是个税官,并维持州内的治安,类似罗马帝国派驻各地的总督(provincial governor)。唐代有三百多个州,每州都有一个刺史,但这三百多个刺史的身份地位,却不相同,要看该州的户口数和战略位置等因素而定。如果一个刺史是在靠近京师长安的战略要州(如同州和华州)任职,则他的官品地位和职望就比较高。如果是在江南等人口众多的富庶大州(如苏州、杭州等)任职,则该州的税收多,刺史的官品地位(甚至俸钱)也会比较高。但如果是在岭南端州、湖南永州等穷荒小州任刺史,则地位低下,俸钱也少。② 这些偏远穷州,也常用于贬官,比如柳宗元被贬的柳州,以及韩愈被贬的潮州。

韦应物嫁女儿当年任刺史的滁州,位于长江北岸,往东到扬州大约 150 千米,往南到南京大约 80 千米,是唐代极其重要的淮南节度使属下的七个州之一(另六州为扬、楚、和、舒、寿、庐)。③ 其州等定位为"上州"。④ 所谓"上州",在韦应物所处的唐后期,指那些户数超过二万户的大州,地位比"中州"和"下州"高一等。户数多,意味着朝廷能够在当地征收到的赋税也比较多,刺史的官品地位和俸钱也比较高。韦应物能够做到这样重要的上州刺史,并非侥幸或随机被选上,而是经过二十多年漫长的官场历练。这一点,在唐代文学的论述中,往往没有人去深究,仅一笔带过,单单只说他曾经做过滁州刺史,却没有讨论在滁州当刺史的意义。

事实上,在滁州任刺史,是个美官,值得大书特书,可申论之处很多。唐

---

① 赵守俨《唐代婚姻礼俗考略》,《赵守俨文存》,中华书局,1998 年,第 13—31 页;段塔丽《唐代婚姻习俗与妇女地位探析》,《陕西师范大学学报》2002 年第 2 期,第 82—88 页。更详细的研究见杨明璋《论敦煌文献所见的婚仪及其诗文的实际运用情形》,(台湾)《成大中文学报》第 32 期,2011 年,第 35—60 页。

② 拙著《唐代高层文官》,中华书局,2017 年,第 353—363 页。

③ (后晋)刘昫等《旧唐书》卷三八《地理一》,中华书局,1975 年,第 1391 页。

④ (宋)欧阳修等《新唐书》卷四一《地理五》,中华书局,1975 年,第 1053 页。

代能够在这种州任刺史的人,其家世一般都很显赫,祖上几代都做过高官。他本人可能在年少时在京师的太学或弘文馆等宫中贵族学校念过书,或考中进士或明经等科名。他任这种上州刺史的年龄,一般须在 50 岁上下(太年轻不行),而且之前曾担任过一系列的京官,或在重要的州县做过地方官,累积了丰富的官场经验,才能攀升到这种上州的刺史,并非易事。

考韦应物的家世和官历,他完全符合这样的模式。他是北周逍遥公韦敻的后代。这位逍遥公,常年退隐不仕,是位高士,"十见征辟,皆不应命","所居之宅,枕带林泉,对玩琴书,萧然自乐"。① 有条件这样"退隐"的高士,显然很不简单,必定家产丰厚,拥有不少田地和奴婢,享有优越的物质生活,是个大户望族人家。韦应物的五世祖冲,任隋民部尚书;高祖挺,唐太宗时的黄门侍郎;曾祖待价,任武则天的宰相;祖令仪,唐梁州都督。这些全都是高层官员。韦的父亲銮,官至宣州司法参军,属中层官员,但也是当时有名的士人画家。② 正因为如此显赫的家世,韦应物在少年时代,大约 15 岁时,便以门荫获选为宫廷的千牛卫,成为玄宗皇帝的亲近侍卫,也就是他在《逢杨开府》诗中所说的"少事武皇帝,无赖恃恩私",并且在不执勤的番下日,一边在京师的高官贵族子弟学校太学读书。③

韦应物离开太学出来做官,第一件差事就是在宫廷禁军羽林军中担任仓曹参军,是个很不错的基层文官。④ 之后,他开始在长安和洛阳两京地区出任一系列官职:高陵县尉、河阳府从事(一种幕府职)、洛阳县丞、河南府兵曹参军、京兆府功曹参军、鄠县令、栎阳县令,很有秩序地逐步升官,从基层升到中层。他任官的这些地点,全属于"京畿"府县,地位特殊。能够在这样的京畿战略地区做官,表示他的出身良好,仕宦成绩优异,

① (唐)令狐德棻等《周书》卷三六《韦敻传》,中华书局,1971 年,第 544 页。
② 赵生泉《韦应物家世释疑》,《社会科学战线》2014 年第 1 期,第 114—121 页。
③ 唐代那些以门荫入仕的高官子弟,一般会在他们少年时代,先被选为宫中的斋郎、挽郎、三卫、千牛卫一类的"学徒"(这些都不是正式官职),在宫中执行一些侍卫或仪式性的职务,一边在太学或其他贵族学校念书,先取得"起家"资格,几年后表现良好者,则可以"释褐"正式做官。见黄正建《唐代的"起家"与"释褐"》,《中国史研究》2015 年第 1 期,第 198—200 页;黄正建《唐代的斋郎与挽郎》,《史学月刊》1989 年第 1 期,第 30—34 页;刘琴丽《再论唐代的斋郎与挽郎》,《江汉论坛》2005 年第 9 期,第 91—93 页;夏丽梅《唐代斋郎再探》,《青海师范大学学报》2015 年第 4 期,第 80—85 页。
④ 拙著《唐代基层文官》,中华书局,2008 年,第 157—202 页。

前景尤佳。① 果然，在大约 48 岁时，韦应物便当上了滁州刺史。之后，他还做过江州刺史，最后一任官是苏州刺史，并死于苏州官舍。苏州的人口，更远胜滁州，税钱更多。白居易曾这样形容苏州："江南诸州，苏最为大。兵数不少，税额至多。"②2007 年在西安出土的韦应物墓志《唐故尚书左司郎中苏州刺史京兆韦君墓志铭》，说他"历官十三政，三领大藩"③（指滁州、江州和苏州三地），意指他一生的官历丰富，做过十三种官。不少唐代士人做官，一生不到十任，更有少至二三任者。相比之下，十三任官是非常出色且"成功"的。④ 他又当过三个"大藩"的首长（刺史），可圈可点。

因此，我们读《送杨氏女》时，应当意识到，作者韦应物可不是普通的官员，而是出身望族、仕途显达的高官，且在写这首诗时，正处于他事业的高峰。他那位出嫁的长女，也非普通"隔壁人家"的女孩，而是名门闺秀，生长于宦门的女性。更值得注意的是，杨氏女的母亲元苹，还是北魏鲜卑皇族的后代（见其出土墓志），⑤杨氏女因而也具有鲜卑皇室血统，出身不凡。她很可能还会说鲜卑语，仍然保存一些鲜卑族的饮食和文化习俗。

二、刺史官舍及其生活

唐代士人官员很少能够长年在京师长安任京官，一般都需要经常被派往各地方去出任州县官，或到各节度使府（或盐铁等使府）去充当各种幕职。这就是唐代著名的"宦游"现象，几乎是每一个士人官员都曾经历过的，鲜少例外。⑥ 这导致唐代士人官员在外宦游，远比现代公务员外调时间更长、地点更多。他们经常跑遍大半个中国。韦应物本人的经历，便是个好例子。

---

① 拙著《唐代基层文官》，第 99—155 页；拙著《唐代中层文官》，中华书局，2011 年，第 207—287 页。

② 朱金城笺校《白居易集笺校》卷六八《苏州刺史谢上表》，上海古籍出版社，1988 年，第 3672 页。

③ 韦应物的墓志拓片和录文见赵力光主编《西安碑林博物馆新藏墓志续编》，陕西师范大学出版社，2014 年，第 420—421 页。

④ 详细的讨论见拙著《唐代中层文官》，第 14—20 页。

⑤ 元苹的墓志拓片和录文见赵力光主编《西安碑林博物馆新藏墓志续编》，第 385—386 页。

⑥ 拙著《唐代基层文官》，第 294—300 页；胡云薇《千里宦游成底事，每年风景是他乡——试论唐代的宦游与家庭》，《台大历史学报》第 41 期，2008 年，第 65—107 页。

他一生几乎都在宦游,四处做官,走过关内、河南、淮南和江南道,再加上他任刺史期间经常需要到属下县去巡视,他的行程比起日本和尚圆仁在《入唐求法巡礼行记》中所记录的入唐九年旅行路线还要长。

问题是,这些唐代士人在宦游期间,住在哪里?答案:住在官舍。最主要的证据是:外任官员(以及他们随行的眷属,如妻小甚至父母等),经常遇疾"终于官舍""薨于官舍"。他们既然死在官舍,生前应当就住在官舍。

唐代官员"终于官舍"的例证很多;在近年出土的墓志中,例证更多。比如,韦应物本人便死在他最后一任官苏州刺史的"官舍"。他的墓志清楚告诉我们,"寻领苏州刺史,下车周星,豪猾屏息,方欲陟明,遇疾终于官舍"。韦应物的父亲韦銮,死前任宣州司法参军,他也"终于郡之官舍"①。由于唐代州县官的任期一般都很短,约三年或更短一任,不可能在当地置产(除非罢任后,选择入籍留在当地,才可能置产)。宦游期间最简便的办法,莫过于住在州衙或县衙附属的舍院。州衙或县衙一般为大观园式或四合院式结构布局,除了办公厅舍,还有园林池亭和内院官舍,可供官员居住。甚至贬官的官员,也可住在官舍,如晚唐李德裕被贬崖州,写过一封信给段成式说:"自到崖州,幸且顽健。居人多养鸡,往往飞入官舍,今且作祝鸡翁耳。谨状。"②

再举一例。韦应物为他妻子元苹撰写并亲笔书碑的《故夫人河南元氏墓志铭》,无意中透露了一个极有意义的细节:"以大历丙辰(776)九月廿日癸时,疾终于功曹东厅内院之官舍。"③这个"功曹",指韦应物当时任官的京兆府功曹,可证当时韦应物一家(应当包括后来出嫁的那位"杨氏女"等家人),便住在京兆府功曹"东厅内院之官舍"。事实上,京兆府即长安。韦应物原籍就在京兆,但他当时在长安无宅第。他在《故夫人河南元氏墓志铭》中自称"生处贫约,殁无第宅,永以为负",所以他一家人要住在任官的功曹官舍。依此看来,韦应物一生做官,四处宦游,应当都住在他任官州县的官舍。在没有做官的空窗期,或在养病期间,他也常住在佛寺,一如他在诗中

① 韦銮的墓志《大唐故韦府君墓纪石》近年在西安出土,拓片和录文见赵生泉《韦应物家世释疑》,《社会科学战线》2014年第1期,第114—121页。
② 傅璇琮、周建国校笺《李德裕文集校笺》,河北教育出版社,2000年,第747页。
③ 见元苹墓志,收于赵力光主编《西安碑林博物馆新藏墓志续编》,第385—386页。

常透露的,如《寺居独夜寄崔主簿》和《寓居沣上精舍寄于张二舍人》等诗。

唐代的官舍长什么样子？现代官员公务员的宿舍,一般位于高楼大厦,没有什么景观可言。但唐代的官舍,位于州县衙署的范围内。据唐诗的描述,往往会有园林、池塘、凉亭、楼台、竹林等景物,风景秀丽。我们之所以对唐代官舍知道得这么详细,是因为唐代有一类诗,称为"郡斋诗",专写郡斋的景物和官员的日常生活。所谓"郡斋",跟"官舍"的意义十分相似。差别在于,官舍多用于史书、墓志等文献,而郡斋则是文学用语,多见于诗文或笔记。"郡"就是"州"的意思,"斋"是文人雅称,指房舍。因此,我们经常见到唐代那些出任州郡官员的士人,写诗时常常歌咏他们在某州"郡斋"或郡楼亭台闲坐,思念远方的朋友亲属,或宴集送别同僚好友。这类诗在中晚唐大量出现,成了一种特别的类型,就叫"郡斋诗",指那些写于州府官舍的诗,有别于"别业诗"(写于私人别业别墅的诗)。韦应物在滁州和苏州任刺史期间,创作了大量的郡斋诗,使他成为唐代郡斋诗的代表人物。[①] 他的这些诗,为他这时候的日常生活,提供了许多生动的细节,特别是宴会的场景。

例如,韦应物在滁州任刺史时,写过一首诗《郡楼春燕》:

众乐杂军鞞,高楼邀上客。思逐花光乱,赏余山景夕。
为郡访凋瘵,守程难损益。聊假一杯欢,暂忘终日迫。[②]

从"为郡访凋瘵"一句可知,这是写刺史和一班官员,出外巡视属县百姓的"民生疾苦",看看他们今春的农耕如何,以便评估今秋的收成和税收,看似关心百姓,其实也等于在执行刺史的税务工作。他们回到滁州后,办了一次春宴(似有慰劳之意),又担心"守程难损益"("程"表示上级定下的某种"定额"),不确定今年是否能达成上级对滁州应交税额的要求,于是"聊假一杯欢,暂忘终日迫",借酒暂时逃避一下现实。诗中提到"高楼",可以望见花丛和"山景"夕阳,更有"众乐"和"军鞞",也就是军鼓,显示滁州官署还设有一个军乐团,可以在日常宴饮的场合,奏乐助兴。

这意味着,韦应物当年嫁女儿,婚礼应当就在滁州官舍举行,或许也有"众乐杂军鞞"那样的演奏。官舍里应当还有其他州郡官员和他们的家眷居

① 葛晓音《中晚唐的郡斋诗和"沧州吏"》,《北京大学学报》2013 年第 1 期,第 89 页。
② 《韦应物集校注》卷二,第 54 页。

住。当新郎来到这官舍迎娶新娘时,我们可以想象,这个官舍一定热闹非凡,会有不少人来观礼。

三、贫苦的单亲老爸?

如果我们完全不理会诗中的历史背景,单单从纯文学的立场来读这首《送杨氏女》,我们很可能会得到这样的印象:这首诗中的父亲,好像一个单亲老爸,妻子死了,家境清苦,独自抚养两个女儿长大,有些辛酸。但他很有慈爱心,长女出嫁远行时,终日"戚戚"然。诗中完全没有提到婚礼细节,没有提到有什么宾客的到来,也没有任何嫁女欢乐的场面和气氛,一切好像非常简陋,没有宾客,没有宴集,甚至也见不到新郎的出现。诗一开始就马上跳到"女子今有行,大江溯轻舟"这样悲伤的离别场景:一个中年贫苦的父亲,似乎没有任何亲友的陪伴,在清晨独自送他出嫁的女儿("别离在今晨"),上了一艘"轻舟",去嫁给远在江上游的某个男子。男子似乎没有前来迎娶女子,而是在江上头等着她。"轻舟"两字,暗示这艘船很小,很单薄,没有搭载亲人、日用品或嫁妆。"溯"字表示逆流而上,是一段艰辛的旅程,暗喻这女子的命运多舛。送走女儿后,这位单亲爸爸回到家里,见到幼女在哭泣,自己也不禁"零泪缘缨流"。然后,他才提笔写下这首诗,送给女儿。

但真正的历史场景,应当不像诗中所写的如此悲伤凄凉,应当有它欢乐、热闹的一面,只是诗人不写,没有呈现。

前面提过,韦应物的妻子元苹,死于代宗大历十一年(776)。她死后,韦应物为她写过十多首悼亡诗,并亲自为她撰写墓志,表达了他对亡妻的深情思念。韦应物在墓志中写道:"每望昏入门,寒席无主,手泽衣腻,尚识平生,香奁粉囊,犹置故处,器用百物,不忍复视。"韦应物后来没有再娶(但不排除他跟许多唐代士人一样,也曾纳妾)。名分上他可以说是"单亲爸爸",但他应当跟现代的许多单亲爸爸很不一样。我们从《太平广记》中的大量记载可以知道,唐代士人家庭往往会有不少奴仆小青衣之类的侍婢。韦应物身为滁州刺史,应当不需要他亲自为两个女儿烧饭、洗衣、洗澡,为这些生活琐事操劳,自有奴婢去做。他只须在一旁监管即可。《送杨氏女》诗中有一句"幼为长所育",下有自注说:"幼女为杨氏所抚育。"现代读者读了恐怕会以为韦应物家里很穷,妻子死了,家中无人手,长女要负责"抚育"幼女,也就是帮幼女烧饭、洗衣、洗澡之类。事实上,这些事恐怕也都由韦家中的奴婢去做。所谓"抚育",只是名义上的照顾。母亲不在了,长女代母职,陪陪幼女说说故事,给她一点亲情温暖之类的罢了。

问题的核心,在于韦应物当滁州刺史,是否"贫穷"? 韦诗中常见"家贫""贫约""贫俭"等词。这给后人一个印象,好像他做官收入不佳,很穷。其实,这些恐怕都是他的"谦词"。他的客气话,要放在适当的语境下来看,不可信以为真。事实上,韦应物一生做官十三任,全都是美官,不是上等州县的好官,就是京城人人称羡的郎官。这些官的月俸钱都很可观,他不应当贫穷。以滁州来说,这是个上州。上州刺史的月俸钱为八万文,①而且他还会有陈寅恪所说"其他不载于法令,而可以认为正当之收入者,为数远在中央官吏之上"②的收入(类似现在的所谓"灰色收入")。上州刺史在唐代是高收入,他绝对可以过很舒适的高质量生活,并且可以拥有不少奴婢一类的仆人,照料他和两个女儿的日常生活起居。现代的单亲爸爸,反而往往请不起佣人,因为时代不同了,现代社会的佣人抬头了,身价大幅上扬了,但唐代奴婢则是身份非常低下的一群人,是贱价的,甚至可以在市场上自由买卖,连落魄的读书人都会有书僮一类的仆人可以使唤。③

杜牧在《上宰相求湖州启》中说过一段很有名的话:"某一院家累,亦四十口,狗为朱马,缊作由袍,其于妻儿,固宜穷饿。是作刺史,则一家骨肉,四处皆泰;为京官,则一家骨肉,四处皆困。"④湖州跟滁州一样,也是个上州。⑤ 杜牧任湖州刺史时,月俸也是八万文,但他竟可以养活"四十口"的"家累",且"一家骨肉,四处皆泰",说得好不羡煞人。事实上,杜牧在湖州只做了一年的刺史,第二年就回返长安。他的外甥裴延翰在《樊川文集序》中透

---

① 详见拙著《唐代高层文官》,第 362 页。
② 陈寅恪《元白诗中俸料钱问题》,《金明馆丛稿二编》,生活·读书·新知三联书店,2001 年,第 76 页。
③ 这方面的研究论述繁多,主要见李天石《中国中古良贱身份制度研究》,南京师范大学出版社,2004 年;李伯重《唐代部曲、奴婢身份浅析》,《文史》第 32 辑,1990 年,第 105—119 页;李伯重《唐代奴婢的异称》,《唐研究》第 6 卷,2000 年,第 321—336 页。
④ 吴在庆校注《杜牧集系年校注》卷一六《上宰相求湖州启》,中华书局,2008 年,第 1019 页。
⑤ (唐)李吉甫撰、贺次君点校《元和郡县图志》卷二五《江南道一》,中华书局,1983 年,第 605 页。

露:"上五年(指大中五年,851)冬,仲舅自吴兴守拜考功郎中、知制诰,尽吴兴俸钱,创治其墅。"①意思是,杜牧从湖州(吴兴)回到长安,以考功郎中的身分去知制诰,却花尽"吴兴俸钱,创治其墅",在长安城南知名的风景区樊川,盖起别墅来了。这意味着,上州刺史是个肥缺,可以积存不少俸钱。韦应物的时代,只比杜牧早了大约六十年。韦应物任滁州刺史,不应当贫穷,处境应当跟杜牧类似才对。

四、亲迎和送别

严格说来,这首诗并不是一般俗称的"嫁女诗",而是如诗题所说,是一首送别诗,因为诗开始的时候,在女方家举行的种种亲迎之礼,诸如下婿、催妆、障车等婚仪,②其实已经结束了,很可能就在前一天的黄昏举行过了,就像唐代婚礼一般都在黄昏进行一样。③诗中有一句说,"别离在今晨",可知现在是隔天的早晨。一切热闹和欢腾都已沉寂。而今,才是父女别离的时刻。诗人这时才能称他这位已经在昨天完成亲迎之礼的女儿为"杨氏女"。否则在亲迎之前,就称她为"杨氏女"会有些奇怪。女儿的夫婿姓杨。学者过去从韦应物跟一位杨凌常有唱和之作,推测这位女婿可能是杨凌。出土的韦应物墓志证实,他的女婿果然是杨凌:"长女适大理评事杨凌。"

杨凌这个"大理评事"官衔很值得讨论。大理评事原本是京城大理寺的基层官员,但在唐后期,大理寺已成闲司,不再有什么职务。大理评事于是成了闲官,可以由皇帝赐给在幕府或盐铁等使府任基层和中层幕佐的官员,正式官称为"试大理评事"(但此"试"字经常可以省略不书),是一种特殊的"试衔"。④例如,韩愈的《崔评事墓铭》,写崔翰的事迹,说他在"家于汝州"期间,"汝州刺史吴郡陆长源引为防御判官,表授试大理评事"⑤("表

---

① 《杜牧集系年校注》,《樊川文集序》,第 3 页。
② 关于在女方家举行的婚仪,最详细且运用到敦煌文献的研究,见杨明璋《论敦煌文献所见的婚仪及其诗文的实际运用情形》,(台湾)《成大中文学报》第 32 期,2011 年,第 35—60 页。
③ 赵守俨《唐代婚姻礼俗考略》,《赵守俨文存》,第 13—31 页;段塔丽《唐代婚姻习俗与妇女地位探析》《陕西师范大学学报》2002 年第 2 期,第 82—88 页。
④ 拙著《唐代基层文官》,第 224—240 页,详论幕佐的这种官衔。
⑤ 马其昶校注《韩昌黎文集校注》卷六《崔评事墓铭》,上海古籍出版社,1986 年,第 349 页。

授"意指刺史上表请皇帝授予）。李翱写《叔氏墓志铭》,自署官衔为"浙东道观察判官将仕郎试大理评事摄监察御史李翱"①,意思是他当时在担任浙东观察使的判官,散官为将仕郎,并带有"试大理评事"和"摄监察御史"两个"虚衔"。《送杨氏女》一开头说,"女子今有行,大江溯轻舟",表示她有远行,即将乘船,沿着大江逆流而上,到她的夫家去。由此看来,杨凌这时应当是在江上游某个地方幕府,担任掌书记或判官一类的幕职,并带有大理评事的试衔,但他真正的工作,是在地方幕府任职,并不是到京城的大理寺去视事。

韦应物的长女这次嫁给杨凌,在婚仪上可能有些特殊的安排,因为男女双方住在两个不同的城市,而且看来是相隔颇远的两个地点,需要"大江溯轻舟"才到得了,可能牵涉到好几个日夜甚至好几个星期的水上旅程,所以不可能在同一天完成所有结婚仪式。在女方家举行的下婿、障车、催妆等婚仪,在昨天黄昏完成后,第二天早上,新郎杨凌和傧相等亲友,还得乘船护送新娘远行到江上游的男家,或男方当时任官的官舍,才能继续完成下一段在男方家举行的婚仪,诸如"同牢盘、合卺杯的重头戏"②。

像杨凌和杨氏女这样的婚姻,即两个做官家庭之间的联姻,在唐代是非常典型也非常普遍的。这一点,在两《唐书》列传中很少见到例证,但在墓志中却有许许多多的案例。例如,韦应物的墓志便说,"夫人河南元氏,父挹,吏部员外郎"。韦应物儿子韦庆复的墓志,也清楚载明他的夫人,乃"故河南令河东裴君澡女"(裴棣)。父子两人娶的,都是士人官员家中的女儿。所以,韦应物的长女嫁给一个士人官员,"大理评事杨凌",也是最自然不过的事。唐代官员们平时的交往对象,也就是同个官场上的士人同僚朋友,而非其他阶层的人,比如工匠和农夫。这导致唐代士人阶层的婚姻,有强烈的"排他性"。士人一般只能娶其他士人家庭的女性。比如,柳宗元因永贞事件,被贬官到偏荒的永州时,他的妻子杨氏已过世。他到永州五年后,回信给他的朋友许孟容"投诉"说:"荒隅中少士人女子,无与为婚。"③意思是永州

---

① （清）董诰等编《全唐文》卷六三九《叔氏墓志铭》,中华书局,1983年,第6452页。

② 关于同牢盘、合卺杯等婚仪,见杨明璋《论敦煌文献所见的婚仪及其诗文的实际运用情形》,（台湾）《成大中文学报》第32期,2011年,第35—60页,特别是第44页。

③ 尹占华、韩文奇校注《柳宗元集校注》卷三十《寄许京兆孟容书》,中华书局,2012年,第1956页。

很少"士人女子",所以他找不到适当的女子来再婚,以致没有子嗣。士人家中适婚的女性,一般也只能嫁给士人,不可能嫁给农夫和工匠。

在这个父女别离的清晨,杨凌有没有陪着他的新婚妻子远行?诗中没说,似乎刻意不说,刻意不写杨凌,只写父女两人的私密别离,更增添了一种哀伤:"见尔当何秋。"然而,依唐代的婚礼古法,韦家是望族之后,韦应物当时又任滁州刺史这种高官,嫁女儿不可能太草率。杨凌家也是望族。他是代宗大历十一年(776)的进士。他的两个哥哥杨凭和杨凝也是大历时代的进士,号为"三杨",为长安永宁坊著名的政治和文学家族杨家的成员。① 杨韦这样的望族联姻,亲迎礼应当十分隆重。杨家应当会有不少亲友和随从,带着礼品来到滁州行礼才对,不可能要韦应物的长女,一个人孤零零地乘坐一艘"轻舟",溯"大江"去嫁人。

因此,杨凌应当在亲迎之前,从他任职的江上游某个幕府,乘船来到滁州,亲自迎娶韦应物的长女。事实上,这不是杨凌第一次来滁州韦家官舍。他大约一年前就来访过,而且还跟韦应物有唱和诗作,见于韦应物的《送元锡杨凌》和《寄杨协律》等诗。很可能就在上回来访时,定下了他跟韦家长女的婚事。现在,亲迎过后的"今晨",这女子成了"杨氏女"后,杨凌应当就在码头边,准备在她跟父亲告别后,再护送她一起回家。但诗人没写杨凌在现场,只写"女子今有行",好像他的长女,将孤单一个人乘"轻舟"远行去嫁人,而且还是"大江溯轻舟",好像一段十分危险的水上旅程。韦应物这样刻意写这个细节,看来是要营造一种更感人的文学效果,要强调他女儿出嫁后的孤单无依。但如果我们知道,杨凌这时应当就在码头边准备护送新婚妻子回家,很可能还有他的亲友团和奴仆陪同,我们就大可放心,大可不必担心这位"今有行"的女子。

"轻舟"两字,也是韦应物的文学手法。在中古时代,"轻舟"常用于诗文,如李白的名句"轻舟已过万重山",多用于辞别、逃命、逃难、归隐等场合。韦应物这里说"大江溯轻舟",很可能也用了谢朓"轻舟反溯,吊影独留"的典故,或曹植《洛神赋》的典故:"御轻舟而上溯,浮长川而忘反",表示一种辞别。但"轻舟"的本义是"轻快的小舟"。杨氏女所乘坐的船,是否真的是"轻

---

① 胡可先《杨氏家族与中晚唐文学生态》,《北京大学学报》2010 年第 5 期,第 41—48 页。

快的小舟",很值得商榷。

事实上,她乘坐的船,应当是一艘官船,属于唐代的官方水驿站所有。唐代官员(以及其家人随从)出行,甚至被贬官到遥远的地方,都可以通过官驿站系统来安排旅程,颇为方便,不必依靠民间的交通工具。驿站又分陆驿和水驿。陆驿有官马,水驿有官船和水手,甚至有弩手等保安人员。① 像滁州到江上游这样的旅程,走水路绝对远远比走陆路更快捷方便。走水路,也更舒服,可以在船上烧饭、用餐、走动、休息、睡觉,就像白居易在《初下汉江舟中作寄两省给舍》这首诗中所描写的那样:"秋水渐红粒,朝烟烹白鳞。一食饱至夜,一卧安达晨"②,写他在船上煮鱼,"饱至夜",又一觉到清晨,好不惬意。当时是穆宗长庆二年(822),白居易 51 岁,从长安取道汉江(汉水)远赴杭州出任刺史。他乘坐的正是一艘官船,规模看来不小,有烹饪和睡觉的隔间。

这种官船应当也不"轻"。《唐律疏议》有一条说:

> 诸应乘官船者,听载衣粮二百斤。违限私载若受寄及寄之者,五十斤及一人各笞五十;一百斤及二人各杖一百;但载即坐。若家人随从者勿论。③

意思是乘官船的人,可带上"衣粮二百斤"(约 136 千克),不可"私载",但"家人随从"则例外"勿论",可以随行。每人可携带"衣粮二百斤",整艘船的载重量应当很可观,恐怕不能用"轻"字来形容。换句话说,杨氏女和她夫婿所乘坐的官船,应当是艘坚实牢靠的中型官船(估计可搭载十人),不是什么"轻快的小舟",我们大可放心,不必担心他们旅程的安危。诗人用"轻舟"一词,只是一种文学修辞手法。

韦应物和他长女,为什么要选择"别离在今晨"? 最直截了当的解释是,亲迎礼在昨天黄昏才刚举行过,他们来不及准备启程,所以延到"今晨"。不过,从日本和尚圆仁在《入唐求法巡礼行记》中的旅行记载来看,事情可能不是如此简单。唐代的水上旅程,由于舟船都得依靠风力来航行,特别是像杨

---

① (唐)李林甫等《唐六典》卷五《驾部郎中》,中华书局,1992 年,第 163 页;黄正建《唐代衣食住行研究》,首都师范大学出版社,1998 年,第 171—180 页。

② 《白居易集笺校》卷八《初下汉江舟中作寄两省给舍》,第 428 页。

③ (唐)长孙无忌撰《唐律疏议》卷二七《杂律二》,中华书局,1983 年,第 506 页。

氏女这样的逆水行船,其实深受风向的主宰,并非船长可以自由决定何时可以启航。圆仁常在他的书中,详细记载风向如何如何。他为了等待可以启帆的顺风,经常在船上停宿数日,完全要看风向来行船。例如,书中开头的第一句就说:"承和五年(838)六月十三日午时,第一、第四两舶诸使驾舶,缘无顺风,停宿三个日。"①有时半夜三更突然起风,他们就得立刻启帆,在黑夜中航行,不能拖延,如"五日,风变东南,发不得。到三更,得西北风发"②。否则错过了顺风,很可能又得在船上停宿数日了。无风或风停了,则船不得进发,如"廿五日,早朝解缆,风止不得进发"③。

所以,从唐代水上旅行的种种限制看来,"别离在今晨"应当放在这个背景下来理解。韦家父女选择在"今晨"别离,可能是这时候顺风吹起了,他们不能再等,非走不可。但也可能是,杨氏女昨夕才行过亲迎礼,今晨才能上船跟她父亲别离。然而,这并不表示,她可以马上启航,很可能还得在船上停宿等待一些时候(甚至一两天),等到适当的顺风吹起时,她才能扬帆启程,就像圆仁在唐代中国行船时,经常也在等待顺风一样。

《送杨氏女》诗中间,有一大段告诫女儿的话:"赖兹托令门,仁恤庶无尤。贫俭诚所尚,资从岂待周",从文学视角看,不免有些啰唆,无甚诗意。但从历史看,这其实也可看成是唐代婚仪中,女儿出门前的"诫女"仪式部分。④ 这首诗既然题曰《送杨氏女》,它原本就是要送给女儿的。诗中更有两句是直接对女儿说的话:"尔辈况无恃"和"见尔当何秋"。女儿才是此诗第一个也是最重要的一个读者。在诗中按照婚姻礼俗,写几句"诫女"诗给女儿,谁曰不宜?

五、杨氏女婚后事

我们不妨再深入历史,交代一下诗中人物后来的事。这时,我们会突然

---

① [日]圆仁撰,顾承甫、何泉达点校《入唐求法巡礼行记》卷一,上海古籍出版社,1986 年,第 1 页。
② 《入唐求法巡礼行记》卷四,第 202 页。
③ 《入唐求法巡礼行记》卷二,第 59 页。
④ 关于诫女,见杨明璋《论敦煌文献所见的婚仪及其诗文的实际运用情形》,(台湾)《成大中文学报》第 32 期,2011 年,第 44—45 页。

发现,有一个人明显地在诗中"缺席"。那就是杨氏女的弟弟庆复。韦应物为亡妻写的《故夫人河南元氏墓志铭》,明确提到元氏有"一男两女,男生数月,名之玉斧,抱以主丧"。此"一男"指韦应物的儿子庆复,在他母亲元氏去世时(776年阴历九月)才"生数月",乳名"玉斧",并抱着他来"主丧"(主持丧事)。"两女"即《送杨氏女》中的长女和幼女。韦庆复既然在776年秋才"生数月",那么他在杨氏女出嫁时(782或783年)约7岁或8岁,应当可以参与婚礼和送别。但他父亲为什么在诗中完全没有提到他,只写长女和幼女的事?

韦庆复的墓志2007年在西安出土。从中我们知道,他在德宗贞元十七年(801)考中进士,年仅26岁,非常了得。唐人很少这么年轻考中进士,一般都在30岁以后。他释褐就是集贤殿校书郎,是个美官。后来又当上渭南县主簿。渭南是个畿县,县主簿也是个美官。宪宗元和二年(807),他得到凤翔节度使李墉的赏识,以监察御史里行的身份,被辟为李墉的掌书记("掌其文词")。宪宗元和四年(809),李墉移镇太原节度使,他也随李墉往太原,升任节度判官,一个中层的幕府要职。然而,也就在元和四年,李墉罢任,他随李墉回返长安,途中染病,走到渭南县灵岩寺时病发,"终寺之僧舍,春秋三十四"①。

我们好奇的是,韦庆复成年后,应当读过他爸爸韦应物写的这首诗,结果发现他爸爸只提到杨氏女和他的另一个姐姐(即诗中的"幼女"),竟然完全没有提到他,家中唯一的男孩。难道杨氏女只"抚育"诗中的那位"幼女",反而没有"抚育"他这位家中幺儿吗?不知他读诗后的心情感想如何?会不会觉得爸爸有些"重女轻男"?爸爸送他姐姐远行后,回到家中也只见到他的另一个姐姐,"归来视幼女"。难道没有见到家中还有一个男孩吗?难道这男孩很坚强,没有像"幼女"那样哭哭啼啼,所以没有被老爸写入诗中吗?

我们对这位"幼女"略知一二。韦应物的亡妻墓志曾提到她,说她在母亲于大历十一年(776)去世时,"年始五岁",即生于约772年。韦应物对这个幼女,似乎很疼爱,在他其中一首悼念亡妻的诗《出还》中,再次提及她:

---

① 韦庆复的墓志拓片和录文见赵力光主编《西安碑林博物馆新藏墓志续编》,第463—464页。

"幼女复何知,时来庭下戏。"①这幼女在杨氏女出嫁时,约11到12岁。韦应物去世后,墓志又提到她:"次女未笄,因父之丧,同月而逝",也就是在韦应物去世那年(790)同月逝世,享年约19岁,未婚。

关于杨氏女的婚后事,我们也略知一二,颇出人意料。我们甚至可以推测,她婚后是否幸福快乐。至少我们知道,她为杨凌生了一个很棒的儿子,叫杨敬之,在唐史上赫赫有名。杨敬之最早在唐史上留下的文字记录,就是他在元和四年(809),为他母亲的弟弟韦庆复所写的墓志,自署"外生(甥)前乡贡进士杨敬之撰"。"前乡贡进士",即中举的进士[他在元和二年(807)中进士],不再是"乡贡进士"了。假设他在杨氏女和杨凌婚后一年出生,他这时大约是25岁,也是个异常年轻的进士。

韦应物在两《唐书》皆无传,但他这位外孙杨敬之,却在《新唐书》中有传,附在他父亲杨凌的传之后。他在"元和初,擢进士第,平判入等",做过右卫胄曹参军,屯田、户部二郎中,也曾因涉及牛李党争,被贬官连州刺史,最后官至"大理卿,检校工部尚书,兼(国子)祭酒,卒"。② 武宗会昌五年(845)三月十五日,日本和尚圆仁遭逢武宗的禁佛活动,被迫还俗,回返日本,他还得到杨敬之的关切和赠礼:"出府到万年县,府家差人送到。大理卿、中散大夫、赐紫金鱼袋杨敬之曾任御史中丞,兼令专使来问何日出城、取何路去,兼赐团茶一串。"③这里详细纪录了杨敬之的官衔,显示他这时(约60多岁)带有"大理卿"的职事官衔,"中散大夫"的散官衔,且获得皇帝所赐的"紫金鱼袋",可以穿紫色官服,佩金鱼袋,是个很高的荣誉。然而,大理卿(以及他之前所带的御史中丞)在晚唐已成闲官,不职事,常用作使职的本官。赐紫金鱼袋也一般是使职才有的荣耀。看来杨敬之这时应当是在京担任某种使职。

杨敬之的两个儿子杨戎和杨戴(也就是杨氏女的孙子),都"登科,时号杨家三喜"④。杨氏女从当年一副"弱"女子"大江溯轻舟"的形象,演变到婚后如此"强"的态势:儿子做到高官,两个孙子又都考中科名。这或许会改

---

① 《韦应物集校注》卷六,第398页。
② 《新唐书》卷一六〇《杨敬之传》,第4971—4972页。
③ 《入唐求法巡礼行记》卷四,第185—186页。
④ 《新唐书》卷一六〇《杨敬之传》,第4972页。

变我们对她的观感。

然而,我们如果去追查杨氏女夫婿杨凌的生平,却得到一个让人十分意外,甚至有些惊讶的发现。那就是:杨凌在婚后大约八九年就死了,杨氏女很年轻就守寡。这个发现,也会大大改变我们对她的观感,恐怕也影响到我们今后读诗的心情。

杨凌的墓志还未被发现。他的生年不详,但他的卒年却有至少两条史料可证,不难考定。杨凌死后,他的兄长杨凭为他编了一个文集叫《杨评事文集》,并请柳宗元(杨凭的女婿)为文集写了一篇《杨评事文集后序》。《柳宗元集校注》的校注者之一尹占华教授,在此《后序》的解题中说:"杨凌约卒于贞元七、八年(791—792),此文当作于贞元间。"①尹教授的依据有两个。② 一是柳宗元在《亡妻弘农杨氏志》中说:"衰门多疊,上天无佑,故自辛未逮于兹岁,累服齐斩,继缠哀酷。其间冠衣纯采,期月者三而已矣。"从而考定在"辛未"那年,即贞元七年,"当有亲人去世,疑杨氏夫人之叔父杨凌即卒于贞元七年"③。二是权德舆在为杨凌的哥哥杨凝文集写的序《兵部郎中杨君集序》中说:"时恭履捐馆一纪,君与嗣仁(杨凭的字)倍手足之爱。"④这里的"时",指贞元十九年(803)左右,"恭履"是杨凌的字,"捐馆一纪"即去世十二年。意思是杨凌在803年间,去世十二年了,也就是卒于约贞元七年(791)。他的死,加深了他两个哥哥杨凝和杨凭之间的"手足之爱"。这两条史料证据很有力。上文提过,杨凌和韦应物的长女结婚,约在782—783年,则他们的夫妻关系,只维持了大约八九年的光景。

另有一事可作旁证。杨凌死后,他哥哥杨凭为他所编成的文集,既然称为《杨评事文集》,表示他最后只做到大理评事。他结婚时的官衔,也是大理评事,即《韦应物墓志》中所说:"长女适大理评事杨凌。"大理评事是唐代基层和中层幕职(如掌书记和判官)常带的一个"试衔"。这意味着,他的确死于青壮之年,做官最多只到中层,还未做到高官。

---

① 《柳宗元集校注》卷二一《杨评事文集后序》,第1464页。
② 尹教授在校注本未说明立论依据。此乃笔者在2017年2月中打电话询问尹教授,蒙他热忱告知,特此致谢。
③ 《柳宗元集校注》卷一三《亡妻弘农杨氏志》,第855页。
④ (清)董诰等《全唐文》卷四八九《兵部郎中杨君集序》,第4997页。

杨凌还有一个官衔,叫"协律",见于韦应物的诗《寄杨协律》。这是京城太常寺协律郎的简称,属基层文官,但比大理评事又要低一级。此官跟大理评事一样,在唐后期成了闲官,常用来赐给在幕府任职的基层僚佐(如巡官、推官之类)。这表示,杨凌中进士后刚出来做官,应当是在幕府任职,并带有协律郎的京衔(唐后期许许多多士人都如此)。协律郎跟大理评事一样,只是所谓的试衔,无实际职务。① 他并非去京城太常寺做官,而是在幕府工作。他在幕府任职一段时间后,才跟许多唐后期士人一样,从协律郎攀升到大理评事。

《新唐书》说,"凌字恭履,最善文,终侍御史"②,但柳宗元的《先君石表阴先友记》却说,"凌,以大理评事卒,最善文"③。柳宗元是杨凌哥哥杨凭的女婿,跟杨家有姻亲关系,学者大抵认为柳宗元的说法比较可信,认为《新唐书》误。其实,《新唐书》未必误,因为唐后期许多在幕府任幕佐者,除了带有一个试衔,还常会多带一个宪衔(御史台衔)。例如,《唐故乡贡进士孙府君墓志》的撰写者,自署其官衔为"父前试大理评事兼监察御史孙向撰"④。这表示,这位孙向从前同时带有"试大理评事"和"监察御史"两个官衔。他死了,唐人可以说他以大理评事卒,也可以说他以监察御史卒,不算错。以此看来,杨凌任幕职时,除了带有大理评事试衔,很可能还带有一个侍御史的宪衔。

六、结　　语

如果单纯用纯文学读法,不涉及历史背景,我们会觉得,诗中这位杨氏女当年好孤单无助,要在一个清晨,跟她的父亲别离,独自乘坐一艘"轻舟",溯江而上,去嫁给远方的一个男子。不过,前文我们从历史考证知道,她应

---

① 关于试衔及相关的检校官衔,见笔者《论唐代的检校官制》,(台湾)《汉学研究》24 卷 1 期,2006 年,第175—208 页(现收于本论文集);冯培红《论唐五代藩镇幕职的带职现象——以检校、兼、试官为中心》,收于高田时雄编《唐代宗教文化与制度》,京都大学人文科学研究所,2007 年,第133—210 页。

② 《新唐书》卷一六〇《杨凌传》,第 4971 页。

③ 《柳宗元集校注》卷一二《先君石表阴先友记》,第 767 页。

④ 周绍良、赵超编《唐代墓志汇编》大中 092,上海古籍出版社,1992 年,第 2321 页。

当不是如此孤单。她是一个高官的长女，是个望族成员（甚至具有北朝鲜卑皇族血统），婚礼应当相当风光隆重。她的夫婿也不是普通男子，而是唐代另一个望族家庭的杨凌，当时也在做官。杨凌必定曾经亲自前来滁州迎娶她，很可能还带了一整团亲友随行，场面热闹。他们应当是在黄昏时分举行亲迎礼，然后在滁州官舍过了一晚。第二天清晨，杨氏女才在码头边，跟父亲话别，再跟前来迎娶她的杨凌，一同乘坐一艘可靠的官船（并非什么"轻舟"），回到大江上游杨凌做官的某个州郡的官舍。

然而，韦应物写诗时，却采用了一种"剪裁"式的文学手法来呈现，把所有没有必要的细节，统统剪除。他刻意不去写热闹的迎娶等场面，而选择写亲迎礼过后第二天早晨父女离别的场面，营造一种哀伤的氛围。为了达到这样的效果，他甚至没有透露家中还有一个年幼的儿子，只写家中的长女"抚育"幼女，好像他是一个生活困顿的单亲老爸，很穷，养不起奴婢，须由长女来抚育幼女。其实，从历史上看，他身为上州的刺史高官，家中经济条件应当很不错，拥有不少奴仆，可以帮他看顾那两个女儿（以及那个他在诗中没有提到的幺儿）。他完全不必为这些生活琐事操心。韦家属于高级官宦家庭，应当像杜牧在《上宰相求湖州启》中所说，"是作刺史，则一家骨肉，四处皆泰"才是。不过，即使是"四处皆泰"的高官，在送出嫁女儿时，仍会很自然地流露出哀伤的情绪，仍会流泪。诗中的这种伤别很感人，以一种很有戏剧张力的方式呈现，像是一场小小的戏剧在演出。韦应物把历史上一个真实的场景，透过他的诗艺，提升到诗的、艺术的最高层次。

由此，我们也发现，文学和历史毕竟是不同的：目的不同，叙事方式不同，效果也不同。历史总是希望尽可能呈现一件事的全景，先叙开头，再写中间，最后才到结尾。但这样的全景却因为细节太多，场面太多，互相干扰，焦点不够集中，读者的注意力容易被分散，不太容易被感动。但"感人"并非历史家追求的目的。他要的是全景。反之，文学可以不管全景，像这首诗，主要只写两个景。一是码头边父女的别离，只写两个人在现场，连亲友和新郎也可以不理。二是父亲回到家"视幼女"，同样只写两个人，把家中那个男孩也摒除在外。但这样的景却很感人，因为画面很干净，很有张力。这种"感人"，正是诗人所追求的。他可以不理全景。

假设全景是一幅由五十片小拼图拼成的画，这首诗仿佛只是画中左边第三排第四行的一小片拼图,其余的四十九片不见了。现在,透过历史方法,我们把那四十九片小拼图找回来,再拼成一张完整的全景画。这时,我们就能对诗人所着墨的那片小拼图有了更多的了解,了解到它在整幅全景画中的位置,了解到它跟其他小拼图的关系,了解到何以诗人会选择只写这张小拼图上的画面。

深入历史,我们也意外发现,杨氏女的丈夫杨凌在婚后大约八九年就去世了,她很年轻就守寡。这个历史知识,给这首诗带来另一种更沉痛的悲伤。心理学家卡尼曼(Daniel Kahneman)有一个观察:某些后来得到的知识,会改变我们对一个死者生平的看法。比如他举例,有一个男子,直到死时,都相信他妻子是深爱他的。但我们后来却得知,他妻子其实在他生前,就有个婚外情人多年,只不过了为了钱才跟她丈夫住在一起。知道了这点,我们会可怜这个丈夫,虽然他生前并不知道他妻子不忠,仍然过得很快乐。①

同理,用纯文学方法读诗,我们会很同情这位杨氏女,竟然要"大江溯轻舟"去嫁人,好不孤单。但用历史+文学的读法,从历史事实上看,她当时其实已行过亲迎礼,只不过是在丈夫、亲友和随从的陪伴下,乘官船回夫家罢了。跟父亲别离,当然有些伤感,但出嫁等于完成了一件终身大事,应当还是件喜事,并不可怜。然而,历史却又告诉我们,杨氏女婚后只不过八九年,丈夫就去世了。知道了这点,我们再次读诗时,不禁又觉得,她的命好悲,远比她在诗中"大江溯轻舟"的那种悲伤,还要悲伤。

原载《唐史论丛》第 26 辑,2018 年,第 1—20 页。

---

① Daniel Kahneman, *Thinking*, *Fast and Slow* (New York: Farrar, Straus and Giroux, 2011), p.387. 此书有胡晓姣等人的中译本《思考,快与慢》,中信出版社,2012 年,亦有台湾洪兰的中译本《快思慢想》,台北天下远见出版社,2012 年。卡尼曼研究为何人会常常作出"非理性"的决定,为何人并非完全理性的动物。他的发现对现代财经领域(特别是股市)研究的基本假设(人是理性的,会做出理性选择)产生重大影响,促成一门新学科——行为经济学(Behavioral Economy)的诞生,因而获得 2002 年诺贝尔经济学奖。

王维的《相思》和唐代的南方

> 红豆生南国，秋来发几枝。
>
> 劝君多采撷，此物最相思。
>
> ——王维《相思》①

唐诗中有好几首很有名的诗，一千多年来为人传诵笺评，似乎再也没有什么新鲜课题可以讨论的了。可是，仔细一考，好些这类名作，问题还真不少。比如李白的《静夜思》：

> 床前看月光，疑是地上霜。
>
> 举头望山月，低头思故乡。②

和孟浩然的《春晓》（又作《春晚绝句》）：

> 春眠不觉晓，处处闻啼鸟。
>
> 夜来风雨声，花落知多少。③

我们便对这两首诗的创作背景几乎一无所知。李白和孟浩然分别是在哪一年，哪一个地方，在什么情况下写下这两首诗的？历代注释这两家诗的专家学者，都无法提供很好的答案，顶多只能作些模糊的揣测罢了。④

---

① 陈铁民校注《王维集校注》，中华书局，1997年，第410页。"秋来发几枝"在通俗选集中常作"春来发几枝"；"劝君多采撷"则作"愿君多采撷"。

② 此据安旗《李白全集编年注释》，巴蜀书社，2000年修订版，第89页。"床前看月光"在通俗本中一般作"床前明月光"；"举头望山月"则作"举头望明月"。

③ 佟培基笺注《孟浩然诗集笺注》，上海古籍出版社，2000年，第84页。

④ 安旗《李白全集编年注释》，第89—90页，把李白此诗列为开元十五年(727)所作，只是推测，并无确证。他又说："诗中有'山月'一语，当系山居所见，则其作地或在安陆寿山"，显然也是揣测。佟培基笺注的《孟浩然诗集笺注》是孟浩然诗集目前最好的笺注本，但第84页所收《春晚绝句》（即《春晓》一诗），完全没有提及此诗的创作背景。

王维的《相思》也是如此。千百年来,读过这首诗的人不知几许,但王维是在哪一年写成这首诗的,在什么处境下写的,恐怕大家都不甚了解。目前最好的王维全集笺注本是陈铁民教授的《王维集校注》,也没有触及这些问题。笔者近年来研究唐代官制,用了许多唐诗的材料,也特别留意唐代许多做过官的诗人和他们跟南方的关系,深感王维此诗很有"南方特色",有"热带风味",很值得深入研究,且草此文就教于各唐诗和唐史专家。文中也将利用笔者研究唐代文官所得到的一些"新发现",对王维的家庭和初次做官,作一些考察和深入一点的解读,有别于一般文学史和王维年谱或评传中含糊的交代。这样或许更能帮助我们欣赏他的作品和他这首《相思》。

马来亚大学中文系位于热带南方的吉隆坡,一般也常被称为"南国",虽然王维的"南国"指的是岭南(今广东、广西和越南河内一带),还没有到吉隆坡那么南。他这首《相思》所写的,是一种在南国马来西亚和新加坡两地很常见的大树。笔者选择这一题目,正觉得它可以配合这本庆祝马大中文系成立四十周年的论文集。以之补白,或许会更有意思。

一、王维的家庭和初入仕

过去学术界普遍认为王维生于武后长安元年(701),死于上元二年(761)。但兰州大学中文系的王勋成教授推翻旧说,提出新解。他从唐代进士须"守选"三年才能授官的规定,重新考定王维应当生于武后延载元年(694),死于上元二年(761),享年 68 岁。[①]

笔者认为王勋成教授此说很有启发意义,视角新颖,证据确实,可以成立。因此本文推算王维的年龄时,概以他生于 694 年为准。

王维的祖籍是山西太原,里贯则是河中蒲州(今山西永济)。这地方在黄河的东岸,离黄河很近,只有大约 30 千米,距离著名的黄河壶口大瀑布,也只有大约 50 千米。蒲州离唐代京城长安约 200 千米,不算太远。王维从

---

① 王勋成《王维进士及第之年及生年新考》,《华中师范大学学报》2001 年第 1 期。"守选"制度过去几乎无人研究,王勋成在《唐代铨选与文学》(中华书局,2001 年)中有深入的研究,并且从这一角度解开有关唐代科举和任官的许多谜团。此书是唐史研究中少有的佳作。

他家乡到长安去,可以水陆并行,利用流入黄河的渭水,乘船逆流而上,大约五六天可到达。蒲州正位于所谓的"中原"核心地区。蒲州及邻近的运城等地区,在远古时代,传说是周人的发祥地之一。因此王维可说是典型的"中原"人。这点在我们下文讨论他的"中原心态"以及他对南方的观点时,就会很有意义。

王维的父亲王处廉,官至汾州司马。汾州即今山西汾阳,离现今著名的旅游景点平遥古城只有大约 50 千米。司马是州级官员,位在首长刺史、副首长长史之下,是一州的第三把交椅。它不算高官,但也不算低层文官,可说是个中层官员。王维出生在这样的一个家庭,也就是"官宦之家"和"士人之家",在唐代其实很典型。超过 95% 的唐代官员和唐代诗人,都出生在这种家庭——他们的父亲、祖父甚至祖上几代,都曾经做过官。

据王勋成所考,王维 20 岁便考中进士,23 岁就出任他的第一个官职太乐丞。唐代进士是一种竞争异常激烈的考试。每年的考生约二三千人,但及第者只有 25 到 30 人左右,淘汰率是很高的。王维 20 岁考中进士也很杰出,非常年轻。唐史上没有多少人如此年少即中第,因为中进士的一般年龄是 25 到 30 岁左右,如张九龄是 25 岁,元结是 36 岁,韩愈是 25 岁,杜牧 26 岁,韦庄则迟至 59 岁。

王维的第一个官位太乐丞也很不寻常。唐代太乐署是太常寺底下的几个官署之一。它的长官叫太乐令,专"掌教乐人调合钟律,以供邦国之祭祀、飨燕"①。太乐令的副官即太乐丞,是个八品小官。王维这个官位,用现代话来说,大约便是"宫廷乐团副教练"。唐代士人对乐工、医者和占卜者等伎术官僚是轻视的,认为这些官是"浊官","污浊"的官,跟士人所担任的"清官"或"清流官"相对,有点类似现代"蓝领"和"白领"的区别。②

那王维为何又会去出任太乐丞?原来,唐初有一位重要的诗人王绩(590—644),也曾经充任过太乐丞。据王绩好友吕才(600? —665)为王绩文集所写的《王无功文集序》说:

① 《唐六典》卷一四,第 402 页。
② 详见拙文《唐代待诏考释》,《中国文化研究所学报》(香港中文大学),新第 12 期,2003 年中的讨论。此文也收在本论文集中,标题改为《唐代的待诏》。

> 贞观中,以家贫赴选。时太乐有府史焦革,家善酝酒,冠绝当时。君苦求为太乐丞,选司以非士职,不授。君再三请曰:"此中有深意,且士庶清浊,天下所知。不闻庄周羞居漆园,老聃耻于柱下也。"卒授之。数月而焦革死。革妻袁氏,犹时时送酒。岁余,袁氏又死。君叹曰:"天乃不令吾饱美酒。"遂挂冠归。由是,太乐丞为清流。①

据此可知太乐丞原本"非士职",即不是士人应当去担任的官职,可是王绩因为太爱喝酒,竟不耻下求这个"浊"官。结果,正因为王绩担任过此官,"由是,太乐丞为清流",是王绩的经历把此官变为一个"士职"清流官的。

王绩初任太乐丞在贞观十一年(637),王维初任此官则在开元九年(721),相隔了大约84年。不过,到王维时代,太乐丞虽然已成"清流",可以授予士人了,但由于它到底还是伎术官僚,这官职恐怕依然不算很清高,非士人所喜。王维愿意出任,或许跟他精通音乐也说不定,正如王绩爱喝酒,不但不介意,反而更非求此官不可。

据笔者的研究,唐代士人释褐初任官,最清贵的,其实是在京城各皇室藏书楼,如秘书省或集贤院,担任校书郎或正字。在唐代文学史上,被公认为重要诗人或文士的三十多个名家当中,就有十一人是校书郎出身:杨炯、张说、张九龄、王昌龄、刘禹锡、白居易、元稹、李德裕、杜牧、李商隐和韦庄。② 另有三人则从正字起家:王绩、陈子昂和柳宗元。③ 王维都不在这两个名单上。他的初任官太乐丞,的确是比较特殊少见的。

以上便是一个唐代士人,如何读书考中进士,进入官场做官的经过。唐代的进士考试,必定是要考做诗的,所以唐人从一开始读书准备考科举,就得学习写诗。唐诗的兴盛,跟进士科考诗当然大有关系。写诗在唐代远比现代有实际用处——不但考试要考,还可以经由写诗能力得到官职,而且将来做官时,在许多场合更需要写诗应酬。事实上,在古代中国,并非只有文

---

① 金荣华校注《王绩诗文集校注》,《王无功文集序》,台北新文丰,1998年,第12页。此文虽称为"序",但其实更像一篇王绩的"行状"。比如,它一开头追述王绩的先世时,称"国史、家牒详焉",乃行状开头常见的套语。结尾叙及王绩的死和遗作,也是唐代行状典型的写法。笔者颇疑此文原为王绩行状,后来被王绩诗文集的编者改称为序。
② 见拙著《唐代基层文官》第一章。
③ 见拙著《唐代基层文官》第二章《正字》。

学家诗人才需要写诗，一般做官的人都需要写诗。写诗表示一个人受过基本的经典教育，具备了读书人必备的最基本的能力，就像现代学生都必须具备基本的电脑能力一样。王维的《相思》便是他在 40 多岁时，前往岭南担任"知南选"的职务时，所写的一首应景诗。

二、《相思》的创作背景

陈贻焮在论《王维》的一篇论文中，把《相思》和《息夫人》以及《洛阳儿女行》等王维早期的诗作，都摆在他的少年时代来讨论。① 林继中的《栖息在诗意中：王维小传》，显然步其后尘，也把《相思》放在王维的"少年心情"一章中来讨论。② 两人虽未明说，但似乎都认为此诗写于王维的少年时代。

这看法表面上有些道理。《相思》的词句非常简单，没有任何生僻用字，看来的确很像一个少年人所写。但如果按照这种推理，则李白的《静夜思》和孟浩然的《春晓》，也都词句简单，岂不也都作于他们的少年时代？ 如果的确如此，那么王维少年时写这首"情诗"，便有些"无病呻吟"，全凭想象了，因为他少年时都住在北方，从未到过"南国"，应当从来没有见过生长在南方的相思树。

陈铁民的《王维集校注》，则把《相思》编在"天宝"末年，其时王维已经50 多岁了。陈在校注中说：

> 唐范摅《云溪友议》卷中《云中命》曰："明皇幸岷山，百官皆窜辱……唯李龟年奔迫江潭。……龟年曾于湘中采访使筵上唱：'红豆生南国，秋来发几枝。赠君多采撷，此物最相思。'又：'清风朗月苦相思，荡子从戎十载余。征人去日殷勤嘱，归雁来时数附书。'此辞皆王右丞所制，至今梨园唱焉。歌阕，合座莫不望南幸而惨然。"据此，知本诗当作于安史之乱前。③

这大致没有错，不过说"本诗当作于安史之乱前"，则又过于含糊。此诗的创

---

① 陈贻焮《王维》，收在《论诗杂著》，北京大学出版社，1989 年，第 169 页。
② 林继中《栖息在诗意中：王维小传》，河北大学出版社，2000 年，第 69 页。
③ 《王维集校注》，第 410—411 页。

作年代,应当可以考定得更精确一些。此外,据上引文,王维这首诗当初似乎是写给"梨园"(宫廷戏班)子弟吟唱的。这样或许也可解释何以其词句都很简单。李龟年曾经是玄宗宠爱的一个善歌者。李白的《清平调词》据说便是特别写给李龟年的唱词。[①] 杜甫亦有诗《江南逢李龟年》。[②] 安史之乱后,李龟年逃到湘中湖南,在一个筵席上唱起这首《相思》,令"合座莫不望南幸而惨然"。《相思》所写表面上为男女之情,这里却化为"隐喻",成了臣子思念君主之情。

考王维曾在开元二十八年(740)约 47 岁时到过岭南,去"知南选",第二年春始北归。这是他第一次到岭南,也是唯一的一次。他在岭南期间,应当有机会可以见到相思树,甚至还可能在相思树下捡拾过颗颗"红豆",所以才会写下这首名诗。他既然说"红豆生南国",看来此诗是他到过南国之后才可能有的诗情,不像是想象的作品。而且,若上引《云溪友议》的记载可信,这是他为梨园所写的辞,那么它就更应当是他成年以后进入官场的作品,不可能是少作了(少年时他应当没有机会和梨园有交往)。

但什么是"知南选"? 岭南是一块很广大的地区,王维到过岭南什么地方"知南选"? 相思又是一种怎样的树? 这些就是下文所要探讨的课题。

三、唐 代 的 南 选

唐代某些官员,特别是中高层官员或伎术官僚(如掌管天文、宫廷膳食和医药等),一般都以皇帝的名义委任。至于其他基层官员,特别是州县地方官,则要经过吏部的所谓"铨选"才能任官。在唐代,"选"常是一个专用名词,通常即指"铨选",也就是吏部选拔、录取某些官员的过程。《新唐书》中的《选举志》,讲的便是唐代选拔官员的种种规定和方式。

"南选"便是南方官员的铨选。由于南方距离京师长安太遥远,南方人到长安参选不便,于是朝廷便派遣某些官员到南方去主持铨选,选拔南方州县所需要的当地官吏。这就是《通典》所说:

---

① 《李白全集编年注释》,第 416 页。

② (清)仇兆鳌注《杜诗详注》卷二三,中华书局,1979 年,第 2060 页。

> 其黔中、岭南、闽中郡县之官，不由吏部，以京官五品以上一人充使就补，御史一人监之，四岁一往，谓之"南选"。①

关于唐代的南选，过去已有好几篇论文发表，②对这种制度的大略情况，所论已详，这里不必重复论述，只想补充和讨论几个比较有意义的细节。

第一，岭南、黔中、闽中等地区的地方官任用问题，实际上相当复杂。史料中可见有几种：（一）由当地土豪自行委任；（二）由"当地都督选择土人补授"；（三）由藩镇自行委任，特别是在安史乱后；（四）南选，由唐朝廷派遣"南选使"（或称"知南选"）往南方选择当地人委任。在这四种方式中，南选究竟占了怎样的地位，目前还是个未解的"谜"。笔者认为，这可能要视地区而定。在偏远地区，可能一直都由土豪自行委任。在设有都督府或节度观察使府的地区，可能由他们委任。南选似乎只局限于某些地区和唐前期。唐后期藩镇林立，南选是否仍照规定每三四年举行一次，不得而知。

《唐会要》中有一条材料，可以让我们一窥南选实行的大略情况：

> 宝历二年（826）二月，容管经略使严公素奏："当州及普宁等七县，乞准广、韶、贵、贺四州例南选。"从之。③

这似乎显示，南选原本只适用于广、韶、贵、贺四州（亦有材料提到桂、广、泉、建、福、贺、韶等州，"依选例称补"④）。现在容管经略使请求让他属下的"州及普宁等七县"的选人可以参加南选。朝廷也批准了。《唐会要》又载有一敕：

> 大和三年（829）敕："岭南选补，虽是旧例，远路行李，未免劳人。当处若有才能，廉使宜委推择。待兵息事简，续举旧章。其南选使，可更停一二年。"⑤

这是说南选仍然有不便之处，"远路行李，未免劳人"。所以当地若有人才，廉使（即观察使）应当"推择"，等无兵事时，才恢复南选。由此看来，南选可

---

① 王文锦等点校《通典》卷一五，中华书局，1989 年，第 360—361 页。
② 最新且最详细的研究见王承文《唐代"南选"制度相关问题新探索》，《唐研究》第 19 卷，2013 年，第 113—153 页。
③ 《唐会要》卷七五，上海古籍出版社，1991 年，第 1623 页。
④ 《唐会要》卷七五，第 1621、1623 页。
⑤ 《唐会要》卷七五，第 1623—1624 页。

能因战争等状况暂停。①

王维是在开元二十八年(740)以殿中侍御史的身份前往岭南知南选。这是一个以"知"字开头的唐代典型使职官名,类似"知制诰""知贡举"和"知吏部选事"等等,是一种临时编派的官职,跟正规编制的职事官不同。王维被派到岭南什么地方? 据《唐会要》的一条材料:

> 开元八年(720)八月敕:"岭南及黔中参选吏曹,各文解每限五月三十日到省,八月三十日检勘使了。选使及选人,限十月三十日到选所。正月三十日内,铨注使毕。其岭南选补使,仍移桂州安置。"②

据此,岭南选补使的"选所"是在桂州(今广西桂林)。选使和选人,要在十月三十日抵达选所,到明年正月三十日铨注完毕。铨选的整个作业时间只有三个月。为了赶在十月三十日抵达,王维很可能在当年夏天七八月底就从长安动身上路了。

在唐代,从长安到桂州是一段十分漫长的旅程。据唐代的地理书《元和郡县图志》说,桂州至上都(即长安)为"三千七百五里"③。此为华里,约合1852千米。王维是怎样前往桂林的? 他在《哭孟浩然》一诗的诗题下有注说:"时为殿中侍御史,知南选,至襄阳有作。"④这是最明确的一条材料,可知他赴岭南时曾途经襄阳(今湖北襄阳)。他在《送封太守》和《送康太守》两诗中,又提过夏口(今湖北武昌)这地名,很可能他是从襄阳沿着汉水,乘船直达夏口,⑤再从那里西南行到岳州(今湖南岳阳)。

从唐代其他人(比如柳宗元和李商隐)赴桂州的路线,我们约略可以推知,王维应当是先走陆路,从长安东南著名的蓝田县,经商州(今陕西商县),到襄阳。从襄阳,正如上文所说,他可以乘船顺着汉水到夏口,⑥再折返岳州

---

① 关于南选的其他材料,见《唐会要》卷七五"南选"一节。
② 《唐会要》卷八五,第 1622 页。
③ 《元和郡县图志》卷三七,第 917 页。
④ 《王维集校注》卷二,第 167 页。
⑤ 《王维集校注》卷二,第 171、173 页。
⑥ 严耕望《荆襄驿道和大堤艳曲》,《唐代交通图考》第 4 卷(册),台北"中研院"历史语言研究所,1986 年,曾经细考襄阳到江陵(即著名的荆州,今湖北江陵、沙市地区)的水路和陆路,可惜他没有再考襄阳到夏口的水路或陆路。

到潭州(今湖南长沙)。从潭州,他可以乘船沿湘水逆流而上,直达衡州(今湖南衡阳),再沿湘水西南行至柳州(今广西柳州)和桂州。

王维的整个旅程大部分应当是水路。中古时代旅行,乘船远比坐车或骑马方便舒服,主要因为船上可以轻易解决"膳"和"宿"的人生两大问题。① 他此次南行,全程约须二到三个月。

到了桂州,王维终于见到南方草木,远比北方的青绿。他很可能就在这里第一次见到高大的相思树,亲睹"此物最相思"的"红豆",而写下那首流传了一千多年的《相思》。

四、古典相思树、红豆和南洋"臭豆"

在今天,"相思树"这名称在不同地区有不同的含义。

在中国古典诗文中,相思树即指那种能结出王维诗中"红豆"的树木。左思《吴都赋》中所说的"楠榴之木,相思之树",以及梁武帝《欢闻歌》所说"南有相思木,含情复同心",指的都是这种长红豆的相思树。② 王维本人的《相思》,一开头就说"红豆生南国",可证他是指这种长红豆的相思树,应无疑问。"生南国"也是个很精确的描写,因为这种相思树即原产于印度南部和中国华南热带地区。

在唐诗中,相思和红豆一向是并提的,联想十分紧密,如温庭筠的《南歌子词》:

> 玲珑骰子安红豆,入骨相思知不知。③

又如晚唐一位诗人的《玉合》:

> 中有兰膏渍红豆,每回拈着长相忆。④

在《红楼梦》第二十八回,贾宝玉所唱的那支相思小曲,便有"滴不尽相思血

---

① 笔者在《唐代基层文官》的第六章《文官俸钱及其他》中有一节"宦游",比较深入地讨论了唐代乘船旅行的种种好处,引用白居易等人的诗为证,可参看。

② 见《王维集校注》第 411 页注二所引各条材料。

③ (清)彭定求等编《全唐诗》卷五八三,中华书局,1979 年,第 6764 页。

④ 《全唐诗》卷六八三,第 7835 页。"玉合"即"玉盒"。此词写一个玉盒中装着的珍贵红豆。

泪抛红豆,开不完春柳春花满画楼"等名句。① 在中国古典诗文中,相思和红豆的关系太密切了。可以说,相思若没有了红豆,简直就不成其为相思了,无法表现出相思的力道。

这种长红豆的相思树,因为和古典诗文的关系如此密切,而且在古代即称为"相思树"或"相思木"(见上引左思《吴都赋》和梁武帝《欢闻歌》),我们或可径称之为"古典相思",见照片一:

照片一:马来西亚新山市苏丹皇家公园所见的
一棵古典相思树。(作者摄)

它正式的学名是 *Adenanthera pavonina*。最大的特征是叶子是长椭圆形的(见照片二及三):

① 《红楼梦校注》第二八回,人民文学出版社,1980 年据庚辰本和程甲本排印,第 441 页。

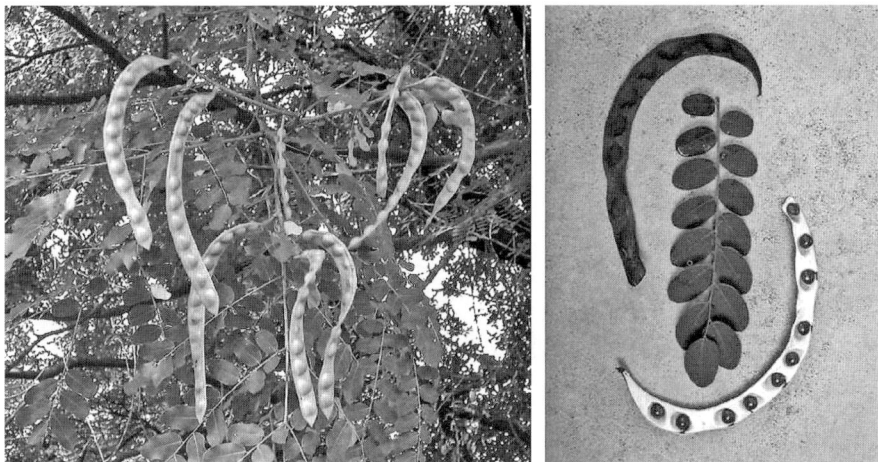

照片二(左)：古典相思的长椭圆形叶子和荚果。（作者摄于新山苏丹皇家公园）
照片三(右)：古典相思的红豆、荚果外壳和叶子。（作者摄）

　　这种古典相思树开花结果，便长出串串约 15 到 20 厘米长的荚果，先是青绿色（照片二），成熟后变成棕褐色，爆裂开来，里面便依附着一颗颗像鲜血一样殷红的相思红豆（照片三）。这些应当就是王维所说"此物最相思"的红豆了。

　　王维所写的"红豆"属于哪一种树木所生，学界目前有三种说法。一即上文所说古典相思树 *Adenanthera pavonina*；二是一种"红豆树"，属"蝶形花科"，学名 *Ormosia hosiei*；三是一种爬藤类的植物"相思子"，学名 *Abrus precatorius*。[①]

　　据潘富俊的《唐诗植物图鉴》，第二说红豆树的分布极广，"分布于广西、四川、贵州、江苏、江西、陕西及甘肃等地区"[②]，但王维却说"红豆生南国"，特

---

① 刘逸生《唐诗中的红豆》对此三说有详细讨论。刘逸生为唐诗专家，写过一本很有名的普及读物叫《唐诗小札》，至今仍很风行，有多种版本。但他此文却不收在他此书中，而是笔者在网上搜寻所得。其来源出处待考。潘富俊《唐诗植物图鉴》，上海书店出版社，2003 年，第 148—149 页，认为王维诗中的红豆来自第二说"红豆树"，但此书第 149 页，又附一古典相思树的红豆图，并说孔雀豆或称海红豆也可能是王维诗中提到的红豆。美国汉学家 Edward H. Schafer, *The Vermilion Bird: T'ang Images of the South* (Berkeley: University of California Press, 1967), p.169 说王维的红豆指的是第三说"相思子"。

② 潘富俊《唐诗植物图鉴》，第 148—149 页。

别标明它是一种"南国"产物,似乎不是指这种可以在"陕西及甘肃"等北方地区都能找到的"红豆树"。今天,"红豆树"在中国大陆已经成了一种濒临绝种的国家稀有珍贵三级保护植物,也让我们难以把它跟王维的"红豆"联想在一起。在唐代,这种红豆树恐怕也不常见。所以本文不取此说。

至于第三说"相思子",它最主要的特征是"一端(约全体四分之三)为鲜红色,一端(约全体四分之一)为黑色"①。由此看来,这种红黑色的豆子,似乎不像是王维所说的"红豆"。据刘逸生说,他曾经在广东"云浮县捡到甚多,但藏了十多年后,已发黄褪色,并非'历久不变'"。这种会"发黄褪色"的"相思子",似乎也不可能是可以作为订情信物的相思红豆,象征历久忠贞不变的红豆。

所以,笔者认为,第一说"相思树"最可信,最可能是王维所写的红豆。这种树在"南国",在中国两广地区以及越南、泰国、马来西亚和印度尼西亚等热带地区都很常见。它的荚果成熟后,变成红红的豆子,随风飘落在树下地面,任人捡拾或"采撷",历久不会褪色,正符合王维整首诗给我们的印象。

然而,在中国台湾地区,有一种树完全不会长红豆,却又被称为"相思树",颇有"破坏"古典之嫌。这种树是一种常绿中乔木,学名 *Acacia confusa*,别名台湾相思、相思仔、香丝树等。它的原产地是恒春半岛,是台湾主要的造林树种之一,全岛低海拔山区普遍可见。台中东海大学校园内遍植这种相思树,更是远近闻名。为避免混淆,本文称之为"台湾相思",以示和"古典相思"有别。

台湾相思的特征之一,是它的叶子(所谓的"假叶")呈"镰刀"形(照片四),不像古典相思树叶的"长椭圆形"。台湾散文中常有描写,如张晓风在《林木篇》中就说:"每次坐在树下望天,那些刀形的小叶忽然在微风里活跃起来。"②从这树叶的描写,就可知道张晓风写的是当地特产的"台湾相思",和王维所说的古典相思树没有任何关联。

---

① 见刘逸生《唐诗中的红豆》。但刘逸生说王维没有"到过南方",则不符事实,未深考。王维到南方的过程,详见本文第三节。

② 张晓风《愁乡石》,台北晨钟出版社,1971 年,第 13 页。张晓风此文被收入台湾和香港地区的好几种中学教科书中,流传甚广。

照片四：台湾相思的叶子，像刀形。此树为笔者后院所栽，种子
取自香港中文大学校园的台湾相思。（作者摄）

为什么台湾植物学界把不长相思红豆的树称为"相思树"，"破坏"了古典诗情呢？这恐怕是个难解的"谜"。但这名称在台湾沿用已久，已广为人接受。倒是台湾好些网站，在介绍台湾相思时，都不忘提醒读者，台湾相思是"结不出相思红豆"的。[①]

至于台湾有没有古典相思树？有，但似不常见，而且这种树在台湾被称为"海红豆"或"孔雀豆"，被"剥夺"了它的"古典"地位。"孔雀豆"这一名称是近代的，非古典，显然译自这种树的学名 *Adenanthera pavonina*，因为 *pavonina* 即拉丁文"孔雀之眼"的意思。笔者怀疑，因为 *Adenanthera pavonina* 这种树在台湾不常见，所以才被"剥夺"了它的古典地位，被当地最常见的 *Acacia confusa* 以"新贵"的姿态取代，成为所谓的"相思树"。

在中国香港地区，台湾相思和古典相思两者都可见到。香港中文大学校园内便种了许多台湾相思。树旁有木牌子介绍，说明是"台湾相思"。从

---

① 可用百度等搜索引擎去检索，键入"相思"或"红豆"等字眼。

此点来看,香港似乎把古典相思才视为相思树的"正宗",而把 *Acacia confusa* 称为"台湾相思",以示区分。

在中国福建某些地区也有台湾相思,所以古典相思和台湾相思似乎有混淆的现象。大陆网站上有好些作者所写的文章,都引用了王维的"红豆生南国",但细读内文,却可发现它们明显是在写台湾相思,写它的"刀形"叶子等特征。这形成一种有趣的、不自觉的"文本矛盾"。

在马来西亚和新加坡,最常见的是古典相思树,在路边、公园和山坡上常见,反而台湾相思难得一见。笔者长年住在马来西亚的新山市(Johor Bahru),常到隔海的新加坡去,却从未在这两个国家见过台湾相思。因此马新地区没有"两种相思"混淆的现象。马来西亚和新加坡中文所说的"相思树",都指王维所写的那种古典相思,而且这两地没有"海红豆"或"孔雀豆"的叫法。① 马新许许多多不曾到过台湾的华人,恐怕从未听过或见过"台湾相思"这种树,更不知道台湾相思曾经"侵占"古典相思的事。

有趣的是,在马来西亚和新加坡,有一种马来人特别喜爱吃的珍品"臭豆"(泰国人和印度尼西亚人亦爱吃,但泰国和印度尼西亚品种似有些分别),马来文称之为 petai,学名 *Parkia javanica*。笔者无意中发现,它竟跟王维的古典相思属于同一科,都是"豆科"(*Leguminosae*)。臭豆其实并不"臭"(至少不是"臭豆腐"的那种臭)。笔者吃过,十分爽脆可口。有些华人也爱吃,通常拿来炒辣椒和虾酱。

马来人所食用的臭豆,系取自臭豆树饱满而尚未硬化的青绿色荚果。这时剥开豆荚,豆子已经相当圆大,但仍青嫩,正像相思豆尚未硬化成红色之前的青绿状态。臭豆和相思豆的荚果形状几乎相同,只是臭豆荚果比较长和宽大,长约 30 到 40 厘米,宽约 4 厘米。臭豆直径约 1.5 到 2 厘米,远比相思红豆大,约大二三倍(见照片五)。

和臭豆一样,相思红豆其实也可以吃。在西南太平洋美拉尼西亚群岛(Melanesia,包括斐济和所罗门等群岛)及中太平洋波利尼西亚群岛

---

① *Adenanthera pavonina* 的马来名叫 saga。据钟松发等人编《*Kamus Perdana* 最新马来语大词典》,吉隆坡联营出版公司,1997 年,第 1369 页 saga 条下,其中文即作"相思树",并附学名 *Adenanthera pavonina*,可知在马来西亚和新加坡,相思树系指 *Adenanthera pavonina*,而不像台湾地区那样指 *Acacia confusa*。

(Polynesia，包括夏威夷和汤加等群岛），就有人拿来烤熟吃，并称这种树为"食物树"（food tree）。在印度尼西亚爪哇，也有人把相思红豆烤熟，去壳，伴白饭吃。据说味道像黄豆。然而，相思红豆若要当作食物，应当也跟臭豆一样，取自饱满但仍青嫩的豆子。等到坳硬化成坚硬木质的红色豆子时，恐怕就不能吃了。

臭豆树的树叶也和古典相思树的非常相似。当古典相思树长满荚果，高高挂在枝头时，远远望去，真有几分像串串臭豆。

照片五：马来人爱吃的臭豆荚果和豆子（比较照片二中的相思荚果）。（作者摄）

五、王维和唐代南方

上文说过，王维是"中原"人。他这首《相思》写南方风物，倒是非常客观，没有唐代北方文人对南方普遍持有的一种"异样眼光"，这是很难得的。限于篇幅，这里无法细论北方文人对南方的这种"特殊凝视"[1]，且举古文大师韩愈等人的几个例子，以见一斑。[2]

韩愈曾经因为听不懂南方人的话语，而把他们的语言比喻为"鸟言"。他在《送区册序》中描写他刚到阳山（今广东阳山）[3]时的情景：

> 阳山，天下之穷处也。陆有邱陵之险，虎豹之虞。……县郭无居民，官无丞、尉。夹江荒茅篁竹之间，小吏十余家，皆鸟言夷面。始至，

---

① 从地理环境和疾病的角度探讨这方面的研究，见萧璠《汉宋间文献所见古代中国南方的地理环境与地方病及其影响》，《"中研院"历史语言研究所集刊》第 63 本第 1 分，1993 年。

② Schafer 在他那本专书 The Vermilion Bird 中曾论及唐代北方人对南方的态度，颇多新意，可参看。

③ 唐代阳山县属于道州（今湖南道县）。这地方到今天仍然是一个偏远的少数民族地区，交通不便。笔者在 1990 年冬曾一访，很能体会韩愈的心情。

言语不通,画地为字,然后可告以出租赋,奉期约。①

这可说是很典型的北方人对南方的描写,一副以"中原心态"看待南方的方式。其中最引人注目的一个细节是"小吏十余家,皆鸟言夷面",意思是说那十多个"小吏",说话像鸟叫,样貌像夷蛮。

和王维一样,晚唐大诗人李商隐也曾经到过桂林,在桂管观察使郑亚的幕下做一个幕僚。他的《为荥阳公上史馆白相公状三》即写于桂林,文中也用了"鸟言"来描写南方人:

> 以今月九日到任上讫。地当岭首,封接蛮陬;猿饮鸟言,罕规政令。②

而且还多了个"猿饮",意思是"似猿之用前肢捧水而饮"③,可说是个非常生动具体的意象,不愧是大诗人手笔,但用此意象来形容南方人喝水的样子,若在今天,恐怕要遭到南方人的集体抗议了。

崔行先在《为昭义李相公贺云南蛮归附状》中描写"云南蛮"时,也用过"鸟言"典故,而且有所发挥,把云南蛮看得很低,用"狼心"等语来形容他们:

> 臣某言。伏承云南群蛮率其类八国献款归附,以某月日至于阙下。臣伏惟皇帝陛下端拱九重,高视千古,圣谟广运,方昭不宰之功,至德柔远,是有非常之庆。不然者,荒陬蛮貊,左衽鸟言,文轨未通,嗜欲有异,不知父子之性,独识皇王之恩。此皆天诱其衷,神助其请,归我龙德,革彼狼心。④

在这种背景下看王维的《相思》,真让人耳目一新。用今天的话来说,《相思》可说是唐代少数写南方风物而又"政治正确"的难得诗作。

---

① 《韩昌黎文集校注》卷四,第 266 页。

② 刘学锴、余恕诚校注《李商隐文编年校注》,中华书局,2002 年,第 1319 页。

③ 《李商隐文编年校注》,第 1320 页编者补注。

④ 《全唐文》卷六二〇,第 6260 页。"左衽"是指中国边疆少数民族的服装,前襟向左,不同于中原人的"右衽"。在中原地区,只有死者的葬服才"左衽"。在中国古书中,"左衽"常用来形容夷蛮之人。最著名的例子,当数《汉书·匈奴传》卷九四下,第 3834 页所说:"夷狄之人贪而好利,被发左衽,人面兽心。其与中国殊章服,异习俗,饮食不同,言语不通。"所以崔行先在这里用的"左衽鸟言",是很看低南方人的描写。

　　上文说过，王维的《相思》特别有"南方风味"。在结束本文之前，我们甚至可以略微修正这"南方风味"的说法，或可干脆说这首诗很有"南洋风味"，因为王维写的是一种今天仍在南洋十分常见的大树（笔者新山老家门前就种了三棵）。这种古典相思又跟南洋的臭豆树如此相似，王维此诗带给我们（特别是南洋华人）的联想也就异常丰富了。所以笔者撰文细考如上，或可为身处热带的马来亚大学中文系成立四十周年纪念，作贺庆补白之用。

　　原载《马来亚大学中文系学术论文集》第 7 辑《马来亚大学中文系创系四十周年纪念专号》，马来亚大学中文系，2005 年，第 121—149 页。

小说的正史化

——以《新唐书·吴保安传》为例 *

　　《新唐书》采用小说材料来修史,历代都有人议论。比如宋代吴缜《新唐书纠缪》就认为《新唐书》"多采小说,而不精择",是它的一大缺点。但什么是"小说"?什么是"史实"?《新唐书》又是以何种方式来运用小说材料?它如何把小说"正史化"?这些问题目前还没有学者做深入的研究。章群的《〈通鉴〉、〈新唐书〉引用笔记小说研究》,可说开了先端。① 此书网罗许多有用的原始材料。本文想用一个实际的例子,来说明《新唐书》中的《吴保安传》是如何根据唐代牛肃《纪闻》中的《吴保安》一文写成,并且想借这个例子,来探讨唐宋以至现代史家,如何看待小说和史实等问题。

一、牛肃的《吴保安》

　　据目前所能见的材料,在所有记载吴保安故事的文献当中,时代最早的,应当是唐代牛肃《纪闻》一书中所收的《吴保安》。这是一篇以半骈体半散体写成的故事,形式和其他唐传奇文或唐人小说相似,因此它也被收录在好几种今人所编的唐人小说集中。②

　　牛肃在《旧唐书》或《新唐书》中都没有传。我们对他的生平事迹几乎一

---

　*　本文初稿承蒙英国牛津大学已故杜德桥(Glen Dudbridge)教授、台湾东吴大学讲座教授王秋桂老师以及武汉大学鲁全才教授赐阅并提供宝贵的改进意见,特此致谢。
　①　章群《〈通鉴〉、〈新唐书〉引用笔记小说研究》,台北文津出版社,1999年。
　②　最初收于汪辟疆编《唐人小说》,1929年初版,香港中华书局,1985年重印本,第241—245页。近年比较好的一个本子收于王梦鸥校释《唐人小说校释》上册,台北正中书局,1983年,第1—21页。本文引用的即王梦鸥的此一校本。

无所知。民国初年的学者汪辟疆说他"或为贞元元和间人"①(785—820)，但陈端端已指出此说有误，并且考证出牛肃是河内怀州人，大约生活在唐玄宗到代宗朝(即 712—780)。② 日本学者内山知也根据《纪闻》一书中的若干线索，亦得出相同的结论。③

可以补充的是，据《元和姓纂》，牛肃曾经出任岳州(今湖南岳阳)刺史。他的先祖是西魏太常丞，他家中有好几个成员都曾经当官，可说是个官宦之家。④ 刺史是一州的首长，在唐代是个相当高的官职。

牛肃的《纪闻》一书，和唐代许多此类著作一样，今天都已失传了。幸运的是，北宋太平兴国二年(977)所编成的一本大部头的类书《太平广记》，收录了大量唐和唐以前的此类著作，才使它们不至于完全失传。现传世的《太平广记》仍收有出自《纪闻》的大约一百二十篇文章，而其中最有名的，就是《吴保安》这一篇。⑤

《吴保安》可说是一篇含有很深教化意味的"典范"故事。它要树立的典范，是"感恩图报"的那种忠义精神。吴保安和郭仲翔虽然是同乡，可是他们两人从来不认识，也从来没有见过面。当郭仲翔随李蒙的大军来到剑南时，吴保安写信给他，希望郭能帮他在李蒙军中谋个官职。郭仲翔收到信后，心想吴保安是他的同乡，于是便尽力帮吴保安在军中谋到了一个差事。后来，郭仲翔被"南蛮"俘虏，写信向吴保安求救，吴保安也就为了报答郭仲翔当初帮他谋得一差事，而替郭奔走忙碌了整整十年，筹够了赎金，才把他从"南蛮"中营救出来。为了报恩，郭仲翔后来在吴保安夫妇死后，亲自赤脚步行了几千里，把他们的遗骨从四川带回到吴的家乡河北魏州归葬。更感人的是，郭仲翔还负责照顾吴保安的儿子，帮他娶亲，甚至在天宝十二载(753)，向皇帝请求把自己的官职转让给吴保安的儿子，得到当时人的赞赏。

我们面对的第一个问题是：《吴保安》这篇作品，到底是纪实的文章，还

---

① 汪辟疆《唐人小说》，第 239 页。

② 陈端端《牛肃与〈纪闻〉》，(台北)《现代文学》第 44 期，1971 年，第 148—164 页。

③ 内山知也《牛肃と〈纪闻〉について》，《盛唐小说论》，东京求文堂，1976 年，第 264—288 页。

④ (唐) 林宝编、岑仲勉校记《元和姓纂附四校记》卷五，中华书局，1994 年，第 705 页。卞孝萱《牛肃与〈纪闻〉》，载《唐代文史论丛》，山西人民出版社，1986 年，第 106—109 页，对牛肃的生平和作品有更详细的考证。下文原先发表于《江海学刊》1962 年 7 月号。

⑤ (宋) 李昉等编《太平广记》卷一六六，中华书局，1961 年，第 1214—1217 页。

是出自作者虚构的想象创作？抑或是一篇根据真人真事改写的作品？然而，这些问题在今天恐怕都不易回答。我们经常见到的情况是，历代学者往往是以相当主观的看法，来决定这些唐传奇是纪实或虚构的。通常，一个史家或文学评论家如果需要引用某篇唐传奇来支持他的论点时，那他便会把那篇唐传奇当作是纪实的作品，是足以反映历史真实的。而如果那篇唐传奇对他的论点不利，那他往往就会指它是虚构的，是不足为信的。

唐传奇之所以能够如此虚虚实实，和它本身的性质有关。唐传奇不属于历史撰述的范围，它的作者也不以史家自居。然而，唐传奇又和历史撰述有很深的渊源。从传世的作品来看，唐传奇明显脱胎自正史或杂史的列传体。[①] 形式上，它刻意模仿列传的笔调和写法，以人物为中心，而且对若干历史细节如人名、地名和官名的处理也是仿照正史的。内容上，它可以是作者亲身体验的，也可以是"道听途说"的，更可以是神怪超凡的。

换句话说，唐代文人是以他们所熟悉的史传形式，来书写他们的所见所闻，或发挥他们的想象力。在后代读者看来，这些作品便不免似真似幻了——读起来既像史传，又像虚构的想象作品。宋代的赵彦卫曾形容唐传奇"此等文备众体，可以见史才、诗笔、议论"[②]，正好点出唐传奇这种文类的多功能性质。

牛肃的《吴保安》便是个好例子。一开始，它介绍主角吴保安出场时，完全是一派史传的笔调："吴保安，字永固，河北人，任遂州方义尉。其乡人郭仲翔，即元振从侄也。"主角的名字、籍贯和他的官职如此明确，甚至连他任官的地点（遂州方义，今四川广汉市）都那么具体而真实，难怪后代读者（甚至史家）都要把他当成是确有其人的历史人物了。

然而，《吴保安》这篇传奇所给人的这种历史真实感，却只是表象的。一旦我们对这篇作品作比较严谨的分析，它便经不起考验，漏洞百出了。

故事一开始，作者介绍吴保安出场时提到的几个人物，除了宰相郭元振

---

① 孙逊、潘建国《唐传奇文体考辨》，《文学遗产》1999 年第 6 期，提出一个新观点：唐传奇的渊源是汉魏六朝的人物杂传，而非如鲁迅所说，脱胎自六朝的志怪。但孙逊和潘建国都没有论及正史列传体对唐传奇的影响。事实上，正史列传是一种比六朝人物杂传更"强势"、更具"优势"的文本。它应当比杂传更能影响唐代的传奇作者。

② 赵彦卫《云麓漫钞》卷八，中华书局，1996 年，第 135 页。

之外，都是历史上无从查考的。郭元振在唐史上当然是赫赫有名的一位宰相，[1]可是他在这篇传奇中并没有扮演什么角色。作者只告诉我们他有一个"从侄"叫郭仲翔，和吴保安是同乡，并且把这从侄推荐给一个名叫李蒙的都督，参加征讨"南蛮"的一场战事。

但郭仲翔和吴保安两人，他们的名字就仅仅出现在这篇传奇，而不见于唐代的任何其他文献。不论是《旧唐书》或《新唐书》的《郭元振传》，都不曾提到郭元振有这么一个"从侄"。《资治通鉴》也从未记载此事。看来，本篇传奇的作者，似乎有意把吴保安和郭仲翔这两人和唐代有名的宰相拉上关系，借此增加这两人的可信度和历史真实性。

文中第一段说："会南蛮作乱，以李蒙为姚州都督，帅师讨焉。"这也是其他唐代文献所没有记载的一件事。李蒙在新旧《唐书》中都没有传。他的名字也只见于本篇（以及根据本篇改写的《新唐书·吴保安传》）。《资治通鉴》在记录唐代大小战役方面是非常详细的，但却从来没有记录这场李蒙帅师讨"南蛮"的战事，令人怀疑这场战争的真实性。

在牛肃的《吴保安》中，李蒙都督死后，代替他的是一个名叫杨居安的都督。和李蒙一样，杨居安的名字也只出现在本篇传奇小说中，而不见于其他唐代文献，令人怀疑历史上是否真有其人。而且，他在前往姚州上任途中，竟"巧遇"当时也正在赶往姚州寻夫的吴保安妻子，似乎太巧合了。

当然，《吴保安》一文的重点，并不在于历史纪事，而是在吴保安弃家赎友这感人的情节上。它的历史背景只是一种叙事框架，只为了方便呈现文中的两个主角和他们身边的亲人。这也是唐传奇小说常用的叙事方法。在阅读唐传奇时，我们往往有个印象：中国史传传统的影响太深远了，唐代的文人在撰作这些传奇作品时，似乎都逃不脱史传形式的约束。即使在书写一篇鬼故事，他们也非得把人物和故事放在一个历史的框架下来书写不可，否则便好像难以成篇，难以令人信服一样。这种叙事策略也赋予一篇想象的作品一种额外的历史真实感，虽然那往往是一种虚幻的历史感。

这篇传奇作品当初是如何写成的？它是否记录了一个真实的故事？这

---

① 郭元振在《旧唐书》和《新唐书》中都有传。见《旧唐书》卷九七，第3042—3049页；《新唐书》卷一二二，第4360—4366页。

样的问题当然无从回答。但牛肃那本书名叫《纪闻》，或许反映了他此书中所收的作品的性质——它们所"纪"的都是作者所见所"闻"的。

看来，吴保安这故事应当也源自作者的听闻。当时也许的确有过这么一个"赎友"的故事。但这真实故事到了牛肃的笔下，作者为了凸显这故事的"教化"意味，而夸大了或虚构了若干细节。比如，或许当初作者所听到的，只有"赎友"这一情节，而没有"别妻离子"这一段。那完全是传奇作者在这种文体下所虚构的。但作者把这整个虚构的故事，放到一个史传的框架下来书写，结果产生了这么一个混合了历史和虚构的作品。

然而，牛肃这篇传奇小说的历史真实性是很薄弱的。上文已指出，他所提到的好几个关键人物和那场战事，都无法从其他唐代文献求证。这篇小说的虚构成分很浓厚。但它所呈现的"感恩图报"这一典范，却在宋代吸引了史家的注意，而把它带进历史的殿堂。

除此之外，牛肃的《吴保安》还有另一奇异的插曲。那就是吴保安和郭仲翔当初交往所写的那两封信。这两封信都以骈体文写成，和传奇叙述部分所用的古文相映成趣。或许因为这个关系，清代编修《全唐文》时，竟把这两封信当作是真人所写的两篇文章，而收进了《全唐文》之中。① 于是，吴保安和郭仲翔不仅走进了历史，也俨然成为两位唐代作家，作品被收录在《全唐文》中。我们将在下面第四节看看他们两人是如何"成为"唐代"作家"的。

二、《新唐书·吴保安传》

牛肃写下吴保安的故事后大约三百年，到了北宋年间，他的事迹被《新唐书》的编者注意到，而把它编入这部官修的正史之中，从而把这篇小说"正史化"了。② 于是，现代学者再也不能确定，吴保安到底是个虚构的小说人物，还是确有其人的历史人物，而且也不能肯定，他到底是从小说走进史书，还是从史书走入小说。在 21 世纪的今天，我们回过头来看吴保安，可以发现他还是一个谜样的人物。现代学者对他还是没有一个定论。研究传统小

---

① 《全唐文》卷三五八，第 12—14 页。
② 《新唐书》卷一九一，第 5509 页。

说的学者,和研究唐史或南诏史的学者,对他的看法可能很不一样。

现代的读者或许会觉得这是不可思议的事。他们或许会提出一连串的问题——何以一个传奇小说中的人物,能够进入正统的史书?《新唐书》的编者难道竟可以如此"草率"地相信了牛肃的记载吗?既然《新唐书》记载了吴保安的故事,那这故事应当是真实的,不会是虚构的吧?

甚至,至少有两位专门研究中国传统小说的现代学者,认为吴保安的故事是"源出于《唐书》"的。① 这种看法很有意思,反映了若干有趣的现象。第一,在现代小说学者眼中,中国正史的权威是至高无上的。但研究小说的学者往往并不了解正史编修的过程。那是一种层层史料重叠的复杂过程。② 所以他们对正史更是"敬畏"的,不敢质疑正史的权威。第二,现代小说学者往往以为,传统小说和史书的关系是单方面的——小说家必定是从史书上取材,却没有意识到正统史家也可能利用小说的材料来"创造"历史,把小说"正史化"。③ 在这种情况下,现代小说学者没有深考这故事的源头,而以为吴保安的故事源出于《新唐书》,也就不足为奇了。

但吴保安的故事,明显地并不是从《新唐书》开始的。《新唐书》的编修年代较晚,晚到北宋庆历四年(1044)才开始编纂,一直到嘉祐五年(1060)才编成,前后花了约十七年。那时唐已经灭亡一百多年了。《吴保安》的原创者牛肃,最晚死于约代宗朝(约 780 年,见上)。此文应当是在牛肃死前即完

---

① *Traditional Chinese Stories: Themes and Variations*, ed. Y.M. Ma and Joseph S. M. Lau (New York: Columbia Univ. Press, 1978), p.1. 此书有中文版,即马幼垣、刘绍铭和胡万川编《中国传统短篇小说选集》,台北联经,1979 年,但中文版依然沿袭了英文版的说法。马幼垣和刘绍铭在论及明代《古今小说》中所收的《吴保安弃家赎友》时说:"这个源出于《唐书》的故事,即使在中国的'友情文学'中,也显得极为特出。"他们没有提到牛肃的《吴保安》。

② 这方面的专书和论文有好几种,但最详细的讨论见 Denis Twitchett, *The Writing of Official History under the T'ang* (New York: Cambridge University Press, 1992)。

③ 例如,在 Hsiao-peng Lu, "The Fictional Discourse of *Pien-wen*: The Relation of Chinese Fiction to Historiography," in *Chinese Literature: Essays, Articles, Reviews*, 9 (1987), pp.49-70 一文中,作者便假设传统小说和史学的关系是单向的,即小说从正史取材,正史不会从小说取材。这种假设也见于余国藩《历史、虚构与中国叙事文学之阅读》,收于他的论文集《余国藩〈西游记〉论集》,台北联经,1989 年,第 221—255 页。关于中国小说、历史和神话的关系,近年颇有几种专书出版,例如 Sheldon Hsiao-peng Lu, *From Historicity to Fictionality: the Chinese Poetics of Narrative* (Stanford: Stanford University Press, 1994) 以及 Deborah Lynn Porter, *From Deluge to Discourse: Myth, History, and the Generation of Chinese Fiction* (Albany: State University of New York Press, 1996)。

成,而且它在北宋太平兴国二年(977)就已经被收录在《太平广记》中。换句话说,在《新唐书》编修时,吴保安的故事已经在人间至少流传了超过三百多年之久,因此这故事不可能是"源出于"《新唐书》的。

　　相反,《新唐书·吴保安传》应当是根据牛肃的《吴保安》一文写成的。① 这是正统史书采用小说材料编写历史的一个例子。幸运的是,在唐史主要资料上,现代学者可以运用的史书其实不只《新唐书》一部,而是至少三部:除了《新唐书》外,还有《旧唐书》和《资治通鉴》。这样我们就有了比较和查证的机会。《旧唐书》成书于五代后晋开运二年(945),比《新唐书》早了大约一百年,而且大部分内容还是来自早在唐代就编成的几部实录和国史,②但《旧唐书》并没有为吴保安立传。同样,在《资治通鉴》中我们也找不到任何关于吴保安的记载。因此,《新唐书·吴保安传》看来并非根据正统的"行状"和"家传"等史料,而是改编自牛肃的传奇作品。

　　我们细心比较这两篇文章,当可发现两者不论是在叙事顺序上还是细节上,都极为相似。《新唐书》编者所做的,主要是将那篇传奇文浓缩,改得更为短小精简。而其中有两个改动最可注意。

　　第一,牛肃的《吴保安》一文最晚写于约唐代宗朝。当时韩愈所倡导的古文运动还没有开始,所以牛肃采用的还是唐代骈体文和古文交杂的那种独特文体。其中吴保安和郭仲翔所写的那两封信,更全是骈体。但到了北宋编修《新唐书》时,古文已经成为主流典范,成为"时髦"的文体,所以《新唐书·吴保安传》便把这两封骈体文的书信完全删去,而以古文转述信的大要。

　　第二,正如我们在前面提到的,杨居安都督在前往姚州上任的途中,遇到吴保安的妻子在路边啼哭,可说太"巧合"了。《新唐书》的编者显然也觉得这种事太"凑巧"了,在传奇作品中或许无妨,但在正统史书中就未免有点说不过去。因此他们把这一细节改为杨都督知道了消息("杨都督知状"……),觉得奇怪,便派人去寻访吴保安。

---

① 汪辟疆编《唐人小说》,第 245 页,最早指出"宋祁撰《唐书》,曾采其事,入《唐书》忠义传,文可互参"。王梦鸥《唐人小说校释》上册,第 16—17 页,也说这是《新唐书》的编者,把吴保安的故事"编入正史,当为实录"。

② 见 Twitchett, *The Writing of Official History under the T'ang.*

《新唐书·吴保安传》可说是正统史书采用小说材料编写历史的一个例子，但这并不是唯一的例子。《新唐书》中至少还有另一例子，那就是它的《列女传·谢小娥》。^① 史书采用小说的例子，也不仅仅限于正史。在其他形式的史书，如通鉴体中也可以找到。比如司马光的《资治通鉴》就采用了不少小说的材料。^②

但值得注意的是，传统史家采用小说材料，并非一件不光彩的事。在《进资治通鉴表》中，司马光甚至坦言，他"遍阅旧史，旁采小说，简牍盈积，浩如烟海"^③。显然，司马光并不以"旁采小说"为耻，反而觉得这是史家应当做的事。

不过，司马光所说的"小说"，和我们今天所说的"小说"，并不相同。传统的小说观念，当可追溯到汉代班固在《汉书·艺文志》中所描写的："小说家者流，盖出于稗官，街谈巷语，道听涂说者之所造也。"到了宋代，这一类著作在传统的公私家藏书目录中，已自成一类作品，统称为"小说"，属于四部分类中的子部。但传统所谓"小说"，往往和史部的杂史类或杂传类的作品难以区分，以至小说、杂史和杂传常可通用。比如李德裕的《次柳氏旧闻》，在《新唐书·艺文志》中被列入史部杂史类，但《四库全书总目》却把它列入子部小说家类。同样，像刘肃的《大唐新语》那样的书，在《新唐书·艺文志》中被列入杂史类，但《四库全书总目》却又把它列为小说家类。这些例子还有许多，可见杂史和小说的分野相当主观，因人而异，亦因时而异。但大体而言，两者可以说都是比较次要的史料。

司马光说他"遍阅旧史，旁采小说"时，他的"小说"一词定义似乎更为宽泛。他是以"小说"和"旧史"对举的。他没有提及杂史等类材料。但我们从他在《通鉴考异》中所引用的那三百多种书可以看出，他所谓的"小说"，其实包含了杂史、杂传等类作品。因此，我们可仿照司马光的办法，把宋代史家修唐史的原始材料分为两大类：

---

① 《新唐书》卷二〇五，第5827—5828页。根据李公佐的《谢小娥传》改编。见汪辟疆编《唐人小说》，第93—97页。王梦鸥有一专文讨论这课题：《谢小娥故事正确性之探讨》，收于他的《唐人小说研究四集》，台北艺文印书馆，1978年，第194—203页。

② 见章群《〈通鉴〉、〈新唐书〉引用笔记小说研究》。

③ 此《进书表》附于（宋）司马光编著《资治通鉴》卷二九四，中华书局，1956年，第9608页。

（一）旧史：这包括唐代实录、国史和正史等正统的，一般被认为是可靠的记载。

（二）小说：这包括传统目录所说的小说、杂史或杂传，一般被认为是比较琐碎、比较不可靠，但又能补充信史不足的材料。

牛肃的《吴保安》属于以上第二类小说材料。它跟现代中、英文所说的"小说"（fiction）有些不同。Fiction 必定是虚构的，但中国传统所说的小说，却不一定是虚构的。它可能是真实的记录，也可能含杂着一些虚构的成分，当然也可能是完全虚构的。

本文说《新唐书》的编者把小说的材料编入正史，把小说"正史化"，也并没有贬抑的意思，只是想指出一个事实——这是传统史家很普遍的修史方法。但使用这些传统史书的现代读者，应当随时有一种警惕，须留意这一类史书中的小说成分，因为即使像《新唐书》或《资治通鉴》那样正统的史书，都包含了不少小说材料。① 而且，不论是《新唐书》还是《资治通鉴》，都已经不能说是严格定义的第一手"原始材料"了。现代学者其实都是通过宋祁、欧阳修和司马光这些宋代史家的眼，通过他们已经过滤了一次的史料，来看唐代历史的。因此，我们应当更密切追问：他们曾经使用过哪些"旧史"和"小说"的材料？他们又是怎样使用"小说"材料来修史的？

三、小说、虚构和史实

唐代初年，陈朝皇室的后裔陈叔达回了一封信给他的朋友诗人王绩。事缘王绩为了完成他的兄长王度未修完的《隋书》（事见王度的《古镜记》），

① 奇怪的是，宋代的吴缜和清代的赵翼，都不曾说《旧唐书》采用小说材料修史。赵翼在《廿二史札记》卷十六，中华书局，1963 年，第 312 页，说"《旧唐书》前半全用实录国史旧本"。这论断看来对后代的学者有很大的影响，以至大家都不再去追究《旧唐书》中的小说成分。其实，《旧唐书》绝非没有小说成分。且举一例。《旧唐书》卷一八四《高力士传》，第 4759 页，提到高力士晚年被流放到巫州时，"地多荠而不食，因感伤而咏之曰：'两京作斤卖，五溪无人采。夷虽虽不同，气味终不改。'"这一细节和高力士的这首诗，显然源出于唐代郭湜的小说《高力士外传》："又于园中见荠菜，土人不喜吃，便赋诗曰：'两京秤斤买，五溪无人采。夷夏虽有殊，气味应不改。'使拾之为羹，甚美。"见《开元天宝遗事十种》，上海古籍出版社，1985 年，第 112 页。《高力士外传》大约作于唐代宗大历（766—779）中。《新唐书·高力士传》没有这一细节。

曾写信给陈叔达,商借陈所撰写的《隋纪》。陈叔达的回信中有一句话,很有意义,很能反映中国中古时代史家修史的一些习惯作风,很值得现代史家的注意和参照。他对王绩说:

> 又恐足下纪传之作,须备异闻,今更附王胄《大业起居注》往。[①]

陈叔达不但把自己所写的《隋纪》借给王绩,而且还主动附上王胄的《大业起居注》,以便王绩在修史时可以有一些"异闻"可资使用。《大业起居注》今天已无传本,我们已无从知道它的内容。但起居注是一种比实录更早、更原始的史书,由宫廷史官修撰,以备将来编修实录和国史之用。它并非最后定稿的正史,但从陈叔达的回信看来,起居注里面有"异闻",可以补充"纪传之作"的不足。"纪传之作"当指正史那一类的纪传体。正史不但需要记录史实,同时它也需要一些"异闻"细节来做装饰点缀,才能使历史叙事更为生动。

　　唐宋时代的史家,他们的修史风格显然和现代史家很不相同。他们并不像现代史家那样刻意回避"异闻"一类的材料。相反,他们认为史书中应当有一些"异闻",才能使整个历史叙事更为生动完备。陈叔达给王绩的信,正好透露了一个中古时代史家的这种想法。《新唐书》博采小说,看来也同样是为了"须备异闻"。

　　以《新唐书·吴保安传》为例,它显然是被当成一篇典范故事而被收在《忠义传》这一部分的。《新唐书》和其他正史一样,它的列传部分的叙事重点,仍然是当朝重要的政治和军事人物,如郭元振等人。而在处理这些政军人物时,《新唐书》就往往不会也没有必要使用小说的材料,因为其他正统的史料并不短缺。即使它在这部分的列传中采用小说材料,那也只是为了增添一些生动的细节罢了。章群在《〈通鉴〉、〈新唐书〉引用笔记小说研究》一书中所搜集到的材料,大体都属于这类"锦上添花"的细节。如《新唐书·高力士传》,说高力士凭他胸前的七个黑子(黑痣)以及他生母的金环,而跟他失散多年的生母相认。据章群的考据,这七黑子、金环的故事,出自笔记小

[①]　见金荣华校注《王绩诗文集校注》卷四,第 298 页。王绩的信和陈叔达的回信,都收于王绩的这本诗文集中。

说《高力士外传》。① 然而,《新唐书·高力士传》所依据的主要材料,依然还是前朝史官编成的实录和国史。

但正史的列传部分,除了政、军人物传记外,还照例有《忠义传》《列女传》《孝友传》等较"次要"人物的传记。在这些"软性"的传记中,史家就往往只好采用小说的材料了,因为这些人物的传记,并不像重要的政、军人物那样,有家族所提供的"家传""行状"或墓志铭等材料可作依据。看来,《新唐书》的编者就是在这种情况下,把牛肃的传奇小说《吴保安》改编为历史的,以应付《忠义传》的需要。但这样一来,把小说"正史化"的一些危险也大大提高了,比如它很可能也把一些虚构的人物和故事带进正史。

由此,我们或可归纳出《新唐书》修史采用小说材料的两种方式:(一)在明确的军、政大人物列传上,它采用小说是为了增添一些生动的细节。这些列传本身主要还是根据正统的信史材料。(二)在《忠义传》《列女传》等"软性"的小人物列传上,如《吴保安传》和《谢小娥传》,《新唐书》可能便完全采用小说材料来编写历史。这类列传的传主身份和历史真实性都不易确定。他们可能是历史人物,也可能是虚构的小说人物。

在这两类列传中,《新唐书》采用小说材料修史,可能造成两种不同的后果。第一,在《高力士传》等重要军、政人物上,使用小说只是给这些人物的生平故事增添了一些生动的细节,如高力士凭胸前黑痣跟生母相认等等,但不致于把一个可能是虚构的小说人物带进史书,因为像高力士那样的人物,他的历史真实性早已经由其他正统史料,比如唐代的实录和国史确立了。使用小说材料并不会让后代的读者怀疑历史上是否确有这些人物,只是给他们的生平多添了一些生动有趣的小故事罢了。

但在《忠义传》《列女传》和《孝友传》中使用小说材料,则很可能会产生一个后果,造成史实和虚构的界线模糊。后代的读者更会怀疑,这些到底是确有其人的历史人物,还是小说家的虚构人物,因为像吴保安、郭仲翔、李蒙、谢小娥等人,他们的历史真实性是未经其他正规史料确定的。《新唐书》使用小说材料来给他们立传,极可能把一个虚构的人物带入史书。从这个

---

① 见章群《〈通鉴〉、〈新唐书〉引用笔记小说研究》,第 63—64 页。这一细节不见于《旧唐书·高力士传》。

角度看,《新唐书·吴保安传》可说提供了一个很好的实例,让我们可以认真检视史书把小说"正史化"的若干问题。

以《吴保安传》为例,《新唐书》不但可能为一个虚构人物立传,而且还因此产生了一些意想不到的效应。

第一,最妙的是,它可能因而"编造"出无中生有的事。我们上文说过,不论是《旧唐书》还是《资治通鉴》,都没有记录李蒙师师讨"南蛮"的战事,令人怀疑历史上是否真有过这场战争。但《新唐书》既然把吴保安的故事编入正史,则不得不妥善处理这场战事。结果我们发现,《新唐书·玄宗本纪》在开元元年(713)十月条下,竟真的记录了这场战争。[①] 但我们如果细心查考《新唐书》之所以会有此记录,那完全是因为《新唐书》的编者,相信了《吴保安》这篇传奇文的记载,而把此战事系在此年之下。

值得注意的是,牛肃的《吴保安》提到这场战争时,并没有说明它发生的年月,看来这是一场虚构的战争,所以蓄意在年月上含糊。然而《新唐书》的编者,作为一部正史的编纂人,似乎感到有一种史家的"责任",不能如此含糊,于是只好为这场源出一篇小说记载的战争,考证出它"发生"的年月:开元元年十月。这个《新唐书》编者考证出来的年份和月份很有意思,因为我们知道,郭元振正是在开元元年十月,参加一场大规模的讲武,军容不整,而被贬到遥远的新州(今广东新兴),然后不久就去世了。[②] 实际上,《新唐书》的编者如果想要考证一篇小说中所发生的虚构战争的年月,原本是不可能的事。但既然郭元振"曾经"向李蒙都督推荐他的"从侄"参加这场战争,则这场战争应当发生在郭元振被贬官和去世之前,也就是最迟不会超过"开元元年十月"。于是,《新唐书》便把这场战事记在《玄宗本纪》此年之下。

第二,《新唐书》采用小说材料,等于替这些小说背书,做了一道"鉴定为真"的手续。以吴保安的故事为例,最常见到的一种反应,正像王梦鸥所说,

① 见《新唐书》卷五,第 122 页。

② 见《旧唐书》卷九七,第 3048—3049 页;《新唐书》卷一二二,第 4365—4366 页。又参阅《资治通鉴》卷二一〇,第 6687—6688 页的记载。其实,郭元振原本是唐玄宗的一大功臣。他突然被解除兵权和被贬官,据两位现代学者的研究,是因为唐玄宗刚登基时,想"巩固皇权"的做法。和郭元振同时被处分的,还有另一位大臣唐绍。唐绍后来甚至被斩。见许道勋、赵克尧《唐玄宗传》,人民出版社,1993 年,第 87—88 页。

"其事既编入正史,当为实录"①。这是一种深信正史权威的反应,也是《新唐书》采用小说,把小说"正史化"以后,在一般现代读者群中产生的一个效应。但专治唐史的学者,当然不可轻易相信《新唐书》这种把小说"正史化"的举动,而必须追究它的史料来源。

四、宋以后的吴保安

宋代以后,吴保安的故事依然充满生命力,常以各种形式出现。到了明代,它便被改编为《古今小说》中所收的短篇小说《吴保安弃家赎友》,②以及传奇剧《埋剑记》。③ 但这两个改编本大体上都很接近牛肃的《吴保安》,在故事细节上并没有什么重大的增删,所以在吴保安故事的演变上也就没有什么新意。我们比较感兴趣的一个课题是:明代的这两次改编,它们的编者所根据的材料,到底是牛肃的《吴保安》,还是《新唐书·吴保安传》?

研究中国传统小说的学者,一般上都有一个错觉,以为明代的那些小说家和戏曲家,都依赖史书来做"故事新编"。前面我们见到,有两位现代学者认为,明代的《吴保安弃家赎友》"源出于《唐书》",便可说是这种错觉的好例子。他们之所以会有这种错觉,除了不熟悉史书编修的过程外,更可能是受了明清那些讲史小说的影响,因为这些小说往往是改编自历史的,比如有名的《三国演义》,取材自正史《三国志》。

不过,我们前面也已经说明,吴保安的故事并非最早"源出于《唐书》"。它还有更早的一个版本,那就是牛肃的《吴保安》。甚至我们觉得,明代小说《吴保安弃家赎友》的改编者,在重新编写这个故事时,他未必就一定需要依据《新唐书·吴保安传》。他其实大可以完全依赖牛肃的《吴保安》,而不必理会《新唐书》的记载。明代的那位改编者,甚至可以在毫不知《新唐书》有这么一篇《吴保安传》的情况下,仅仅依赖牛肃的传奇,就能编成吴保安的故

---

① 王梦鸥《唐人小说校释》上册,第16页。
② 见《古今小说》(后改称《喻世明言》)卷八。此书初刊于明泰昌元年(1620)或天启元年(1621),编者为冯梦龙,有台北世界书局1958年影印的一个明刊本。现代标点排印本则有好几种,最可靠的是许政扬的校注本,人民文学出版社,1958年。此校本近年也重印多次。
③ 《埋剑记》的明刊本有一个现代影印本收在《古本戏曲丛刊》初集,文学古籍刊行社,1954年。

事。事实上,牛肃的《吴保安》比《新唐书・吴保安传》包含更多的文字和细节,内容更丰富。它对一个改编者应当是更有用处的。从改编者的角度看,他没有理由舍弃牛肃的繁本不用,而去用《新唐书・吴保安传》这个已经编删过的简本。当然,他也可以同时参考这两个版本来改编。但在这种情况下,牛肃的《吴保安》依然提供更多的细节,应当是更有用的。

有理由相信,明代小说《吴保安弃家赎友》其实是根据牛肃的《吴保安》改编,而不是根据《新唐书・吴保安传》。《吴保安弃家赎友》中有太多细节是得自牛肃的《吴保安》,其中有五例最可留意:(一)杨居安都督在赴姚州任上,中途遇到吴保安的妻子;(二)郭仲翔被扣留在"南蛮"当奴隶时,他的双脚曾经被他的主人钉在木板上,以防止他逃跑;(三)郭仲翔被救后,曾经买了十个美丽的"南蛮"女子送给杨都督以示感谢;(四)郭仲翔后来在验收吴保安夫妇的遗骨时,恐失次第,"逐节用墨记之";(五)郭仲翔是在"天宝十二年"①请求让官给吴保安的儿子。这五个细节都是《新唐书》的记载中所没有的。《古今小说》的改编者,必然是看了牛肃的《吴保安》,才有可能编写出这五个细节。如此看来,明代小说家对正史的依赖,可能并没有现代学者想象的那么多。事实上,明代小说家可以利用的材料是多方面的。

到了清代,吴保安的故事最令人惊讶的一个转折,就是吴保安和郭仲翔两人,竟然被清代学者当成是两个唐代作家。他们当年在牛肃传奇小说中所写的那两封信,竟被收入《全唐文》中。《全唐文》的编者,不但从牛肃的《吴保安》一文中把这两封信一字不漏地照抄过来,而且还煞有介事地在这两封信之前,替吴和郭两人立了一则小传,介绍了他们的籍贯和官职。当然,这两则小传的资料,全来自牛肃的《吴保安》。②《全唐文》的编者并没有引用其他新出的材料。

显然,《全唐文》的编者是把牛肃的《吴保安》当成一篇纪实文章来看待。他们把吴保安和郭仲翔当作两个真有其人的历史人物,而似乎没有考虑到,

---

① 事实上,唐朝从天宝三载(744)正月起,就"改年为载",见《旧唐书》卷九,第217页;《新唐书》卷五,第144页。所以,牛肃文中的"天宝十二年"可说是个笔误,应当作"天宝十二载"。有趣的是,《吴保安弃家赎友》也沿用"天宝十二年",看来正是照抄牛肃文中的笔误所致。《新唐书》只很简单地说郭仲翔"后为岚州长史,迎保安子,为娶而让以官",没有提到他让官的年份。

② 《全唐文》卷三五八,第12—14页。

这两人可能是两个虚构的人物。从这也可看出,《全唐文》的编者对虚构和史实的分野,并不十分在意。他们花了不少心思,搜罗广泛,从一个传奇作者的某一篇文章中,发掘出两个可能是虚构的人物,把他们列为唐代作家,又把这两人所写的两封虚构的书信,列为两篇唐文。这不禁让我们怀疑,《全唐文》恐怕还收了好些这一类的文章。吴保安和郭仲翔看来并非仅有的两个例子。

毕竟,史实和虚构的差别是微妙的。由于吴保安的故事涉及"南蛮",现代研究唐代南诏史的学者,也对这故事深感兴趣。马长寿的《南诏国内的部族组成和奴隶制度》便是个好例子。他引用郭仲翔被俘后辗转为奴的事,说当时南诏"是一个活生生的奴隶社会"。又引用郭仲翔被赎后,曾购买奴婢十人赠送杨居安都督事,认为"从此可知当地买卖奴婢以及赠送奴婢之风甚炽"①。

马长寿在引用牛肃的这篇《吴保安》时,显然把它当作一篇纪实的历史文献看待,并未考虑到文中可能含有虚构的成分。同样,另一位研究南诏史的美国学者贝克思(Charles Backus),也在他那本《南诏国和唐代的西南边疆》一书中,引用了牛肃的《吴保安》,来讨论唐代南诏社会的奴隶制度。② 这些做法都让我们想起美国学者芬利(M. I. Finley),引用古希腊荷马的两大史诗,来研究上古希腊的社会特质。③

当然,引用笔记小说或其他"野史"的材料来作考证,这在中国古代(甚至现代)学术界中是很常见的惯例。④ 在现代的唐代文史研究中,像《太平广记》或《明皇杂录》这一类的笔记小说,依然经常被人引用,而且往往被当作信史来接受。从中我们不难发现,史学家不论古今中外,其实经常并不理会史实和虚构的微妙差别——在他们眼中,一切文献资料(包括小说)都可以

---

① 　马长寿《南诏国内的部族组成和奴隶制度》,中华书局,1965 年,第 23—27 页。

② 　Charles Backus, *The Nan-chao Kingdom and T'ang China's Southwestern Frontier* (Cambridge: Cambridge Univ. Press, 1982), pp.116 - 117. 此书有林超明的中译本《南诏国和唐代的西南边疆》,云南人民出版社,1988 年。

③ 　M. I. Finley, *The World of Odysseus*, 2nd. ed. (London: Penguin Books, 1979). 芬利用荷马史诗来考史的做法,在希腊上古史研究中颇引起争议,见他在书前序文中给自己所作的辩护。

④ 　比如,在严耕望的六巨册大作《唐代交通图考》,台北"中研院"史语所,1985—2002 年;上海古籍出版社,2007 年中,便引用了不少像牛肃《吴保安》这一类的《太平广记》资料来考史。

是有用的史料。

五、结　语

中国正史撰述和小说的关系无疑是很密切的。《新唐书》等正史都曾经采用小说材料来修史。牛肃的《吴保安》演变成《新唐书》的《吴保安传》，可说是小说"正史化"的一个过程。正史使用小说材料，在重要的军、政人物列传上，往往可以为这些人物的生平增添一些生动的细节，传主的历史真实性并不构成问题，但在《忠义传》《列女传》等较次要的"软性"人物列传上，正史若使用小说材料，则有可能把一个虚构的小说人物带入史书，因为忠义、列女等传，其传主的历史真实性往往未经正统史料的确定。

研究唐传奇或明清小说的现代学者，一般以为正史都是实录的，而且一般以为只有小说从正史取材，正史不会从小说取材。但吴保安的故事却给了我们新的启示——小说也有影响正史撰述的时候。就连《新唐书》那样正统的"正史"，都可能运用小说的材料来"创造历史"。《新唐书》为吴保安立传，甚至影响到它的《玄宗本纪》部分。

虚构小说和史实的关系微妙。司马光说他"遍阅旧史，旁采小说"来编写《资治通鉴》，为我们澄清了宋代史家所谓"小说"的性质。现代史家依然经常使用《太平广记》一类的小说材料来考史。研究南诏史的现代学者，依然对牛肃的《吴保安》深感兴趣，而且把它当作信史来引用。

小说影响正史撰述的例子当然不只限于吴保安的故事。这只是我们拥有足够文献证据，能够追踪查考的少数例子而已。在《新唐书》之前和之后的其他中国史籍，应当还包含不少小说成分。这有待我们进一步的研究。

原载《唐史论丛》第 11 辑，2009 年，第 343—355 页。

刘知幾和唐代的书及手抄本

小　序

　　将近三十年前，在 1981 年的秋天，我刚到美国普林斯顿大学东亚研究所，跟杜希德（Denis Twitchett）老师初习唐史时，他除了送给我一篇他的文稿"Liu Fang：A Forgotten T'ang Historian"（柳芳：一个被遗忘的唐朝史家）之外，还建议我去细读洪业（字煨莲，英文名 William Hung）老先生的两篇英文论文。我后来才知道，这两篇论文大大有名，对欧美学者的影响极大，发表至今虽然都已超过四十年，但直到现在却还没有类似论作可以取代。一篇是洪公英译刘知幾那封著名的"辞职信"，也就是他写给宰相萧至忠的那封信（收在《史通·忤时》篇），题曰"A T'ang Historiographer's Letter of Resignation," *Harvard Journal of Asiatic Studies* 29（1969），附有洪公极详细的注释。另一篇则是洪公论述唐 708 年之前的史馆，题曰"The T'ang Bureau of Historiography before 708," *Harvard Journal of Asiatic Studies* 23（1960 - 61）。这是我初次惊识洪公深厚、细腻的史学功夫。从此，每当有人提到刘知幾，我总会想起杜公当年的推荐阅读和洪公这两篇英文论文。

　　最近，因着某个机缘，我突然需要重温《史通》，重考子玄的生平官历和他的史馆史官身份，[①]不知不觉闯进了唐代史学史的领域，也就是杜公晚年的研究领域。他探讨过唐代史料流传和编修的种种问题，成果见于他的最后一本专书《唐代官修史籍考》（*The Writing of Official History under the*

---

① 这是指我 2010 年 11 月 23 日，在台北图书馆举行的"杜希德与二十世纪汉学典范的转移"研讨会上，所提呈的另一篇论文《唐刘知幾任史馆史官的使职身份》。

T'ang，1992）。现在，我步杜公后尘，写了一篇涉及唐代史学的论文，详考唐朝一个史官和他那个时代的书与手抄本。如果杜公在世，我应当可以把本文送请他评点。他应当会给我一些专家的意见。可惜他已过世多年。而今，我只能把本文呈给一个纪念他的研讨会，一面怀缅往事，一面响应大会主题。

本文在研讨会上宣读后，陈弱水教授和田晓菲教授给我提了非常宝贵的修订意见，特此致谢。

一、前　　言

过去我们研究刘知幾和《史通》，涉及他的生平著述和思想，但似乎还没有人研究过刘知幾与唐代书籍和手抄本的关系。我们不要忘了，书是物质文化中的重要物品。为了配合本次研讨会的主题，我想从一个物质文化史的观点，从唐代书籍和手抄本的角度，来观看刘知幾这个史官在少年和青年时读书生活的一些细节。

第一，先看他的成长，看看他在少年时期，如何得以读到各种历代史书（甚至他当朝的"皇家实录"）。他是怎样享有这种优越的物质生活的？第二，看他约二十多岁考中进士后，如何像他在《史通·自叙》中所说，"旅游京洛，颇积年岁。公私借书，恣情披阅"①。这种"公私借书"的环境为何？其物质条件是什么？

换句话说，本文要讨论的，主要牵涉到刘知幾读书生活上的一些细节，也就是他跟唐代书籍与手抄本的种种物质关系。过去，研究刘知幾的学者当然深知，他少年时熟读各种史书，但他所读的这些史书来自何处？当时的史书长什么样子？这些问题据我所见，好像都没有学者探讨过。他青年那段"公私借书"的事，也广为人所知，但他到底跟谁"公私借书"？当时"借书"的条件为何？也从没有人深入讨论过。为了拉近刘知幾和我们今人的距离，下面我想以他的字（子玄）来称呼他。

熟悉《史通》的读者都知道，这虽然是一本史学名著，但书中也有不少子玄的自传成分。比如，书中卷十的《自叙》篇，整篇都在写他自己。再如书中

----

① （唐）刘知幾撰，（清）浦起龙通释《史通通释》卷一〇，上海古籍出版社，2009 年，第 268 页。

自序一开头的那几句话：

> 长安二年(702)，余以著作佐郎兼修国史，寻迁左史，于门下撰起居注。会转中书舍人，暂停史任，俄兼领其职。今上(指中宗)即位，除著作郎、太子中允、率更令，其兼修史皆如故。①

这里有极明确的年代，详细清楚地交代了任官经历，由子玄自书，仿佛就像今人求职时所写的一张"履历表"，也是我们今天研究唐代史官官历的一条重要材料，同时也正是两《唐书·刘子玄传》的记载所本。

下面我就以《史通》所记的这一些自传片断为引子，来深入探讨唐前期一个史官的书世界。本文虽然只触及子玄一人，但文中所论的好些唐代日常生活细节，其实也适用于唐前期整个士人官员阶层，因为这是一个同质性很高的阶级。

二、"乞且观余部，以广异闻"

子玄在十多岁时，便开始阅读深奥的《古文尚书》。后来又读了《春秋左氏传》《史记》《汉书》《三国志》等史书。至于"汉中兴已降，迄乎皇家实录"的各种史书，到他"年十有七"时，他便"窥览略周"了。可以说，他少年读书，广泛而多彩。隔了大约三十多年，到他大约50岁，他写成名著《史通》时，便在《史通·自叙》篇中，这样回忆起他少年的读书生活，不无几分得意：

> 予幼奉庭训，早游文学。年在纨绮，便受《古文尚书》。每苦其辞艰琐，难为讽读。虽屡逢捶挞，而其业不成。尝闻家君为诸兄讲《春秋左氏传》，每废《书》而听。逮讲毕，即为诸兄说之。因窃叹曰："若使书皆如此，吾不复怠矣！"先君奇其意，于是始授以《左氏》，期年而讲诵都毕。于时年甫十有二矣。所讲虽未能深解，而大义略举。父兄欲令博观义疏，精此一经。辞以获麟已后，未见其事，乞且观余部，以广异闻。次又读《史》《汉》《三国志》。既欲知古今沿革，历数相承，于是触类而观，不假师训。自汉中兴已降，迄乎皇家实录，年十有七，而窥览略周。其所

---

① 《史通通释》，《原序》，第1页。

> 读书，多因假赁，虽部帙残缺，篇第有遗，至于叙事之纪纲，立言之梗概，
> 亦粗知之矣。①

这一段话大大有名，在今人著作中经常被引用，借以说明子玄很小就对史书感兴趣。但据我所见，所有现代著作都没有从物质文化的角度来看待这一大段话。当中犹埋藏着许多珍贵的讯息，还有待我们去挖掘。

我们如果把唐代的书，看成是物质文化中的一种物品，我们当然就要问一系列和书有关的问题：子玄家从哪里得到这些书？唐代这些史书长什么样子？它怎样在读书人当中流通传阅？如果我们能够逐一解答这些问题，我们也就能破解唐代书籍的一些"谜"，从而也就更能了解子玄和他那个时代的物质文化和日常读书生活。

首先，我们应当知道，唐代还是个手抄本的时代，西方所谓的 Age of the manuscripts 是也。雕版印刷术在子玄的时代，可能发明了，但肯定不普及，顶多只用来印刷历书或佛经。现在传世的几个样本，多是单张印刷纸，且时代多为唐后期。② 唐咸通九年（868）印成的《金刚般若波罗蜜经》，据所知是"世界上第一本印刷书"，实际上是由七张印刷纸粘接而成，还保存了卷轴手抄本的形式。③ 像子玄和他兄长所读的《古文尚书》《春秋左氏传》《史记》《汉书》《三国志》等书，以当时的条件，不可能是雕版印刷本，应当都是手抄的。

手抄本有几个特征。抄写是个极耗时、耗力且耗财的冗长过程，制作不易。唐代官方的藏书处，如弘文馆、秘书省和集贤院，都备有不少抄书手、楷书手等专业写手，还有装潢匠、熟纸匠等工匠，更有校书郎和正字等校对官员。④ 这是有组织的大规模抄书活动，需要国家人力和财力的支持，跟欧洲中世纪的抄经院（scriptorium）相似，非一般家庭所能为。唐代这些藏书楼，在最盛时藏有数万卷书，都属手抄本。

---

① 《史通通释》卷十，第 267—268 页。

② 例见宿白《唐宋时期的雕版印刷》，文物出版社，1999 年。

③ 此印刷品在敦煌被发现，被斯坦因带到英国，现藏大英图书馆。彩色影印本和讨论见 Frances Wood and Mark Barnard, *The Diamond Sutra: The Story of the World's Earliest Dated Printed Book* (London：The British Library，2010)。

④ 《唐六典》《通典》和两《唐书》的职官志，对这些皇室藏书楼的组织及抄书、校书人员的配置，都有详细的描写。比较深入的专题研究见 Jean-Pierre Drège, *Les bibliothèques en Chine au temps des manuscrits* (Paris：École française d'Èxtreme-Orient，1991)。

现代学者可能会以为,唐代一般读书人家庭,应当都会藏有子玄提到的《史记》《汉书》和《三国志》等书,认为这是当时"常见之书"①。然而,这是一个未经证实的假设,实情恐怕并非如此简单。唐代一般读书人家庭,是否会家藏这些史书,目前还没有史料可证,不得而知。不过,我们可以确定的是,唐代的贡举考试偏重文学,不考史书,导致唐代的士人普遍不读史书(甚至不读"六经")。最好的一个例证,当数代宗宝应二年(763)六月礼部侍郎杨绾上疏所说的一段话:

> 近炀帝始制进士之科,当时犹试策而已。至高宗朝,刘思立为考工员外郎,又奏进士加杂文,明经加帖,从此积弊,转而成俗。幼能就学,皆诵当代之诗,长而博文,不越诸家之集,递相党与,用致虚声。六经则未尝开卷,三史则皆同挂壁。②

在这里,杨绾追溯唐代进士科考试的内容变迁:从高宗朝起,考试偏重"杂文",即诗文,导致士人"皆诵当代之诗,长而博文,不越诸家之集"。既然不考史书,士人"六经则未尝开卷,三史则皆同挂壁"。③ 子玄本身更是一个活生生的例证。他在《史通·自叙》中这样告白:

> 但于时将求仕进,兼习揣摩,至于专心诸史,我则未暇。④

连对史书那么感兴趣的他,到了"求仕进"的时候,也不得不暂时放下心爱的史书,"未暇"顾及,那么其他士人对史书的冷淡,或可想见。⑤ 在这种风气下,我们不禁要问:一般士人家还会花费人力财力去抄写收藏《史记》《汉

① 例如本文在研讨会上宣读过后,便有在场的现代学者提出这样的看法。
② 《册府元龟》卷六四〇,中华书局,1960年,第7675页。《旧唐书》卷一一九《杨绾传》,第3430页。
③ 案"六经"中有至少两经,即《尚书》和《春秋》,明确属于史书。关于唐代士人和史书以及"三史科"等问题,最清晰的讨论见雷闻《唐代的"三史"与"三史科"》,《史学史研究》2001年第1期,第32—42页。在子玄的时代,还没有"三史科"。此科的设立相当晚,迟至唐后期的长庆二年(822),见雷闻书,第41页。
④ 《史通通释》卷十,第268页。
⑤ 就我们所知,唐初只有弘文馆和崇文馆的学生在修习《史记》《汉书》等书,而且只限于某些有兴趣的学生,作为一种"选修"科目,并非所有弘文馆和崇文馆的学生都须修读。弘文和崇文生也是一批很特殊的学生,属皇族贵胄和高官子弟,跟一般的士人不同。见李锦绣《试论唐代的弘文、崇文馆生》,《文献》1997年第2期,第71—85页;后收入她的论文集《唐代制度史略论稿》,中国政法大学出版社,1997年,第240—255页。

书》这些大部头的书吗？

所以，在这大背景下看，唐代会收藏这些史书的人家，恐怕很少，并且都有特殊的因由。子玄家藏有《古文尚书》《春秋左氏传》《史记》《汉书》《三国志》，是比较不寻常的，应当跟他家中的史学传统有关，因为他正好有一位从祖父刘胤之（活跃于 620—658 年），曾在唐宫中的史馆当过史官。

子玄家中的这些书，当然可能传抄自跟他相同或相似背景的其他士人家庭。但从子玄的家世看，另一个更可能的来源，则是他的这位从祖父。刘胤之的《旧唐书》本传说：

> 永徽（650—655）初，累转著作郎、弘文馆学士，与国子祭酒令狐德棻、著作郎杨仁卿等，撰成国史及实录，奏上之，封阳城县男。寻以老，不堪著述，出为楚州刺史，卒。①

这段话的大意是，刘胤之在永徽初年，"累转著作郎、弘文馆学士"，并且跟"国子祭酒令狐德棻、著作郎杨仁卿"等人，"撰成国史及实录"。我们从其他史料知道，国史和实录是两种不同的史书。实录通常是在某个皇帝死后，才为他的那一朝编修，如《太宗实录》《武则天实录》等等，主要材料为起居注、日历和时政记等。唐代的习惯，是每隔几个皇帝之后，便会把那几朝的皇帝"实录"汇整起来，这便成了当时的"国史"。② 重要的是，这两种史书都是在唐代的史馆中完成的。刘胤之既然和另两人"撰成国史及实录"，这便表示，他们三人都是史馆史官，而且是一种新型的史官，都具有使职身份，非一般的传统史官，如起居舍人或起居郎等。③ 唐史馆的所在地，虽屡有改变，但始终都在宫禁宫城的范围，不是在一般政府衙署所在地的皇城。它不但是唐

---

① 《旧唐书》卷一九〇上，第 4994 页。

② 唐代实录和国史的编修过程，最详细的论述见 Denis Twitchett，*The Writing of Official History under the T'ang* (Cambridge: Cambridge University Press，1992)，pp.119 - 187。此书有黄宝华中译本《唐代官修史籍考》，上海古籍出版社，2010 年，第 106—165 页。

③ 研究刘知幾和唐代史官的学者，过去似未察觉唐代的史馆史官其实不是一种"职事官"，而是一种"使职"（像节度使那样的使职）。清代的钱大昕早就指出"史馆史职"为"使职"，见《廿二史考异》卷五八，上海古籍出版社，2004 年，第 849 页。可惜现代学者没有注意到钱大昕的先见，一直都把唐史馆史官当成职事官来研究，模糊了焦点。所以，我把这种使职性质的唐史馆史官称为新型史官，有别于传统史官（起居舍人等职事官）。详见拙著《唐代高层文官》第十章《刘知幾和唐史馆史官的官与职》，第 209—224 页。

代实录、国史的编撰地点,而且更是实录、国史和其他前代史书收藏的地点。[1]

所以,刘胤之担任史馆史官那些年,肯定有不少机会可以接触和阅读这些史书。他甚至可以就在史馆内,亲手或请馆中的抄书手,把他所想要的各种史书,各抄写一部,然后带回家去作为私人藏书来收藏。实际上,比刘胤之稍后一点的唐史馆史官韦述(活跃于 717—757 年),年轻时在唐秘书省("秘阁")编录经史子集四部书时,便曾经有过这种"光明正大抄书"的行为,且为正史所记载,颇有"表扬"他抄书如斯勤快,如此有恒心之意,当为实录。这是极佳的一个旁证,证实唐代皇家的藏书,在某些情况下,是可以被抄录带回家去作私人收藏的:

> 述好谱学,秘阁中见常侍柳冲先撰《姓族系录》二百卷,述于分课之外手自抄录,暮则怀归。如是周岁,写录皆毕。[2]

这段文字,对研究唐代书物质文化的学者来说,含意和细节都非常丰富,值得详考。"常侍"指散骑常侍,是个闲散的高官。柳冲是唐代有名的姓系谱学专家。《姓族系录》其实不是他一人独撰,还有其他学者的帮助。他的《旧唐书》本传说:"至先天初,冲始与侍中魏知古、中书侍郎陆象先及徐坚、刘子玄、吴兢等撰成《姓族系录》二百卷奏上。"[3]可知韦述所抄写的这本大书,竟也跟子玄大有关系。书多达二百卷,算是巨著。如果以唐代书册的卷轴制度来看,一卷书通常做成一个卷轴。二百卷就等于二百个卷轴,整个体积相当庞大,放在书架上也要占去许多空间。

值得注意的是,韦述在秘阁工作时,"于分课之外手自抄录"。这句话的意思是,韦述"在完成分担的工作之余亲手抄录"。换句话说,他是在自己分内的工作做完之后,才来抄书,而且是亲手抄写,不去挪用秘阁中的那些抄书手。这句话的重点似乎是,韦述没有以公济私,他公私分明得很。至于他抄书所用的纸,是公家的,还是他自己带来的,我们倒不得而知。

---

[1] 最详细的讨论见张荣芳《唐代的史馆与史官》,台北中国学术著作奖助委员会,1984 年,第 65—76 页。

[2] 《旧唐书》卷一〇二,第 3183 页。

[3] 《旧唐书》卷一八九下,第 4971 页。

"暮则怀归"这句话,有点模棱两可,可以有两种解读。一是说,韦述到了日暮时分,把《姓族系录》带回家抄写。这正是《二十四史全译·旧唐书》的读法,把此句翻译为白话:"晚上就怀揣回家抄录。"①在唐代书籍的卷轴制度下,这是可能的,因为韦述其实不须把整部书的二百卷都带回家。他只要每天把他想要抄写的那一两个卷轴带回家就可以了,第二天再带回来归还。一两个卷轴不难"怀归"。

不过,我认为这种读法不妥。因为第一,唐代的秘阁藏书,有一套管理办法,恐怕不容许这种"暮则怀归"馆中藏书的行为。第二,如果真的能够"怀归",又何必等到日"暮"? 韦述在工作完毕后,就可以把卷轴带回家去抄写,似乎不必留在秘阁抄写到日"暮"时分。所以我认为,这里的意思是,他在日暮时分,把他当天(极可能是在下午)自己亲手抄好的那一部分写本"怀归"而已。

这样的解读也符合唐代官员的上班时间。我们知道,唐人的办公时间远比我们今天短,大抵是"日出而视事,既午而退",中午在各自的衙署吃过午饭(即"会食")便可以下班回家了。②韦述何以有"分课之外"的时间? 这恐怕是指他在中午会食过后,从下午到日暮那段下班时光。这样才能充分解释,何以一个唐代的官员,可以有"分课之外"的时间来抄写皇家藏书。也可以解释,何以韦述要逗留到日"暮"时分,才把他一天的抄写成果"怀归"。

"如是周岁,写录皆毕"这句话,透露了中古唐代书籍的获得是如何不容易。一部两百卷的大书,要花大约一"周岁"才能写录完毕。唐代官员的休假日颇多,一年大约有七十多天。③我们不知道韦述是否在假日也到秘阁去抄书。但扣除这些假日和他每十日一次的旬休,粗略估算,他平均每天只能抄写一卷书左右。

唐代每个人的抄写速度如何,我们没有史料。但《梁书·袁峻传》记载了一个中古时代抄书的故事,提供了一些很有趣的细节:

> 袁峻字孝高,陈郡阳夏人,魏郎中令涣之八世孙也。峻早孤,笃志

---

① 黄永年主编《二十四史全译·旧唐书》卷一〇二,汉语大词典出版社,2004年,第2630页。
② 见拙文《论唐代官员的办公时间》,《中国史研究》2005年第4期,第73—77页。
③ 拙著《唐代基层文官》,第307页。

> 好学,家贫无书,每从人假借,必皆抄写,自课日五十纸,纸数不登,则不
> 休息。①

袁峻"家贫无书",只好"从人假借"书来抄写。这恐怕就是中古时代,读书人非常普遍的得书办法,家贫者更是如此。袁峻还规定自己每天要抄写五十张纸,达不到这个纸张数,"则不休息"。由此看来,五十张纸大约是一个人每天所能抄写的一个极限,但恐怕只有像袁峻这样用功的人才能做到,一般人不行。袁峻后来的仕途不错,做到员外散骑侍郎、直文德学士省等清要高官。这虽然是梁代的事,但相信唐代的抄书速度,应当和梁代的没有什么不同。

"五十纸"又意味着什么? 这是一个计算的单位,显示中古时代抄书,用的都是一张一张的散页纸,并非以做好的长卷来抄书。袁峻每天写完这五十纸后,他有两个选择:一是把这些散页纸粘接成一个长卷,二是他可以不粘接成长卷,就任这五十纸依然保持单张单页的形态。

我们一般都说,中古时代的书为卷轴式。这当然有根据,如唐代的宫廷藏书,在书目文献的记载都说是若干"卷",且有详细的形制描写,如《唐六典》记集贤院的藏书:

> 四库之书,两京各二本,共二万五千九百六十卷,皆以益州麻纸写。
> 其经库书钿白牙轴、黄带、红牙签,史库书钿青牙轴、缥带、绿牙签,子库
> 书雕紫檀轴、紫带、碧牙签,集库书绿牙轴、朱带、白牙签,以为分别。②

这里详细描述唐集贤院的藏书,连用什么颜色和材质的轴,诸如经部书用"钿白牙轴",子部书用"雕紫檀轴",都交代得清清楚楚,显然是卷轴式,没有问题。唐代更有所谓的"投卷"干谒风气。士人纷纷把自己所写的诗文,制作成卷轴式,投献给显要人士,以求在官场上得到提拔。③ 但唐代一般读书人平日所读的书,像子玄年少时所读的那些史书,是否也要做成卷轴式,倒是一个颇成疑问的课题,值得再探讨。

---

① (唐) 姚思廉《梁书》卷四九,中华书局,1973 年,第 688 页。
② 《唐六典》卷九,第 280 页。
③ "投卷"是唐代文学史上一个重要课题,论作颇多,不俱引。较新的一本专书是王佺《唐代干谒与文学》,中华书局,2010 年。

至少，我们有一些证据，显示唐人平日读书，特别是小孩或少年读书，用的可能不是卷轴式的书，而是还没有粘接成长卷或制作成卷轴的单张书页。例如，唐代吕才为王绩诗文集所写的序，便这样描述王绩小时候读书的一个细节：

> 君幼歧嶷，有奇思，八岁读《左氏春秋》，日诵十纸。[①]

这里用"十纸"一词，显示王绩读书，用的是散张的"纸"，是还没有粘接成"卷"的一张一张纸。看来他所读的这部《左氏春秋》，并非卷轴式，而是以散张单页的形式存在。他"日诵十纸"，则隐含赞美之意，表示他读书用功，日诵多达十纸，是一个极限，一般学生可能做不到。

此外，王绩读的这部《左氏春秋》，很可能并非完整的书，而是他自己或家人为他抄写的《左氏春秋》的某些部分，某些他感兴趣，或某些他家能够抄写得到的部分。这样的日用书，当然不必讲究装裱，似乎没有必要做成卷轴，就让它以最原始的散页形式来使用，不是更方便，更实际吗？

唐代小孩读书，用的是散张纸手写成的书，我们甚至还"有诗为证"。唐才子诗人杜牧有一首诗《冬至日寄小侄阿宜》说：

> 愿尔一祝后，读书日日忙。
> 一日读十纸，一月读一箱。
> 朝廷用文治，大开官职场。
> 愿尔出门去，取官如驱羊。[②]

杜牧希望他的"小侄阿宜"，将来长大后读书，"一日读十纸"。这跟吕才描述王绩八岁读书，"日诵十纸"，真是太巧合了。看来，"十纸"是唐代一个用功学子每天读书可以达致的一个理想高标准。杜牧此诗还提供了一个很富启发的细节："一月读一箱"，显示这些"纸"，正因为是散张形式，容易散失，所以要特别收藏在一个"箱"子里头。唐代卷轴书的收藏方式，一般说是"插架"，如韩愈诗《送诸葛觉往随州读书》：

> 邺侯家多书，插架三万轴。

---

① 金荣华校注《王绩诗文集校注》，《王无功文集序》，第 3 页。
② （唐）杜牧撰，陈允吉校点《樊川文集》卷一，上海古籍出版社，1978 年，第 9—10 页。

──悬牙签,新若手未触。①

唐代史料中,未见有把卷轴书收入"箱"中的记载。

为什么中古时代,书一定要做成卷轴式呢? 难道书不能是散页的吗? 散页的书,难道就不是书吗? 我认为,唐代的书,刘知幾时代的书,在皇家、私人藏书家收藏时,主要为卷轴式,但在日常应用(如学童读书)的场合,则极可能是散页式的。

卷轴式是大家熟悉的。这种形式的书,有相当多的实物证据,如大批敦煌卷子和日本一些佛寺所藏的佛经等等。但值得注意的是,现存绝大部分唐代传世的卷轴书,都是佛经,如敦煌卷子 S.351《大宝积经》等等。从这些卷轴佛经和唐代的史料描述,我们可以得出这样一条大规律──在唐代,凡是做成卷轴的书,必定是比较珍贵、比较受到重视的。皇家收藏的书,投资了大量人力物力去抄写,当然最后要做成卷轴。佛经是宗教文献,抄写往往

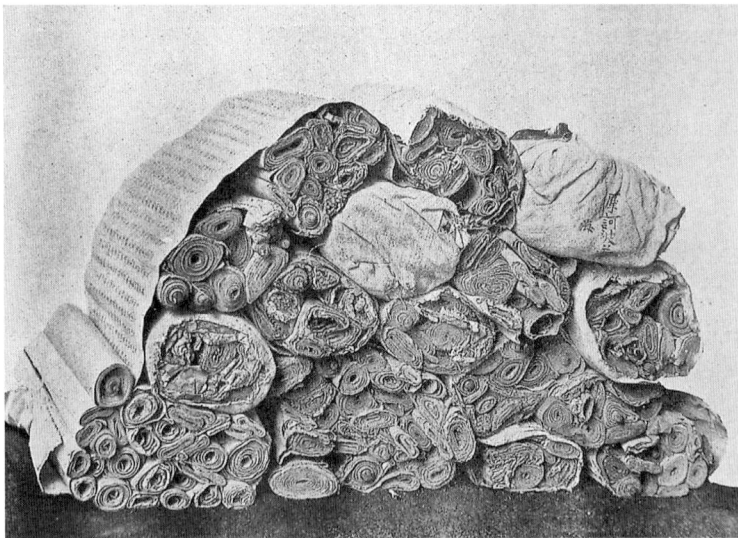

敦煌藏经洞发现的一些卷轴式唐写本,但有些有轴,有些没有。一个布袋等于是一本书,里面装着数卷到十多卷不等。照片是斯坦因所摄,收在他的考古报告 *Ruins of Desert Cathay*, **fig. 193**。

---

① 钱仲联集释《韩昌黎诗系年集释》卷一二,上海古籍出版社,1984 年,第 1272 页。

是一种做功德的行为，为慎重其事，一般也都做成卷轴。

这种因为珍贵，因为要慎重其事，而把书或个人诗文制作成卷轴形式的大规律，在唐代士人间常见的所谓"行卷"之风中，更可以清楚见到。例如，韩愈当年向陈京投献诗文，附了一封信，信中最后一段这样说：

> 并献近所为《复志赋》以下十首为一卷，卷有标轴；《送孟郊序》一首，生纸写，不加装饰，皆有揩字注字处，急于自解而谢，不能俟更写。阁下取其意而略其礼可也。愈恐惧再拜。[1]

韩愈把《复志赋》等十篇作品抄录成"一卷"（想必是精心抄录），而且此一卷还是"有标轴"的，表示他是如此看重投卷这件事，想以最美好的卷轴来打动陈京的心。但他的另一篇作品《送孟郊序》，却只以"生纸写"，而且"不加装饰"，看来是没有做成卷轴，还保留在散张纸的状态。有一个可能是，韩愈是在制作完《复志赋》卷轴后，才写成新作《送孟郊序》，来不及纳入卷轴内了。新作的用纸不佳，而且还有"揩字注字处"，也就是有涂改加注之处，不是个誊清本子。

韩愈为什么用"生纸"？其深层含意是什么？宋人邵博的《邵氏闻见录》有一解："唐人有熟纸、有生纸。熟纸，所谓妍妙辉光者，其法不一；生纸，非有丧故不用。退之与陈京书云：'《送孟郊序》用生纸写。'言急于自解，不暇择耳。今人少有知者。"[2]为此，韩愈深感不好意思，只得跟陈京说抱歉："阁下取其意而略其礼可也。"从这种种细节看来，唐代行卷的标准礼数，应当是先把自己的作品抄写在熟纸上（不能用生纸），再做成卷轴，才能投献，否则就是没有礼貌。韩愈为此无礼提了一个理由，说是他"急于自解而谢，不能竢更写"。韩愈为什么要"急于自解"？因为他上回见到陈京时，陈京对他面露轻视之意，说话声音很小（"邈乎其容"，"悄乎其言"），韩愈碰了个钉子。他于是写这封信，并"急于"投献自己的诗文近作来"自解"。

我们好奇的是，重新把自己的作品誊写一遍于熟纸上，做成卷轴，有这

---

[1] 《韩昌黎文集校注》卷三，第 191 页。

[2] （宋）邵博撰，李剑雄、刘德权点校《邵氏闻见录》卷二八，中华书局，1983 年，第 217 页。现代学者认为，"生纸"的意思是"未经加工磨光上蜡等手续的原纸"，跟加工过的"熟纸"相对。见（后魏）贾思勰撰，缪启愉校释、缪桂龙参校《齐民要术校释》卷三，农业出版社，1982 年，第 163 页。

么难吗？看来这在唐代的确不是一件易事，或许这还涉及制作卷轴所需的人工、技术、材料和时间等问题。就像在今天，我们若要把一幅未装裱的字画，送去装裱店装裱并做成卷轴，也需要花一些功夫和时间一样。这也可为唐代学子读书，其实只要有散页书即可，不须做成卷轴本，多一旁证。于是，韩愈只得甘冒无礼之险，以散页的《送孟郊序》投献。幸好，他所投的《复志赋》等作品，倒都"卷有标轴"，应当多少可以为他挽回一点面子。

我们之所以经常把唐代的手抄书，跟卷轴本联想在一起，主要是因为敦煌出土了大批这类卷子写本，很少见到单张散页。再加上传统书目如两《唐书》的《艺文志》，也都以"卷"作单位来记录各书的篇幅长短。这些都使得我们一提到唐代的书，就想到卷子或卷轴式。

然而，王绩八岁读《左氏春秋》，"日诵十纸"。杜牧希望他家的阿宜，"每日读十纸，一月读一箱"。这些例证显示，唐代的书，到了日常生活的场合，到了小孩读书的场合，或到了非典藏或非庄重的场合，很可能不是卷轴式，而是散页式。

散页式其实就是卷轴式的前身，是更简单的形式，是一张张写纸还没有粘接成卷子之前的样子。小孩读的日常用书，抄写后就让它保留在散页的状态，不但省事，而且更方便阅读和前后随意查检（特别是字书、韵书类），似乎没有必要再费功夫去把一张张散页纸粘接成卷子。如果说散页书不便于收藏，容易散失，那就模仿杜牧家，把这样的书收在一个"箱"子中，不也就解决问题了吗？

前台北故宫博物院知名的书目版本专家昌彼得老师（约三十年前，我上过他的课），写过一篇深刻、生动的论文叫《唐代图书形制的演变》，可惜知音人似乎不多。现代讨论唐代图书形制或手抄本文化的学者，好像都没有留意到此文。昌老师的研究发现，唐代其实也有散页的书，不全是卷轴。他特别指出：

> 大约自贞观以后，还有一个特异的现象，即和尚诵经，每每以通若干纸来计数，这类例子，见载于道宣《续高僧传》及赞宁《宋高僧传》中的，不胜枚举，与所记唐以前的僧人读经以卷计不同。又唐朝自至德元年（七五六年）以来，白衣出家，须经过考试，以能背诵佛经若干纸，始许

剃度(见志盘《佛祖统纪》卷四十及四十二)。若干纸固然不能说就是叶子本的若干叶,不过与"叶子"制的通行,恐怕很有关系。唐代的"叶子",大概是由释典首先采用,而后渐及于其他书籍。①

这里所谓"和尚诵经",查《续高僧传》等书,是指和尚外出为公众诵经做功德一类,属于日常生活的应用范围。他们在这样的场合,使用散页式的佛经,看来极符合常理。想想看,卷轴式的佛经,想必要请经生精心抄写,又精心装裱成卷轴。这样精美的卷轴书,是为了收藏,但和尚出外为人诵经,实在不必带这样珍贵的卷轴出去,不但不方便,恐怕还有伤及卷轴佛经的危险。所以,他们只要把当天要诵的经文,抄写成散页,岂不更易随身携带,也更便于翻检使用?这跟现代大学生上课,有时为了避免携带那些六七百页的笨重教科书,干脆影印当天要读的那一章或那数十页,带到课堂一样。更妙的是,和尚诵经,恐怕有一定的经文段落是最受"欢迎"的部分。和尚们只要把这些最常用的部分,抄成散页便可以了,而且以后还可以重复使用。

同理,唐至德元载以来,"白衣出家,须经过考试,以能背诵佛经若干纸,始许剃度",也属于日常生活的应用场合——熟读经文,以便可以剃度。这跟王绩八岁求学,"日诵十纸",或杜牧希望他家的阿宜,"一日读十纸",以便将来考试,"取官如驱羊",同属日常学习活动,没有什么两样。

所以,唐代的书(包括佛经),并不一定要以卷轴的形式存在。它可以是散页式的。散页式的书甚至更方便阅读,更便于查检。

当然,这样可能又会引起一个定义的问题:唐代日常生活中所用的散页书,算不算"书"?我认为,不但算,而且更能彰显唐代日常书的实际面貌。换句话说,唐代日常生活中所使用的书,不但是散页的,而且很可能还经常是"不完整"的书,只是完整原书的一部分,只是某些使用者想要读的某些卷或某些部分。这才是"活生生"的书,跟皇家藏书楼中那些"有卷有轴"的"收藏书"正好成对比。

子玄在上引的《史通·自叙》中,有一句话对我们现代学者很有启发意

---

① 　昌彼得《版本目录学论丛》(一),台北学海出版社,1977年,第131页。

义。他说他少年时代"所读书,多因假赁,虽部帙残缺,篇第有遗,至于叙事之纪纲,立言之梗概,亦粗知之矣"。我们不禁要问:为什么"假赁"得来的书,就要是"部帙残缺,篇第有遗"的?[①] 我们今人向朋友或图书馆借书,都能借到完整的全书,不致于"残缺"。为什么在子玄的时代就不能?可知子玄那时代"假赁"得来之书,恐怕多是如此,原因就在于这些不是公私藏书楼的完整本,而只是民间通行的日常手抄书,而且很可能都抄在散页上,未装成卷轴,也多不完整。由此看来,子玄少年平日所读之书,正因为是向别人借来的家常本,所以也多是"部帙残缺,篇第有遗",多是不完整的手抄书,也就毫不出奇了。否则,我们很难解释,何以借来的书,就要是"部帙残缺,篇第有遗"的?但这没有防碍他的学习。他仍然"粗知"书中"叙事之纪纲,立言之梗概"。他这几句话,说得不免有些少年得意,但也无意中生动反映了他那个时代手抄书的某些特色。

中古时代手抄书常非完整本,常有"残缺"这点,其实也正好反映了手抄本文化的一大特色。因为抄写一部书很不容易,特别是卷帙庞大者,于是大家都采取了"取巧"的办法,只抄写他想要读的那一部分,以致同一本书,在流通时就常会有卷数不同、内容不同的问题。中国传统的书目版本校勘学,如宋代著名的晁公武《郡斋读书志》和陈振孙的《直斋书录解题》,不正是经常在讨论和设法解决这一类的问题吗?

上面提到梁代那位家贫抄书的袁峻,就显然曾经用过这种"取巧"的方法来抄写史书。他的《梁书》本传有一小段记载,对于我们研究中古时代民间的抄书习惯,很有启发意义:

> 除员外散骑侍郎,直文德学士省,抄《史记》《汉书》各为二十卷。[②]

这里是说袁峻后来以员外散骑侍郎的本官,到"文德学士省"去当值。所谓"文德学士省",即梁朝文德殿附设的学士省,是一种宫廷文馆,类似唐代弘

---

① "假赁"的字面意义是"租借",需要付费才能借到书。这意味着,子玄时代有"租书业"。他读的书是他花钱跟"租书铺"租借来的,不是跟朋友免费借的,但这是个孤证。唐代文献没有第二个"假赁"书籍的用例,只能录此存疑。按常理推断,子玄所读的史书,都是相当专门冷僻的。即便当时有租书铺,恐怕也不会有这类书。他应当还是跟他的士人阶层朋友借书,比较合理。

② 《梁书》卷四九,第 688 页。

文馆。《梁书·到沆传》告诉我们："〔梁〕高祖初临天下，收拔贤俊，甚爱其才。东宫建，以〔到沆〕为太子洗马。时文德殿置学士省，召高才硕学者待诏其中，使校定坟史，诏沆通籍焉。"①从此段描写，我们得知这个学士省是有藏书的。到沆的工作之一，便是校订典籍。袁峻和他差不多同个时代在这个学士省待诏。他就是在这个学士省服务时，借那里藏书之便，"抄《史记》《汉书》各为二十卷"。

然而我们知道，《史记》《汉书》都远远不止"二十卷"。《史记·太史公自序》说："余述历黄帝以来至太初而讫，百三十篇。"②现传世的《史记》都是一百三十卷。班固的《汉书·叙传》则说："起元高祖，终于孝平王莽之诛，十有二世，二百三十年，综其行事，旁贯五经，上下洽通，为春秋考纪、表、志、传，凡百篇。"③现传世的《汉书》亦都是一百卷。但为什么袁峻每种都只抄"各为二十卷"，大幅"缩水"？

显然，中古时代的抄写不易。如果要抄写完整的《史记》和《汉书》，不仅需花费庞大的人力，还得考虑到大量纸张的购置取得。个人的抄书行为，无法像宫廷的抄书那样，可以不计工本。限于人力物力，袁峻只好"选择性"地抄写，只抄写他想要的部分，把《史记》和《汉书》各"删节""为二十卷"。这应当是供他自己使用的"浓缩本""精华本""个人版"。

袁峻这个案例，虽然是梁代的，但我相信，这不单是梁代，而是整个中古时代（包括唐代）很常见的民间抄书方式。试想，像袁峻那样爱读书的人，甚至做到朝廷高官，都可能因为能力问题，不得不用"删节法"来抄书，其他人可想而知。这也正好可以解释，为什么子玄"假赁"得来的那些书，会"部帙残缺，篇第有遗"。这种"残缺"，当然有可能是书在流通时因保管不善，或因过度使用等因素造成，但更可能的是，当初抄写时就抄得不完整，正像袁峻抄《史记》和《汉书》"各为二十卷"那样。

综上所论，当我们想象子玄少年读史书，我们应当意识到，他用的那些手抄读本，可能不是卷轴式，而是散页式。至于这些书的最初来源，一部分

① 《梁书》卷四九，第 686 页。
② （西汉）司马迁《史记》卷一三〇，中华书局，1982 年，第 3321 页。
③ （汉）班固《汉书》卷一〇〇下，中华书局，1962 年，第 4235 页。

比较稀见的史书(特别是"皇家实录"),应当跟他的从祖父刘胤之有关,来自宫廷的藏书楼,特别是弘文馆和史馆。这些或许是比较完整的。但也有相当多书,则正如他自己所说,"多因假赁",而"部帙残缺,篇第有遗"。

三、"年十有七,而窥览略周"

刘胤之去世的年代不详,但显庆中(约 658 年)他还活着,不久因为年老,"不堪著述,出为楚州刺史,卒"。子玄生于龙朔元年(661)。他十多岁开始阅读史书时,离他这位从祖父还健在的老年时代,其实并不远,只不过隔了大约十多年。他绝对很有可能读到他从祖父当年从史馆抄出来的史书,或当年原抄本的重抄本、翻抄本。

我的这个说法,对许多现代读者,对那些只阅读现代印刷书本的人来说,或许不容易体会和欣赏。但熟悉中国中古时代书籍流传和写抄本传统的书目版本学家,应当都很有同感。想想看,在唐代那个没有图书出版市场,没有完善书肆的时代,一个人要怎样去得到像《史记》和《汉书》那样的书籍?当然要靠抄写,而抄写、复制这些史书的最佳地点,莫过于唐代的史馆或弘文馆了。

细考唐代有名的私人藏书家,几乎全都是史馆史官。其中最知名的,包括跟子玄同在史馆任过史官的吴兢。他的《旧唐书》本传说他"家聚书颇多,尝目录其卷第,号《吴氏西斋书目》"。这是说,吴兢甚至还为他家的藏书编了一本目录,也是我们所知中国最早的私家藏书目录之一。我们从其他材料知道,吴兢家的藏书多达"一万三千四百六十八卷"[1]。另一史官韦述,也"家聚书二万卷,皆自校定铅椠,虽御府不逮也"[2]。唐后半期的史官蒋义,"家藏书至万五千卷"[3]。这些史官家中的丰富藏书,相信有许多是从宫中藏书抄出。[4]

---

[1] (元)马端临撰《文献通考》卷二〇七,台北商务印书馆,1987 年影印清乾隆年刻本,第 1710 页。
[2] 《旧唐书》卷一〇二,第 3184 页。
[3] 《新唐书》卷一三二,第 4533 页。
[4] 关于唐代私家藏书的一般状况,见范凤书《中国私家藏书史》,大象出版社,2001 年,第 38—51 页。

刘胤之任史馆史官时，他带有的两个官衔（"累转著作郎、弘文馆学士"），也颇耐人寻味。我们现在知道，唐代的史馆史官是一种使职，像翰林学士等馆职一样，没有品秩，所以照例带有一个所谓的"本官"①。刘胤之任史馆史官所带的本官，就是"著作郎"，但他的另一个官衔"弘文馆学士"，却不是本官，而是另一个使职。换句话说，从他的《旧唐书》本传来看，刘胤之在永徽年间，同时带有两个使职：既是史馆史官，又是弘文馆学士。这点并不出奇。唐代一个官员是可以同时拥有多个使职的。最知名的案例，莫过于天宝年间，杨国忠同时独揽四十多个使职的事。

刘胤之任弘文馆学士，意味着什么？意味着他除了史馆的藏书外，还可以同时接触到弘文馆的藏书。早在唐初，弘文馆就是唐宫中一个极重要的藏书处。《唐会要》卷六四有一段详细记载。这里只引开头几句：

> 武德四年（621）正月，于门下省置修文馆。至九年（626）三月，改为弘文馆。至其年九月，太宗初即位，大阐文教，于弘文殿聚四部群书二十余万卷，于殿侧置弘文馆。②

"四部群书二十余万卷"，是个不小的数字。③ 到"仪凤（676—678）中，以馆中多图籍，置详正学士校理之"，可知此馆藏书之丰富。所以我推测，子玄年少时在家中所读的那些史书，如果不是抄自史馆，就是源出弘文馆。两者原本都属宫中藏书。顺此一提，到了景龙二年（708），子玄本人更步他从祖父之后尘，也来到这个弘文馆任学士。

不知大家有没有注意到，子玄《自叙》中还提到一种让现代唐史学者不禁都要"怦然心动"的书，那就是"皇家实录"。而且他竟然还说他"年十有七，而窥览略周"，说得好不轻松，真羡煞我们这些从来未有机会读到"皇家

---

① 见拙著《唐代高层文官》，第3—9页。

② 《唐会要》卷六四，第1318页。

③ 但李德辉质疑这个数字，认为唐初不可能有如此多的藏书，"二十余万卷"可能是"二万余卷"之误。见他的《唐代文馆制度及其与政治和文学之关系》，上海古籍出版社，2006年，第91页注1。笔者非常同意此说。但二万卷在当时也是个不小的数字。李德辉此书对唐代几个文馆的藏书状况和演变，特别是弘文馆、崇贤（崇文）馆和集贤院，有非常清楚的分析和讨论，远胜许多唐代图书史的论述。

实录"的学者。①

　　什么是"皇家实录"？唐人所说的"皇朝""皇家"，指的都是他们的本朝，也就是唐朝，在唐史料中屡见不鲜，特别是在墓志中。"皇家实录"就是唐本朝的实录。子玄"年十有七"，"窥览略周"这些"皇家实录"时，大约是高宗上元、仪凤年间的事。这时，唐史馆已经编成的实录还不多，大约就是《高祖实录》和《太宗实录》两种。

　　问题是，这种《实录》不就是史馆史官所编的吗？而且就收藏在史馆（当然可能也有副本在弘文馆等宫廷藏书处）？子玄家怎么能得到这样的《实录》，这样的禁中之书？显然，答案是呼之欲出的了。应当得自他家那位曾任史馆史官的从祖父刘胤之。否则外人哪来那样的本事，可以把宫廷的《实录》带到外头？所以，这又多了一个有力的旁证，可以支撑我前述的推测，子玄所读的《史记》等史书，应当也源自刘胤之。

　　一般人的印象，以为唐代的实录为皇帝之书，门禁必然森严，不可能流出宫外，实际上并非如此。我们从其他材料知道，唐宫中的实录是可以被抄写、被复制的。《唐会要》有一段记载：

　　　　贞观十七年(643)七月十六日，司空房元龄、给事中许敬宗、著作郎敬播等，上所撰《高祖〔实录〕》《太宗实录》各二十卷。太宗遣谏议大夫褚遂良读之前，始读太宗初生祥瑞，遂感动流涕曰："朕于今日，富有四海，追思膝下，不可复得。"因悲不自止，命收卷，仍遣编之秘阁。并赐皇太子及诸王各一部，京官三品以上，欲写者亦听。②

"仍遣编之秘阁"，指实录除了收藏在史馆，也写录副本，藏在"秘阁"（指秘书省藏书楼）。此外，"皇太子及诸王"亦都各得到一部实录手抄本。"京官三品以上，欲写者亦听"，似乎相当严格，只有三品高官才能抄录。但不难推想，皇太子、诸王和三品京官得到这些实录的手抄本之后，很可能又假借给其他人重复抄写，从而使唐皇朝实录四散于人间。

　　藤原佐世(约卒于897年)奉敕编撰的《日本国见在书目录》，约完成于

---

① 唐代的这些"皇家实录"，除了《顺宗实录》收在韩愈的文集之中得以保存外，其他引都不存。司马光在《资治通鉴·考异》部分，引用过不少唐代实录，但都是片断，让我们得以一窥一二。

② 《唐会要》卷六三，第1289页。

日本宽平初年(885—891)，记录了 9 世纪前传到日本的汉籍一千八百余种。其中便列了三种唐代实录：

> 《唐实录》九十卷，司空梁国公房玄龄等撰
>
> 《唐实录》九十卷，中书令许敬宗撰
>
> 《高宗实录》六十卷，武玄之撰①

可知唐皇朝实录，早在唐代就已经流出宫外，甚至远传到了日本。②

综观子玄生平，他几乎一生都在跟书打交道。从他"年在纨绮"到他"年十有七"，他便饱览了他之前各朝的史书，更读过本朝的"皇家实录"。他的阅读是广泛而多彩的，远远超出当时一般士人的阅读范围。但他这种不凡的阅读生活，这种精神生活，是建立在一个不寻常的物质条件上的，那就是他家有一位曾任史馆史官的从祖父，因而能够轻易得到那么多的书，特别是"皇家实录"。

子玄这个案例，或许也能帮助我们了解，何以唐代的史馆史官，多有"家承"的传统——不是父子相传，就是祖孙隔代相继。子玄一家便是个很好的例子。他的从祖父刘胤之任史馆史官，他自己任史官，他的两个儿子刘贶和刘𫗧都先后当过史官。③ 再如蒋乂、蒋系、蒋伸和蒋偕，更是父子相继任史官。④ 说穿了，史官的培养，不仅要靠个人的天赋，更得建立在一个非常现实的物质基础上。在他们年少时，他们就得像子玄那样，涉猎大量的史书，才能打下深厚的史学修养基础。否则，再多的天赋恐怕也不免成空谈。但中古时代，书籍获得不易。那些家中有长辈在史馆任史官者，当然占尽了"物质优势"。

---

① 《日本国见在书目录》，清光绪《古逸丛书》本（又影印在台北艺文印书馆的《百部丛书集成》），第16—17 页。

② 池田温《唐朝实录与日本六国史》，《"中央研究院"第二届国际汉学会议论文集：历史与考古组》，台北"中研院"，1989 年，下册，第 717 页，对此有进一步的讨论。唐代实录（以及国史）如何流到宫外，我还有更多例证，有趣而复杂。但这里为免枝蔓，不拟详考。我想将来另文处理。

③ 《旧唐书》卷一〇二，第 3174 页。

④ 徐梦阳《唐代史官：以蒋乂父子为个案》，台湾清华大学历史研究所硕士论文，2010 年 6 月。又见张荣芳《唐代史馆与史官》，第 194—212 页。

四、"公私借书，恣情披阅"

子玄早年读书生活当中，有一个恒常的主题，就是他经常跟人借书。

前面我们讲过，子玄年少时读史书，"其所读书，多因假赁"，以致"部帙残缺，篇第有遗"，透露当时他读的书，多是借来的手抄本，而且正因为是借来的，一般都抄写得不完整，多处于"残缺"的状态。

子玄在准备进士考试的一段时候，曾经不得不暂时放弃他心爱的史书，转而用心准备考试，以求功名。直到他考中进士后，他才能尽情放任他的所好，"公私借书，恣情披阅"，过了好几年逍遥的读书生活。他自己的说法是：

> 但于时将求仕进，兼习揣摩，至于专心诸史，我则未暇。洎年登弱冠，射策登朝，于是思有余闲，获遂本愿。旅游京洛，颇积岁年，公私借书，恣情披阅。[1]

这段话可详考的重点是"旅游京洛，颇积岁年，公私借书，恣情披阅"这句话。这究竟是怎样的背景和环境？历来研究子玄的著作，包括傅振伦的《刘知幾年谱》和许凌云的《刘知幾评传》，都未论及此事。

"京洛"指京城长安和东都洛阳。子玄"公私借书"，"私"的部分当指他周边的亲朋好友；"公"的部分应该指洛阳和长安的皇家图书馆。子玄二十多岁的时候，正值武则天当政的时代，唐朝廷大部分时间都驻守在洛阳，很少回返长安。子玄家在洛阳归德坊有宅第。[2] 看来，他借书所依靠的，主要是洛阳的皇家图书馆，而不是长安京城的。

子玄自叙的这个细节，也彰显了唐代好学之士，是如何仰赖"公"家图书馆的。唐代士人读书考科举，所需要的用书其实并不多，应当都不需要动用到皇家图书馆。但像子玄那样不满足于单纯读书考取功名，而有志于史学著述的人，皇室藏书便占有举足轻重的地位了。这就跟我们现代人文学科的学者，十分仰赖大学或研究院的图书馆一样，绝对无法只靠个人或朋友的藏书来做研究写论文。现代一所大学图书馆的藏书是否丰富，往往更成了

---

① 《史通通释》卷一○，第 268 页。

② （清）徐松撰，李健超增订《增订唐两京城坊考》卷五，三秦出版社，2006 年修订版，第 308 页。

大学学术地位的重要指标。这一切,在在显示从古至今,从事著述的学者,莫不十分仰赖"公"家的图书馆。不独子玄时代如此,现代依然如此。

可惜,我们对子玄怎样向皇家图书馆借书,一无所知。但唐初有两个像子玄那样博览群书的人,同样活在高宗武则天朝,却留下生动的故事,让我们得知当时一个士人,是如何得以在皇家图书馆中"贪婪"地获得他所需要的知识。这二人在唐史上都大大有名。

第一个是唐初一位文武双全的高人裴行俭(619—682)。宋太平兴国八年(983)成书的《太平御览》,引用一种现已失传的《唐书》:

> 《唐书》曰:裴行俭初以门荫补弘文生,累年在馆唯闭户读书。馆司将加荐举,固辞。左仆射房玄龄问其故。对曰:"遭隋季乱离,私门书籍荡尽,冀在馆披阅,有所成耳。"①

表面上看来,这不过是一个"普通"书生在皇家图书馆"闭户读书"的故事。但深一层看,里头大有文章,值得细考。首先,"裴行俭初以门荫补弘文生"这句话就不简单,因为这表示,裴行俭的家世必定相当显赫。他的父亲或祖父必定都是做官的,而且还是相当高层的官员。果然,一查他的《旧唐书》本传,我们发现他"曾祖伯凤,周骠骑大将军、汾州刺史、琅邪郡公。祖定,凭翊郡守,袭封琅邪公。父仁基,隋左光禄大夫,陷于王世充,后谋归国,事泄遇害,武德中,赠原州都督,谥曰忠"②。正因为如此显赫的家世,他才能托他祖父和父亲的"门荫",来"补弘文生",也就是进入弘文馆当学生。

弘文馆不但是个宫廷藏书处,而且还是一所宫内贵族学校。③ 裴行俭以门荫补弘文生,当在十多岁时,也就是约在贞观初年。我们前面讲过,弘文馆成立于武德四年(621),到贞观元年(627)已有"四部群书二十余万卷"。裴是弘文馆最早的学生之一,在这样的环境中"闭户读书",想是如鱼得水,学思猛进。像他这样的一个学生,竟能得到左仆射房玄龄的关切,显示他的

---

① 《太平御览》卷六一九,中华书局,1960 年(据日本帝室图书寮、京都东福寺、东京岩崎氏静嘉堂文库藏宋刊本影印),第 4 页。这段记载,不见于今本《旧唐书》。所以现代学者推测,《太平御览》编者所见到的《唐书》,跟我们现在使用的《旧唐书》不同。吴玉贵是这方面的专家,且辑有遗文和校注。见他的《唐书辑注》,中华书局,2009 年。裴行俭此条见吴书下册,第 849 页。

② 《旧唐书》卷八四,第 2801 页。

③ 李锦绣《试论唐代的弘文、崇文馆生》,《文献》1997 年第 2 期,第 71—85 页。

家世和人脉绝对不俗。他宁愿留在馆中读书，不愿应"馆司荐举"出去做官，理由竟是"隋季乱离，私门书籍荡尽，冀在馆披阅，有所成耳"。隋末战火，想必造成相当多的"私门书籍"焚毁，仅有皇室还有余力重抄历代书籍。这个弘文馆对他的吸引力，竟大于踏入仕途。他后来的仕历十分辉煌，官至宰相等高官。

值得一提的是，到了永徽（650—655）初，子玄的从祖父刘胤之，就曾出任这个弘文馆的学士。再隔大约五十多年，在景龙二年（708），子玄自己也来到这个弘文馆当学士。我们不难想象，裴行俭、刘胤之和子玄三人，可能都读过，甚至都触摸过这个图书馆中某些相同的手抄本。他们三人应当也都曾经在唐史上的不同时间，行走过这个弘文馆相同的馆舍回廊，见过馆中相同的建筑和树木。

我们的第二个案例是高宗时代的中书令李敬玄（615—682），跟第一例的裴行俭为同一时代人。他的《旧唐书》本传这样描述他如何利用皇家图书馆：

> 李敬玄，亳州谯人也。父孝节，谷州长史。敬玄博览群书，特善《五礼》。贞观末，高宗在东宫，马周启荐之，召入崇贤馆，兼预侍读，仍借御书读之。①

这里的叙事可以有两种读法。一是说"敬玄博览群书，特善《五礼》"，所以他在贞观末年，被召入崇贤馆，作为皇太子李治（后来的高宗）的"侍读"。第二种读法是，他被召入崇贤馆后，近水楼台，于是"仍借御书读之"，也就是"因此"利用宫廷内的藏书（"御书"），以致他"博览群书，特善《五礼》"。"仍"字在此可解为"因也"。② 在第二种读法下，"贞观末"那一句，解释上一句他何以能够"博览群书，特善《五礼》"。换句话说，他是入了崇贤馆，得以"借御书"，才"博览群书，特善《五礼》"。我觉得第二种读法比较合理。但不论是哪一种读法，李敬玄曾经"借御书读之"，显示他充分利用了皇室藏书，才学问猛进。

至于崇贤馆［上元二年（675）改名为"崇文馆"］，乃"皇太子文学馆，东宫

---

① 《旧唐书》卷八一，第 2754 页。
② 这点蒙拙文的一位匿名审查人教示，特此致谢。

的学术文化中心"，也是初唐的两大文馆之一（另一即上面提到的弘文馆）。它跟弘文馆一样，招收皇亲贵族子弟为学生。[①] 在贞观末（649 年或稍前）李敬玄任皇太子的侍读时，崇贤馆坐落在长安的原宫城太极宫（即西内，有别于后来的东内大明宫），东宫宜春门外左春坊之南，拥有自己的藏书，但藏书量可能不及弘文馆。李敬玄所借的"御书"，可能来自崇贤馆，也可能来自弘文馆，因为弘文馆也同样坐落在西内，离崇贤馆不远。

裴行俭和李敬玄之所以能够借阅宫廷藏书，有一个重要原因是，他们都生在官宦家庭，跟当权的高官有一定的人脉关系，如裴行俭跟左仆射房玄龄，李敬玄跟中书令马周，都相当熟络，所以才有门路进入宫廷藏书楼。至于唐代一般的士人，如果没有这种人脉，恐怕无缘借阅宫中藏书。但子玄并非泛泛之辈。他跟裴行俭和李敬玄一样，生在一个官宦之家，父亲祖父辈都做官，更有一个从祖父刘胤之在宫中史馆任过史官。以他这样的背景和关系，子玄在青年时代得以"公私借书，恣情披阅"，也就不难理解了。

五、结　　论

子玄一生，活在一个被书围绕着的世界。他跟书的关系太密切了。他年少时，便读过各种各样的史书，甚至还包括别人难以一见的"皇家实录"。他考中进士后，从此没有了考取功名的负担，更是"公私借书，恣情披阅"，说得好不痛快！接着，他出任河南获嘉县主簿。这其实也是个跟书（或者说文件）有密切关系的官位，因为主簿专门管纸张，管官方文书档案的稽查。到他大约四十岁时，他开始回到朝廷出任史官，从此在"馆宇华丽，酒馔丰厚"[②]的唐代史馆中，过着一种专门读书、写书的生活。结果，他不但完成了一系列官方的史书，特别是《武则天实录》等唐代本朝史的书写，而且还写完了他的私人著作《史通》，中国第一部史学论述，也是他留给我们今人最丰美的遗产。他去世后，唐玄宗特地下敕河南府，到他的老家去，把他这本《史

---

① 李德辉《唐代文馆制度及其与政治和文学之关系》，第 94—115 页。又见彭炳金《墓志中所见唐代弘文馆和崇文馆明经、清白科及医举》，《中国史研究》2005 年第 1 期，第 37—42 页。

② 《史通通释》卷一一，第 294 页。这是子玄对他工作场所一个难得的描写。

通》抄录了一份,带回皇家藏书楼。玄宗"读而善之,追赠汲郡太守"①。正因为它曾经被收藏在皇朝图书馆,《史通》等于多了一个流通渠道,得以历经历代战火,流传至今。

本文检讨了子玄时代的书和手抄本,想更深入去理解他当时的写本文化。细考子玄自传所提供的一些例证,本文达致了四个结论。第一,唐代皇家的藏书,固然是卷轴式,但民间日常用书,很可能是以散页(而非卷轴)的形式存在。第二,正如子玄自述,他当时得到的书"多因假赁",而"部帙残缺,篇第有遗"。这表示民间抄书,受限于人力物力,常属选择性的抄写,抄得不完整,以致有"缺"有"遗"。第三,子玄家中的藏书,特别是比较稀见的"皇家实录",可能跟他从祖父刘胤之曾任宫中史馆史官有关联。第四,子玄本人青年时代读书,书籍取得不易,单靠家中藏书绝对不足,所以他要"公私借书",才得以完成他以后的史学大业。他家的仕宦背景和他从祖父任过史馆史官所建立的人脉关系,使他占有不少"物质优势",不单可以向许多"私"家借书,还得以向藏书丰富的"公"家皇室图书馆借书。

本文原先于 2010 年 12 月 21 日,在台北图书馆举行的"唐代文史研究的新视野:以物质文化为主——纪念杜希德国际研讨会"上宣读,后载《台湾师大历史学报》第 46 期,2011 年,第 111—140 页。

---

① 《旧唐书》卷一〇二,第 3173—3174 页。

第二辑　唐人的经济生活和货币问题

唐人在多元货币下如何估价和结账

一、唐代的多元货币

唐代经济和货币史上，有一个难解的问题，至今似未有人深论。那就是：唐代史料和出土文书中所见的那些标价，比如米 1 斗 20 文，其真正含义是什么？现代人用惯了单一货币（金属钱币及其衍生品纸钞），见到这样的标价，大概都会很直观地以为，米 1 斗既然标价 20 文，那唐人当然要用 20 文的开元通宝类铜钱，才能买到。[①] 但唐代的实际交易，是否如此呢？本文认为，应当不是如此单纯，因为唐代的所谓"钱"，及其基本单位"文"和"贯"（一千文），在这种场合，并非指实体的开元通宝等类铜钱，而只是一种便于估算的单位（unit of account），一种"抽象的虚拟钱"，好像一个数学单位，用于估价罢了。真正交易时，唐人不必付铜钱，也经常没有铜钱可用，因为唐代长期在闹"铜钱荒"，铜钱铸造量和供应量，从唐初到唐末，始终不足。[②] 许多时候，唐人其实是以跟该标价钱数等值的麻布或绢练等织品，去购买米

[①] 中文的"货币""铜钱"和"钱币"等词，含义不同，但却很容易混淆。本文所说的"货币"，是最广义的一种"钱"，等于英文所说的 money 或 currency，可以包括铜钱、钱币等铸造的金属币（coin），以及其他具有货币功能的物品，如谷物和布帛。本文所说的"铜钱"，则仅指开元通宝、乾元重宝、会昌开元通宝一类的唐代铸币。"钱币"则一般指西方古今的金银币或其他金属币。

[②] 钟兴龙《唐代铸币量考》，《中国经济史研究》2010 年第 2 期，第 76—81 页；徐东升《唐代铸钱散论》，《中国社会经济史研究》2007 年第 2 期，第 13—19 页；宋杰《货币与物价》，收于宁可主编《中国经济通史·隋唐五代经济卷》，经济日报出版社，2000 年，第 457 页；Denis Twitchett, *Financial Administration under the T'ang Dynasty* (Cambridge University Press, 1970), pp. 77-83；Helen Wang, "Textiles as Money on the Silk Road?" *Journal of the Royal Asiatic Society*, 23:2 (April 2013), p.168；Chang Xu 徐畅, "Managing a Multicurrency System in Tang China: The View from the Centre," trans. Helen Wang, *Journal of the Royal Asiatic Society*, 23:2 (April 2013), pp.223-224；243-244。

粮、盐和其他商品,或从事更大宗的交易,比如买卖牲口、麦粟、房宅和农田等等。许多时候,唐代的布帛用作货币,也比铜钱具有更多的优点。

换句话说,唐代的"钱"常常只是用作估算和估价的单位,往往不是交易时的付款媒介。在唐代,钱的估算功能,远比它的支付结账功能更为重要。[①] 厘清了这点,我们才能看清唐代的公私交易和税法是如何进行,也才能澄清唐代经济和货币史上一些重大课题,比如唐代是如何同时有效地行用三种主要的货币——铜钱、布帛和谷物? 两税法为何以钱数定税额,却又可以用布帛和谷物等交纳? 唐后期的虚估和实估,常令今人迷惑,又是怎么一回事? 这些都要从钱的估算功能角度去理解,才能得到圆满的解答。

本文所说的"多元货币"(multicurrency),用于唐代货币和经济的场合,似乎很突兀、很新奇。不明就里者,甚至可能会批评说,这名词只是标新立异。但其实,这名词并非笔者所发明。就我所知,它第一次用于唐史学界,是在 2013 年,英国老牌汉学刊物《皇家亚洲学会会刊》(*Journal of the Royal Asiatic Society*)第二期的一个专号《丝路上织品用作货币》(Textiles as Money on the Silk Road)中。此专号的两位主编,分别是大英博物馆主管中国钱币收藏的专家汪海岚(Helen Wang)博士和美国耶鲁大学历史系的丝路史专家韩森(Valerie Hansen)教授。专号共发表了 10 篇英文论文,外加一篇《导言》。单看专号标题,就知道它有新意,很有"修正"的意味,想改写唐代的货币史。撰稿人除了两位主编外,还包括一支国际研究团队:中国的王炳华、段晴、荣新江、赵丰、王乐、徐畅;加拿大华裔学者盛余韵(Angela Sheng);日本的荒川正晴;以及法国的童丕(Éric Trombert)。他们从各种角度,探讨丝路上"织品用作货币"的种种课题,更证以大量敦煌和吐鲁番出土文书,生动勾画出布帛等织品,如何在唐人的日常生活中,被广泛当作货币来使用。这专号无疑是唐代货币史研究中一座崭新的里程碑。

就在这本专号中,唐代的"多元货币"是个经常出现的名词,也是主题。

---

① 严格说来,货币的支付结账(means of payment)功能,跟它的交换媒介(medium of exchange)功能,并不完全对等。但也有不少经济学家,认为这两者基本相同,不必太拘泥两者的区分。详见 Bill Z. Yang, "What Is (not) Money? Medium of Exchange ≠ Means of Payment," *The American Economist*, 51: 2 (Fall 2007), pp.101 - 104。在 Bill Yang 的定义下,唐代的铜钱像任何货币一样,具有支付结账功能,也有交换功能,但都不如它的估价功能那么重要。

它比唐人如元稹所说的"钱帛兼行"①,含义更广,更全面,更可以包含谷物货币和其他种种货币代用品。此外,专号中还经常出现一个相关名词"多元货币体制"(multicurrency system),特别是在徐畅的那篇论文中,以一种宏观的视角,重新审视了唐代的多元货币政策。②

多元货币这种说法,在欧美晚近数十年来的货币史研究中,屡见不鲜,已成了一种主流论述,跟以往传统的货币史只专论金属钱币(coin)大异其趣。③ 其重点是,所谓货币,不该只有金属铸币,还可以包含多种过去为学者所忽略的实物货币。例如希腊荷马时代的牛,经常被当作货币的估算单位来使用,如一艘船值多少头牛等等。④ 美国弗吉尼亚州的烟草种植业,在英属殖民地时期,曾经通过一条法律,规定商家必须接受他们的烟草为货币。⑤ 当前整个研究趋势是,要尽量跳脱过去"钱币至上"的思考模式,要用一种更宏观的角度,来看待古代社会如何善用多元货币,去从事各种商业和经济活动。⑥ 否则,若单纯以金属钱币(铜钱、银币等)来看过去的经济活动,好比以管窥天,难窥全豹。过去中外有不少号称货币史(history of money)的著作,⑦恐怕只能说是钱币史(history of coinage),高估了金属钱币的重要性,忽略了同时代的其他货币。近数十年来,欧美的货币史研究,其典范

---

① 李埏《略论唐代的"钱帛兼行"》,《历史研究》1964 年第 1 期,第 169—190 页。此文的修订版,收于李埏《不自小斋文存》,云南人民出版社,2001 年,第 236—272 页。"钱帛兼行"此词,原出自元稹的《钱货议状》,见《元稹集校注》卷三四,中华书局,2011 年,第 939 页:"窃见元和以来,初有公私器用禁铜之令,次有交易钱帛兼行之法,近有积钱不得过数之限。"元稹所说的"钱",仅指铜钱,并不指"货币"。

② Chang Xu 徐畅, "Managing a Multicurrency System in Tang China: The View from the Centre," trans. Helen Wang, pp.223 - 244. 作者另有一个中文版,跟英文版有异,各有偏重,见徐畅《唐代多元货币体制的运营——基于中央的视角》,吐鲁番学研究院、吐鲁番博物馆编《古代钱币与丝绸高峰论坛暨第四届吐鲁番学国际学术研讨会论文集》,上海古籍出版社,2015 年,第 73—86 页。

③ 例如近年一本极具颠覆意味的大作:David Graeber, *Debt: The First* 5,000 *Years* (New York: Melville House, 2011)。此书有台湾中译本:《债的历史:从文明的初始到全球负债时代》,罗育兴、林晓钦译,台北商周出版,2013 年。作者在原书第 21 页中说,债一定牵涉到货币的使用,所以债的历史,实际上就等于是货币的历史。

④ David Graeber, *Debt: The First* 5,000 *Years*, p.59.

⑤ David Graeber, *Debt: The First* 5,000 *Years*, p.75.

⑥ David Graeber, *Debt: The First* 5,000 *Years*, pp.21 - 24.

⑦ 例如彭信威那本知名的《中国货币史》,上海人民出版社,1988 年。

逐渐转移,出现不少"修正主义"观点的论著,多以多元货币的研究取向,放宽视角,把古代所有可以当作货币使用的物品都纳入研究范围内,和钱币一起来作整体的考察。[①]

因此,我们应当把唐代的三大类货币放在一起来研究,不应孤立。唐代不仅有铜钱一种,还有织品(麻布、绢、练等),以及谷物(麦、粟和米等)。这三大类货币,各有不同的特征和优缺点,但同时在唐代并行使用,却又能够互补长短,可以让唐代的各种经济活动,如赋税、籴粜、买卖、赊账和借贷等,运作得更为顺畅。否则,若单只靠开元通宝等铜钱,唐代的经济恐怕早已崩溃,因为正如前面所说,唐代经常在闹"铜钱荒"。铜钱只占整个货币供应(money supply)的大约10%,[②]远远不如织品和谷物所占的比重那么高。幸好,唐代不是只靠铜钱,它还有织品和谷物,可以同样发挥货币功能,才能撑过那二百九十年的历史,直到宋代纸钞和其他信用货币(credit money)的兴起,才慢慢取代织品和谷物的货币功能。

本文拟论证唐人在日常生活中,如何在当时的这种多元货币环境下,同时并行使用三种主要货币,来估价、交易和支付结账。[③]

二、交河郡市估案与河西豆卢军粮牒

唐代的估价表,最有名也最珍贵的一个实例,要算玄宗天宝二年(743)交河郡(即西州,今吐鲁番)的市估案出土文书,由日本大谷探险队于20世

---

① 例如 W. V. Harris, "A Revisionist View of Roman Money," *Journal of Roman Studies*, 96 (2006), pp.1-24。这篇论文开头第一段,就开宗明义表明是"修正主义"的观点,大力反对把罗马帝国的货币,像传统的罗马史学者那样,看成只有钱币。

② 池田温《敦煌的流通经济》,《敦煌文书的世界》,张铭心、郝轶君译,中华书局,2007年,第126页;Valerie Hansen and Helen Wang, "Introduction, Textiles as Money on the Silk Road," *Journal of the Royal Asiatic Society*, 23: 2 (April 2013), p.155。

③ 唐代的货币,还不只这三种,如岭南用金银,但这属于地区性的特殊案例,尚未遍及全国,此不论。最早的研究见加藤繁《唐宋时代金银之研究:以金银之货币机能为中心》,中国联合准备银行调查室编译,中华书局,2006年。最新且更深入的论述,见王承文《晋唐时代岭南地区金银的生产和流通——以敦煌所藏唐天宝初年地志残卷为中心》,《唐研究》第13卷,2007年,第505—548页;王承文《论唐代岭南地区的金银生产及其影响》,《中国史研究》2008年第3期,第45—66页。

纪初在吐鲁番盆地古墓中发现,现藏日本奈良龙谷大学。[①] 池田温对这批文书作了最详细的研究,大抵厘清了文书的性质和作用。[②] 在这份估价表上,"几乎所有物品都用钱来表示价格,只有马、驼类才用大练、小练的匹数表示"[③]。表上的物品,林林总总,多达三百多种,上至粟麦,下至农家耕种用的肥料"粪",都在其中。而且,它们都有三个等级的估价。这里且抽样选出数种物品及其估价,列为表一,以见一斑:

表一　交河郡市估案物品估价抽样

物　　品	上　估	次　估	下　估
大练壹匹	470 文	460 文	450 文
常州布壹端	500 文	490 文	480 文
干蒲萄壹胜(升)	17 文	16 文	15 文
蔓青子壹胜(升)	20 文	16 文	15 文

我们最大的疑问是:当时在交河郡,如果有人要买这些物品,他真的要用实体的开元通宝铜钱去买吗?

池田温没有讨论这个问题,既未说是,也未说不是,似乎避开了这个烫手的问题,或以为这不是个问题。其他学者也同样没有涉及这点。[④] 但现代唐史学者读了这些大作,一般恐怕都会认为:是的,要买当然要付开元通宝铜钱。然而,本文认为,答案应当为"不是",因为这份市估案上的钱数,只是一个估价、参照的单位。购物者应当是以布帛或其他等值的物品来付账,只要卖主接受即可。这才是唐代交易的常态,例证很多。

---

① 录文见池田温《中国古代籍帐研究:概观·录文》,东京大学东洋文化研究所,1979 年,第 447—462 页。

② 池田温撰、韩昇译《中国古代物价初探——关于天宝二年交河郡市估案断片》,《唐研究论文选集》,中国社会科学出版社,1999 年,第 122—189 页。此文原发表在日本《史学杂志》1968 年第 77 卷 1—2 期。中文版更详细,附有池田温 1998 年写的《补记》,补充了另两段市估案断片。

③ 池田温撰、韩昇译《中国古代物价初探——关于天宝二年交河郡市估案断片》,《唐研究论文选集》,第 154 页。

④ 卢向前《唐代前期市估法研究》,中国敦煌吐鲁番学会编《敦煌吐鲁番学研究论文集》,汉语大词典出版社,1991 年,第 693—714 页;赵贞《唐代的"三贾均市"——以敦煌吐鲁番文书为中心》,《中国社会经济史研究》2012 年第 1 期,第 8—12 页。

例如,在天宝六载(747)的《河西豆卢军军仓收纳籴粮牒》(P.3348 背面,见本文末附图一)[1]中,就有当地的豆卢军,以小生绢,向一名行客籴粟的案例,清楚展现了唐代这类交易是如何进行的,其过程相当科学而细密:

  17 行客任惣子粟壹伯捌硕陆斗 ^{斗估廿一文} 计钱贰拾贰贯捌伯

  18   陆文,折给小生绢陆拾匹 ^{匹估参伯捌拾文}

这条账目记载的是,行客(远途商人)任惣子,运来粟共"壹伯捌硕六斗"。硕是敦煌用字,同"石",一石为 10 斗。壹伯捌硕六斗,即 1 086 斗,合公制 6 516 升(1 086×6)。[2] 豆卢军向他籴粟,但它没有铜钱,最后便以 60 匹小生绢来付账。问题是,这 60 匹是怎样计算出来的? 是由豆卢军自行决定的吗? 不是,是经过当时市场上的标准买卖程序,精密估算出来的。

首先,他们要先计算这 1 086 斗粟,在市场上值多少钱。这时,市估案便可以派上用场了。当时的估价是粟每斗 21 文,因而得出这批粟总值 22 806 文(1 086×21),即文中所说的"贰拾贰贯捌伯陆文"。然后,他们还要再作第二回的计算:这个钱数,值多少匹小生绢? 一查市估案,小生绢每匹估 380 文,求得 60.015 7 匹(22 806÷380),最后豆卢军取整数为 60 匹,付给行客,交易完成。

这里可以看到,买方并没有使用实体铜钱来付账,但买卖双方却以"抽象的钱"来作估算单位,最后买方又以另一种货币(绢)来支付结账。整个买卖,看来是以敦煌市估案之类的官定估价作基础,或以双方协商好的一个当时市场估价来进行。这个案例也证明了,唐代(以及整个中古时代)根本不必使用铜钱,就可以圆满完成一宗交易,而且还是相当大规模的交易,涉及的粟高达六千多升。由此看来,交河郡市估案之类所出现的钱数,都不是指实体钱,只纯作估价使用,供官府和民间交易时参考。最后支付结账时,买方可以使用布帛或其他等值物。然而,钱在这里还是扮演了一个关键角色:

---

① 录文见池田温《中国古代籍帐研究:概观·录文》,第 468 页。

② 本文所用的唐制和公制换算,皆根据胡戟《唐代度量衡与亩里制度》,原载《西北大学学报》1980 年第 4 期,后收入《胡戟文存》,中国社会科学出版社,2000 年,第 348—361 页,以及杨际平《也谈唐宋间敦煌量制"石"、"斗"、"驮"、"秤"》,《敦煌学辑刊》2000 年第 2 期,第 16—21 页。这两篇论文,以唐代出土实物和文书为证,论及唐代度量衡制和公制的转换,并附有详细的演算方式,最为有据可信。不少唐制和公制的换算表,比如《王力古汉语字典》附录所收的那个换算表,皆不知何据,不可依。

只不过它变成了单纯的估算单位,并非付款媒介。这样的交易方式和估算法,不只实行于敦煌吐鲁番地区,也广泛行用于整个唐代中原和江南等地区,下面将会详论。

有一个问题是:为什么买卖双方要做这样的两次换算?好像多了一道手续,难道不能用一个固定的粟和绢比价(比如这里的18.1),只做一次换算就好吗?答案:因为唐代的物品估价,每天(或至少每十天)都可能不同。两次换算才能真正反映物品估价的上下起落,就像现代期货市场上的农产品价格那样,可能每分每秒都不相同。站在卖方的立场,卖主任悊子当然希望,粟的当天估价越高越好,而绢的当天估价则越低越好。假设过了十天,粟的估价从原本的每斗22文,微升到23文,而绢的估价则从原本每匹380文,微跌到370文,则任悊子运来的这批粟,将可以卖得更好的价钱:(1 086×23)÷370=67.5匹绢,比他十天前所卖得的60匹,多了12.5%的收入。如果只用一个固定的粟和绢比价,只做一次换算,则无法反映粟和绢的这种每天的估价变动。粟和绢的比价,如果要反映每天估价的起落,则无法固定,必须也每天随着上下变动。那就等于每天都要做这样的两次换算,才能取得一个最新的比价了。钱数的估算功能,在这里展露无遗。如果唐代的物品,没有这种钱数估价,市场交易恐难以进行。

这位任悊子,既然是一名"行客",一个长途商贩,他应当非敦煌人,来自外地。现在他把运来的粟,在敦煌卖了,得到60匹生绢,对他来说,这应当比得到一大笔铜钱更有用处。因为他可以把这60匹绢,运回他的家乡,或运到下一个地方去继续转售,赚取两地不同绢价的差额。60匹绢的重量,以每匹459克计算,[①]只不过是大约27.54千克(60×459克),只比今人乘搭飞机一般携带20千克托运行李略重一些罢了,并不难随身带着。

相比之下,假设任悊子收到的是铜钱,那么这笔铜钱的重量是十分惊人的,绝非他一个人可以搬动。《通典·食货典》:"大唐武德四年,废五铢钱,铸'开元通宝'钱。每十钱重一两,计一千重六斤四两。"[②]唐代1斤=16

---

① 赵丰《唐代西域的练价与货币兑换比率》,《历史研究》1993年第6期,第179页;赵丰《敦煌丝绸与丝绸之路》,中华书局,2009年,第251页。

② 《通典》卷九,第199页。

两＝680 克。以此换算，一千文（一贯）的铜钱，重达 4.25 千克。① 如果任悉子卖粟，坚持要以铜钱支付结账，那将重达约 96.92 千克（22 806 文＝22.806贯×4.25），比他拿到的生绢 27.54 千克，重了多达 69 千克。在这种情况下，还有人要收铜钱吗（假设豆卢军有足够的铜钱）？恐怕都不要，宁取生绢。何况，生绢还能再转售，再多赚一笔。铜钱却不能当商品来转售。

唐代以布帛为最通行的三大货币之一，但却常以钱为估算单位。我们不妨再举一例，出自天宝四载（745）的《河西豆卢军军仓收纳籴粮牒》②（P.3348 背面 B 部分，见本文末附图二）：

53　捌拾参匹壹丈玖尺壹寸大练，准《格》

54　　　给副使李景玉天宝四载春

55　　　夏两季禄粟壹伯贰拾硕

56　　　直^{斗估卅二文}，计参拾捌贯肆伯

57　　　文，折给上件练^{匹估四百六十文}，不籴斛斗③

这条账目的意思是：河西豆卢军在天宝四载，付给军副使李景玉 83 匹 19 尺又 1 寸的大练。此文书前面的第 48—49 行，还有两行文字，说明这是一种"禄直"："准金部《格》，给副使禄直"，也就是李景玉当年春夏两季禄的总值。唐代官员有俸又有禄：俸才是主要的收入，禄只是"粮食津贴"一类的补助。禄通常以粟估算，每两季发一次，于此正合。俸则以钱数估算，这里未提，但李景玉应当还有俸料。④ 账目上记载，他应当得到的禄是 120 硕（石）的粟。

---

① 不过，《唐六典》卷二二，第 579 页又说："旧法每一千重六斤四两，近所铸钱者多重七斤。"所谓"近"，指《唐六典》成书的开元二十七年（739）前不久。重七斤，则等于 4.76 千克。2000 年元月，洛阳市文物工作队在唐东都西苑遗址区，发掘出一批唐代开元通宝钱窖藏，共有 8 019 枚铜钱，重 33.3 千克。以此计算，每枚铜钱平均重约 4.15 克，一贯（一千枚）重 4.15 千克，非常接近《通典》所记的 4.25 千克。见俞凉亘《唐东都西苑遗址区开元通宝钱窖藏清理简报》，《中国钱币》2001 年第 1 期，第 50—55 页。这意味着，《通典》的记载得到了考古出土实物的证实。

② 录文见池田温《中国古代籍帐研究：概观·录文》，第 466 页。

③ "不籴斛斗"的意思是，豆卢军分配到中央发来的二万匹布帛，绝大部分都拿来购买谷粮，只有这 83 匹多的大练，没有用于籴粮，而发给李景玉作禄，所以这里说这批练"不籴斛斗"，不用于籴粮。斛斗为谷粮的代称。

④ 唐代官员的俸禄，是个异常复杂的问题。详见陈明光《唐代财政史新编》，中国财政经济出版社，1991 年，第 72—90、112—115、213—215 页；李锦绣《唐代财政史稿》第 3 册，社会科学文献出版社，2007 年，第 24—42 页。

然而他实际收到的,却不是粟,而是 83 匹多大练。这中间经过了两次换算。120 石粟,等于多少大练? 如何换算? 这显然不是豆卢军官员能任意为之的事,而是要经过同样的市场买卖估价机制,精确计算出来的。于是,市估案又再次派上用场了。这便是这条史料最迷人的地方,可证唐人是如何灵活使用谷物(粟)、织品(练)和铜钱三大类货币,来估价和支付结账,其精巧处,似远超出今人的想象。这条记载虽只有短短五行,却有异常丰富的历史讯息。

首先,粟 120 硕,等于 1 200 斗。以每斗 32 文的估价,把这笔禄,先换算为钱数 38 400 文(1 200×32)。然而,李景玉并没有得到实体铜钱。接着,豆卢军又把这笔纯粹估算用的"抽象"钱,以每匹 460 文的估价,把它再换算为大练(38 400÷460),求出李景玉实际可获得 83.478 2 匹大练,也就是 83 匹 19 尺又 1 寸,真是一寸也不差。这是经过两次换算的结果,涉及的货币有谷物、铜钱和织品。

从以上这两个案例,可以知道唐人使用货币,是何等灵活。他们想出了种种方法,来克服同时行用多元货币可能出现的一些难题,比如他们在交易买卖时,经常要经过两次不同的货币换算。这份敦煌伯希和 P.3348 文书上的所有籴粟账目,都经过这样的二次换算。乍看之下,这样的换算好像很麻烦,但其实很简单,因为这种换算,完全是纸上作业。今人用计算器,按几个数字,其实也可以把这二次换算,简化成一次,一气呵成:(1 200×32)÷460=83.47 匹,不到 10 秒就可以算好(熟练的唐人,即使没有计算器,应当也可在大约 10 秒算好),不必用上实体铜钱。

李景玉的春夏两季禄,是以粟为估算单位。但敦煌此时看来缺少粟,或豆卢军基于其他原因,不能发粟给他,只能发织品大练。这是完全可以理解的,因为唐朝廷在安史乱前,每年把大量的织品输往敦煌和西北地区,作为军用和军人的俸禄。这些织品,原出自中原和江南农民所缴交的庸调税物。[①] 豆卢军分配到许多这类织品,但缺乏谷物(从这份 P.3348 背面文书可

① 杨际平《天宝四载河西豆卢军和籴会计文书研究》,《中国社会经济史研究》1992 年第 3 期,第 19—32 页。Masahiro Arakawa 荒川正晴, "The Transportation of Tax Textiles to the North-West as part of the Tang-Dynasty Military Shipment System," trans. Valerie Hansen, *Journal of the Royal Asiatic Society*,23:2 (April 2013),pp.245–261.

见,它还经常需要在当地籴粟),也没有那么多的铜钱,因为铜钱在敦煌等西域地区,比起中原地带更缺乏。所以李景玉领到的,是大练。这跟中原官员领到的禄多为谷粟,大不相同。但织品在唐代,也是很有用很方便的货币,比起铜钱更轻,更便于携带。李景玉领取了大练以后,可以用它在市场上购买谷粟和其他民生物品,也可以留下一些大练,来给自己和家人缝制衣物等。织品和谷物货币,都可以这样一物二用,比铜钱更灵活。

传统的货币史家和唐史学界,一般都过于高估铜钱的重要性。他们可能会问:为什么唐朝廷不把铜钱输往西北地区去供军?铜钱可以轻易分成小额来使用,不是更方便边区的军用和买卖吗?

然而,这是现代人的想法,在唐代却一点都不实际。铜钱固然有容易细分为小额的优点,但它却有一大致命的缺点。唐代的开元通宝钱太笨重,比练和绢等织品更重。前面我们已经见过任悊子卖粟的案例,知道唐代铜钱一贯重达 4.25 千克。如果李景玉的禄要领取铜钱的话,那将重达约 163.2 千克(38 400 文＝38.4 贯×4.25),恐怕不是他一个人所能搬动或“携带”的。相比之下,他最后领到的 83 匹多练,以练每匹约 344 克计算,[①]其总重量只不过是 28.6 千克左右(83×344 克),轻多了,他一个人就能搬动。练是唐代各种丝织品中最轻者之一(比绢更轻)。[②] 这正是唐朝把内地丝织品税物,大量输往西北供军的一大原因,因为一来它出自农人所交的庸调税物,来源不缺,取得容易。二来它重量又轻,比铜钱更方便长途运输。

唐代文献中常见“轻货”一词,指的就是绢练等织品。“市轻货”便是把

---

① 赵丰《唐代西域的练价与货币兑换比率》,《历史研究》1993 年第 6 期,第 179 页;赵丰《敦煌丝绸与丝绸之路》,第 251 页。

② 练“是由生丝织造并煮熟脱胶后的平纹织物”。见赵丰(Feng Zhao)和王乐(Le Wang)的英文论文"Glossary of Textile Terminology (Based on the Documents from Dunhuang and Turfan),"*Journal of the Royal Asiatic Society*,23:2 (April 2013),p.351. 所谓“胶”,其实是生丝中的一种蛋白质,叫“丝胶”(sericin)。把此“胶”脱去,可使练变得比绢更光滑、更白、更轻,也比绢的价格更高。见 Angela Sheng, "Determining the Value of Textiles in the Tang Dynasty: In Memory of Professor Denis Twitchett (1925 - 2006)," *Journal of the Royal Asiatic Society*,23:2 (April 2013),p.191. 关于丝胶,中英文现代科学研究论文极多,可举二例,以见一斑:孙迪、蒋耀兴、张顺平《低温等离子体处理对真丝织物丝胶溶解性的影响》,《丝绸》2014 年第 12 期,第 11—14 页;董雪、盛家镛、邢铁玲、陈国强《丝胶蛋白的研究与应用综述》,《丝绸》2011 年第 12 期,第 16—21 页。

在江南收到的谷粟和铜钱等笨重税物,转购为绢帛,以便长途运输到京师和西北等地。在安史之乱初期,江淮租庸使第五琦就曾向肃宗献策这样做,以供军用。《资治通鉴》记此事云:

> 第五琦见上于彭原,请以江、淮租庸市轻货,溯江、汉而上至洋川,令汉中王瑀陆运至扶风以助军;上从之。[1]

第五琦也因为完成了这项使命,成功把轻货绢帛运到关中,解决了肃宗的军饷,唐军从此士气大振,才得以收复长安。第五琦本人也因而官位高升,几年后就官至宰相,升迁神速。[2]

唐朝廷即使想把铜钱输往西北,恐怕也无能为力,因为中原的铜钱原就短缺,只能在城市及其周边地区流通,供小额交易使用,[3]没有什么剩余可以输往敦煌等地。何况铜钱又那么笨重,何苦把它千里迢迢运往西北? 不如转运布帛。这就是唐代敦煌和吐鲁番等地,盛行以织品作为货币的一大原因。

今人用惯了金属货币,往往以为其他非金属货币是低等的,甚至是“原始”的。[4] 然而,现代也颇有一些有卓识的学者,认为织品货币优于金属铜钱,更适合唐人当时的物质生活。[5] 若以敦煌文书 P.3348 背面所反映的唐代情况来说,织品货币充分展现了它的货币功能,不但完全不逊于铜钱,而且还比铜钱更具优势。前面提到的重量轻就是优点之一。另一大优点是,织品货币非常适用于大额的交易。这份敦煌文书所记载的,除了李景玉此条外,其他条目涉及的,都是大宗交易,详细记录了豆卢军府如何以练和绢

---

[1] 《资治通鉴》卷二一九,第 7001—7002 页。《通鉴》此处的叙事,又比两《唐书》略详,故这里引《通鉴》。

[2] 更详细的讨论见拙著《唐代高层文官》,第 292—294 页。

[3] 李埏《略论唐代的“钱帛兼行”》,《不自小斋文存》,第 242—252 页。

[4] 例如老派经济学人爱因齐格 (Paul Einzig, 1897 - 1973) 所著的 *Primitive Money: In Its Ethnological, Historical, and Economic Aspects*, London: Eyre and Spottiswoode, 1948。

[5] 例如李埏《略论唐代的“钱帛兼行”》,《不自小斋文存》,第 236—272 页;Michel Cartier, "Sapèques et tissus à l'époque des T'ang (618 - 906): Remarques sur la circulation monétaire dans la Chine médiévale," *Journal of the Economic and Social History of the Orient*, 19: 3 (Sept., 1976), pp. 323 - 344; Valerie Hansen and Xingjiang Rong, "How the Residents of Turfan used Textiles as Money, 273 - 796 CE," *Journal of the Royal Asiatic Society*, 23: 2 (April 2013), pp. 295 - 296。

等织品,向民间购买数量庞大的各种粟、青麦和小麦。单是天宝四载这一年,它购粮所花费的总匹数,就高达二万匹。

综上所论,我们可以得出一条很重要的定律:唐人可以不必用实体的铜钱来支付结账,但却经常需要以钱作为估算单位。钱的这种功能,在以往的唐代经济史和货币史研究中,似乎未见有学者论及。一般都说这只是单纯的"折钱"或"折纳"(此两词意义,皆含糊不清,须加说明和演算)、"以绢易粟",甚至称之为"物物交换"了事,以致钱的估算功能被忽略了,阴晦不显。

三、为何以钱为估算单位

为什么唐代的铜钱不足,但却常常以钱来作估算单位?唐代另两大货币(布帛和谷物),也可以用来作估算单位吗?

最简单的答案是:以钱估价,最为精准,因为钱是十进制,1 000 文为一贯,最方便计算。更重要的是,钱可以细分为很小的单位,比如 3 文(三个铜钱)。在交河郡市估案中,池田温曾指出,有些物品的估价,还出现比文更小的"分"。例如糠酢(上估二文、次估一文五分、下估一文);三寸钉(上估一文二分、次估一文、下估八分)。[1] 事实上,开元通宝实体钱中,并无"分"的单位,但估价却用上了"分",更证明这种估价上的钱数纯粹是一种虚拟货币,纯纸上作业,只为了估价更精准,甚至不惜用上虚拟的"分"。唐人交易时,不可能用"分"来付账,但数量大一点的购物,也可以把这些"分"累积为"文"。用"分"估价不构成什么问题,反倒可以使估价更精细。

布帛是通行货币,当然也具有估算价值的功能,也可以作估算单位来使用。例如池田温便指出,交河郡市估案中,虽然绝大多数物品是以钱来估算,但马和驼类,却是以帛的匹数来估算。《法苑珠林》也有这么一条记载:"皇后舍所寝衣帐,准价千匹绢,为舍利造金棺银椁,雕镂穷奇。以龙朔二年(662)送还本塔。"[2]这是说,皇后所捐赠的"衣帐",其价值共"千匹绢",显示

---

[1] 池田温撰、韩昇译《中国古代物价初探——关于天宝二年交河郡市估案断片》,《唐研究论文选集》,第 155 页。

[2] 《法苑珠林校注》卷三八,中华书局,2003 年,第 1214 页。

布帛也可用来作估价和估算单位,但不如钱那么常见。

布的标准单位为端,绢的单位为匹。一端为 50 尺,一匹为 40 尺(一尺等于公制 29.5 厘米),尺之下还可分为寸和分单位,然而端匹都不是十进制,在计算小位数时,相当不便。不过如果是计算整数,比如一匹马,一头骆驼,或一所房子时,以多少匹来估算,也相当可行。这些物品都以整数出售,不可能像米粟等物那样,有零星的数字,如前例的 1086 斗粟,但买马不可能说要买(比如说)5.34 匹马,所以马的估价,可以直接估每匹马 35 匹绢,或更方便。比如唐后期著名的回纥马,估价一般为 40 匹缣。① 这或可解释,为何交河郡市估案中,马和驼类都用了帛的匹单位来估价。

然而,这也可能只是各地习惯的不同。在敦煌地区,便可见到马以钱数来估价。例如四川省图书馆所藏的一件敦煌文书残片上,就有这样的记载:"上家生细敦父马壹匹,直柒拾仟文;次陆拾伍仟文"等等。② 王仲荦的遗作《金泥玉屑丛考》,也收集了不少唐内地以钱数估马价的史料。③ 整体而言,布帛不如钱数那样方便计算。所以不论是在西域还是内地,唐代最主要的估价估算单位,特别是唐后期,仍然以钱数为最主流,较少见到以布帛估价。以谷物估价则最少见,主要见于敦煌在铜钱匮乏的吐蕃统治和归义军时期,④但唐代官员的禄,却照例是以每两季多少斗粟来计算(如上引 P.3348背面,李景玉的案例)。

因此,我们在唐代文献和出土文书中,凡见到钱若干文或若干贯时,都应当停下来仔细思考,这到底是指实体的铜钱,还是指用作估算单位的虚拟钱,否则很容易就出错。例如唐初褚遂良写的《谏东宫物少于魏府长表》,有一段话,常为学者引用:

---

① 傅乐成《回纥马与朔方兵》,《汉唐史论集》,台北联经出版公司,1977 年,第 305—317 页;章群《唐代之马匹贸易——兼论唐予回纥马价绢的性质》,收于淡江大学中文系编《晚唐的社会与文化》,台北学生书局,1991 年,第 329—353 页。

② 此文书残片释文和讨论,最初见于张勋燎《敦煌石室奴婢马匹价目残纸的初步研究》,《四川大学学报》1978 年第 3 期,第 85—91 页;更详细的研究,见朱雷《敦煌所出〈唐沙州某市时价簿口马行时估〉考》,唐长孺主编《敦煌吐鲁番文书初探》,武汉大学出版社,1983 年,第 500—518 页。

③ 王仲荦《金泥玉屑丛考》,中华书局,1998 年,第 151—154 页。

④ 郑炳林《〈康秀华写经施入疏〉与〈炫和尚货卖胡粉历〉研究》,《敦煌吐鲁番研究》第 3 卷,北京大学出版社,1998 年,第 191—208 页。

> 伏见东宫料物,岁得四万段,付市货卖,凡直一万一千贯文。魏王支别封及廩物,一年凡直一万六千贯文。此便储后俸料,翻少于诸藩。朝野闻见,以为非是。①

池田温便把这里的钱数,看成是实体铜钱,进而推论说,"皇太子在市场上出售年收入的布帛四万段,换得钱一万一千贯,而魏王也同样获得一万六千贯的收入。由此可知在唐初都市生活,必须到市场上把布帛换成货币"②。事实上,唐初布帛就是一种货币,太子要买东西,用布帛就可以了,何必大费周章,先把布帛换成铜钱,多此一举? 何况,若真的要把布帛"出售"去换铜钱,还将面对三个大问题。

第一,布帛四万段,是个大数目。皇太子一年要"出售"那么大量的布帛,即使分批卖出,那他岂不成了个大商人? 很可能还要开个布练行之类的。他的皇储身份,可以让他这样做吗? 他需要这样做吗? 若只是拿去"变换",类似今人拿美金去银行兑换人民币那样,那当时长安城内有这样的货币兑换商吗? 没有。

第二,11 000 贯是个不小的数字,等于 11 000 000 文(一千一百万个铜钱)。考虑到唐代铜钱常常供应量不足,京师市场上是否有那么多的铜钱可换,肯定是个大疑问。如果布帛真的如池田温所说,必须到市场上换成货币才能使用,那么魏王也跟着要去换铜钱(其他王子应当也要),那长安城有限的铜钱供应量,肯定要面对沉重的压力,供不应求。

第三,如前所说,唐代的开元通宝有一大缺点,太重了,一贯铜钱就重达六斤四两(约 4.25 千克)。11 000 贯的铜钱,将重达 46 750 千克(46.75 吨)。相比之下,四万段的料物,若以前面提过,绢每匹为 459 克估算,只有 18 360 千克(18.36 吨),比铜钱轻了一半以上,真是所谓的"轻货"也。在这种情况下,皇太子还想以布帛换铜钱吗?

因此这应当只是褚遂良以京城的市估案之类的估价法,精密估算出皇储一年的料物,只值 11 000 贯,比起魏王李泰一年的 16 000 贯,短少了 5 000 贯。

---

① (宋)李昉等编《文苑英华》卷六二三,中华书局,1966 年,第 3230 页。
② 池田温撰、韩昇译《中国古代物价初探——关于天宝二年交河郡市估案断片》,《唐研究论文选集》,第 159 页。

所以他要上表，请求太宗皇帝给皇储增加料物。皇储并没有在市场上出售他所得的料物。所谓"付市货卖"只是个假设性的说法，①意即假若皇储"付市货卖"，以市估案所载的京师物品估价，来计算他一年的料物，则"凡直一万一千贯"，是个纸面上的估算而已，并非实体钱。"凡直"两字，意即"总价值"，也透露这是一个总价的估算，并非实际售物所得。同样，魏王的年收入，也只是个纸上估算。两人的料物，多为布帛等物，品类多，难以用布帛的匹数来比较，所以要先估算为纯钱数，才能精准看出两人何者的年收入比较高。

四、估价的盛世——唐代估价的盛行及其原因

从前面的论述可以见到，唐代估价异常之盛行。任何物品，官方都可以根据它的市场时价和物品质地等因素，给它定个估价，分上中下三等，且每旬（十天）更新一次。严格说来，像交河郡市估案中的那些"价格"钱数，并非当时的实际交易价，而只是个官方所定的"估价"而已，主要供官方参考，用于采购民间物资，用于付给官员谷粟或布帛等俸禄，或用于估算赃物的价值，以判定某某官员是否贪赃；贪赃的话，又达到怎样的罪等级。② 这些估价都有些弹性，有上估、次估和下估，有一个估价范围。这种估价，在西域地区已经如此盛行，那么在中原和江南等内地，应当更常用，比如上述褚遂良估皇太子和魏王李泰的每年料物价值，即为一例。可以说，在唐代，任何物品都可以有这样的估价。在交河郡市估案中，甚至用作肥料的粪便，都有估价："粪壹大车，上直钱贰拾五文，次贰拾贰文，下贰拾文。"③连粪都可估价，其他物品也就可想而知了。从这个角度看，唐代简直就是个估价的伟大时

---

① 现代语言学家都认为，中文是一种非常注重上下文（context sensitive）的语言。上下文就可以决定整句的意义，不需要多余的"标示"（marker），比如文言标示假设的"若"等字眼，可以省略不书。所以中文也没有现在、过去等时态，可以没有"你、我、他"等人称，甚至可以省略主语。不过中文的这种精简，有时候的确也会造成一些模棱两可的状况，比如此处褚遂良的这句话。英文的假设性说法，则必须要有 if 等标示，其动词也要改用假设语态才行，如 would 等词。

② 池田温《中国古代物价初探——关于天宝二年交河郡市估案断片》，《唐研究论文选集》，第122—189 页；卢向前《唐代前期市估法研究》，中国敦煌吐鲁番学会编《敦煌吐鲁番学研究论文集》，第 693—714 页；赵贞《唐代的"三贾均市"——以敦煌吐鲁番文书为中心》，《中国社会经济史研究》2012 年第 1 期，第 8—12 页。

③ 池田温《中国古代籍帐研究：概观·录文》，第 453 页，第 155 行下半部 B 部分。

代,估价的盛世。

我们今天也有估价,但不常见,仅见于法庭的拍卖屋、艺术品和古董一类的估价,即"鉴价"(valuation)。现代的鉴价,须交由专业的、有认证的鉴价师(valuer)去进行,要有详细的鉴价报告,才有公信力,并非一般人可为。同样,唐代的估价,也有一套专业的做法,交由市司或都省(如唐后期的省估)一类的官署去进行,不但具有相当的公信力,还有相当的公权力。官方交易一般都要根据市估价——民间交易则可作参考用。

西域有交河郡市估案出土,可惜唐中原江南等地区,还未出土类似的估价文书,但肯定也有估价。最好的一个例证,就是刘晏为了改进盐法,不惜下"重价募疾足":

> 自诸道巡院距京师,重价募疾足,置递相望,四方物价之上下,虽极远不四五日知,故食货之重轻,尽权在掌握,朝廷获美利而天下无甚贵甚贱之忧,得其术矣。[①]

刘晏这样做,就是为了让他能坐镇在长安京师,也能迅速掌握各地的物价,作为他制作盐估价的参考。他的盐估,是精心设计估定的,有依据,有现实考虑,应当是适中合理的,所以广受百姓的接纳。官府的盐专卖,也获得"美利"。史官更要赞美他说,"朝廷获美利而天下无甚贵甚贱之忧,得其术矣"。

唐代社会随处可见估价。敦煌吐鲁番文书中,常见"匹估""斗估"等词,就是最鲜明的例证。到了内陆地区,当时应当也曾经使用这类字眼,只可惜这种字眼,通常只见于实际的交易文书和契约,但内地这样的史料并没有像敦煌吐鲁番文书那样出土传世,今人不得一见。然而在史书中,还是留下了不少痕迹,例如准价、准估、时估、约估、依估、官估、定估、原估、高估、本估、省估等字眼,甚至唐后期最著名也最让人迷惑的虚估和实估,莫不都跟估价有关。我们用这几个"估"的关键词,去唐代传世文献中检索,就可以查到大量的案例,举不胜举。这里就不必引用了。

为什么唐代如此盛行估价?原因颇复杂。这里为了避免枝蔓,不拟讨论,将另撰文处理,但可以一提,其中一个原因是,唐代同时使用三大货币——布

---

① 《旧唐书》卷一二三,第 3515 页。

帛、铜钱和谷物。这三种货币，都有其特征和优缺点。估价是为了不同货币和物品之间的换算和交换。有了物品的估价，一切买卖、交付和支付结账，才有可能，才能合理、公平地进行，比如我们在敦煌文书 P.3348 背面所见。

五、唐三大类货币的优缺点及其通行状况

（一）布帛

布帛由农民自行生产，通过租庸调和两税等赋税系统，进入国家税收，又从国家支出（和籴、供军、官员俸禄、皇室开支等），流进全国的货币体系，再流通到全国各地。比如在江南交纳的租庸调布，最后曾经流通到吐鲁番，在近世出土。① 那主要是因为官府把这些租调布，运送到西域去供军资。学界一般未意识到布帛货币的重要性和便利性，但布帛根本就是农民自己生产的货币。用一句台湾时下流行语来说，唐代的布帛，简直就是"自己的货币，自己来生产"。国家的货币，不必麻烦国家去花大成本来铸造——农民自己就可以搞定。还有什么比这更好的事呢？ 布帛也不像铜钱那样，它不会有被仿冒的风险。它的重量在三大货币当中，也最轻，是所谓的"轻货"，最适合长途运输和大宗交易（见上）。缺点是布帛为有机物，会自然腐朽，但也可用上数十年，这不算很严重的缺陷。比较不便的是，布帛的估算单位为匹端尺寸，非十进制，比较不适合用来充当货币的估算功能。然而它不但是唐代民间用来付账和缴税的最大宗货币，也是官府用于籴粟、供军、采购和支付官员俸禄的最主要货币，更是皇帝用来赏赐大臣和外国使臣，以及营造宫中殿宇和皇帝陵墓等大型建设的最重要货币，而且从唐初到唐末都如此。

以铜钱至上的货币学者，一般都会质疑，布帛在质地上，在重量尺寸上，是否具有铜钱那样的标准、统一规格？这点已有学者申论，②不成问题，这里

① 王炳华《吐鲁番出土唐代庸调布研究》，《文物》1981 年第 1 期，第 56—62 页。此文又收于王炳华的数种文集，如《西域考古文存》，兰州大学出版社，2010 年，第 483—494 页。

② 过去已有不少学者论及此问题。最新的论述见徐畅《唐代多元货币体制的运营——基于中央的视角》，《古代钱币与丝绸高峰论坛暨第四届吐鲁番学国际学术研讨会论文集》，第 76—78 页；Angela Sheng, "Determining the Value of Textiles in the Tang Dynasty," *Journal of the Royal Asiatic Society*, 23: 2 (April 2013), pp.175 - 196。

不必赘论，只想简单交代，补充四点。

第一点，唐代官府对织品税物，有一套严谨的标准规格尺寸要求。《通典·食货典》引开元二十五年唐令："准令，布帛皆阔尺八寸(0.53米)、长四丈(11.8米)为匹，布五丈(14.75米)为端，绵六两(255克)为屯，丝五两(213克)为绚，麻三斤(2.04千克)为緤。"[1]玄宗更曾经下过一道敕令，"以庸调无凭，好恶须准，故遣作样，以颁诸州，令其好不得过精，恶不得至滥"[2]，规定民间所交的织品税物，须符合官府所颁布的"作样"才行，才能通过层层品管，经由乡村、县和州重重税官的重复检查和验收，交纳为税物，最后再进入货币流通系统。这无疑是经过严格品管的税物，也是符合统一标准的货币。

在吐鲁番出土的那些唐代江南庸调布，上面还有用墨笔和朱笔写上交税农民的姓名，居住的州、县，甚至乡里，以及各级验收税官的签名和日期等项，[3]简直可以媲美现代有机农产品的所谓"产品履历"。当然这些出土的庸调租布，并非原来交税时的完整匹端形式，而是被拿去做成被单、褥、袜等日用品了，但麻布上原先以墨笔和朱笔写上的产品履历题记，却没有被洗去或裁去。显然，这些麻布曾经被当作货币使用，送到西域去供军资，后来又拿来当布料使用，缝制成被单和被褥等物，无意中保留了布头处原有的产品履历。

因此，唐代这些织品税物，那些有瑕疵的，肯定是可以被追踪的。若不合格，可以被退货。最有名的案例，要算玄宗时的财税高官杨慎矜，他在长安知太府出纳，验收织品税物时，十分苛刻刁难，不收瑕疵品："虽钱帛充牣，丈尺间皆躬自省阅"，"于诸州纳物者有水渍伤破及色下者，皆令本州征折估钱，转市轻货，州县征调，不绝于岁月矣"。[4]

第二点，唐代的布帛，品类多达十多种，特别是丝织品，有高低等级之差，让人眼花，都可以当作货币来使用吗？其实不是，是有所区别的。最常

---

① 《通典》卷六，第107—108页。
② 《唐会要》卷八三，第1815—1816页。
③ 王炳华《吐鲁番出土唐代庸调布研究》，《文物》1981年第1期，第56—62页；Valerie Hansen and Helen Wang，"Introduction，Textiles as Money on the Silk Road，" *Journal of the Royal Asiatic Society*，23：2 (April 2013)，pp.155-163。
④ 《旧唐书》卷一○五《杨慎矜传》，第3226页。

用来作为货币的,只有少数几种最简单的织品,最容易达到统一规格标准的。以敦煌吐鲁番文书所见,大约有六种:麻、绢、练、絁、绵、缦。① 这六种当中,又以前三种最常见,约占七八成以上。

织品史家盛余韵,在她最近的一篇英文论文中,曾经给唐代的织品,以织法繁简程度,做了非常实用的三大分类:一是"简单的"(simple);二是"复杂的"(complex);三是"奢华的"(fancy)。简单的织品,也就是在敦煌吐鲁番文书中最常见的那些(麻、绢、练)。它们是最容易纺织的,用最简单的织机就可织成,也是农民交纳税物的最大宗织品。正因为纺织容易,这类"简单"织品最容易达到标准、统一的规格,农民不难遵从,因此最适合拿来作货币使用。② 官府所颁发的"作样",看来也只针对这类简单织品而言。

像麻布和绢这类简单织品,还需区分产地,有等级之分。《唐六典》在太府寺卿条下说:"凡绢、布出有方土,类有精粗。绢分为八等,布分为九等,所以迁有无,和利用也。"接着,它一一把这八等绢和九等布的产地,全列了出来。文长不便全引,且引前三等为例:

> 宋、亳之绢,复州之纻,宣、润、沔之火麻,黄州之贳,并第一等。郑、汴、曹、怀之绢,常州之纻,舒、蕲、黄岳、荆之火麻,庐、和、晋、泗之贳,并第二等。滑、卫、陈、魏、相、冀、德、海、泗、濮、徐、兖、贝、博之绢,杨、湖、沔之纻,徐、楚、庐、寿之火麻,绛、楚、滁之贳,并第三等。(下略)③

这里布又分为三种:纻、火麻和贳,属麻布类。丝织品则只有一种:绢。太府寺卿是中央太府寺的长官,负责验收各地钱帛税物。《唐六典》把布和绢,依产地分等,列在太府寺卿的职务之下,显示这种分等是有意义的,应当意味着,不同产地的布和绢,会有不同的估价。在交河郡市估案中,我们也见

---

① 关于这些织品的织法及其特征,见赵丰和王乐的英文论文"Glossary of Textile Terminology (Based on the Documents from Dunhuang and Turfan),"*Journal of the Royal Asiatic Society*,23:2(April 2013),pp.349-387。此文等于是"织品名称小词典",对各织品名称,有详细的中文和英文解说,并附有织品照片,最方便查检。

② Angela Sheng,"Determining the Value of Textiles in the Tang Dynasty,"*Journal of the Royal Asiatic Society*,23:2(April 2013),pp.175-176.

③ 《唐六典》卷二〇,第541页。

到,常州的布、梓州的小练、蒲陕州的絁,都有自己的估价,①显示这几个州的产品,有别于他州,可以得到比较高的估价。用作货币时,这些州的布帛产品,应当也可享有更高的"币值",估价更高。前面我们说过,唐代的布帛税物,都会写上交纳者的州县和乡里。这等于它的"产地来源",十分有现代意识,就像现代的出口货品一样。这意味着,唐代货币系统中的每一段布帛,都必定附有最可靠的"产地来源"证明,可以被追踪,也正好可以用来区分各地的产品,从而决定其高低不等的估价。我们或可想象,前面那位行客任悉子,到敦煌卖粟,在估价时,买卖双方除了参考市估案之外,应当也曾经仔细检查过,那 60 匹生绢的产地来源,最后才达致每匹定 380 文的估价。

第二类"复杂"的织品,如锦、绮和绫,因为织法比较复杂,各家织坊又各有自家的设计和式样,没有必要制定标准、统一的规格,应当也不受官府"作样"的管制,也不适合用作货币。然而,唐代农民交税时,应当也不会自讨苦吃,也没有这样的技术,去花时间和精力,去纺织这种复杂的织品来缴税。它们往往是江南等地的贡品,由皇室命令地方刺史和节度使,在当地有名的织造坊生产,需要更复杂的织机,由专业的织工才能完成,专门供宫廷和皇室贵族使用。所以它们也不会大量流入货币系统。若有人拿这类织品到市场去当作货币来买东西,那恐怕是在京师都城,富豪人家或皇族成员偶一为之,或潦倒没落时所为,并不常见。这类织品也较难以估价,要视其织法、材质、花纹等因素而定,可能要由买卖双方协商一个价钱。商人收到这样的织品,大概也不会再把它当成货币使用(除了特殊情况),而会把它当成一件精美织品,转卖给其他有兴趣的买家。

在交河郡市估案中,我们可以发现,售卖布帛的商行有两种。第一种叫帛练行,售卖简单织品,如练、绢等,都以匹估价,显示是以整匹出售,如"大练一匹",上估 470 文,中估 460 文,下估 450 文。第二种叫彩帛行,售卖复杂织品,如绫,不以匹估价,却以尺估算,如"紫熟绵绫壹尺",上估 46 文,中估 45 文,下估 44 文,显示这些复杂织品价格比较昂贵,都论尺买卖。② 一家彩帛行所卖的绫,极可能数量很少,只有数尺左右的存货,不足匹(40 尺),因

---

① 池田温《中国古代籍帐研究:概观·录文》,第 448—449 页。
② 池田温《中国古代籍帐研究:概观·录文》,第 468—469 页。

此也不可能拿这种织品来交税和当货币使用。从这样的区分来看，简单织品用于缝制整件衣服和交税；复杂织品，则不是用来缝制整件衣物，只用于镶边装饰服装上的某一小部分（比如胸前和袖口），论尺售卖，正好符合顾客的需求，类似丝路上那些非汉人旅者的常见习俗，以动物皮裘来装点衣物一样。①

复杂的织品，因为织法复杂，一般也算是第三类"奢华"织品。例如罗，需要熟练的织工才能织造，织的时间也比织最简单的绢，多达九倍。这类织品，更不可能出自农家税物，应当都由皇家设在宫中或河北镇州、江南润州、四川成都等地的专门作坊织造，专供皇室或贵族成员使用。它可能偶尔会流入市场，但恐怕不是当成货币使用，而是作为一件奢华的织品来买卖、收藏，甚至可以成为艺术品，具有文化和象征意涵。② 官府也禁止民间私造"绫锦"这种高级丝织品。③

《通典·食货典》引开元二十年（732）九月制："绫罗绢布杂货等，交易皆合通用。如关市肆，必须见钱，深非道理。自今以后，与钱货兼用，违者准法罪之。"④这里提到"绫罗"，好像"绫罗"这种高级奢华的丝织品，也可以当成货币来使用。若真的有人拿"绫罗"去购物，看来也是可行的，但这在一般的买卖中，恐怕是一大"奢华的浪费"，在小额交易中恐怕也行不通。但它可能用于大宗交易，比如买了十头驴，估价达数十贯，卖方又愿意接受，则可用绫罗来付账。然而，制文中的"绫罗"两字，可能也只是丝帛的代称，并不指真正的"绫"和"罗"。

同理，唐代文献常见"绫绢"两字，往往只是丝绢或布帛的代称，并不真的包含"绫"这种高级织品。例如敬宗皇帝在长庆四年（824）正月丙子即位诏中说："军吏及城内诸军，赏物节级有等，仍于内库更出绫绢共二百万匹度支，充边军春衣。"⑤边军的"春衣"，何需用"绫"来制作？不可能。这里的"绫

---

① Angela Sheng，"Determining the Value of Textiles in the Tang Dynasty，" *Journal of the Royal Asiatic Society*，23：2（April 2013），p.194.

② Angela Sheng，"Determining the Value of Textiles in the Tang Dynasty，" *Journal of the Royal Asiatic Society*，23：2（April 2013），pp.188 - 195.

③ 徐畅《唐代多元货币体制的运营——基于中央的视角》，《古代钱币与丝绸高峰论坛暨第四届吐鲁番学国际学术研讨会论文集》，第 77—78 页。

④ 《通典》卷九，第 201 页。

⑤ 《册府元龟》卷八一，第 946 页。

绢",应当只是代指一般最简单的织品罢了。陆贽提到两税法时说:"定税之数,皆计缗钱;纳税之时,多配绫绢。往者纳绢一匹,当钱三千二三百文;今者纳绢一匹,当钱一千五六百文。往输其一者,今过于二矣。"[1]在开头一句,陆贽因为对仗需要,才用上"绫绢"两字,以便跟"缗钱"对举。但在下一句,他就单单只提到最普通的"绢"("纳绢一匹"),不再提"绫",可证前一句的"绫绢",只是个泛称代指。从我们对两税法的理解,这个"绫绢"也仅代指布帛。除非特殊情况,农民一般只交最简单的绢等织品为税物。

第三点,如果我们对布帛作为货币还有疑虑的话,那不妨看看,从汉末到唐末的大约六七百年,布帛一直是最主要的货币之一,而且是十足的货币。经过如此漫长的时间考验,布帛的货币地位,应当可以确立无疑。它的统一标准规格,也不成问题了。

第四点,在世界史上,在中国以外的其他地区,也可以找到不少织品作为货币的案例。例如,在 12 和 13 世纪的北欧维京世界,有一种称为 wadmal 的毛织品,曾经是主要的货币估算单位,跟当时的银币一起使用。另一有名的例子,是在十八九世纪的非洲,布曾经是主要货币之一,连同盐。在上古、中古和现代,这类以织品当货币的案例,还有不少。[2] 唐代以布帛为货币,可以放在这个世界史的大视野下来评估。

(二) 铜钱

铜钱在唐代都由官方铸造,不允许民间私铸,以铜混合少量的铅和锡生产,事实上不完全是铜,而是一种铜合金。但也因为如此,它有先天的限制。前文已论及,唐代的铜产有限,开采不易,成本高,官方难以大量铸造铜钱。这造成唐代的开元通宝等铜钱,其铸造量和供应量,从唐初到唐末,始终不够应付需要,无法完全替代布帛的货币地位。很可能也正因为唐代还有布帛可用作货币,可以解决许多交易和支付问题,所以官府也不急于铸造太多的铜钱,没有铸造更多铜钱的急迫性,故任由铜钱长期短缺。

此外,铜钱还有一大致命缺点:面值太小,一个铜钱只值一文,以致一

---

① 王素点校《陆贽集》卷二二,中华书局,2006 年,第 725 页。

② Helen Wang, "Textiles as Money on the Silk Road?" *Journal of the Royal Asiatic Society*, 23:2 (April 2013), pp.172 - 173.

贯(一千文)重达 4.25 千克,比绢和练还重(见上),不适合长途运输到外地,不适合远程商贩,也不适合用于大宗交易。一般鲜少用于乡下农村,只行用于城市和周边地区,供居民、工匠和商人购买民生日用品之用,且大都为小额交易。① 除此之外,铜钱还有被仿冒的风险,更有恶钱问题,如《旧唐书·食货志》所记:"显庆五年(660)九月,敕以恶钱转多,令所在官私为市取,以五恶钱酬一好钱。百姓以恶钱价贱,私自藏之,以候官禁之弛。高宗又令以好钱一文买恶钱两文,弊仍不息。"②除了交易,铜钱无其他实际用途,不像布帛货币还可以缝制衣物,谷物货币还可以食用。布帛和谷物,也可以转售,甚至多次转卖牟利,既是货币,又是商品,对某些商人(特别是四处贩卖的流动行商)特别有好处,更灵活。铜钱却不可能当商品来转售。

铜钱的长途运输困难,在《旧唐书·韩滉传》中,有一个生动有趣的实例:

> 〔元〕琇以京师钱重货轻,切疾之,乃于江东监院收获见钱四十余万贯,令转送入关。〔韩〕滉不许,乃诬奏云:"运千钱至京师,费钱至万,于国有害。"请罢之。上以问琇,琇奏曰:"一千之重,约与一斗米均。自江南水路至京,一千之所运,费三百耳,岂至万乎?"上然之,遣中使赍手诏令运钱。滉坚执以为不可。③

《资治通鉴》系此事于德宗贞元二年(786)。元琇当时任盐铁使,韩滉为浙江东西节度使兼江淮转运使,但两人不合,因此两人对德宗,都在各说各话。韩滉说从江东盐铁监院,运送每一千文铜钱至京,运费高达一万,为铜钱面值的十倍,"于国有害",看起来夸大,但他可能借用了唐代"斗钱运斗米"那种民间流行的说法。据孙彩虹的研究,唐后期运送江南租米至京,费用多在每斗二三百文之间。④ 这样看来,元琇的说法比较可信,但似乎又低估了。既使是三百文,也等于一千文的30%,也是相当高昂的运费,可证唐代的铜钱,不适合长途运送。最后,德宗皇帝派中使"赍手诏令运钱",但韩滉仍然

---

① 李埏《略论唐代的"钱帛兼行"》,《不自小斋文存》,第 242—252 页。
② 《旧唐书》卷四八,第 2095 页。
③ 《旧唐书》卷一二九,第 3601—3602 页。
④ 孙彩虹《"用斗钱运斗米"辨——关于唐代漕运江南租米的费用》,《中国农史》2002 年第 2 期,第 62 页。

坚决不运钱,认为"不可"。他敢于这样公开反抗皇命,看来此事的确也有它不可行之处,有运输上的困难,或他认为,京师缺铜钱,其来有自,长期如此,影响不大,并非什么生死大事,因为京师肯定还有布帛货币可用。

这个案例,给我们的最大启示是:如果江南一带两税所收到的铜钱,也要如此长途运输回京,运费肯定是个棘手问题。在这种情况下,朝廷是否还会坚持说,两税真的非收铜钱不可吗?还是可以折纳为他物?若收铜钱,是否又都运回长安(至少上供部分,本该运回)?但铜钱运费之高,却是朝廷不能不去考虑的。或许,它有变通办法。比方说,江南一带的两税,可以不必都缴铜钱,可多缴布帛。这样,布帛的运费至少可以节省一半以上。同理,唐后期在江南收到那么多的盐税收入,如何处理,也应当放在这个角度下来看。事实上,元琇令韩滉运回京的这"四十余万贯"铜钱,正是江东盐铁监院所收到的盐利,乃卖盐所得,但韩滉不肯运回京,看来也只能让该监院在当地支用,充当盐铁官员们的俸料等行政支出了,或者像第五琦那样,转"市轻货"(布帛),再运回长安。

此外,元琇还提供了一个极有意义的细节:"一千之重,约与一斗米均。"唐代一斗米的重量,约为 6.25 斤(等于 4.25 千克)。元琇这句话,无疑是唐人亲口证实了唐斗米的重量,跟一千文铜钱的重量(4.25 千克)相同。元琇又说,两者从江南运送回京,"费三百耳"。然而,两者其实有一重大区别——米是长安的重要生活物资,但铜钱却不是。因此,米的运费,即使再高昂,朝廷仍然每年要把大量的江淮租米,转运到京,否则皇帝官员们都没饭吃了。这就是为什么陆贽说,江南岁运租米到京,乃"国之大事,不计费损,故承前有用一斗钱运一斗米之言,虽知劳烦,不可废也"[①]。然而,铜钱却不像租米那样重要,因为它有布帛货币可以替代,不算"国之大事"。韩滉很可能是在这种思维下,拒绝运钱回京,而德宗皇帝对此事也心知肚明,没有再追究下去,不了了之。另外,运送这"四十余万贯"的铜钱上京,其中的风险,也显然远远高于运米,不划算。

铜钱运费之高,我们还有一个更好的证据,见于《唐会要》所载韩洄的一篇奏文:

---

① 《陆贽集》卷一八,第 592 页。

建中元年九月（780），户部侍郎韩洄上言："江淮钱监，岁出钱四万
五千贯，输于京师，度工用转送之费，每贯计钱二千，是本倍利也。今商
州红崖冶出铜益多，又有洛源监，久废不治。请增工凿山以取铜，洛源
故监置十炉铸之，岁计出钱七万二千贯，度工用转送之费，贯计钱九百，
则利浮本矣。其江淮七监请皆停罢。"从之。①

韩洄原本是谏议大夫，在建中元年三月癸巳，德宗才刚命他为户部侍郎、判
度支，②成了掌管全国财政的特使。九月，他就呈上这篇奏状，所奏正是他的
职务事，证据充分，翔实可信。据他的奏文，江淮钱监所铸的铜钱，运到京
师，其"工用转送之费"，每贯竟高达 2 000 文，为铜钱面值的两倍。这个"工
用转送"费，应当包括铜原料、铸工成本，以及"输送"费，可惜全都加总在一
起，我们不知"转送"费占多少。但韩洄又告诉我们，如果在商州的洛源监铸
钱，则其"工用转送之费"，每贯只要 900 文。商州（今陕西商州市），就在长
安东南约 140 千米，运费果然可以大减。我们把 2 000 文减去 900 文，就是
朝廷能够省下的运钱费，竟高达每贯 1 100 文。这比元琇所说，每贯只要
300 文运费，又高出许多。正因为在商州铸钱，可以节省一大笔运费，所以
德宗批准了韩洄的奏状，把江淮七监废了。这个案例显示，唐官府铸钱，
不但要考虑铸钱的成本，还要评估运输的费用。两者都不轻。难怪唐朝始终
没有太大意愿去大量铸铜钱，而任由铜钱长期短缺，因为它一直还有布帛货
币可以依赖。铜钱短缺，虽然对城市及周边地区的生活有些不便，但影响层
面不大，不是太迫切的问题。

前面论及铜钱的几个缺点。最后，我们却不得不提，钱的一大优点：因
为它是十进制，最便于用作估算单位，是以唐代的估价和玄宗朝开始的估
税，几乎全以钱数来估算。唐人又更进一步，有了"虚拟钱"的概念，纯粹以
钱为估算单位，但却不以实体铜钱来付账，常改用布帛，也大大解决了铜钱
不足的棘手问题。

唐代为了解决铜钱短缺，还有另一个做法，实施所谓的"除陌钱"，也就
是（比如说），把 850 文当成 1 000 文一贯来使用。百姓可以用 850 文在市场

---

① 《唐会要》卷八九，第 1931 页。
② 《旧唐书》卷一二《德宗纪》，第 325 页。

上买到价值1 000文的东西。这种除陌钱,原本是民间为了解决铜钱不足因应而生的创新点子。只要大家都遵从这样的用钱规则,它就可以在市场上顺畅运作。后来官方也承认这种做法,甚至颁布敕令,规定每一贯可以合法减少多少文。如天宝九载(750)二月十四日敕:"除陌钱每贯二十文。"①意思是每一千文可以减少20文,把980文当成一贯来使用。长庆元年(821)和会昌五年(845),官府规定920文可成一贯。唐末天祐二年(905),甚至规定在河南府洛阳,850文就可以成一贯。整个趋势是持续向下,显示铜钱流通量越到唐末,越不够市场所需。

宋代的铜钱依然短缺,甚至770文就能成一贯。② 然而这种除陌钱只在京师等城市及邻近地区实施,也只能局部舒缓这些地区铜钱的短缺,并不能彻底解决问题。至于唐代广大乡下农村地区,越远离城市的,就越不需要使用或鲜少使用铜钱。这种除陌钱,对绝大数农民百姓来说,并无太大意义。唐后期仍然以布帛为主要货币,特别是用于大宗交易。③

(三) 谷物

谷物之为货币,较少为人所知,但唐代货币史家一般都承认,谷物是唐代的三大货币之一。它的缺点是不耐久贮,约数年即腐坏,也比布帛和铜钱都重,不适合长途运输作货币。优点是:可由农民自行生产,一般不会像铜钱那样短缺,也可分成小额的升斗使用。除货币功能外,它还可食用,也无

---

① 《唐会要》卷六六,第1364页。

② 除陌钱是个复杂问题,见拙文《唐代除陌法和除陌钱新解》,《唐史论丛》第23辑,2016年。现亦收入本论文集。

③ 全汉昇《中古自然经济》,原载《中央研究院历史语言研究所集刊》第10本,1948年,第73—173页,后收入《中国经济史研究》,台北稻乡出版社,1991年,第1—141页,有一个著名的论断:从汉末到安史之乱前后的大约五百年时间,中国是个自然经济的时代,也就是以谷物、布帛等实物作为最主要的货币。这点学界大抵同意,没有太大争议,除了何兹全提过一点异议,见《东晋南朝的钱币使用与钱帛问题》,《"中研院"历史语言研究所集刊》第14本,1949年,第21—56页。但全汉昇又说,自安史乱后,布帛实物货币就衰落,铜钱又再度兴起代之,似又把铜钱取代布帛的时间,推论定得太早一些,早了至少150年。但事实上,全汉昇并未论及唐后期和五代的情况,论据似不足,学界也未采纳。例如李埏便认为,"钱帛兼行是与唐朝相始终的。因此,尽管唐代后期有许多变化,整个唐代仍属于钱帛兼行时期"。见《略论唐代的"钱帛兼行"》,《不自小斋文存》,第265页。又见宋杰《货币与物价》,收于宁可主编《中国经济通史・隋唐五代经济卷》,第429—543页;卢华语《唐代桑蚕丝绸研究》,首都师范大学出版社,1995年,第145—165页。本文引用过的不少唐代史料,也可证明唐后期,布帛仍然是一大通行货币,没有被铜钱取代的迹象。

仿冒的风险。它是交纳租税最主要的货币之一,亦可交两税,可用于赊账、借贷和还债,①也可用来估算其他物品价格,如一升盐值一斗米,但谷粟以升斗石等容量单位来计算,非十进制,其估算功能远不如钱数。但唐代官员的禄,一般还是以多少斗粟来估算(如上引李景玉案例)。不过,整体而言,谷物作为货币,不如布帛和铜钱那么重要。

然而,在特殊的时间和环境下,谷物也可以成为最主要的地区性货币。最好的一个案例,是在晚唐五代的敦煌。据法国敦煌学家童丕的研究,从8世纪中叶以后,整个唐帝国都面临铜钱短缺,特别是在西域偏远地区。在敦煌,情况更为严峻——各种铜钱完全消失了,时间至少长达二百年。从8世纪末到大约1030年(即敦煌的吐蕃占领时期和归义军时代),所有敦煌财政和经济类文书显示,当地世俗民众、僧徒、宗教组织和民政机关,他们在各种交易支付结账时,用的都是谷物或织品。在佛教寺院(出土文书例证最清楚),从9世纪初起,交易时大部分是以谷物支付结账,只偶尔用织品。以织品付账时,也多以麻、迭或绁布,罕用丝帛。这种情况一直持续到1030年左右。比如在敦煌文书P.2032,沙州的净土寺,即使在购买农田时,也常以谷物付账:"麦贰拾硕,粟贰拾硕,买罗家地价用。"②

不过,童丕没有论及敦煌的情况为何如此。我想,应当是8世纪中,安史之乱后,唐军撤离了整个西域。从此,唐王朝再也没有必要运送布帛织品到那里去供军。敦煌和中原的往来,也几乎完全停顿。这导致敦煌原本就稀少的铜钱,再也没有新的来源,逐渐完全消失。唐不再运送织品,也使得敦煌的整个丝帛类来源中断,原有的也慢慢耗尽,只剩下当地还能生产的麻、迭和绁布,但这些布类的产量,远不足以充作主要货币。于是,敦煌只好以当地生产的麦粟类谷物,作为最主要的货币,不但用于支付,也用于估算

---

① 罗彤华《唐后期五代敦煌寺院的放贷业》,台北新化图书,2000年;罗彤华《唐代民间借贷之研究》,台北商务印书馆,2005年;罗彤华《唐代官方放贷之研究》,台北稻乡出版社,2008年;童丕(Eric Trombert)《敦煌的借贷:中国中古时代的物质生活与社会》,余欣、陈建伟译,中华书局,2003年。

② Eric Trombert, "The Demise of Silk on the Silk Road: Textiles as Money at Dunhuang from the Late Eighth Century to the Thirteenth Century," *Journal of the Royal Asiatic Society*, 23:2 (April 2013), pp.328-332. 更多的例证,见苏金花《唐、五代敦煌地区的商品货币形态》,《敦煌研究》1999年第2期,第92—100页。

其他物品的价格,如"布一匹,折麦肆硕二斗"①。

正因为唐人在日常生活中使用了这三种货币,于是便有了换算的需要。换算的一个最重要基础,便是估价。布帛和谷物都有自己的估价,其他任何物品也都可以有估价,而且照例都是以钱为估算单位。这样各种物品之间,就可以进行交换和买卖了,脱离了所谓以物易物的简单模式。钱(虚拟的钱数即可)是估价的最重要媒介。以前面引用过的出土文书为例,粟有钱数的估价,生绢也有钱数的估价,多少斗的粟,等于多少匹的生绢,有了钱数的估价,可以轻易计算出来。如果没有这种钱数估价,唐代的这类交易和付账,势必无法进行。唐代之所以那么盛行估价,就是为了要解决官府付账、支付俸禄和百姓交税等等问题,是因为唐人行用了三种货币,彼此之间常常需要折算,以便从一种货币(比如粟),换算为另一种货币(比如绢或练)。以十进制的钱数,来估算任何物品的价值,最方便这样的折算和交换。

六、估价在内陆唐人生活中的使用实况

前文厘清了唐人常以钱数来定某一物品的估价,但在实际交付时,又改以布帛或其他等值物(包括谷物)来支付结账。唐代估价之盛行,远远超过现代。唐人对物品估价的"迷恋"和熟悉程度,也是我们今人难以想象的。前面,我们已经见过几个西域敦煌和吐鲁番的实例。现在,让我们来看看三个唐代内地的案例,以见一斑。

第一例见于李肇(818—821年间任翰林学士)的《唐国史补》:

> 渑池道中,有车载瓦瓮,塞于隘路。属天寒,冰雪峻滑,进退不得。日向暮,官私客旅群队,铃铎数千,罗拥在后,无可奈何。有客刘颇者,扬鞭而至,问曰:"车中瓮直几钱?"答曰:"七八千。"颇遂开囊取缣,立偿之,命僮仆登车,断其结络,悉推瓮于崖下。须臾,车轻得进,群噪而前。②

这一例颇有名,显示当时(约9世纪初)唐人在日常生活中,交易时几乎都要

① 郑炳林《晚唐五代敦煌贸易市场的等价物》,《中国史研究》2002年第3期,第85—94页。
② 《唐国史补》卷上,上海古籍出版社,1979年,第24—25页。

涉及估价。今人在类似场合大概会问："这些瓮卖多少钱？"因为今人想要知道的是物价，不是估价。但行客刘颀却不是这样问，他问的是："车中瓮直几钱？"（车中的瓮值多少钱？）换句话说，他想要知道的，不是物价，而是这些瓮的钱数估价。他了解当时的习惯，估价都是以钱数来估算（"直几钱"）。瓮主人便告诉他，"七八千"，即七八千文。刘颀于是打开行囊，不是取钱，而是取出缣这种织品货币，立刻付账，买下这些瓮，再请僮仆把瓮都推到山崖下去，替众人解决了中古时代渑池道上塞车的问题。

这个故事至少透露两件事。第一，唐人在日常生活中，不但知道凡物品都可以用钱数来估价，但又可以用布帛来支付结账，而且他通常还很熟悉钱数和布帛的比价，可以很快就把钱数换算为布帛的匹数。第二，此例显示，即使到了唐后期，布帛类的织品，还是相当通行的货币，比铜钱更方便，特别是用于"七八千"这种算是大宗的交易。刘颀这个"客"，出远门做生意，囊中带的就是缣，显然也考虑到缣比铜钱轻，更方便携带。

第二例见于德宗贞元十八年（802）十月诏：

> 京畿诸县百姓，应今岁青苗钱，其中有便于纳粟者，计约时估价纳之，如便于纳钱，不便于纳粟者，宜听，委京兆府专督其务。[1]

青苗钱是一种农耕税，以钱数定税，但这也只是一种税的估值而已（一如两税）。实际交纳时，可以缴纳布帛或他物。德宗这道诏令的目的，就是要规定，京畿诸县今年的青苗钱，也可以用粟代钱。至于要交多少粟，那就需要先确定粟的估价。所以，诏书中又特别规定，"约时估价纳之"——以当时粟的估价为准。假设一个农民的青苗钱估税额，是 100 文。当时粟估价每斗 20 文，那么他就要交纳 5 斗粟（100÷20）。如果粟的时估价升到 25 文，则他可以少缴，交 4 斗粟即可（100÷25）。但如果时估价下跌到每斗 22 文，那他就要缴 4.5 斗粟（100÷22）。换句话说，以钱数来定额估税，但却以谷物来支付结账，农民所交的粟数量，会随着时估价上下浮动，并不固定，是一种潜在的风险。两税法最初也以钱数定税额，但数年后，布帛的时估价大跌，造成农民要缴交更多的布帛，所以才引发大问题。从这里也可看出，唐以钱数

---

[1] 《册府元龟》卷四八八，第 5834 页。

定税额,对官府比较有利。优点是可以保障官府的税收,免受物价起落的风险,而把这风险,转嫁到农民纳税人身上。①

第三例是元稹在《处分幽州德音》中,代穆宗所写的一段话:

> 尚念幽州将士,夙着勋庸,易帅之初,谅宜优锡,共赐钱一百万贯,以内库及户部见在匹段支送,充赏给幽州卢龙并瀛、莫等州将士。②

这里也涉及一种估价,但有些隐晦不显,或需说明。前面说皇帝要"赐钱一百万贯"给幽州将士,但给的其实不是实体铜钱。"一百万贯"只是一个钱数估价,一个纸上的估算总值。皇帝真正要赐给的,最后"支送"的,是后面所提到的"内库及户部见在匹段"。"匹段"即布帛织品的代称,存放在京师大明宫左藏内库和户部的库房。那么,一百万贯(10 亿文)等于多少匹段? 这便需要先知道当时匹段的估价,才能算出。假设以唐代生绢每匹大约 380 文的估价计算,一百万贯可换得约 2 631 579 匹生绢,是个不小的数目。然而,穆宗要从长安运送这么大批的布帛,到遥远的幽州(今北京一带)去犒赏军士,也是一大运输难题,但总比运送一百万贯更笨重的铜钱,节省至少一半以上的运费。

以上三例,只是随机选出,是唐人使用估价法来支付结账的最简单案例。类似例子还有许多,举不胜举,不具引。下面拟引用几则比较复杂的案例,来看看唐人在多元货币环境下,如何进行交易。

韩愈在《论变盐法事宜状》中说:

> 臣今通计所在百姓,贫多富少,除城郭外,有见钱籴盐者,十无二三。多用杂物及米谷博易。盐商利归于己,无物不取,或从赊贷升斗,约以时熟填还。用此取济,两得利便。③

这篇奏状,是韩愈呈给皇帝参考,响应当时财臣张平叔所拟的变盐法提案。奏文里面的意见,应当是韩愈深思熟虑的结果,而且应当都有充分的证据和事实根据,断不会在皇帝面前无的放矢,胡乱发言。所以这篇奏文无疑是第

① 但此事还牵涉到其他问题,这里不能深论,拟另撰文通盘处理。
② 《元稹集校注》卷四〇,第 1013 页。
③ 《韩昌黎文集校注》卷八,第 646 页。

一手的最佳史料,反映了晚唐人如何使用多种货币来买盐,透露了一些极生动立体的细节。据韩愈说,在他所居住的长安城郭外,能有"见钱"(现钱,实体铜钱)买盐的人,十个不到二三个。其他人多用"杂物及米谷博易",看来他们连布帛都没有,无布帛可用。但盐商为了做生意,却"无物不取"。问题是,这样的盐交易该怎样进行?关键就在估价。简单说,他们是以一种"凑数"的方法来交易。

韩愈写此奏时(约 822 年),长安地区的盐价(估价)大约是每斗 250 文,以钱数估算。[①] 但这些长安城郭外的居民,可以用"杂物及米谷"来付账。杂物,不管是何物,当然都会有市估案之类的估价可参考,而既然盐商为了做生意,又"无物不取",那么买方就可以把这些"杂物及米谷",比如说,一双线鞋(或一只鸡)、二升米,依其估价,凑足 250 文,便可以买到一斗盐了。这样凑数的交易模式,比今天的复杂,但却是中古时代很通行常见的一个交易形态,也远比单纯的一物易一物交易(所谓物物交换),更合理,更有效率多了。整个交易的关键处,就在唐代的民生物品,莫不皆有官方的估价。原始的物物交易,还未具备像唐代那样成熟的估价制度,无法有效地、大规模地运作,一般只限于陌生人之间的少量物品交换。[②]

唐代的这种交易,完全不需要使用开元通宝类铜钱,却能让买卖双方都不吃亏。其秘诀就在于,它经过一个合理的估价程序。因此,这是比较高层次的、公平的、有效率的交易买卖活动,绝非亚当·斯密(Adam Smith)等 18世纪经济学家所说的那种无效率的"以物易物"(barter)。他们把古代的贸易简化了,没有注意到西方古代也跟唐代一样,早已有了估价制度(详见下)。

有了物品估价,我们可以想象唐代这样一幅场景:在某个城市边缘的农村,有一个流动商贩,很有生意头脑,运载了一牛车的民生货品来贩卖,都是农人生活所需要的,比如盐、铁制农具、生活器皿、衣物鞋子等等。农民完全没有铜钱,但他们有粟,也有麻布。交易该如何进行?有了物品的钱数估价,一切好办。假设农民买了半斗盐、一个盛水陶器、一双布鞋。商贩只要

---

① 李锦绣《唐代财政史稿》第 5 册,第 181—183 页。
② David Graeber, *Debt: The First 5,000 Years*, pp.21 - 42.

把这三样物品的钱数估价,连同他应有的利润,加总起来就可以了。假设交易总钱数达到 100 文。如果当时粟的估价,是每斗 25 文,则农民只要付 4 斗的粟(100÷25),就能轻易完成交易。这 4 斗粟,等于是商贩收到的付账货币,但在他接下来的贩卖行程中,又可以摇身一变,变成他的"商品",可以再转售给其他收成不佳、缺粟的农民,让商贩可以再赚一笔。这样的交易,是否还算是"物物交易"? 恐怕不是,而是相当有效率,又合理的商业买卖,也适用于大宗交易,接近后世的市场经济水平了。甚至,可能还会出现一种赊账的状况。这位商贩因为常来这农村贩卖,早跟农民混熟了,他还可以赊账给这位农民 100 文,等秋熟后,他再回来领取这 4 斗的粟。

这正是韩愈在那篇奏文中,告诉我们的另一个难得一见的货币史细节。那就是"赊贷升斗,约以时熟填还",也就是盐商向农民提供赊贷,约定若干"升斗"(谷物),等秋熟时,以谷物偿还。谷物又再次发挥它的货币功能。这无疑是一种信用货币(credit money):农民以自己的信用,向盐商赊贷买盐。从韩愈此文来判断,唐代这种信用货币,其运用范围,应当相当普遍广泛,连乡下农村地区买盐,都可赊账。至于城市和大宗交易,那就应当更为普遍使用赊贷,因为城里买卖双方,生意做大了,做久了,必然相识相熟,更容易建立赊账的基础。只可惜这一类史料多隐晦,常为货币和经济史学者所忽略,极有待深入开掘和研究。

最后,我们来看看另一个案例,也跟盐交易有关:

> 且据山南一道明之,兴元巡管,不用见钱,山谷贫人,随土交易。布帛既少,食物随时,市盐者或一斤麻,或一两丝,或蜡或漆,或鱼或鸡,琐细丛杂,皆因所便。今逼之布帛,则俗且不堪其弊,官中货之以易绢,则劳而无功,伏惟圣虑裁择。[1]

跟韩愈一样,这是中书舍人韦处厚就张平叔的盐法改革方案,呈上给皇帝参考的奏状。他曾经在山南西道的开州(约今四川开县南)任刺史,熟悉那个地区的状况。所以他举兴元巡管(今陕西汉中一带)为例,说那里"不用见(现)钱"。这是他的亲身见证说词,又见于呈给皇帝的奏状,证据力十足。

---

① 《唐会要》卷五九,第 1194 页。

据他说,那里的"山谷贫人",买盐时是以"一斤麻,或一两丝,或蜡或漆,或鱼或鸡"来进行。如果朝廷采纳张平叔的盐变法,迫使这些贫人全以布帛来交易,那就是"俗且不堪其弊","劳而无功"了。也正因韩愈和韦处厚等官员的这些反对奏状,穆宗皇帝最后并没有采用张平叔的盐变法。

比起韩愈所写的长安"城郭"外居民,韦处厚笔下的那些"山谷贫人",显然处于唐代社会的更下层。然而,就在这样一个"不用见钱",完全没有铜钱的山区,他们还是可以照常买到盐,照常生活。他们用的,仍然是估价和凑数方法。先把"一斤麻,或一两丝,或蜡或漆,或鱼或鸡"等物,以估价法换算为钱数,再凑足一斗盐所需的 250 文,就能顺利买盐了。值得注意的是,他们用来买盐的物品,有布帛类(麻或丝),有食物(鱼或鸡),还有用品(蜡或漆),确实如韦处厚所说,"随土交易"。

七、世界史上的类似案例

韩愈和韦处厚向穆宗皇帝讲述的这两个案例,发生在唐代。但这样的估价和凑数交易法,在中国很可能有非常久远的历史,并非到了唐代才产生,很可能早在先秦时代即已出现,再历经汉魏晋南北朝,一直沿用到唐代。只是史料匮乏隐晦,这种交易法不显,还有待学者去进一步发掘和发现。

这里之所以这样推论,是因为我们可以在距今约三千多年前的埃及法老时代,找到类似的交易法。

目前我们所知西方最早的钱币(coin),出现在西亚的小亚细亚(今土耳其),在吕底亚(Lydian)国王克罗斯(Croesus)在位时(公元前 561—前546),距今约 2500 年。在法老时代,距今约三千多年前,钱币还没有发明,埃及并没有使用钱币。然而,货币史家发现,当时的两张典型买卖契约,却清楚显示买卖交易是如何可以在完全没有钱币的情况下顺利完成,非常类似唐代的估价和凑数方法。

在拉美西斯二世(Rameses II)十五年(约前 1275),一名商人向埃及女士伊任诺费(Erenofre)兜售一个叙利亚女奴,经讨价还价后,价钱以古埃及的白银重量单位来估算,定为 4 德本(deben)又 1 凯特(kite)(约 373克)的白银。但这样重量的白银,只是个估价,类似唐代的钱数,买方并不需要支付白银,可以用他物来取代。于是,那位埃及女士,找来一些衣服和毛毯,估价值 2 德本 2 又 3 分之 1 凯特,然后她再跟邻居借了一批物品,包括一些铜器,一壶蜂蜜,10 件衫,10 德本的铜锭,直到凑足了买奴所需的估价。

第二件契约,是关于一头牛的买卖,定价为 120 德本的铜。但这同样只是估价单位。买方最后是以 2 壶的油脂(值 60 德本),5 件好衫(25 德本),1 件裙(20 德本)和 1 件皮革(15 德本),买下这头牛。这宗交易,也非常类似韦处厚笔下那些"山谷贫民"买盐的方法。

以上这两张古埃及契约,是英国剑桥大学的钱币学教授菲立·格尔逊,在 1970 年的一次著名演讲"钱的起源"中引用过的。[1] 另一位货币学者,则在这研究发现上进一步申论:西方的钱,实起源于法老埃及时代。德本这种估算单位,起源于一套会计系统,当初是为了计算法老王室财产和全国税收。钱的起源,最初是为了估算,不是为了支付结账。钱的估算功能,远比它的支付结账功能,更古老,更重要。[2]

格尔逊也指出,这种以某一估算单位来估价,又以他物来支付结账的方法,在西方历史上,是"相当常见的现象"。它甚至也可以发生在那些已经在使用钱币的社会,原因可能有两个。一是钱币供应短缺(这让我们想起唐代的铜钱不足),特别是在中古欧洲的初期,经常发生。二是钱币的价值很不稳定,或交易额异常庞大,商贩宁愿全部或部分收取实物货品(宁愿不收钱币),因为他希望,可以再把这些货品拿去转卖,再赚一笔。[3] 这一点,也让我们想起唐代的案例,特别是 P.3348 背面的那个行客任悊子的案例。他卖了一批粟给豆卢军,最后收取的是 60 匹生绢。对他来说,绢更轻便,更方便携带,而且还可以转卖给别人。若他收铜钱,不但比生绢笨重,还不能转卖。

---

[1] Philip Grierson, *The Origins of Money* (London, Athlone Press of the University of London, 1977), p.17.

[2] John F. Henry, "The Social Origins of Money: The Case of Egypt," *Credit and State Theories of Money: The Contributions of A. Mitchell Innes*, ed. L. Randall Wray (Cheltenham, UK: Edward Elgar, 2004), pp.92 - 96.

[3] Philip Grierson, *The Origins of Money*, p.17.

古埃及和唐代的这些案例,给了我们一个重要启示:货币的估算功能,其实是可以跟它的支付结账功能分开的,并不一定必须两者合一。也就是说,人们并不一定要以同一种货币来估价,又以同一种货币来支付结账,而可以用某一种货币来估价,但以另一种货币来支付结账,如敦煌文书 P.3348 背面的那些实例,以钱数估价,但以布帛支付结账。现代货币学者也发现,这样做其实有它的优点,主要是可以避开物价(或现代汇价)上下起落的风险。[①] 现今世界各国的现代货币,其估算和支付结账功能,基本上是合一的。也就是说,我们是以单一货币(如人民币)来估价(或定价格),也以人民币支付结账,以致现代人常误以为,货币的估算和支付结账功能,必须合一才行,但古代却未必如此。

事实上,研究世界货币史的学者早已发现,在中古欧洲,人们可以分开用不同的货币来估算和支付结账,就像唐代那样。事实上,分开才是常态,而非例外。比如在法国,*livre tournois* 这种金币,在中古和现代初期,数百年来就被当成是估算单位来使用,甚至这种货币已不再流通了,作废了,仍然被拿来作估算单位,但同时期的法国,却另有支付结账用的其他货币或物品。在中古德国,某些特定的钱币(如 *Vereinsthaler*),一直被当作是估算单位,即使德国许多地区,都以其他的货币或物品来支付结账。[②]

研究欧洲中古时期经济史和货币史的一位大家奇波拉(Carlo M. Cipolla),曾经在他那本知名的演讲集《地中海世界的货币、物价和文化:第五到第十七世纪》中,论及欧洲中古时代的债务、税和物品,常常以某一货币单位来定值,但都可以用其他货币(或其他等值物)来支付结账,就像唐朝那样:

> 1107 年 11 月的一篇法国文献,定明一笔债为 20 *solidi*(原本指拜占庭帝国的一种金币),但我们从后来另一篇文献知道,这笔债是以一匹马来偿还。在 905 年的西班牙,一笔 25 *solidi* 的债,是以衣服、牛和白银来偿还。同样,在 962 年的西班牙,一笔 4 *solidi* 的债,其实是以衣服、食物

---

① Young Sik Kim and Manjong Lee, "Separation of Unit of Account from Medium of Exchange," *Journal of Money, Credit and Banking*, 45: 8 (December 2013), pp.1685 – 1703.

② Peter Spufford, *Money and its Use in Medieval Europe* (Cambridge University Press, 1988).

和饮品来还清；而在 933 年，一笔 600 *solidi* 的债，是以瓶、马具、马、华服和铜钱偿还。[①]

更有趣的是，这种用来定债、定税和定物价的货币，在欧洲中古时代，往往还是一些根本不存在（或早已作废不再流通）的货币，如上段引文中的 *solidi*。奇波拉有一绝妙好词，称这种货币为"幽灵货币"（ghost money），[②]就像唐代的铜钱，在估价时，往往变成一种虚拟铜钱一样。

事实上，唐代的实体开元铜钱，只有一种——就只是一个铜钱。这种铜钱上面，其实并没有任何文字，说它是面值"一文"。但唐人都称一个铜钱为"一文"。同理，开元铜钱更没有"贯"的单位。唐朝从来没有铸造一种铜钱，说它是"一贯"，但唐人习惯上都把一千个铜钱，称为"一贯"。在交河郡市估案中，我们还见到，唐人竟以"分"来估价（见上），但唐代从未铸造过"一分"的铜钱。由此看来，"文"或许还能说有一个相对应的实体铜钱，不全是虚拟，但"贯"和"分"，倒真是唐人想出来的纯虚拟货币单位，并无相对应的实体铜钱，就像欧洲中古那些"幽灵货币"一样，只是为了估算而虚拟出来，好比是抽象的数学单位。唐人当中，有谁见过（或摸过）"一贯"或"一分"的开元铜钱？从来没有，可证唐代的"贯"和"分"货币单位，都是"幽灵货币"，从来没有实体的存在，只用作计算罢了，只存在于纸面上。宋金和蒙元，倒有面值"一贯"的纸钞。

在埃及法老时代的那两个买卖实例中，似乎任何物品都可以拿来支付结账——衣服、蜂蜜、油脂、铜器，样样都可以。格尔逊认为，这些物品，或许不宜称之为"货币"（money），而是"货币代用品"（money substitutes）。同样，我们也可以把唐代货币的使用状况，构想为一个连续体（continuum）。在连续体的最顶端，是最正规、最十足的货币，即布帛、铜钱和谷物三大类，普遍被人接受为货币的程度最高，也不需要官府敕令为所谓的"法定货币"，民间就能自然接受，因为这对他们是方便的、有好处的。十足货币当中，又有高低位阶（hierarchy）之差，使用场域之分。比如，大宗交易和远途经商，

---

① Carlo M. Cipolla, *Money, Prices, and Civilization in the Mediterranean World: Fifth to Seventeenth Century* (Princeton University Press, 1956), p.5.

② Carlo M. Cipolla, *Money, Prices, and Civilization in the Mediterranean World*, pp.38 - 51.

用绢练(练又比绢轻,更适合远途场合);城市地区和小额交易,用铜钱;两者皆短缺时,可改用谷物(如 9 到 10 世纪的敦煌,见上)。因此,这三大类货币,可以互补长短。在连续体的最下层,是格尔逊所说的那些"货币代用品",也就是韦处厚提到的鸡、鱼、漆、蜡等,普遍被人接受为货币的程度最低,恐怕只有到山谷卖盐的商人,才愿意接受。十足的货币,用于一般正规的官私交易,而"货币代用品"之类,则用于"山谷贫人"当中。连续体中间,还可以有其他区域性的货币,如元稹在《钱货议状》中所说:"自岭已南,以金银为货币;自巴已外,以盐帛为交易;黔巫溪峡,大抵用水银、朱砂、缯彩、巾帽以相市。"①

从这个视角看,唐代的估价和凑数交易法,并非孤立的中国史现象,而是一个古代世界史上的常见现象。在钱币发明之前,或铜钱短缺时,人们都晓得,先以一种在社会上被视为最珍贵的东西(比如荷马史诗中的牛)或以最方便估算的东西(比如唐代的钱数),来作估算和估价单位,然后再以凑数的方法,以其他货币或代用品,来支付结账并完成交易。

在唐初的租庸调时期,唐不以钱数估税,而以谷物和布帛为估算单位,来估税和征税。《旧唐书·食货志》引武德七年令:"赋役之法:每丁岁入租粟二石,调则随乡土所产,绫绢絁各二丈,布加五分之一。输绫绢絁者,兼调绵三两;输布者,麻三斤。"②表面上看来,这是要农民缴交实物充税,但事实上,这样的租庸调税法,也可以看作是唐初在以谷物和布帛为估算单位,来定税额。而且,这些也只是估算单位罢了。支付结账(即真正缴税)时,可以改用他物来折纳,不一定就要缴交唐令上所规定的这些实物。比如江南就常以米代粟,甚至以租布代租粟,如斯坦因在吐鲁番发现的那一块布,上面清楚写明是"租布",以布来交租税,代替原规定要交的粟:"婺州信安县显德乡梅山里祝伯亮租布一端,光宅元年十一月。"③然而,以谷物的容量(斗和石等)和布帛的长度(丈和匹等),来估算物品的价值,不如钱数的十进制(文和贯)那样灵活,于是后来钱数就慢慢成为最主流的估算单位了。

---

① 《元稹集校注》卷三四,第 938 页。
② 《旧唐书》卷四八《食货志》,第 2088 页。
③ Valerie Hansen and Helen Wang, "Introduction, Textiles as Money on the Silk Road," *Journal of the Royal Asiatic Society*, 23: 2 (April 2013), pp.157 - 158.

　　大约从玄宗开元年间开始，宇文融向括户征税时，他就已经在用钱数来估税了："开元中，有御史宇文融献策，括籍外剩田、色役伪滥，及逃户许归首，免五年征赋。每丁量税一千五百钱。"①唐代的户税和后来的青苗钱税及两税，也莫不都以钱数来定税，但都可以折钱为布帛、谷物或他物。这显示唐人慢慢发现，以钱数估税和估价的种种好处。于是唐代的钱，也从原本的实体铜钱，逐渐演变成一种虚拟的、抽象的数学单位，专用来估税和估价，而不再用作支付结账的主要货币，仅用于某些场合，如小额交易、官员的部分俸料（所谓"半钱半物"）等等。

　　这意味着，我们是否应当以一种全新的角度，来看待唐后期（特别是约 800 年以后）的唐代铜钱：它是否已经不再是主要的支付结账工具，让位给布帛，但它的估算功能却越来越强化，最后才衍生出宋金的纸钞？在这方面，最有意义的一点是，宋金的纸钞（交子、钱引等），居然完全像唐代一样，以铜钱的钱数（贯和文）为估算单位，比如一百文纸钞、一贯纸钞等等，且常在纸钞上，画有一贯贯的铜钱图像。一直到蒙元时代，纸钞才以白银的两为估算单位，取代了铜钱的钱数（文与贯），并一直沿用到明清时代。②

八、结语：本研究发现的意义

　　本文论证唐人常以钱数来估价，但支付结账时，却又不需要支付开元通宝类铜钱，可以用布帛或他物来付账。这跟现代人用钱的习惯很不相同，所以我们很容易把唐代各种估价和定税的钱数，如青苗税钱和两税钱，误以为是指实体钱，须交付实体的铜钱。为了厘清此点，本文引用了敦煌吐鲁番文书，以及史书上的其他实例，来论析唐人在多元货币环境下，这种特殊的用钱惯例，以发其覆。过去，学界当然也知道唐代有所谓"折钱"的做法，但究竟怎样实际操作计算，却无人深论，细节不明。本文跟过去含糊的"折钱"论

---

① 《旧唐书》卷四八《食货志》，第 2086 页。

② Richard von Glahn, "Monies of Account and Monetary Transition in China, Twelfth to Fourteenth Centuries," *Journal of the Economic and Social History of the Orient*, 53 (2010), pp.463 - 505.

述最不同的一点，就是以实例详细论证，唐代钱数的估算（unit of account）功能，远比它的支付结账（means of payment）功能更为重要，且两者经常可以分开：以钱数估价或估税，却不一定要以铜钱来付账或交税。唐人就这样善用估价法和凑数的方式，来进行各种交易买卖和缴税，从而解决了铜钱长期短缺的问题。唐代的这种用钱现象，也可以在古代世界史上找到许多类似案例。

在唐代社会，钱数是最常用的估算和估价单位，其次是布帛和谷物。但钱往往不是最常见的支付结账单位（因为钱又笨重，又短缺），而是布帛，其次是谷物（这两者很少会短缺，布帛也比铜钱轻）。看清了这点，我们今后在唐代文献和出土文书中，见到那些钱数，应当格外谨慎，要先弄清楚这到底是估价（或估税）的钱，还是支付结账（缴税）的钱。稍不留意，便会误以为那些钱，是指实体铜钱，用来支付结账，于是又进一步推论，唐后期在广泛使用铜钱来交易和付账，铜钱取代了布帛（如全汉昇等人的论断）。这样误会可大了。

这样的研究发现有什么意义？非常有意义，还可运用来进一步去解决过去一连串唐代经济史和货币史上的棘手课题。但本文已超过三万字，势不宜再继续论述下去，应当就此打住。但在此结语部分，不妨列举笔者的一些想法，以及笔者将来拟深一层探讨的其中三个课题。

第一，唐代有不少税项，常以钱数来定额。例如玄宗时代的宇文融括户，他征收到一大笔常赋以外的额外税收，史书说他"得钱数百万贯。玄宗以为能"①。这"数百万贯"，究竟是实体的开元通宝铜钱，还是估值总价罢了，还是指价值"数百万贯钱数"的布帛？唐代的户税和青苗税钱，也都以钱数来估算。但这是否表示，老百姓交这些税时，一定要交实体铜钱，还是可以像韩愈所说长安"城郭"外的居民买盐那样，可交"见钱"（即实体铜钱），但也可交"杂物及米谷"？唐人常以钱数来定物价和定税额，但又未必一定以实体铜钱来付账或交税。今后我们可以从唐人用钱的这一特殊习惯，去深入研究这一类的课题。

第二，唐后期德宗时代开始的两税法，究竟是交钱，还是纳物，还是半钱

---

① 《旧唐书》卷四八《食货志》，第 2086 页。

半物？这一直是唐史上的一宗悬案。唐人如陆贽、李翱、白居易和杨於陵等人，也似乎在各说各话，分成两派。值得注意的是，唐代经常在闹"铜钱荒"，唐后期尤甚，民间怎么可能有那么多的铜钱，拿去交两税？何况，若以铜钱交税，则铜钱之笨重，在两税送州、送使和上供的过程中，都涉及长途的运输，肯定会造成更多头痛的问题。若交布帛，至少载重量和脚钱，就可节省一半以上。布帛又是农民自行生产，不会像铜钱那样短缺。在这种情况下，朝廷还要不要像某些学者所说，"坚持"它的"理想"，两税一定要收实钱？还是坚持说，两税必须以钱数来定税额，作估税单位，但又可以折纳布帛？这是不同的两回事（我认为应当以后者为是）。可见这里面大有文章，内情不简单，值得再细考。这悬案有没有可能破解？笔者已掌握了一些初步的破案线索，认为应当从唐代的多元货币环境、估价法和铜钱短缺等方向，去下手侦办，才有可能破案。

第三，跟两税相关的虚估和实估，也是个棘手问题，而且涉及唐后期的许多领域，诸如税法、盐法、官员俸禄、和籴、宫市以及更重要的国家税收。这基本问题不解决，许多相关课题也无法厘清。就笔者所见，虚估和实估都跟唐代的估价有关，而且虚估和实估，都是官方所为。但问题是，为什么官府要去"虚估"？也就是不按时价来估，而把物品价值，包括盐价（史料中常称为"盐估"）刻意抬高许多来估算，且可高达四倍或以上？这样的虚估，对国家和百姓，又有什么好处？虚估和实估，并未随着唐亡而消失。宋代仍然有虚估和实估，显示它依然有继续存在的理由。

原载《中华文史论丛》2016 年第 3 期，第 61—111 页。

附图一、图二

图一　P.3348 文书背
　　　第 17—18 行

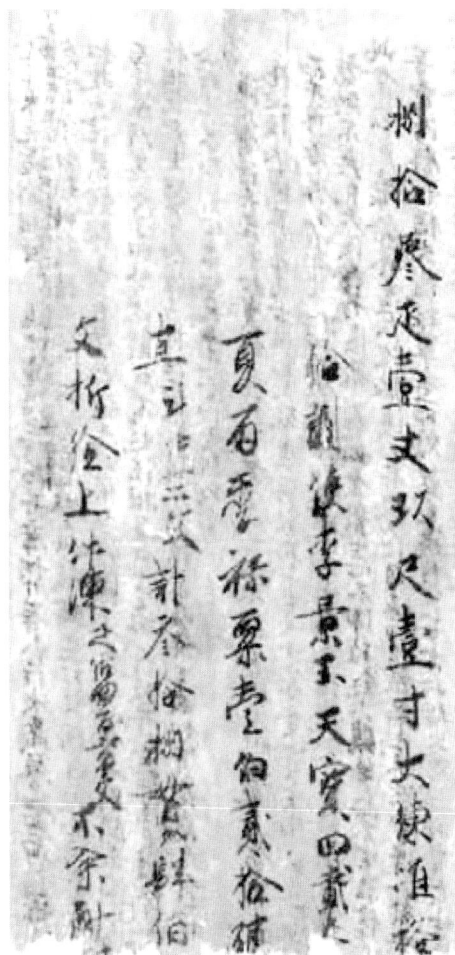

图二　P.3348 文书背
　　　第 53—57 行

唐代除陌法和除陌钱新解

唐史学界有一个纠缠不清的老问题,姑且称之为"除陌钱问题"[①],大约从司马光写《资治通鉴考异》时就存在,至今仍然无解,只有各家的"猜想",众说纷纭。这里拟提出一个新解,求教于方家。先看最关键的三条史料,依年代排列:

第一条是玄宗天宝九载(750)二月十四日敕:

> 除陌钱每贯二十文。[②]

第二条出自德宗建中四年(783)六月赵赞的奏疏,部分保存在《唐会要》中:

> 除陌法:天下公私给与贸易,率一贯旧算二十,益加算为五十。[③]

第三条是《新唐书·食货志》记德宗贞元四年(788)李泌的倡议:

---

① 鞠清远《唐代财政史》,商务印书馆,1934年,第98—99页;陈明光《唐代"除陌"释论》,《中国史研究》1985年第4期,第113—120页;井上泰也《短陌惯行の再检讨——唐末五代时期におけ
る货币使用の动向と国家》,《立命馆文学》475—477号(1985),第140—185页;宫泽知之《唐宋时代の短陌と货币经济の特质》,《史林》71卷2号(1988),第1—32页;杨志玖《关于唐代除陌钱的几个问题》,原载吴廷璆编《郑天挺纪念论文集》,中华书局,1990年,现收入杨志玖《陋室文存》,中华书局,2002年,第53—64页;杜来梭《唐代"除陌"商探》,《中国史研究》1991年第2期,第13—19页;陈明光《再论唐代的"除陌"——答杜来梭同志》,《中国史研究》1992年第2期,第3—11页;井上泰也《唐代の除陌钱について》,《立命馆文学》537号(1994),第154—177页;孙文泱《短陌性质初探》,《首都师范大学学报》1996年第3期,第36—41页;李锦绣《唐代财政史稿》,社会科学文献出版社,2007年,第5册,第225—235页;陈明光《"短陌"与"省陌"管见》,《中国经济史研究》2007年第1期,第169—173页;王怡辰《论唐代的除陌钱》,(台湾)《史学汇刊》第22期,2008年,第19—44页。
② 《唐会要》卷六六《太府寺》,第1364页。
③ 《唐会要》卷八四《杂税》,第1830页。

> 李泌以度支有两税钱,盐钱使有筦榷钱,可以拟经费,中外给用,每
> 贯垫二十,号"户部除陌钱"。①

这三条史料,都用了"除陌钱"或"除陌法"一词,显然这三者是有关联的。但
什么关联?过去的论述没有说清楚、讲明白,都把这三者混为一谈。学界大
抵深受第二条史料的影响,以为"除陌钱"只有一种,就是商税。一般的教科
书和百度百科等辞典也如此表述。我的看法不同,认为这是三种不同的东
西,三种不同的"钱",但有一个共同点:它们都用了一种"除陌"法去计算,
所以都可以说是"除陌钱"。然而名目虽同,内容却完全不同,不应混淆。

一、除陌法和除陌短钱

所谓"除陌法",是一种"扣除百分之几"的计算法。例如从每 1 000 文
钱中,扣除 2%,就是除陌法,而除陌所得 20 文,或除陌所剩下的 980 文,据
史书中的用法,两者都可称为"除陌钱"。用现代话语来说,"除陌钱"意指"扣
除百分之几所得或所剩的钱数"。除陌法可以用来计算任何钱物,包括各种税
钱,以及梁朝和唐朝的所谓除陌"短钱"。说穿了,它只不过是一种简单的百分
计算法。"除陌"的"陌"字,原本就是个"百"字。"除陌"即"除百"是也。

中国史上所知最早运用到除陌法的,是南朝萧梁武帝中大同(546)年间
出现的除陌短钱。《隋书·食货志》有一段记载:

> 自破岭以东,八十为百,名曰东钱。江、郢已上,七十为百,名曰西
> 钱。京师以九十为百,名曰长钱。中大同元年,天子乃诏通用足陌。诏
> 下而人不从,钱陌益少。至于末年,遂以三十五为百云。②

这里的"陌"字,即"佰"的通假字,也就是"百"的意思。③ 除陌的基本概念是
从一百文钱中"扣除"若干文。所以,"除陌"应当读作"除百"才是。"足陌"

---

① 《新唐书》卷五五《食货五》,第 1401 页。
② (唐)魏徵等《隋书》卷二四《食货志》,中华书局,1973 年,第 690 页。
③ 宋代沈括对《隋书》这段记载有一评语:"今之数钱,百钱谓之'陌'者,借'陌'字用之,其实只是
'佰'字,如'什'与'伍'耳。"见胡道静校证《梦溪笔谈校证》卷四,上海古籍出版社,1987 年,第
192 页。

（即"足百"）是一百文，但当时民间因为市面上流通的货币严重不足（或其他原因），大家约定俗成，把 70 文、80 文、35 文，当成 100 文来使用。这样不"足陌"的钱，又称"省陌""短陌"和"短钱"等。①

除陌的钱数，各地也不同。如上引文，梁朝的"东钱"，"八十为百"，意思是把 80 文当成 100 文来使用，即每一陌钱中，只有 80% 的货币，被"除陌"了 20%。江郢一带的"西钱"更"短"，70 文就可成百，被"除陌"了 30%。中大同元年时，梁武帝下诏要用"足陌"钱，不可用短钱。但诏下后，人们不听从（显然人们也很无奈，无法听从），钱币更少，以致到了末年，市面上甚至有 35 成百的短钱，被"除陌"了 65%。② 在这里，"东钱"和"西钱"就是"除陌钱"，被扣除了若干百分比的钱（除百钱），跟"足陌钱"（足百钱）相对。为了更精确，本文称这种"除陌钱"为"除陌短钱"（不足百的短钱），免得跟唐代赵赞的"除陌钱"（一种税法）混淆。

这是一种怎样的现象？这显示市场上货币（铜钱）严重不足，百姓没有足够的货币可用。因为钱少，大家都很看重钱，甚至把钱囤积起来，不愿拿去购物，导致谷帛等物乏人问津，需贱价求售。宋代更有个生动的说法，称此现象为"钱荒"。最精彩的描述，见于北宋神宗约熙宁八年（1075），宣徽北院使张方平奏疏中的一段话：

> 自比年以来，公私上下，并苦乏钱，百货不通，万商束手。又缘青苗、助役之法，农民皆变转谷帛，输纳见钱，钱既难得，谷帛益贱，人情窘迫，谓之钱荒。③

① Lien-sheng Yang（杨联陞），*Money and Credit in China: A Short History*（Harvard Universtiy Press，1952），pp. 34 – 37；Denis Twitchett，*Financial Administration under the T'ang Dynasty*（Cambridge University Press，1970），p.81；井上泰也《短陌惯行の再检讨——唐末五代时期における货币使用の动向と国家》，《立命馆文学》475 – 477 号（1985），第 140—185 页。杨联陞把"足陌"英译为"full string"，把"短陌"英译为"short string"，甚贴切。古代铜钱皆用绳子串成一串，若不足陌，则绳子会变短，故杨联陞英译为 "short string"（短绳），即"短陌"之意，也就是本文所说的"短钱"。杨又把"陌"读作"百"并罗马化为"pai"，亦见卓识。

② 关于梁武帝时代这个"短陌"现象，最详细的论述见陈彦良《梁、陈币制变动和通缩通胀——兼论铁钱与"短陌"》，《通货紧缩与膨胀的双重肆虐：魏晋南北朝货币史论》，台湾清华大学出版社，2013 年，第 167—208 页。

③ （宋）李焘《续资治通鉴长编》卷二六九，宋神宗熙宁八年十一月壬辰条下，中华书局，1990 年，第 6593 页。

可知"钱荒"的问题牵涉颇广,涉及"公私上下",不只是民间不便,连公府也感困扰。其后果则是"百货不通,万商束手","谷帛益贱,人情窘迫"。这虽然是北宋史料,但钱荒是中国史上的常见问题,唐代的"窘迫"应当也约略如此。到了宋哲宗元祐元年(1086),右司谏苏辙也上言:"方是时,东南诸郡犹苦乏钱,钱重物轻,有钱荒之患。"①苏辙在《送鲜于子骏还朝兼简范景仁》这首诗中,更有诗为证:"钱荒粟帛贱如土,榷峻茶盐不成市。"②

为了应付这种钱荒,民间于是有了变通,想出了除陌短钱的方法。乍看之下,好像有些人会因此"损失"钱财,但其实不会。只要大家都遵守这样的短钱规则,没有人会有什么损失。比如说,一个商贩可以信心满满,收下你的 70 文,卖给你一个价值 100 文的东西,因为他知道,他也可以用同样的 70 文,去跟别人买价值 100 文的东西。以此类推。在唐代,短钱甚至可以用于官府之间的官给钱(见下)。如果每个人都接受这样的货币规则,这个办法就可以顺畅运作,完全不成问题,没有人会吃亏。这样做,对大家反而有一个好处——舒缓了货币不足的钱荒困扰。这种除陌短钱的办法,从五代宋金元明清,甚至到民国初年,都在行用,因为钱(铜钱)受到铜产量的先天限制,在中国历史上始终长期不足,从未彻底解决。③

唐代也有这样的短钱,而且长期行用。大家习以为常,不以为意。例如穆宗长庆元年(821)九月敕就这样说:

> 敕:"泉货之义,所贵通流。如闻比来用钱,所在除陌不一。与其禁人之必犯,未若从俗之所宜,交易往来,务令可守。其内外公私给用钱,从今以后,宜每贯一例除垫八十,以九百二十文成贯,不得更有加除及陌内欠少。"④

因为民间"比来用钱,所在除陌不一",显示民间普遍在行用短钱,只是各地

---

① 《续资治通鉴长编》卷三七七,宋哲宗元祐元年五月乙丑条下,第 9165 页。

② 《全宋诗》卷八五七,北京大学出版社,1993 年,第 9931 页。

③ Lien-sheng Yang, *Money and Credit in China: A Short History*, pp.37 - 39. 杨志玖《关于唐代除陌钱的几个问题》,《陋室文存》,第 57 页,透露了他自己的一个亲身经历,十分珍贵难得:"在抗日战争(编者按:指全国性抗战)前(1937 年),我的家乡(山东周村)以五文铜钱为百,当时一铜元当十清制钱,是即以五十文为百。"这无疑是萧梁武帝时的东钱、西钱和唐代除陌短钱,在民国时代的翻版。

④ 《旧唐书》卷四八《食货上》,第 2105 页。

的除陌数不一致（类似梁朝的"东钱"和"西钱"），于是朝廷索性"与其禁人之必犯，未若从俗之所宜"，将短钱合法化，且制定全国统一的官价，"每贯一例除垫八十，以九百二十文成贯"，好让大家遵守，也让百姓更能安心使用短钱，知道它是合法货币，为所有人所接受。

应当强调的是，不止民间交易可以用短钱，敕中还特别明确规定"其内外公私给用钱，从今以后，宜每贯一例除垫八十，以九百二十文成贯"。换句话说，甚至连"公"部分的"给用钱"，即官府之间的往来经费，也可以用短钱，而且还必须"一例"要"除垫"（即"除陌"）80 文，把 920 文当成 1 000 文来使用，只是不得再有"加除及陌内欠少"。这是一种完全合法化的除陌短钱，民间未见反对，大家都高兴。事实上，民间比官府更早使用这种短钱来交易，现在官府将之合法化，且涵盖"公私"两大领域，更能满足大家的需要，可长期行用，舒解了钱荒的困境。

武宗会昌五年（845）正月三日南郊敕文，也反映当时铜币供应仍然不足，仍在使用短钱：

> 京畿内近日足陌用钱，唯益富室。匹帛苦贱，反害疲人。宜却令依前行垫陌钱，每垫八十文。其公私交关五贯已上，令一半折用匹帛。①

这里"垫陌钱"即"除陌钱"，下面再论。有趣的是，在铜币不足的民间，敕文竟然"怪罪"起"足陌"（足 1 000 文一贯者）来了，认为京畿内，近日在通行"足陌用钱"，只益了"富室"。这很可能是因为当时各种原因（如铜币供应增多，或买气增加等等），商贩开始不愿意接受短钱，要求收"足陌钱"，甚至可能连原本可作货币使用的"匹帛"也不收了，造成它"苦贱"。但京畿穷人没有这么多铜币，所以"唯益富室"，只有富人才买得起商品。于是，武宗下令"依前行垫陌钱，每垫八十文"，照旧使用除陌的短钱，而且敕定了一个官价，每贯扣除 80 文，以 920 文成贯，跟穆宗时一样。此外，武宗还认为，"匹帛苦贱，反害疲人"，规定公私大宗交易在五贯以上者，交付的钱，一半要"折用匹帛"，不能全数用铜币。武宗这时，会昌灭佛运动已展开，把大量佛像等铜制品熔化，取得不少铜，但铸造铜币的成本高，朝廷不

---

① 《文苑英华》卷四二九，第 2173 页。

太愿意大量铸造,所以要"公私交关"继续使用920文成贯的短钱,而且在大宗买卖(总价超过5贯者),必须以一半的"匹帛"来支付,想必是铜币仍不足,要省点用。

从上引穆宗敕令和武宗赦文看来,当时百姓都已习惯使用除陌短钱。不料,到了唐僖宗乾符二年(875),高骈刚到成都任节度使时,却有一出人意表的举动,"令民间皆用足陌钱,陌不足者皆执之,劾以行赂,取与皆死。刑罚严酷,由是蜀人皆不悦"[1]。此事仅载于《资治通鉴》,过于简短,背景和细节皆不详。不过,从这几句话判断,在高骈抵成都之前,当时民间都在使用除陌短钱。高骈来了之后,才下令"民间皆用足陌钱";若不用,"取与皆死",刑罚十分严酷,于是蜀人"皆不悦"。显然,蜀人乐于使用不足陌的短钱,并不想用"足陌钱",应当是当时铜币仍不足,用短钱比较方便交易也。至于为什么高骈要下令用"足陌钱"?《通鉴》不载原因,不得而知。有可能是高骈刚到成都时,正值南诏围攻,军费吃紧。他还曾经"托以蜀中屡遭蛮寇,人未复业"(表示税赋不足),停掉当时军中突将的"禀给",以致"突将皆忿怨"。[2] 他下令蜀人用"足陌钱",或许是为了筹军费,属于暂时性的措施。

武宗后约六十年,唐朝的末代皇帝哀帝,在天祐二年(905)四月丙辰,发出下面这道敕令,显示晚唐民间买卖,仍然普遍行用不"足贯"、不"足陌"的短钱:

> 敕:"准向来事例,每贯抽除外,以八百五十文为贯,每陌八十五文。如闻坊市之中,多以八十为陌,更有除折,顿爽旧规。付河南府,市肆交易,并以八十五文为陌,不得更有改移。"[3]

哀帝再次敕定的合法短钱官价,比起穆宗长庆元年和武宗会昌五年以920文成贯的短钱更"短"。当时哀帝是朱全忠的傀儡皇帝,在洛阳,那里的短钱坊市价,"多以八十为陌",每贯多数只收800文,"更有除折",违反了旧规("顿爽旧规")。现在,哀帝下敕,河南府(即洛阳)的"市肆交易","以八十五

---

① 《资治通鉴》卷二五二,唐僖宗乾符二年三月条下,第8178页。
② 《资治通鉴》卷二五二,唐僖宗乾符二年三月条下,第8177—8178页。
③ 《旧唐书》卷二〇下《哀帝纪》,第793页。

文为陌",以 850 文成贯。我们从其他史料知道,唐代曾经在不同时间,有不同的官定除陌价,如天宝九载(750)的 980,长庆元年(821)和会昌五年(845)的 920,以及如今天祐二年(905)的 850,整个趋势是持续向下,短钱越来越短,显示铜币流通量越到唐末,越不够市场所需,[1]跟梁朝中大同末年相似。

哀帝时洛阳的坊市短钱,"多以八十为陌",表示洛阳的商贩们,在铜币严重不足的市场上,为了要刺激买气,大家约定俗成,多数每贯只收 800 文即可,不惜违反朝廷定的"旧规",可知哀帝之前,民间就盛行短钱,而且朝廷还定过"旧规"。哀帝这次把官价调高到 850,未说明原因,但洛阳坊市恐怕未必遵守,很可能又会再次回到旧市价 800,所以敕中特别规定,"不得更有改移",就是要禁止坊市又调低除陌价。由此看来,坊市多数人更喜欢 800 的低除陌价。这样会形成一种不合法的"黑市价",跟合法的官价有落差。但"黑市价"应当对他们更具市场优势,否则大家不会甘冒风险,触犯敕令而用"黑市价"。哀帝的市场干预,未必有效。

到了五代,仍在普遍使用除陌短钱。例如后唐庄宗同光二年(924):

> 度支奏请榜示府州县镇,军民商旅,凡有买卖,并须使八十陌钱。[2]

所谓"八十陌钱",即把 80 文当成足百来使用,以 800 文成贯。

后汉隐帝乾祐三年(950),除陌短钱的使用,出现一种特殊的办法:

> 官库出纳缗钱,皆以八十为陌,至是民输者如旧,官给者以七十七为陌,遂为例程。案《归田录》:用钱之法,自五代以来,以七十七为百,谓之"省陌"。[3]

这是隐帝即位时,王章为宰相判三司,为了"收聚财赋"而想出来的新点子:民间交税给官府,跟以往一样,仍以 80 文为百,但"官给者"却是以 77 文为百,每百比民间的短少 3 文。80 文为百,跟唐亡前夕,哀帝时民间以 800 文成贯一样,但王章这时却令官府把 770 文当成一贯来使用,每贯比民间价短少 30 文。是以史书上说,"章急于财赋,峻于刑法","民不堪命"。

---

① Denis Twitchett, *Financial Administration under the T'ang Dynasty*, pp.81-82.

② (宋)薛居正等《旧五代史》卷一四六《食货志》,中华书局,1976 年,第 1947 页。

③ 《旧五代史》卷一○七《汉书·王章传》,第 1410 页。

二、钱荒的形成及其调节机制

唐和五代这种除陌短钱,是货币市场中自然产生的应付之道,是市场自动调节钱荒的机制。在唐代,钱荒形成的过程大致是这样:因为唐代货币最主要为铜币,但铜产量稀少,铜严重不足,开采成本高,铜价高昂,政府也不想大量铸造铜币,因为铸造成本比铜币的面值还高。这时,还会有取巧的民众,把铜币拿去熔化,制成铜器,就可赚上一笔,比拥有铜币更划算。武宗开成年间,李珏就说:"今江淮已南,铜器成肆,市井逐利者,销钱一缗,可为数器,售利三四倍。"①在这种情况下,市面上流通的铜币会越来越少,被熔化了,或被人囤积起来(等将来继续升值时再抛售),造成市场交易更停滞不便。② 现代经济学称之为"通货紧缩"(deflation)。更精确的说法是"货币供应引起的紧缩"(money supply side deflation)。

面对货币短缺,市场最直接的反应,便是创出短钱的新点子。从前需要 1 000 文才能成一贯,现在只要 980 文就能成贯。如果货币供应持续严重,仍有钱荒,大家也就会像唐末的洛阳那样,接受低至 800 文一贯的短钱。商贩收到这么短的短钱,他也不必担心会不会有什么损失,因为他照样可以用这样的短钱去跟别人交易。这种短钱有了官定价,商家百姓会更有信心,等于有了官府的保证。整个市场如果都接受短钱,它也就跟"足贯"钱(一千文一贯)没有两样了。关键在于"信任"(trust)两字,这是古今中外社会经济运作的一条关键法则,也是现代货币和银行体系的一条金科玉律。③ 只要大家都信任市场,对短钱有信心,知道短钱一定可以当成一贯,在市场上自由使用和被别人接受,整个短钱制度就可以顺畅运作。但一旦民众失去信心,市场就会崩盘。

货币除陌法,不但是市场应付货币供应不足的一项武器,而且还全由市场控制,连政府也无能为力,难以干预。即使下敕令禁止,也徒劳无功,禁无

---

① 《旧唐书》卷一七六《杨嗣复传》,第 4557 页。

② Denis Twitchett, *Financial Administration under the T'ang Dynasty*, pp.78–83.

③ Francis Fukuyama, *Trust: The Social Virtues and the Creation of Prosperity* (New York: Free Press, 1996).

可禁，结果就会像上引穆宗长庆元年敕所说的那样，"与其禁人之必犯，未若从俗之所宜"。最后政府索性把这种短钱合法化，干脆定一个短钱的官价，让大家可以依从，但坊间很可能还会继续存在"黑市价"，且其价格可能会随时局和外在条件上下波动，比官价更灵活。这种情况，跟现代一些不自由、受管制的外汇市场，自然会产生黑市价类似。外国游客或国内百姓若有美金，都喜欢把美金卖给黑市，因为黑市汇率高，政府银行则往往会刻意压低美金的官价汇率。

有了这样的理解，我们回过头去看梁武帝时的所谓"东钱"和"西钱"，就会发现，站在市场经济的立场，有不同的东钱和西钱，其实也是很正常的市场反应。这表示，各地的货币流通量不一样。所以江郢已上，要"以七十为百"，京师则"以九十为百"来调节，说明京师的货币流通量比较足够，钱不如江郢那样短缺。官府若敕定一个全国统一的官价，反而是一种市场干预，有时未必是好事，也未必有效。有不少学者凭"直观"反应，以为梁武帝末年，"以三十五为百"，是这时的货币"贬值"了，其实应当是"升值"才对，表示货币越来越少，物以稀为贵，货币更值钱了。如果有人从前把 70 文囤积起来，现在市场 35 文就成百，他足足赚了一倍，等于有了200 文。

同理，唐末以 850 文成贯，也不是货币贬值，而是升值。市场上货币更少，不得不把 850 文当成一贯来使用。但百姓可能还是没有什么货币去购买，市场疲弱，也就是上引北宋张方平奏疏中所说的现象，"百货不通，万商束手"，而官府又无足够的铜去铸造更多的铜币，成了一种恶性循环。相比之下，1949 年前夕，民国政府大量印制钞票，造成货币太多，严重贬值，人民需要用整麻袋整麻袋的钱，才能买到一斤米。但梁武帝末年"以三十五为百"，过于激烈，恐怕也不是好现象（可能会造成百姓的信心不足，市场崩盘）。最好是钱货供应之间，保持一种经济学上所说的"平衡"（equilibrium）。但在唐朝，铜币供应由铜产量决定，政府就像无米炊的巧妇，所能做的十分有限，不能像现代世界各国政府那样，可以比较随意调整货币供应量或利息率，来调节市场。

那么，唐代究竟什么时候开始，也像梁朝那样，使用不"足陌"的短钱？《唐会要》保存了一条敕令，可以提供一点线索。这样我们就要回到上文所

引第一条史料的"完整版"(前文只引了一句):

> 天宝九载(750)二月十四日敕:"自今以后,面皆以三斤四两为斗,盐并勒斗量。其车轴长七尺二寸,除陌钱每贯二十文。余面等同。"①

这里引用完整版,是为了让大家清楚看看这条敕令的上下文,非常重要,不致于像鞠清远等学者那样,把这条敕令断章取义。从上下文判断,这敕令的目的,是要敕定官定的度量衡和货币除陌标准,不是要征税。比如一斗(6 000 毫升)面的重量标准是"三斤四两"(2.21 千克)。若达不到这个标准,表示这面有问题,可能混杂了其他比较轻的劣等物质。盐必须以容积的"斗"来量,不以重量计算和售卖。肃宗乾元元年(758)开始实行榷盐,盐的确是以斗计价,当时每斗估价 110 文。② 车轴的长度标准必须为"七尺二寸"(2.07 米)。③至于"除陌钱",这里指货币除陌短钱,敕中定为"每贯二十文",是个官定价,即每贯可以合法除陌 2%,以 980 文成贯。从前面敕定面的重量标准、车轴的长度标准、盐须以斗量来看,所谓"除陌钱每贯二十文",应当也是个官定的货币短陌标准,跟征税无关。由此看来,唐朝应当早在天宝九载之前,民间就在使用短钱。官方通常都慢一拍,在天宝九载才敕定一个官价标准。

然而,不幸的是,天宝九载敕令中"除陌钱每贯二十文"这一句,跟赵赞在德宗建中四年(783)六月所征抽的军用税混淆了,因为赵赞的税法,也用了"除陌"一词:"除陌法:天下公私给与贸易,率一贯旧算二十,益加算为五十",以致有学者误以为,天宝敕令所定的,也是一种除陌商税。其实不是,是误解了"除陌"的多种意涵。天宝敕令所说的"除陌钱每贯二十文",不是赵赞那种军用税的税率,而如上文所考,是一种民间除陌货币短钱的官定价,一种官定标准,以 980 文成贯。这对市场是好事,但赵赞的"除陌法",却是 5% 的税,对百姓和市场都是一件坏事,极不受欢迎。也难怪,它只实施了半年,民怨四起,德宗又因朱泚之乱,逃命奉天,于是在兴元元年(784)正

---

① 《唐会要》卷六六《太府寺》,第 1364 页。

② 《新唐书》卷五四《食货四》,第 1378 页。

③ 唐制和公制的换算,据胡戟《唐代度量衡与亩里制度》,收于《胡戟文存》,第 348—361 页。

月，匆匆紧急下敕"停罢"①，连同赵赞同时推行的恶名昭彰的"间架税"，以及其他杂税，以平息民愤。赵赞也落得"巧法聚敛"的罪名。② 其实他跟王铁和杨国忠等"聚敛之臣"不一样。他是为了替国家筹军费才不得不征税，没有私心，只是方法太严苛，不受百姓欢迎。

三、赵赞的除陌税钱

从梁朝到唐朝货币流通的历史背景来看，赵赞在德宗建中四年提出所谓的"除陌法"，肯定不是他的新发明，而是借用上述的货币除陌计算法，来征收"天下公私给与贸易"的税罢了。他在奏疏中说：

> 除陌法：天下公私给与贸易，率一贯旧算二十，益加算为五十。给与他物，或两换者，约钱为率算之。③

这里"率一贯旧算二十"指什么？内文并没有说明，但中国学者几乎都一致认定，它指天宝九载敕中所说的"除陌钱每贯二十文"，跟赵赞的税法一样，是一种征税的税率。例如鞠清远在 1934 年出版的《唐代财政史》中写道："另一种商税是近于交易税的税，称为'除陌'"，接着他引用天宝九载敕为证，然后又说："建中四年，赵赞又加重除陌钱，每贯五十。"④换句话说，鞠清远首先把天宝的"除陌钱每贯二十文"，看成是一种商税，又认为赵赞在这天宝商税上，再"加重除陌钱"，每贯 5%。这个论点，深深影响了几乎所有后来的国内学者，包括李锦绣和陈明光，⑤也使得许多通行的隋唐史教科书，至今仍然如此表述。但有趣的是，国外的日本和英国学者，却从不接受这样的说法，不认为天宝九载的是商税，而是货币除陌短钱的官定价（详下），一如本文的论点。

---

① 《资治通鉴》卷二二九，唐德宗兴元元年正月条下，第 7392 页。《旧唐书》卷四九《食货志》，第 2128 页，记为"兴元二年"罢，误。
② 《旧唐书》卷一二《德宗纪上》，第 336 页。
③ 《唐会要》卷八四《杂税》，第 1830 页。
④ 鞠清远《唐代财政史》，第 98 页。
⑤ 王怡辰《论唐代的除陌钱》，（台湾）《史学汇刊》第 22 期，2008 年，第 21—22 页，对鞠清远、李锦绣和陈明光的论点，有详细的批驳。但王怡辰未引用杨志玖的论文。

天宝九载的"除陌钱每贯二十文",是一种税率吗？就上文所考,不是。它只是天宝年间除陌短钱的官价。从上下文看,此敕是要制定几个度量衡和货币标准,不可能突然跳去讲一种税率。我们也没有任何其他史料,可以证明天宝年间,曾经实施过赵赞那种除陌商税。但不巧的是,赵赞在自己的奏疏上,自称他的是"除陌法",这就跟天宝九载敕中所说的"除陌钱"一词混淆了,让不少后世学者以为两者相同,都是交易税。但英国学者杜希德曾经形容,这其实"只不过是个巧合罢了"(a mere coincidence)[1],意思是两者的名称只是"刚巧"相同,都用了"除陌"两字,实际内容却完全不同(一是短钱,一是税钱)。此说很有眼光,很有道理。

其实,早在1948年,日本学者加藤繁就正确解读了天宝敕令中的"除陌钱每贯二十文",不是税率,而是当时的货币除陌官定价,[2]是一种官定的货币短钱标准,跟面的官定重量标准,属于同等性质的东西。杜希德的《唐代财政史》(1963),采加藤繁此说。[3]但在中文学界,一直要到2008年,才有中国台湾学者王怡辰指正这点。[4]但三人都没有像本文那样,把"除陌法"解释为"扣除百分之几"的计算方法。

如果我们接纳加藤繁、杜希德及其他日本学者的论点,赵赞除陌法所说的"率一贯旧算二十",并不指天宝九载敕令所说的"除陌钱每贯二十文",那么它又指什么呢？事实上,这问题早在1990年,就由杨志玖解决了。他认为,赵赞的这个"旧算",指的正是他自己在一年前,即建中三年(782)九月上奏后实行的常平轻重本钱的征税率:

> 建中元年(780)九月,户部侍郎赵赞请置常平轻重本钱,从之。赞于是条奏诸道津要都会之所,皆置吏,阅商人财货,计钱每贯税二十文;天下所出竹、木、茶、漆,皆什一税之,充常平本钱。时军用稍广,常赋不足,所税亦随尽,竟莫得充本储积焉。[5]

---

[1] Denis Twitchett, *Financial Administration under the T'ang Dynasty*, p.300, n. 168.

[2] 加藤繁《旧唐书食货志·五代史食货志》,东京岩波书店,1948年,第37页。

[3] Denis Twitchett, *Financial Administration under the T'ang Dynasty*, p.300. 后来的日本学者如井上泰也和宫泽知之,也都跟从加藤繁。

[4] 王怡辰《论唐代的除陌钱》,《史学汇刊》第22期,2008年,第21页。

[5] 《唐会要》卷八四《杂税》,第1830页。

从"皆置吏,阅商人财货"这句话判断,这是一个商税,"计钱每贯税二十文",税率为 2%。因此,杨志玖认为:"赵赞在建中三年实行的'每贯税二十文',本来是为了充常平本钱的,但因军用颇大,所税的钱竟随抽随用,充不了本钱,于是在第二年又再每贯加税钱三十文,成了每贯税钱五十文。所以说,建中四年的除陌钱,只是建中三年税钱的继续。"①

这无疑是赵赞"率一贯旧算二十"的最好答案。很可惜,杨志玖的大文最初发表在一本 1990 年出版的论文集《郑天挺纪念论文集》中,没有引起后来论述者的注意,以致大家都继续沿用 1934 年鞠清远的说法,以为这个"旧算"是"遥指"天宝九载的"除陌钱每贯二十文"。天宝九载距建中四年,有三十三年之久,中间又历经了一场安史巨变,人事早已全非。赵赞的"旧算"是否真的追溯到那么久远的事,颇令人怀疑。但若这"旧算"就指一年前的常平本钱征税率,又是赵赞自己提出的,他用"旧算"此词,那就完全合情合理了。

事实上,《唐会要》便把赵赞建中三年为了常平本钱所征的商税,跟他在隔一年所征的除陌钱,都编在同一个子目"杂税"之下,显示编者王溥亦认为,两者是有密切关系的,同属"杂税"。至于天宝九载的那条"除陌钱每贯二十文"敕令,《唐会要》并非放在这个"杂税"子目下,而是放在卷六十六的"太府寺"下,因为太府寺负责制定度量衡等官定标准。这也构成了另一有力的证据:天宝九载的敕令,并不是要抽商税,而是要制定除陌短钱的官定价。

顺此一提,学界常把赵赞的除陌钱,称为"商税"或"交易税",恐怕也不妥,因为赵赞的这个税法,征抽对象是"天下公私给与贸易",包括公和私两大部分。征抽私给和民间的贸易税,固然可以说是商税或交易税,但"公给"的部分,即官府之间的经费和官员的俸料等,也要征抽除陌钱。这当然也是一种税,但这种公给钱的税,恐怕不能说成是商税或交易税,因为公给钱不涉及交易买卖,并非商业行为。或可仿照《唐会要》的办法,称之为"杂税"可也。本文则以赵赞征税的目的,主要为供军用,故称之为"军用税"。

---

① 杨志玖《关于唐代除陌钱的几个问题》,《陋室文存》,第 54 页。

四、李泌的户部除陌钱

除了货币除陌短钱和赵赞的除陌税法外，唐代至少还有一种东西，也用了"除陌"一词，那就是德宗贞元四年（788），宰相李泌所推行的"户部除陌钱"：

> 李泌以京官俸薄，请取中外给用除陌钱，及阙官俸、外〔官〕一分职田，〔停〕额内官俸及刺史执刀、司马军事等钱，令户部别库贮之，以给京官月俸，令御史中丞窦参专掌之。岁得钱三百万贯，谓之户部别处钱，朝臣岁支不过五十万，常有二百余万以资国用。①

这里最关键的一句话，就是"中外给用除陌钱"。所谓"中外给用"，即"中外给用钱"，也称"内外支用钱""内外给用钱"，或单称"给用钱"等等，常见于唐代敕诏。例如元和十五年（820）六月敕："其度支所准五月二日敕，应给用钱，每贯抽五十文"②；穆宗长庆元年（821）九月敕："其内外公私给用钱"③；文宗开成元年（836）正月一日敕诏："其京兆府附一年所支用钱物、斛、斗、草等"④。

中外或内外，指京师和地方。因此，所谓中外或内外给用钱或支用钱，即指朝廷、州及方镇可以"支用"的预算经费。元和十五年五月，穆宗刚上台颁的一篇诏书，曾经提到这种"内外支用钱"，指的是"送上都及留州、留使、诸道支用、诸司使职掌人课料等钱"⑤。由此我们得知，这种"给用钱"或"支用钱"，最大宗的就是州和方镇在两税下，送上都和可以留用的部分，以及"诸司使职掌人课料等钱"，也就是官员们的各种俸料钱。⑥

因此，上引文中的"中外给用除陌钱"一词，意思是："从中外各种给用钱

---

① 《旧唐书》卷一三《德宗纪下》，第 364 页。缺字据何汝泉《唐财政三司使研究》，中华书局，2013 年，第 293 页的引文补。
② 《唐会要》卷九一《内外官料钱上》，第 1975 页。
③ 《唐会要》卷八九《泉货》，第 1936 页。
④ 《册府元龟》卷四八四，第 5790 页。
⑤ 《旧唐书》卷一六《穆宗纪》，第 478 页。
⑥ 参看陈明光《唐代财政史新编》，中国财政经济出版社，1999 年增订版，第 321、328—329 页。

中,扣除百分之几所得到的钱。"至于它的除陌扣除率,见于《新唐书·食货志》:

> 李泌以度支有两税钱,盐钱使有笕榷钱,可以拟经费,中外给用,每贯垫二十,号"户部除陌钱"。①

"每贯垫二十",除陌率为 2%。这里的"垫"字跟"除"字同义,唐代敕令中常见,如穆宗长庆元年(821)九月敕:"宜每贯一例除垫八十,以九百二十文成贯。"②

因此,我们千万不要一见到"除陌"两字,就立刻以为它专指赵赞的除陌税钱。这样误会可大了,会把几种内容不同的东西混淆了。"除陌钱"并非专称,而是个通称,可以指天宝九载的除陌短钱,也可以指李泌的"户部除陌钱",甚至可以泛指任何以"扣除百分之几"计算的钱物。鞠清远等学者,便是把天宝九载的除陌短钱官价,误以为是赵赞的那种除陌法,误以为天宝年间,也在实施赵赞那种税法。

贞元四年(788),李泌向德宗提他的户部钱构想时,他同样用的是一种除陌法(即每一贯扣除百分之几),来征集户部钱,目的是为了要给京畿官员增加俸料钱,但他征集的对象,不是广大的百姓人民,而是"中外给用钱"。这是李泌最有创意的地方,没有在常赋(两税)之外加敛百姓,没有增加他们的税务负担。这点跟李泌的高人和山人性格,颇为相配。

其实,李泌的户部钱,征抽对象为"中外给用钱",跟赵赞的征抽对象"天下公私给与贸易"③,有一大部分相同。相同的是,两人都要征"中外给用钱",即官方往来的经费部分。不同的是,赵赞还要加征"私给与贸易",即民间私贸易买卖的部分。赵赞之所以失败,正因为他的税法,特别是在民间实行时,太复杂,太繁琐,弄得民怨四起,难以执行,所以不到半年,就匆匆喊停。

李泌就在赵赞失败后约四年,推行户部钱。他应当也从赵赞的除陌法中得到若干灵感,但他也汲取了赵赞的前车之鉴,变得精明起来,不去碰惹

① 《新唐书》卷五五《食货五》,第 1401 页。
② 《唐会要》卷八九《泉货》,第 1936 页。
③ 《唐会要》卷八四《杂税》,第 1830 页。

民怨的"私贸易"部分，只征公家往来给用经费，而且征收率只有 2%，比赵赞的税法略低。中外衙司(包含方镇，至少那些不叛逆的方镇)，以及某些官员们，也就按规定垫付，未闻有反对抗议之声，无不听话，圆满成功，得以长期实行，直到唐亡。①

五、司马光的迷惑和猜想

《资治通鉴》在德宗贞元四年(788)条下，记述李泌的户部钱时，有一段考证：

> 《考异》曰：《实录》："辛巳，诏以中外给用除陌钱给文武官俸料，自是京官益重，颇优裕焉。初除陌钱隶度支，至是令户部别库贮之，给俸之余，以备他用。"按兴元元年正月敕，其所加垫陌钱、税间架之类，悉宜停罢。今犹有除陌钱者，盖当时止罢所加之数，或私买卖者官不收垫陌钱，官给钱犹有除陌在故也。②

看来，司马光也被这个"除陌钱"迷惑了。他见到《实录》中有"中外给用除陌钱"一句，就立刻想到赵赞的税法，于是他接着发出这样的疑问：赵赞的除陌钱(军用税)，不是早在兴元元年(784)停罢了吗？怎么现在德宗贞元四年(788)，又还有"除陌钱"？他似乎以为，除陌钱是一个专称，仅指赵赞的除陌税。他没有想到，正如上文所考，除陌钱可以指任何以除陌法计算的钱，可以有种种含义，并非只有赵赞的税法才叫除陌钱。如果司马光知道李泌的"中外给用除陌钱"，也是以除陌法计算的另一种东西(户部钱)，也可称为除陌钱，但跟赵赞的税钱毫无关系，只不过是名称"巧合"相同(因为都用了除陌计算法)，实际内容却完全不同，那么他应当就不会发出那样的疑问了。所以他这个疑问是多余的，问错了。

为了解决这个原本多余的疑问，司马光接着"猜想"："今犹有除陌钱者，盖当时止罢所加之数，或私买卖者官不收垫陌钱，官给钱犹有除陌在故也。"这只是他的揣测，没有任何证据，但看来也颇言之成理。如果司马光知道

---

① 关于户部钱的详细研究，见何汝泉《唐财政三司使研究》，第 301—347 页。
② 《资治通鉴》卷二三三，唐德宗贞元四年条下，第 7509 页。

"除陌钱"为泛称,可以指任何以除陌计算的钱,他这个猜想其实就多此一举了。现代学者的不少"附和"猜想,也是没有必要的。正确的答案是:赵赞的除陌税法,和李泌的户部除陌钱,是两套不同的征税方案,没有所谓除陌钱"停罢"又再出现的问题。赵赞的除陌钱的确是停罢了,但约四年后,李泌又以除陌法,重新征集他的户部除陌钱。李泌的是新方案,是为了给京畿官员加俸料的税,跟赵赞的军用税不同。如此而已。

六、唐代其他"模仿版"的除陌钱

陈明光说,"除陌"一语,"在唐代有性质迥异的三种不同内涵"[①]。这论点是一大突破,比学界过去一直以为除陌法或除陌钱,就仅指赵赞的那种除陌税法,是一大进步。不过,我们也可以说,唐代至少有三样东西,用了除陌计算法:一是民间或官定的短钱(以 980 成贯之类);二是赵赞的税法;三是李泌的 2% 户部钱。其实,唐代用除陌法计算的钱,恐怕还不止这三种。除陌法在李泌之后,渐渐盛行起来,也常用于征收其他跟户部钱无关的税钱,比如临时性的战争税。这里再举另三个唐代这种一次性的征税方案,以除陌法去计算,也"模仿"了李泌的户部钱征集办法,但又不经由户部征集管理,故可称之为"模仿版的除陌钱"。然而,有学者见到"除陌""抽贯""垫陌"等字眼,常又把这些"模仿版"的除陌税,跟李泌甚至跟赵赞的除陌钱扯上关系,混为一谈。

第一例,见于宪宗元和十三年(818)十一月,国子祭酒郑馀庆的上奏:

> 祭酒郑馀庆,以太学荒坠日久,生徒不振,遂请率文官俸禄,修广两京国子监,时论美之。[②]

这次是要抽"文官俸禄"的税,来"修广两京国子监"。这是好事,不直接影响百姓,而且只是一次性的征抽,所以"时论美之",可惜没有提到征税率和征抽办法。

---

① 陈明光《唐代"除陌"释论》,原发表在《中国史研究》1985 年第 4 期,后收于《唐代财政史新编》附录二,第 333 页。
② 《唐会要》卷六六《东都国子监》,第 1372 页。

过了一年，郑馀庆又上奏宪宗，请再征抽一次类似的税：

> 十四年十二月，郑馀庆又奏："京见任文官一品以下，九品以上，并外使兼京正员官，每月所请料钱，请每贯抽一十文，以充国子监修造文宣王庙及诸屋宇，并修理经壁。监中公廨杂用，有余，添充本钱及诸色，随便宜处置。"敕旨："宜依"。①

这次是为了"修造文宣王庙及诸屋宇，并修理经壁"，请在官员的月俸料钱中，"每贯抽一十文"。这正是一种"除陌"计算法，等于说"每贯除陌一十文"，或"每贯垫陌一十文"，即 1％ 的税率。宪宗也批示"宜依"。但要注意的是，这次征收，跟李泌的户部钱无关，是额外的一次性加征，为了修国子监，但却是"模仿"了李泌的方法，连"每贯抽"等字眼都很相像。此外，这次征收到的税钱，显然由国子监自行管理，不经由户部，因为奏疏的最后一句说，若税钱"有余"，则"添充"作国子监的"本钱及诸色"（指供厨料的"食本钱"及其他），而且随国子监自行"处置"。用现代话来说，国子监等于征收到一笔可以自行管理的"私房钱"，并非在动用户部钱。

第二例，隔了约七十年，在唐末昭宗大顺元年（890），文官的月俸料钱又再一次被征抽，也是为了"助修国学"：

> 二月丁巳，宰臣兼国子祭酒孔纬以孔子庙经兵火，有司释奠无所，请内外文臣自观察使、制使下及令佐，于本官料钱上缗抽十文，助修国学，从之。②

这次也只是针对官员们的"本官料钱上缗抽十文"，即施加 1％ 的税，用的同样是除陌法，为了修孔庙，跟户部钱的征集无关，而跟七十年前郑馀庆的征抽相同。不过，有学者说，这是用户部钱来修国学，恐误。

第三例，是宪宗元和中的一次战争税特别加征。当时，李泌的除陌法显然给了宰相兼判度支皇甫镈一些"灵感"，于是他便模仿这除陌法来征收战争税。度支的收入，最大宗的原本是盐税和两税，但宪宗元和中讨伐淮西和河北时，军费又吃紧，皇甫镈便上奏，请在常设的户部钱之外，"复抽五十送

---

① 《唐会要》卷六六《东都国子监》，第 1372 页。
② 《旧唐书》卷二〇上《昭宗纪》，第 740 页。

度支以赡军"：

> 会吴元济、王承宗连衡拒命，以七道兵讨之，经费屈竭。皇甫镈建议，内外用钱每缗垫二十外，复抽五十送度支以赡军。[1]

这是最为明显的在"模仿"户部除陌钱的征收方式，来加征军费。上引文"内外用钱每缗垫二十外"一句，指常设的户部钱征收率 2%。现在皇甫镈也打这"内外用钱"的主意，要在户部钱之上，再加"抽"五十文（5%）以助军，比户部钱的征收率 2% 还高。然而，他这额外的加征所得，却不是送户部收管，而是"送度支"，因为度支使负责各方镇兵出界征讨的粮料费，可证这次加征跟李泌的户部钱无关，而是度支使"模仿"了李泌除陌钱的加征法。这当然也是一种"除陌钱"，可称之为"度支除陌钱"（跟"户部除陌钱"相对），但"送度支"收管，不经过户部。然而，有学者误以为，李泌的户部除陌钱又提高征收率了，且度支使在利用户部钱来赡军。事实上，是度支使皇甫镈自行上奏皇帝，加征 5% 的战争税来赡军。他不是利用户部所征到的除陌钱来赡军。晚唐的度支使，权势很大（比户部使更强大），[2]又是皇帝特使，可以主动上奏皇帝，获准后就可自行征税来筹军费，完全不须经过户部，只是"模仿"了户部的除陌法。

七、结　　论

除陌钱并非专称，并不专指天宝九载的除陌钱，也不专指赵赞的除陌税，亦不专指李泌的户部除陌钱。所谓"除陌钱"，是个通称，可以指任何"扣除百分之几"计算出来的钱。天宝九载的"除陌钱"是皇帝敕定，官方民间都可以从每一贯铜币（1 000 文）中合法扣除 2%，成为 980 文，但仍当作一贯来使用。这根本不是税钱，而是货币除陌短钱（类似梁朝的除陌短钱），以应付货币短缺（钱荒）问题。三十多年后，赵赞从"天下公私给与贸易"中，扣除 5% 征收到税钱，以给军用，所以他的也是除陌钱。又过了四年，李泌对"中外给用钱"扣除 2% 征收到户部钱，以增京畿官员俸料，所以它同样也是一

---

[1]　《新唐书》卷五四《食货四》，第 1389 页。
[2]　何汝泉《唐财政三司使研究》，第 224 页。

种除陌钱。

除陌法最早用于货币除陌短钱上,见于梁武帝时的"东钱"和"西钱"。在唐代,最早正式见于天宝九载敕令中的"除陌钱每贯二十文"。赵赞应当是借用了这种货币除陌法,来征抽他的军用税。他的税法引起强烈民怨,在半年后就被废除,但货币除陌短钱依然通行,仍见于穆宗、武宗,甚至唐末代皇帝哀帝的敕令中,一直没有被废除,也没有必要废除,因为这不是一种税,而是市场为了应付钱荒,自然产生的变通办法,是一件好事。

但学界常把天宝的这种货币除陌短钱,当成是赵赞的那种除陌税钱,然后又把李泌的户部除陌钱,跟赵赞的除陌税钱,全都搞在一起,越论越乱。这是三种不同的东西,不同的钱,原本不应当混淆,但不幸当时的敕令和奏疏等文献,"不巧"都用上了一词多义的"除陌钱",把不明内情的后人迷惑了。但只要大家弄清楚"除陌"的真义,这迷惑应当就可以化解了。

原载《唐史论丛》第 23 辑,2016 年,第 1—19 页。

第三辑　唐人怎样做官

唐 代 的 待 诏

前　　言

　　唐代有两个诗人，曾经当过待诏这个职位。一个是初唐的王绩（590—644），任门下省的待诏。另一个是盛唐的李白（701—762），任翰林院的待诏。然而，待诏到底是一种怎样的官职？清代的顾炎武，在他的《日知录》中，对唐代的待诏有过一段精辟的考据。[①] 近人对这官职也发表过几篇论文。但唐代文学界的学者，在论及王绩和李白的生平仕历，碰到这个官名时，几乎毫无例外地引用《旧唐书·职官志》或《新唐书·百官志》等书中的材料，没有再细考，以致造成种种误解和不确的推论。唐史学界的学者，在研究唐的翰林院和翰林学士时，不免得谈到翰林侍诏的问题，但研究仍有待深入，更没有澄清翰林待诏、门下省待诏以及集贤院待诏这三者的性质与分别。

　　本文拟详考唐代门下省、翰林院及集贤院的待诏，探讨这个官职的几种形式及其历史演变。我想从唐史上当过待诏的那些人的生平经历着手，以正史列传、石刻史料、笔记杂史、医书和佛藏等文献，来考释待诏制度的实际运作。这样，我们将可以更合理地解释，何以李白没有参加过任何科举考试，却能当上翰林待诏。也可以明白，为何玄宗皇帝最初对李白宠爱无比，甚至亲手调羹喂他吃饭，但最终却又把他"赐金"放还。我们把李白的待诏，拿来和其他翰林待诏，如琴待诏、棋待诏、书待诏、画待诏、医待诏等排比对照后，将可以更清楚地看到，李白那些年在唐代宫廷中当待诏的真正面貌。然后，我们更可了解，何以王绩的门下省待诏，不同于李白的翰林待诏。最

① 《日知录》卷二五，台北文史哲出版社，1979年，第702页。

后,我们也来看看集贤院的待诏,到底又是一种怎样的官职。

一、唐代的两类待诏

从现有的史料看,唐代的待诏可以分成两大类。他们各有各的特征,不应混淆。

第一类待诏的特征有四:(一)他们都是从科举或制举出身,已有功名,或为功臣,名位崇高,或有文词者;(二)他们待诏的主要职务是掌制诰、修撰或参政议事;(三)他们通常是在仕宦中途,或在事业声望达到高峰时,出任待诏一段时间,过后又转任他官;(四)他们是在翰林院以外的官署待诏,比如在门下省或集贤院。

第二类待诏的特征往往和第一类的相反:(一)他们通常凭着自己本身的特殊技艺,如书、画、棋、医等成为待诏,身份比第一类待诏低下,而且他们当中有许多是没有功名科第的,未曾从科举或制举出身;(二)他们待诏的主要职务,是服侍皇帝或皇室在书、画、棋、琴、医、僧道、天文、五行等"术数工艺"方面的需要;(三)他们可能长期甚至一辈子都在当待诏,但有极少数人可能从待诏升为正式朝官;(四)他们都在翰林院待诏,因此一般被称为"翰林待诏"或"翰林供奉"。

这两类待诏唯一的共同点在于,他们都是"待候皇帝诏命"的,所以都叫"待诏"。而且,他们都是由皇帝(或以皇帝名义)任命,非经吏部铨选。但他们的才能、出身、经历、身份、地位是如此的不同,我们应当加以细分,才能弄清这两类待诏的真正面貌。

二、王绩和第一类待诏

初唐诗人王绩可说是第一类待诏的好例子。他的好友吕才(600? —665)为他的文集所写的《王无功文集序》,是关于王绩生平的最佳的第一手材料。序文中有一段描写王绩怎样开始他的待诏生涯:

> 武德中,诏征以前扬州六合县丞待诏门下省。时省官例日给良酿

三升。君第七弟静,时为武皇千牛,谓君曰:"待诏可乐否?"曰:"待诏俸禄殊为萧瑟,但良酿三升,差可恋尔。"侍中江国公,①君之故人也。闻之,曰:"三升良酿未足以绊王先生也。"特判日给王待诏一斗,时人号为"斗酒学士"。②

吕才写这篇序时,正好在唐宫廷中担任太常丞。他对唐代官制的运作当然是熟悉的。他这一段话,透露了几个很有意义的细节。其中最主要的讯息是,待诏是一种非正式官位,没有官品,属于一种使职(类似宋代的差遣),所以王绩出任此职,要带一个"本官",即"以前扬州六合县丞待诏门下省",以便计算俸禄、定大朝会的班位等。③ 这跟后来的集贤院学士和翰林学士等使职,例必带一个本官一样,如张说即以尚书左丞相充集贤院学士。④ 唐玄宗"召拜(张)九龄为秘书少监、集贤院学士,副知院事"⑤,也属这种例子,即张九龄以秘书少监去出任集贤院学士,并"副知院事"(这也是个使职)。白居易则以左拾遗这个官位,去"充翰林学士"⑥。

实际上,王绩当扬州六合县丞,还在隋朝大业九年(613)。他当时才 24 岁,但他当了一年的六合县丞,即退官归隐。唐武德中,又"诏征"他以这个隋朝的前官去出任门下省待诏。看来,唐初承认士人在隋朝所得的官资,所以王绩才能以"前扬州六合县丞待诏门下省"。

其次,待诏通常是"诏征"的,即由皇帝下诏任命。由于待诏没有官品,属非正式使职,一般人自然无法从吏部的"常调""常选"中去求得此职(王绩的下一个官位"太乐丞",属正规的职事官,倒是他自己去吏部"赴选"争取得来的)。⑦ 从现存的唐代文献看,待诏此职例必是由皇帝下诏亲授。后来的李白,以及翰林院的许多书画棋医待诏,也都不是由吏部选拔,而是由皇帝

① 即陈叔达(卒于 635 年),陈朝陈宣帝的第十六子。他在隋平陈后北上仕隋唐。武德四年(621)任侍中(门下省的最高长官),武德五年(622)被封为江国公。见《旧唐书》卷六一《陈叔达传》,第 2363 页。
② 《王无功文集序》,金荣华校注《王绩诗文集校注》,第 11 页。
③ 拙著《唐代高层文官》,第 6—9 页。
④ 《赠张说太师诏》,《全唐文》卷三〇,第 337 页。
⑤ 《旧唐书》卷九九,第 3099 页。
⑥ 朱金城《白居易年谱》,上海古籍出版社,1982 年,第 41 页。
⑦ 《王无功文集序》,《王绩诗文集校注》第 12 页:"贞观中,以家贫赴选。"

诏授。至于门下"省官例日给良酿三升",则可反映初唐省官的"副食配给"。"省官"指尚书、门下等三省的官员。

王绩是在隋朝大业十年(614),他25岁那年,应孝悌廉洁制科登第出身的。他的第一个官位是在京城秘书省当正字,但不久就"以疾罢,乞署外职",到扬州六合县当外官。这是隋朝末年的事。隋末唐初战乱期间,王绩又弃官而去,"客游河北"。所以,武德中他实际上是以隋朝的功名科第、隋朝的"前官"六合丞,被"诏征"为唐朝的待诏。① 这是他的第三个职位。

初唐的这种"诏征",有它的历史原因和背景。《新唐书·选举志》说:

> 初,武德中,天下兵革新定,士不求禄,官不充员。有司移符州县,课人赴调,远方或赐衣续食,犹辞不行。至则授用,无所黜退。②

王绩极可能是在武德中这种官员短缺的背景下被"诏征"的。他被派到门下省去待诏,很可能也跟门下省的首长侍中江国公陈叔达有关系。陈叔达曾在王绩的老家绛州担任刺史。他跟王绩和王绩的哥哥隋末大儒王通都是好朋友。王绩被诏征为门下省待诏,可能也出于陈叔达的推荐。他后来"特判日给王待诏一斗"酒,正是格外照顾老友的行为。

像王绩这类有科第功名,以前官或本官当待诏的,在唐初还有一些人,比如高宗时的许敬宗。《旧唐书·高宗本纪》:"(永徽六年,即655)十二月,遣礼部尚书、高阳县男许敬宗每日待诏于武德殿西门。"③换句话说,许敬宗是以礼部尚书的本官当待诏(高阳县男是他的封爵)。《新唐书·许敬宗传》进一步透露他为什么会成为待诏:

> 帝将立武昭仪,大臣切谏,而敬宗阴揣帝私,即妄言曰:"田舍子剩获十斛麦,尚欲更故妇。天子富有四海,立一后,谓之不可,何哉?"帝意遂定。王后废,敬宗请削后家官爵,废太子忠而立代王,遂兼太子宾客。帝得所欲,故诏敬宗待诏武德殿西闼。顷拜侍中,监修国史,爵郡公。④

他是因为赞同高宗废王皇后,改立武则天,高宗"得所欲",才叫他每天在武

---

① 《新唐书》卷一九六《王绩传》,第5595页直书:"高祖武德初,以前官待诏门下省。"
② 《新唐书》卷四五,第1174页。
③ 《旧唐书》卷四,第75页。
④ 《新唐书》卷二二三上,第6336页。

德殿西门待诏。这样的待诏等于是一种赏赐。又如高宗朝的韩思彦,也曾当过待诏:

> 韩思彦字英远,邓州南阳人。游太学,事博士谷那律。律为匪人所辱,思彦欲杀之,律不可。万年令李乾佑异其才,举下笔成章、志烈秋霜科,擢第。授监察御史,昌言当世得失。高宗夜召,加二阶,待诏弘文馆,仗内供奉。①

他是制举登科,授监察御史,才去当弘文馆待诏,亦属唐初的第一类型待诏。但韩思彦当待诏的时间不长,因为不久他就"巡察剑南"去了。他后来官至苏州录事参军、乾封县丞和贺州司马。② 又如睿宗朝的李适:

> 李适字子至,京兆万年人。举进士,再调猗氏尉。武后修《三教珠英》书,以李峤、张昌宗为使,取文学士缀集,于是适与王无竞、尹元凯、富嘉谟、宋之问、沈佺期、阎朝隐、刘允济在选。书成,迁户部员外郎,俄兼修书学士。景龙初,又擢修文馆学士。睿宗时,待诏宣光阁,再迁工部侍郎。卒,年四十九,赠贝州刺史。③

他以进士出身,官至户部员外郎,才待诏宣光阁,情况正和王绩、韩思彦等人类似。

《旧唐书·职官志》在追叙玄宗朝翰林待诏的起源时,特别列出了武德到开元年间一些担任过待诏的人:

> 武德(618—626)、贞观(627—649)时,有温大雅、魏徵、李百药、岑文本、许敬宗、褚遂良。永徽(650—655)后,有许敬宗、上官仪,皆召入禁中驱使,未有名目。乾封(666—667)中,刘懿之、刘祎之兄弟、周思茂、元万顷、范履冰,皆以文词召入待诏,常于北门候进止,时号北门学士。天后(690—705)时,苏味道、韦承庆,皆待诏禁中。中宗(705—710)时,上官昭容独当书诏之任。睿宗(710—712)时,薛稷、贾膺福、崔湜,又代其任。玄宗(712—756)即位,张说、陆坚、张九龄、徐安贞、张垍

---

① 《新唐书》卷一一二,第 4163 页。
② 《新唐书》卷一一二,第 4163—4164 页。
③ 《新唐书》卷二〇二,第 5147 页。

等,召入禁中,谓之翰林待诏。①

这一段文字可能根据韦处厚的《翰林院厅壁记》:

> 唐有天下,因袭前代。爰自武德,时有密命,则温大雅、魏徵、李百药、岑文本之属视草禁中。乾封年,则刘懿之、周思茂、范履冰之伦秉笔便坐,自此始号北门学士,皆自外召入,未列秘署。玄宗开广视听,搜延俊贤,始命张说、陆坚、张九龄、徐安贞辈待诏翰林,厥后锡以学士之称,盖由德成而上,与夫术数工艺,礼有所异也。②

以及李翰的《翰林志序》:

> 初,国朝修陈故事,有中书舍人六员,专掌诏诰。虽曰禁省,犹非密切。故温大雅、魏徵、李百药、岑文本、褚遂良、许敬宗、上官仪,时召草制,未有名号。乾封以后,始曰北门学士,刘懿之、刘祎之、周思茂、元万顷、范履冰为之。则天朝,苏味道、韦承庆。其后,上官昭容独掌其事。睿宗则薛稷、贾膺福、崔湜。玄宗改为翰林待诏,张说、陆坚、张九龄、徐安贞相继为之,改为翰林供奉。开元二十六年(738),刘光谦、张垍乃为学士,始别建学士院于翰林院之南。③

三者可以相互参看。综合这三项记叙,我们可看出以下几点:(一)武德、贞观时的温大雅等人,到永徽后的许敬宗和上官仪,他们被"召入禁中驱使"当待诏,是"未有名目"的。(二)乾封中,刘懿之等人"以文词召入待诏",常于北门候进止。他们的名号是"北门学士",相对于武德时温大雅等人的"未有名目"。(三)从武则天到睿宗朝,从苏味道到崔湜,他们当待诏的"名目"则不详。(四)玄宗刚即位时,张说等人当待诏,则被称为"翰林待诏",但后来又改称"翰林学士"。

不管"未有名目"还是名曰"北门学士",这些从高祖到玄宗开元年间的"待诏"都跟王绩一样,属于第一类的待诏,身份地位崇高。他们有的负责起草诏书,有的从事"修撰"著作,有的参决"朝廷疑议及百司表疏"。但最主要

---

① 《旧唐书》卷四三,第 1853—1854 页。
② 《全唐文》卷七一五,第 7351 页。
③ 《全唐文》卷七二一,第 7415 页。

的是,他们都属皇帝身边一批最亲信、最能干的臣子,而且他们都是以宰相或中书舍人等高官出任待诏的。待诏也不是他们的第一个职位。

这当中,温大雅和魏徵都属唐开国的功臣,为高祖和太宗的亲信近臣。李百药则是太宗朝的中书舍人,"受诏修定《五礼》及律令,撰《齐书》"。又侍讲于弘教殿,辅佐太子。① 岑文本曾任中书舍人,负责起草诏诰:

> 贞观元年,除秘书郎,兼直中书省。遇太宗行藉田之礼,文本上《藉田颂》。及元日临轩宴百僚,文本复上《三元颂》,其辞甚美。文本才名既著,李靖复称荐之,擢拜中书舍人,渐蒙亲顾。初,武德中诏诰及军国大事,文皆出于颜师古。至是,文本所草诏诰,或众务繁凑,即命书僮六七人随口并写,须臾悉成,亦殆尽其妙。②

至于许敬宗和褚遂良,更是太宗到高宗朝初期的亲信重臣,名位清望。

上引《旧唐书·职官志》所列出的"北门学士"名单,只有五个人:刘懿之、刘祎之兄弟,周思茂、元万顷、范履冰。实际上,北门学士应该还包括《旧唐书·元万顷传》所提到的另两人:苗神客和胡楚宾。③ 这当中,周思茂、范履冰、苗神客三人,"供奉左右,或二十余年",待诏时间相当长。

这些"北门学士"当待诏的职务,一方面是"修撰"著作,一方面是参决"朝廷疑议及百司表疏","以分宰相之权":

> 时天后讽高宗广召文词之士入禁中修撰,万顷与左史范履冰、苗神客,右史周思茂、胡楚宾咸预其选,前后撰《列女传》《臣轨》《百僚新诫》《乐书》等凡千余卷。朝廷疑议及百司表疏,皆密令万顷等参决,以分宰相之权,时人谓之"北门学士"。④

则天朝的苏味道,"赵州栾城人也。少与乡人李峤俱以文辞知名,时人谓之苏、李"。他以进士出身,官至凤阁侍郎、同凤阁鸾台平章事(即宰相)。他在则天朝待诏,文辞之美,到玄宗朝还为玄宗皇帝提起:"时李乂为紫微侍郎,与〔苏〕颋对掌文诰。他日,上(指玄宗)谓颋曰:'前朝有李峤、苏味道,谓之

---

① 《旧唐书》卷七二,第 2573 页。
② 《旧唐书》卷七〇,第 2536 页。
③ 孟利贞、高智周、郭正一等三人可能也属北门学士。见《旧唐书·刘祎之传》。
④ 《旧唐书》卷一九〇中,第 5011 页。

苏、李；今有卿及李义，亦不让之。'"至于韦承庆，他在则天朝长寿（692—693）中，"累迁凤阁舍人"（即中书舍人）。"属文迅捷，虽军国大事，下笔辄成，未尝起草。"①

上官昭容是中宗的妃子，身份非常特殊，"独当书诏之任"，可说是个罕例。睿宗朝的薛稷曾任太常少卿、黄门侍郎等高官，"参知机务"②；贾膺福曾任右散骑常侍；③崔湜曾为中书令，并监修国史。他们三人都曾出任昭文馆学士。④ 至于玄宗朝的张说、陆坚、张九龄、徐安贞等人，也都各有功名，官至中书舍人或宰相等高位，文词雅丽。

要之，从高祖到玄宗朝前期的这一批初唐待诏都是高官，或名位崇高，或有文词者。在唐初这段时期，我们还没有见到第二类待诏，即那些身份低下的琴棋书医等所谓"翰林待诏"。他们要到玄宗朝后期才出现。

要留意的是，玄宗即位初年，张说、陆坚、张九龄、徐安贞等一批亲信被召入禁中，也被称为"翰林待诏"。这个称号很容易跟玄宗后期的那些琴棋书医等"翰林待诏"混淆。因此，张说、陆坚、张九龄等人后来都被改称为"翰林学士"，以便和身份低下的"翰林待诏"区分开来。上引韦处厚的《翰林院厅壁记》说："始命张说、陆坚、张九龄、徐安贞辈待诏翰林，厥后锡以学士之称，盖由德成而上，与夫术数工艺，礼有所异也。"他所指的，便是张说等人最初名为"翰林待诏"，后又改称"翰林学士"这件事，因为张说等高官待诏，和后来的琴棋书医翰林待诏的"术数工艺，礼有所异也"。

三、唐初待诏的南北朝遗风

从历史上看，唐初以文词之士或高官充当待诏，还很有些南北朝和隋朝的遗风。《梁书·到沆传》说：

> 齐建武中，起家后军法曹参军。天监初，迁征虏主簿。高祖初临天

---

① 《旧唐书》卷八八，第2864—2865页。
② 《旧唐书》卷七，第154页。
③ 《新唐书》卷八三，第3652页。
④ 事见（唐）史崇《妙门由起序》中所列的各人全套官衔，《全唐文》卷九二三，第9621—9622页。

下,收拔贤俊,甚爱其才。东宫建,以为太子洗马。时文德殿置学士省,召高才硕学者待诏其中,使校定坟史,诏沆通籍焉。时高祖燕华光殿,命群臣赋诗,独诏沆为二百字,三刻使成。沆于坐立奏,其文甚美。俄以洗马管东宫书记、散骑省优策文。①

当年待诏文德殿的,还可举数人,如(一)王僧孺:"天监初,除临川王后军记室参军,待诏文德省。寻出为南海太守。"(二)张率:"天监初,临川王已下并置友、学。以率为鄱阳王友,迁司徒谢朏掾,直文德待诏省,敕使抄乙部书,又使撰妇人事二十余条,勒成百卷,使工书人琅邪王深、吴郡范怀约、褚洵等缮写,以给后宫。"②(三)许懋:"天监初,吏部尚书范云举懋参详五礼,除征西鄱阳王咨议,兼著作郎,待诏文德省。"③这些都是带本官出任待诏的例子,名位崇高。

北齐以高官或文词之士出任待诏之风更盛。《北齐书》中可找到十多个例子,且举三例:(一)王晞:"历东徐州刺史、秘书监。武平初,迁大鸿胪,加仪同三司,监修起居注,待诏文林馆。"④(二)萧退:"历著作佐郎,待诏文林馆,卒于司徒从事中郎。"⑤(三)元行恭:"美姿貌,有父风,兼俊才,位中书舍人,待诏文林馆。"⑥

北朝的三个大诗人卢思道、薛道衡及李德林,也都当过待诏。(一)卢思道:"魏处士道亮之子,神情俊发,少以才学有盛名。武平末,黄门侍郎,待诏文林馆。"⑦(二)薛道衡:"待诏文林馆,与范阳卢思道、安平李德林齐名友善。"⑧(三)李德林:"祖珽奏立文林馆,于是更召引文学士,谓之待诏文林馆焉。……复命中书侍郎李德林续入待诏。"⑨他们三人可说是初唐诗人王绩当门下省待诏的先声。

①　《梁书》卷四九,第 686 页。
②　《梁书》卷三三,第 470、475 页。
③　《梁书》卷四〇,第 575 页。
④　(唐)李百药《北齐书》卷三一,中华书局,1972 年,第 422 页。
⑤　《北齐书》卷三三,第 443 页。
⑥　《北齐书》卷三八,第 505 页。
⑦　《北齐书》卷四二,第 557 页。
⑧　《隋书》卷五七,第 1406 页。
⑨　《北齐书》卷四五,第 603—604 页。

一般待诏都在文林馆、集贤院之类的文学馆,但隋朝却有待诏于御史台的例子,如《隋书·陆知命传》所说:

> 时见天下一统,知命劝高祖都洛阳,因上《太平颂》以讽焉。文多不载。数年不得调,诣朝堂上表,请使高丽……书奏,天子异之。岁余,授普宁镇将。人或言其正直者,由是待诏于御史台。①

但隋代的待诏主要是在"禁中",如《隋书·虞绰传》所说:

> 及陈亡,晋王广引为学士。大业初,转为秘书学士,奉诏与秘书郎虞世南、著作佐郎庾自直等撰《长洲玉镜》等书十余部。绰所笔削,帝未尝不称善,而官竟不迁。初为校书郎,以藩邸左右,加宣惠尉。迁著作佐郎,与虞世南、庾自直、蔡允恭等四人常居禁中,以文翰待诏,恩盼隆洽。②

从南北朝和隋代这种以高官或文学之士待诏的制度,看王绩和初唐的待诏,则其渊源与传承当更清楚。这些全都可归纳为第一类型的待诏。

四、翰林待诏和翰林学士

唐玄宗即位,刚创建翰林院时,出现了一种新型的待诏。这就是上面提到的第二类待诏。他们专以本身的才艺待诏翰林。唐代的文献,统称这一类待诏为"翰林待诏",但往往又有更进一步的划分,把他们更明确地称为书待诏、画待诏、棋待诏、琴待诏、医待诏等等。

然而,翰林院刚创建时,像张九龄、徐安贞这类有功名、本官的第一类待诏,也在翰林院供奉。他们当时也叫"翰林待诏",很容易和琴、医等待诏的"翰林待诏"混淆。

后来,为了区别这两类身份、地位都很不同的待诏,开元二十六年(738)便在翰林院之南建立学士院,专处张九龄等第一类待诏。学士院建立后,这些原称为"翰林待诏"的,也就改称为"翰林学士"了。

韦执谊的《翰林院故事记》,对翰林院、学士院、技艺待诏和张九龄等翰

---

① 《隋书》卷六六,第 1560 页。
② 《隋书》卷七六,第 1739 页。

林学士，做了很清楚的区分：

> 翰林院者，在银台门内麟德殿西重廊之后，盖天下以艺能伎术见召者之所处也。学士院者，开元二十六年之所置，在翰林之南，别户东向。……玄宗以四隩大同，万枢委积，诏敕文诰，悉由中书。或虑当剧而不周，务速而时滞，宜有偏掌，列于官中。承导迩言，以通密命。由是始选朝官有词艺学识者入居翰林，供奉别旨。于是中书舍人吕向、谏议大夫尹愔首充焉。虽有密近之殊，然亦未定名。制诏书敕，犹或分在集贤。时中书舍人张九龄、中书侍郎徐安贞迭居其职，皆被恩遇。至开元二十六年，始以翰林供奉改称翰林学士。由是遂建学士〔院〕，俾专内命。①

这清楚说明翰林院和学士院的区别，也说明翰林待诏和翰林学士的不同。翰林院是安置各色伎艺待诏的，学士院是安置翰林学士的。在学士院成立之前，张九龄等人还被称为翰林待诏或翰林供奉。直到开元二十六年，玄宗才改称他们为翰林学士，而且为他们建了学士院。

比较混乱的是，韦执谊此文提到开元二十六年建立学士院后，还有一大段话，常令人迷惑，应当细考：

> 由是遂建学士〔院〕，俾专内命。太常少卿张垍、起居舍人刘光谦等首居之。而集贤所掌，于是罢息。自后给事中张淑、中书舍人张渐、窦华等相继而入焉。其外，有韩翃、阎伯玙、孟匡朝、陈兼、蒋镇、李白等，在旧翰林中，但假其名，而无所职。至德以后，军国务殷，其入直者，并以文词共掌诰敕，自此北翰林院始无学士之名。②

这里说"韩翃、阎伯玙、孟匡朝、陈兼、蒋镇、李白等，在旧翰林中，但假其名，而无所职"，意思是说，李白等人在"旧翰林"院（所谓"旧"，即相对于新的"学士院"），也有翰林学士的名目，但那只是假借其名，"而无所职"。至德以后，因为安史之乱，战争频繁，"北翰林院"才没有学士之名。（这里的"北翰林院"即前面所说的"旧翰林院"，相对于坐落在南面的新"学士院"）。

---

① 《全唐文》卷四五五，第 4648 页。
② 《全唐文》卷四五五，第 4648 页。

这段话可以帮助我们理解，为什么唐代文献有时称李白为翰林待诏，有时又称他为翰林学士。李白以布衣之身，没有功名，也没有以任何本官供奉玄宗，正是我们所说的第二类型待诏，性质和翰林院中那些没有功名的画待诏、医待诏完全一样，而跟张九龄这些有功名、本官的待诏（即真正的翰林学士）不同。李白之所以又被称为翰林学士，是因为从开元二十六年到至德年间，翰林院中的某些人，如韩翃、阎伯玙、孟匡朝、陈兼、蒋镇和李白等，"但假其名"（借用学士之名），"而无所职"。李白是在天宝元年到二年（742—743）期间出任翰林待诏，正好落在韦执谊所说的这段时间内。所以，李白的翰林学士，正如韦执谊所说，"但假其名，而无所职"。从许多材料看，李白确实只是个翰林待诏，因为他只是写写诗，娱乐娱乐玄宗和杨贵妃而已，跟棋待诏、琴待诏不相上下。他根本不曾，也没有机会执行翰林学士的任务。我们将在下一节更详细探讨李白待诏的实质内容。

唐人对李白型的待诏，和张九龄型的待诏，其实分得很清楚。比如韦处厚的《翰林院厅壁记》便说：

> 玄宗开广视听，收延俊贤，始命张说、陆坚、张九龄、徐安贞辈待诏翰林，厥后锡以学士之称，盖由德成而上，与夫术数工艺，礼有所异也。①

"术数工艺"即指书画琴医等待诏（李白以他专有的词章之艺服侍玄宗，正可归入此类）。张九龄等人原本也待诏翰林，没有名目，极易和"术数工艺"之流的待诏，在身份地位上混杂。玄宗后来之所以要"锡以学士之称"，也正因为他们非"术数工艺"之辈，"礼有所异也"。

又如，德宗贞元初，陆贽和吴通玄同时任翰林学士，但两人"争宠，颇相嫌恨。贽性褊急，屡于上前短通玄"。陆贽甚至"以通玄援引朋党，于禁中叶力排己"，请求废除翰林学士，但他所提的一番理由，倒可以让我们看到，当时唐人眼中翰林待诏和翰林学士的分别。他说：

> 承平时工艺书画之徒，待诏翰林，比无学士，只自至德后，天子召集贤学士于禁中草书诏，因在翰林院待进止，遂以为名。奔播之时，道途或豫除改，权令草制。今四方无事，百揆时序，制书职分，宜归中书舍

---

① 《全唐文》卷七一五，第 7351 页。

人。学士之名，理须停寝。①

但"德宗不许"②。翰林学士到唐末仍存在。

清代的顾炎武，是第一个对唐代翰林待诏有所考释的学者。他在《日知录》中说：

> 《旧书》言翰林院有合练、僧道、卜祝、术艺、书奕，各别院以廪之。
> 《职官志》。陆贽与吴通玄有隙，乃言承平时，工艺书画之徒，待诏翰林，比
> 无学士，请罢其官。《通玄传》。其见于史者，天宝初嵩山道士吴筠，乾元
> 中占星韩颖、刘烜，贞元末奕棋王叔文，侍书王伾，元和末方士柳泌，浮
> 屠大通，宝历初善奕王倚，兴唐观道士孙准，并待诏翰林。小说，玄宗时有翰
> 林善围棋者王积薪。又如黎幹虽官至京兆尹，而其初亦以占星待诏翰林。
> 而贞元二十一年二月丙午，罢翰林医工、相工、占星、射覆冗食者四十二
> 人。《顺宗纪》。宝历二年十二月庚申，省教坊乐官、翰林待诏伎术官，并
> 总监诸色职掌内冗员，共一千二百七十人。《文宗纪》。此可知翰林不皆
> 文学之士矣。赵璘《因话录》云："文帝赐翰林学士章服，续有待诏欲先
> 赐本司，以名上，上曰：'赐君子小人不同日，且待别日。'"《雍录》曰，汉吾丘
> 寿王以善格五，召待诏，坐法免，上书愿养马黄门。金日磾与弟伦，没入官，输黄门养马。师古
> 曰，黄门之署，职任亲近，以供天子，百物在焉。故亦有画工。又武帝令黄门画周公负成王图，
> 以赐霍光。则是黄门之地，凡善格五者，能养马者，能绘画者，皆得居之。故知唐世杂艺之士，
> 供奉翰林者，正用此则也。③

这里指出道士吴筠、奕棋王叔文、侍书王伾等人皆为待诏，"此可知翰林不皆文学之士矣"。又引唐代赵璘的《因话录》，以证翰林待诏和翰林学士的不同。两者的身份、地位都很悬殊。用《因话录》所引文宗的话来说，学士是"君子"，待诏是"小人"。在文末一段，顾炎武又引宋代程大昌的《雍录》，指出唐代的翰林待诏，正是用了汉代待诏的办法。这整篇文章引证丰富，确实为后来的唐代待诏研究，提供了许多方便和思考基础。

然而在今天，顾炎武的这篇考据，在史料上还有许多可以补充的地方。

---

① 《旧唐书》卷一九〇下，第 5057 页。
② 《旧唐书》卷一九〇下，第 5057 页。
③ 《日知录》卷二四，第 702 页。

清末民初以及过去数十年来出土的大量唐代碑刻和墓志,可以让我们发掘出更多翰林待诏的名字。[①] 顾炎武也没有谈到王绩、张九龄等第一类待诏和翰林待诏的分别,亦未论及安史之乱以后,在代宗朝出现的另一种待诏:集贤院待诏。这些正是下文要考释的项目。

就目前所能见到的材料,唐代翰林待诏可分为下列九种:(一)书;(二)画;(三)琴;(四)棋;(五)医;(六)阴阳五行;(七)天文;(八)僧;(九)道士。我们可将之统称为"伎术待诏"。他们的详细名单,已有学者编列成表。[②] 本文不拟重复编表,仅想补充一些前人未论及的细节,特别是他们的官衔、出身和后来的授官。

在这九大类待诏当中,书待诏的人数最多,约有三十人。这一方面可能反映,翰林院的工作范围,主要掌管诏诰文书的撰写批答,在在需要比较多的善书者。但另一方面,可能也因为这些翰林书待诏,经常奉敕书写墓志碑文,或"奉敕篆额"(以篆体书写碑额),或"奉敕篆盖"("盖"指墓志盖)。随着这些石刻的出土,他们的名字才流传后世至今。否则,以他们的卑微出身和地位,要想名留青史恐怕也不容易。

五、棋待诏王叔文和书待诏王伾

在那么多唐代翰林待诏当中,最有名的有两个人:一个是棋待诏王叔文,一个是书待诏王伾。我们不妨就以他们两人为例,做一个深入的个案研究,看看这两个身份低微的待诏,却如何取得大权,左右了顺宗朝的政局至为深远。诗人柳宗元、刘禹锡和二王的结交,更影响了他们后来的仕途和整个生命历程。唐代文学史上所谓的"永贞革新"和"八司马事件",也和王叔文、王伾息息相关。但许多学者似乎没有注意到,二王原本其实都是翰林待诏,出身低微。有的学者甚至说王叔文是"翰林学士",王伾是"殿中丞、左散

---

① 毛蕾《唐代翰林学士》第五章《附论:唐代的翰林院与翰林待诏》,社会科学文献出版社,2000年,第156—180页,即利用《金石萃编》《唐代墓志汇编》等石刻史料,发掘到不少待诏的名字,特别是书待诏。

② 孙永如《唐代的翰林待诏》,《扬州师院学报》1995年第3期;毛蕾《唐代翰林学士》第五章《附论:唐代的翰林院与翰林待诏》,第156—180页。

骑常侍"，完全不提他们的翰林待诏出身，更没有深究他们是怎样得到这些官位的。我们若细究他们怎样从待诏步步升官，怎样结交宦官李忠言"以干国政"，怎样利用柳宗元和刘禹锡等文人，就可以更清楚地看到，唐代翰林待诏的真正本质和真实面貌。

要了解二王如何乱朝政，最好的史料莫如韩愈的《顺宗实录》和他的《永贞行》。《顺宗实录》的叙事首尾相连，细节比两《唐书》相关的本纪和列传部分都来得丰富，而且经常清楚交代事件的始末，很有助于我们理解顺宗朝复杂的历史。

比如，《顺宗实录》一开始写顺宗李诵在贞元二十一年（805）正月二十六日即位登基，紧接着就马上追述二王如何取得李诵的信任：

> 上学书于王伾，颇有宠；王叔文以棋进：俱待诏翰林，数侍太子棋。叔文诡谲多计，上在东宫，尝与诸侍读并叔文论政。至官市事，上曰："寡人方欲极言之。"众皆称赞，独叔文无言。既退，上独留叔文，谓曰："向者君奚独无言，岂有意邪？"叔文曰："叔文蒙幸太子，有所见，敢不以闻。太子职当侍膳问安，不宜言外事。陛下在位久，如疑太子收人心，何以自解？"上大惊，因泣曰："非先生，寡人无以知此。"遂大爱幸。与王伾两人相依附，俱出入东宫。①

二王皆为德宗的翰林待诏，却被派去东宫服侍太子李诵，教太子书艺，陪他下棋，亦可知翰林待诏的服务对象，不仅仅限于皇帝而已。李诵跟王伾学书，书法是不错的。《顺宗实录》说他"善隶书，德宗之为诗并他文赐大臣者，率皆令上书之"②。韩愈用了一个生动的细节，描写王叔文如何以言宫市事，取得李诵的"大爱幸"。

现存的唐代史料，对二王的评价都不高。《旧唐书·王伾传》形容"伾阘茸，不如叔文，唯招贿赂，无大志，貌寝陋，吴语，素为太子之所亵狎"。又说："伾与叔文及诸朋党之门，车马填凑，而伾门尤盛，珍玩赂遗，岁时不绝。室中为无门大柜，唯开一窍，足以受物，以藏金宝，其妻或寝卧于上。"③

---

① 《顺宗实录》卷一，《韩昌黎文集校注》第 696 页。
② 《顺宗实录》卷一，《韩昌黎文集校注》第 694 页。
③ 《旧唐书》卷一三五，第 3736 页。

至于王叔文，《旧唐书·王叔文传》说他"以棋待诏，粗知书"①，似乎只是粗略识字而已。他和王伾两人都从未曾参加过科举或制举，没有任何科第功名，读书不多，仅以布衣之身待诏翰林。两人的权力基础，完全建立在他们和李诵的亲密关系上。两人后来的官位，都是在李诵上台后，在短短几个月内取得的。

李诵上台时，王伾还只是个"殿中丞皇太子侍书翰林待诏"。可是，李诵在贞元二十一年正月二十六日即位不到一个月，在二月壬戌那一天，王伾就被升为"左常侍"，王叔文则被升为"起居舍人、翰林学士"。② 到三月辛未，王伾再次升官，"以翰林待诏王伾为翰林学士"③。到五月辛卯，"以王叔文为户部侍郎，职如故，赐紫"④（此"职"指翰林学士）。两人升官之快，在唐史上可称第一，也是两人自导自演的一出好戏。韩愈在《永贞行》中为此赋了两句诗：

> 夜作诏书朝拜官，超资越序曾无难。⑤

但顺宗在位不到五个月，因为病重，不得不让位给皇太子李纯（即宪宗）。从此，二王的权力基础便整个落空，失势了。皇太子监国后，第一件事便是把王伾贬为开州司马，王叔文贬为渝州司户，"明年乃杀之"。王伾后来病死贬所。⑥ 这两个待诏便以这样的命运收场。

过去，学界对王叔文、王伾的所作所为，似乎感到难以理解，以致评价不一。但如果我们把这两人放在唐代的待诏制度下看，一切便容易理解得多。说穿了，二王骨子里只不过是待诏罢了。他们以顺宗皇帝作靠山，揽大权、乱朝政，完全符合一个得到皇帝"大爱幸"的待诏的行为模式，正像中晚唐某些宦官的行事方式一样。

翰林待诏虽然可以亲近皇帝，到底还是有些"弄臣"的性质，不是朝官，更不是清望官。这就是为什么王叔文在顺宗即位后的一个月，在二月丙午那天，"罢翰林阴阳星卜医相覆棋待诏三十二人。初，王叔文以棋待诏；既用

---

① 《旧唐书》卷一三五，第 3733 页。
② 《顺宗实录》卷一，《韩昌黎文集校注》第 699 页。
③ 《顺宗实录》卷二，《韩昌黎文集校注》第 702 页。
④ 《顺宗实录》卷三，《韩昌黎文集校注》第 708 页。
⑤ 《韩昌黎诗系年集释》卷三，第 333 页。
⑥ 《顺宗实录》卷五，《韩昌黎文集校注》第 721—722 页。

事,恶其与己侪类相乱,罢之"①。连他自己都看不起待诏这种官了。

从外廷朝官对二王揽权后的敌视态度,我们也可看出待诏这种官在士大夫心目中的卑下地位。最明显的例子是尚书左丞韩皋。他把待诏出身的二王视为暴发户似的"新贵":

> 皋自以前辈旧人,累更重任,颇以简倨自高,妒叔文之党,谓人曰:"吾不能事新贵人。"

又如《顺宗实录》卷二所记:

> 丁酉,吏部尚书平章事郑珣瑜称疾去位。其日,珣瑜方与诸相会食中书——故事,丞相会食,百寮无敢谒见者——叔文是日至中书,欲与执谊计事,令直省通执谊。直省以旧事告,叔文叱直省,直省惧,入白执谊。执谊逡巡惭赧,竟起迎叔文,就其阁语良久。宰相杜佑、高郢、珣瑜皆停箸以待。有报者云:"叔文索饭,韦相已与之同餐阁中矣。"佑、郢等心知其不可,畏惧叔文、执谊,莫敢出言。珣瑜独叹曰:"吾岂可复居此位!"顾左右取马径归,遂不起。前是,左仆射贾耽以疾归第,未起;珣瑜又继去。二相皆天下重望,相次归卧,叔文、执谊等益未所顾忌,远近大惧焉。②

郑珣瑜、韦执谊等宰相在中书省吃饭,王叔文竟不顾习俗和礼节,大骂当值官,硬生生闯进来见他的同党韦执谊。两人交谈良久,害得宰相杜佑等人要停下筷子来等待。结果,郑珣瑜受不了叔文这种无礼,当下就骑马离去,当天就称病辞去宰相。

王叔文这种无礼举动,似乎很难理解,但如果考虑到他的待诏出身,"粗知书"而已,则又变得很可理解了。毕竟,他不是知书识礼的真正朝官,真正的士大夫。难怪郑珣瑜气得不愿再跟这样的人为伍。宰相贾耽称病去职,也正是看不起叔文这种待诏。

韩愈在他的名诗《永贞行》中,更是把二王直呼为"偷国柄"的"小人":

---

① 《顺宗实录》卷一,《韩昌黎文集校注》第697—698页。
② 《顺宗实录》卷二,《韩昌黎文集校注》第704页。

> 君不见太皇谅阴未出令,小人乘时偷国柄。①

这让我们想起赵璘《因话录》中的一段记载:

> 文宗赐翰林学士章服,续有待诏欲先赐,本司者以名上。上曰:"赐君子小人不同日,且待别日。"②

如此看来,待诏在唐人(特别是皇帝和士大夫)的心目中地位并不高,"小人"而已。二王的所谓"永贞革新",始终没有得到外廷朝官的广泛支持,更得不到杜佑等宰相的呼应,只能吸引到诸如韦执谊、韩泰、柳宗元、刘禹锡等十多人的拥护罢了。但这些人却是韩愈所说"当时名欲侥幸而速进者"③:他们只是想攀结二王,侥幸快点得到仕进的人(韦执谊就是在顺宗即位后,立刻从翰林学士当上宰相)。柳宗元和刘禹锡结交二王,导致后来他们被贬,长流在外,更是让韩愈和后世同情柳、刘者深深感到惋惜的。④

二王的失败,原因当然很多。但他们卑微的待诏出身,他们没有功名,他们和那些登科及第的士大夫根本不属于同一阶级,甚至被士大夫视为"小人",得不到支持,恐怕正是失败的最核心原因。探讨二王的所谓"永贞革新",实不能不先深究他们的待诏背景。⑤

六、李白的翰林待诏——"皇帝侍文"

辨析了翰林待诏和翰林学士的分别,也见过了王叔文、王伾这两个翰林待诏的真正面貌后,我们再来考察李白的翰林待诏,许多问题应当可以看得

---

① 《韩昌黎诗系年集释》卷三,第 332 页。

② (唐)赵璘《因话录》卷一,上海古籍出版社,1979 年,第 72—73 页。

③ 《顺宗实录》卷五,《韩昌黎文集校注》第 721 页。

④ 顾学颉《白居易和永贞革新》,《文史》第 11 辑,1981 年;周勋初《韩愈的〈永贞行〉以及他同刘禹锡交谊的始末》,《中华文史论丛》1987 年第 2—3 期。

⑤ 研究唐代文学的学者,一般颇"同情"二王,且有"永贞革新"的提法,可能因为二王和唐代两位大诗人柳宗元及刘禹锡的关系密切。这方面的论述极多,可举傅璇琮为代表,见其《唐永贞年间翰林学士考论》,《中国文化研究》(北京),2001 年秋之卷,第 93—100 页。但近年唐史学界比较倾向于接受韩愈的观点,对二王无好感,且反对"永贞革新"的提法,详见黄永年《所谓"永贞革新"》,载《唐代史事考释》,台北联经,1998 年,第 373—400 页。但不论是文学界还是史学界,都未深究二王的待诏背景及唐代的待诏制度。

更加清晰了。

和二王的"永贞革新"问题一样,李白生平研究中的若干疑难课题,也常因为不理解唐代翰林的待诏制度而长期无法解决。但如果我们把李白放在待诏制度下来考察,则许多疑难都可以迎刃而解。

李白当年一到长安唐宫,就受到玄宗皇帝的热情接待。李阳冰为李白诗文集所写的《草堂集序》有一段生动的描写:

> 天宝中,皇祖下诏,征就金马,降辇步迎,如见绮、皓。以七宝床赐食,御手调羹以饭之,谓曰:"卿是布衣,名为朕知,非素蓄道义,何以及此?"[①]

过去,大家普遍认为这是一段夸张的描写,小说家者言。玄宗岂能"降辇步迎"一个朝臣? 一个天子又岂能"御手调羹以饭之"? 如果我们把李白当作一个普通的朝官看待,李阳冰的这段记载的确是很难令人相信的。天子不可能"降辇步迎"一个朝官。"辇"是皇帝的一种坐具,一般由宫女抬着行走(参看阎立本的名画《步辇图》)。"降辇步迎"表示玄宗从辇上走下来,步向李白,欢迎他。

但李白并非朝官。他是个待诏。他是以布衣身份,以他的特殊诗才去当翰林待诏的。玄宗见到他时,还称他为"布衣",可见玄宗并非以君臣之礼来迎接李白。正因为这不是君臣之礼,玄宗才有可能"降辇步迎"李白,才有可能为李白"御手调羹以饭之"。这是一个天子欢迎一个"名动京师"的天才的特殊礼遇,热烈且诚心。像李白那样的天才,第一次来见天子,来当他的待诏,天子当然分外高兴,对他也特别好一些,自愿"降辇"出迎。李阳冰的描写一点也不夸张,反而很能反映待诏制度的历史真相。

李白在唐宫中的种种放荡行为,恐怕都要从这个待诏角度,才能得到合理的解释。比如《旧唐书·李白传》的这段记载:

> 白既嗜酒,日与饮徒醉于酒肆。玄宗度曲,欲造乐府新词,亟召白,白已卧于酒肆矣。召入,以水洒面,即令秉笔,顷之成十余章,帝颇嘉之。尝沉醉殿上,引足令高力士脱靴,由是斥去。[②]

---

① 此序收在安旗主编《李白全集编年注释》,第 1831 页。
② 《旧唐书》卷一九〇下,第 5053 页。

这的确不像是一个朝官如翰林学士所应为，所能为的。翰林学士都有固定的当值、宿值任务，不可能像李白那样成天在外饮酒。至于"引足令高力士脱靴"一事，更不可能是一个翰林学士所敢做的，因为当时高力士已经权倾朝野，连玄宗都敬他三分。然而，李白这些放荡行为，唐人诗文中屡屡提及，又为正史采入传，应当不假。这该如何解释呢？

确实，如果把李白看成是"真正"的翰林学士，像张说、张九龄那样的早期翰林学士，或者像白居易、元稹那样的晚期翰林学士，则他这些醉酒、"引足令高力士脱靴"的行径，都是不可思议的、荒唐的。然而，李白可不是"真"的翰林学士。[①] 他只是个翰林待诏，一个"暂时"得到玄宗宠幸的"弄臣"式人物。他跟翰林院那些有才华，但没有科第功名，也没有本官的书画琴棋待诏一样，在皇帝的宠幸下，偶尔或可逾越礼节。以李白的性格，"引足令高力士脱靴"，也就不足为奇了。[②]

不过，李白也为他的放荡付出了沉重代价，待诏不多久就被玄宗"赐金"放还。赐金放还这种遣散方式，也显示玄宗对待诏的态度，及待诏和皇帝的那种"私"关系。李白"名为朕知"时，玄宗可以诏征他前来。一旦觉得他不合用，又可以立刻"赐金归之"。若是朝官或翰林学士，那就不可能赐金放还，而是要贬官了。

李白醉酒后还能写诗，"顷之成十余章"，玄宗"颇嘉之"。这正是皇帝对翰林待诏的典型态度。待诏若能讨得皇帝欢心，可以"引足令高力士脱靴"。但反过来说，待诏若有哪一点让皇帝不悦，则又很可能召来一顿臭骂。《唐语林》就记载着一个琴待诏被玄宗叱骂出去的生动细节：

> 玄宗性俊迈，不好琴。会听琴，正弄未毕，叱琴者曰："待诏出！"谓内官曰："速令花奴将羯鼓来，为我解秽。"[③]

可见皇帝和待诏的关系，是很个人化的。待诏完全没有朝中品官那种身份

① 近人已力证李白非翰林学士，见傅璇琮《李白任翰林学士辨》，《文学评论》2000 年第 2 期，第 5—11 页。又见傅璇琮《翰林供奉》，《文史知识》2001 年第 10 期，第 61—63 页。
② 近人朱玉麒有一文《脱靴的高力士：一个文学配角的形成史》，载《唐研究》第 7 卷，2002 年，第 71—90 页，探讨高力士替李白脱靴的传说及其文化意义。
③ （宋）王谠撰，周勋初校证《唐语林校证》卷四，中华书局，1987 年，第 328 页。原出自失传的《羯鼓录》。

地位和尊严可言。皇帝也不把待诏当朝官看待,高兴时可以"嘉之",不高兴时又可以随时把待诏叱骂赶出去,还不客气地"速令花奴将羯鼓来,为我解秽",仿佛琴声把玄宗的耳朵弄脏了,需要找点羯鼓的音乐来"解秽"。玄宗这回真不给这个琴待诏一点面子。

待诏是一种卑下的职位。它甚至不是唐代职官制中的一员,连"流外官"都算不上。这就是为什么《唐六典》和杜佑的《通典》,在描述唐代职官时,竟无一语提到待诏。从服务性质和对象来看,待诏倒很接近宦官。两者其实有不少相同之处,都是为皇帝提供"私人服务"的。宦官提供的是一般的个人服务,待诏提供的却是比较"专业化"、多属于"心灵层面"的个人服务,照顾到皇帝在书、画、诗、琴、棋、占卜天文、僧道等方面的需要。这些是普通宦官办不到的。

从这个角度来看,李白真可说是个"诗待诏"。唐代文献当然并没有这样称呼李白。然而,敦煌唐人诗集残卷中,却正好有一个和"诗待诏"很相近的称呼,把李白称为"皇帝侍文"。现藏巴黎的敦煌文书 P.2567 和 P.2552 号残卷,抄录了李白的《宫中三章》等诗,题下所署的作者,就是"皇帝侍文李白"。近人傅璇琮对此有所申论:

> 关于李白任翰林供奉,唐代的人就有种种说法。有的把李白即说成翰林学士,有的说他直接参与政事,制作诏书。我以为这些都是不确切的。这次我在此书(指徐俊纂辑的《敦煌诗集残卷辑考》)上编法藏部分,看到伯二五六七、伯二五五二所录唐诗丛钞,有李白《宫中三章》,即其《宫中行乐词八首》的前三首,原卷题下所署作者为"皇帝侍文李白",这对我忽似一大发现。据考此卷传钞时间为天宝十二载(753)之后,顺宗李诵即位(805)之前。可见这一距李白时间很近的钞录者,确把李白仅仅视为"皇帝侍文",这是最为切合李白当时身份的。[①]

这也跟本文从待诏制度下所考察到的李白待诏身份,正相吻合。

德宗、顺宗朝的王伾和王叔文,没有功名科第,仅以书、棋艺当上翰林待诏。顺宗即位后,他们更爬升为翰林学士和其他高官,权倾朝野。可见翰林

---

① 傅璇琮《序》,徐俊纂辑《敦煌诗集残卷辑考》,中华书局,2000 年,第 2 页。

待诏和宦官一样，因为亲近皇帝，有可能夺得大权，推行改革。李白身为翰林待诏，如果真想干一番大事业，其实正可利用这个职位。但李白似乎没有好好运用他当待诏的机会，扶摇直上。他也没有二王那样的政治手腕和经验，广结人缘，以实现他在诗文中常常透露的政治理念。他似乎只兴趣于饮酒，陪同皇帝玩乐而已。唐代的待诏制度，曾经"培育"过二王那样的人物，但李白却没有从中尝试达成他的政治理想。今后我们评价李白的所谓"政治活动"时，应当也可拿二王来做比较，看看李白在相同的翰林待诏位置上时，又做了些什么。

像二王因亲近皇帝而夺权的翰林待诏，在唐史上毕竟是仅有的两个。绝大部分的待诏，倒真是默默无闻，连两《唐书》中都没有传。李白还算能以他的诗名流芳后世。

七、翰林待诏的社会地位

傅璇琮在《唐永贞年间翰林学士考论》中有一段话，颇能代表目前学界的看法：

> 在唐代，其社会声誉和政治待遇，翰林学士是明显高于翰林待诏或翰林供奉的，但待诏、供奉中仍有出色的人才，如玄宗时著名书法家蔡有邻、韩择木，书写有不少碑文，见宋佚名《宝刻类编》；中唐时书法家唐玄度、韩秀实，见宋陈思《宝刻丛编》；唐玄度还是一位字体专家，于开成时曾据《说文》，勘正古今异体字，覆定九经字样，见《玉海》卷43。大历时江南著名诗人张志和，也曾为翰林待诏，颜真卿《张志和碑》记张年轻时受到肃宗的赏识，"令翰林待诏，授左金吾卫录事参军"。至于大诗人李白于天宝初在长安入翰林供奉，已为大家所知。可见翰林待诏、翰林供奉，在唐代与翰林学士一起，应是一个有较高层次的文化群体，我们今天不应以其品位低而仍轻视之。[①]

唐玄度"勘正古今异体字"，覆定九经石经字样的事，其实不算什么成就，因

---

① 傅璇琮《唐永贞年间翰林学士考论》，《中国文化研究》(北京)，2001年秋之卷，第94页。

为此事当时就被名儒认为"又乖师法",石经立后数十年也不去看它,"以为芜累甚矣"。① 但这仅是枝节,可不必细论。傅先生的主要论点是,翰林待诏和翰林学士在一起,"应是一个有较高层次的文化群体",我们今天不应当轻视待诏。

在历史上,翰林待诏确是受到轻视的一群人。傅先生吁请"我们今天不应以其品位低而仍轻视之",为待诏请命,争取一点"历史正义",非常令人激赏。笔者深为赞同。今天的史家的确应当以一种"温情和了解",来看待唐代的翰林待诏,不应当轻视他们。但在历史上,翰林待诏是不是"一个有较高层次的文化群体",恐怕还很成疑问。这涉及唐代的社会心理,涉及当时人(特别是士大夫阶层)以怎样的眼光来看待诏,也涉及待诏自己怎么看待这种职位。明白了这种唐代(甚至整个古代)的社会心理,我们才能理解翰林待诏为什么会被"轻视"。而有了这种理解,我们现代人才能以"温情和了解"来看待唐代的翰林待诏,不再"轻视"他们。

傅璇琮说翰林待诏是"一个有较高层次的文化群体"时,他所举的例证是,这些待诏当中,有好些"出色的人才,如玄宗时著名书法家蔡有邻、韩择木……中唐时书法家唐玄度、韩秀实"。但书法好,就是有文化吗? 现代人可能会这么想。然而,唐人对书画琴棋、医道五行等"技艺"的看法,恐怕跟今人很不一样。

最好的反证,莫如唐代更知名的一个书法大家柳公权(778—865)的案例。《旧唐书》说柳公权:"进士擢第,释褐秘书省校书郎。李听镇夏州,辟为掌书记。穆宗即位,入奏事,帝召见,谓公权曰:'我于佛寺见卿笔迹,思之久矣。'即日拜右拾遗,充翰林侍书学士。"②柳公权进士出身,是读书人、士大夫。他和没有功名科第的唐玄度等翰林待诏相比,显然属于不同的阶层。所以,穆宗在佛寺中见到他的笔迹即召他入宫,不但给了他一个职事官衔"右拾遗",而且要他充任的不是翰林待诏,而是"翰林侍书学士",等于翰林学士一类,高一级。这跟李白、吴筠等人没有科第功名,没有本官,只能充当没有官衔的翰林待诏很不一样。在唐史上,翰林学士很常见,但翰林侍书学

① 《旧唐书》卷一七下,第 571 页。
② 《旧唐书》卷一六五,第 4310 页。

士却唯此一见。据我所知,唐代也只有柳公权一人做过翰林侍书学士。这职位显然是专为他一人而设。在中国书法史上,柳公权是大家公认的大师,而唐玄度、韩秀实等翰林待诏,恐怕只能算是书匠,没有什么名气。

但可能很令现代人惊讶的是,柳公权以他出色的书法出任翰林侍书学士,"历穆、敬、文三朝,侍书禁中",又有"右拾遗"等的官衔,竟然"耻之"。据《旧唐书·柳公绰传》说:"公绰在太原,致书于宰相李宗闵云:'家弟苦心辞艺,先朝以侍书见用,颇偕工祝,心实耻之,乞换一散秩。'乃迁右司郎中,累换司封、兵部二郎中、弘文馆学士。"为什么公权"耻之"? 因为侍书的工作"颇偕工祝",颇像古代掌管占卜算命之官。于是"乃迁右司郎中,累换司封、兵部二郎中、弘文馆学士"。但还有下文:"文宗思之,复召侍书,迁谏议大夫。俄改中书舍人,充翰林书诏学士。"[①]看来,尽管柳公权"耻之",他还是被迫担当了好些年的侍书工作,"历穆、敬、文三朝"。幸好,他做的还是比较清高的翰林侍书学士。如果他做的是低下的翰林待诏,那岂不更让他觉得丢脸?

柳公权的这个案例,很能透露唐人对书画棋医等技艺的态度。书画棋医当然可以作为一个读书人陶冶性情的消遣,但若靠这些技艺来谋生计,讨饭吃,那就无异于"工祝"了,是件不光彩的事,至少让柳公权这样的士大夫心中不快。宋人李心传有一评语,讲得更露骨,竟说柳公权"耻以技进":"唐史本传,诚悬(公权的字)初为侍书学士,耻以技进,求换散秩,改弘文馆学士。"[②]唐宋士大夫心理率皆如此。从这种士大夫心理去看翰林待诏,我们就很难责怪韩愈等士大夫,对王叔文、王伾这些以技艺讨生计的待诏,充满所谓的"偏见"和轻视了。即使二王后来"夜作诏书朝拜官",升为翰林学士了,他们还是脱不掉待诏的本色。在唐人眼中,他们到底还是跟白居易等有科第出身的翰林学士不一样。这恐怕也是研究翰林学士的现代学者,应当检讨的一点,即某些翰林学士,如二王,出身待诏,没有什么读书学养,而且以非常手段成为翰林学士,是否应当和一般正统出身的翰林学士放在一起讨论,得到同等待遇?

唐史上至少还有另一个人,跟二王一样,也是以特殊途径成为翰林学士

---

① 《旧唐书》卷一六五,第4310页。
② (宋)李心传《旧闻证误》卷一,中华书局,1956年,第10页。

的。他就是甘露事变中的主角之一郑注。他和二王一样,非科第出身,而是靠他的方伎,靠他精湛的医术,从襄阳节度衙推起家,官至邠宁行军司马、昭义行军司马、翰林学士、工部尚书、凤翔节度使。但他出身低微,非士大夫阶层。《旧唐书》说:"郑注,绛州翼城人,始以药术游长安权豪之门。本姓鱼,冒姓郑氏,故时号鱼郑,注用事时,人目之为'水族'。"他之所以能成为翰林学士,是因为他曾经以他高明的医术,治好文宗皇帝的"风疾"。《资治通鉴》文宗太和七年(833)十二月条说:"庚子,上始得风疾,不能言。于是王守澄荐昭义行军司马郑注善医;上征注至京师,饮其药,颇有验,遂有宠(胡注:甘露之祸胎成矣)。"①当时唐宫中有尚药局,有侍医。翰林院中应当也有医待诏等人,但整个宫中居然无人可治文宗的风疾,而要不辞劳苦,从千里外偏远的昭义(治所在今山西长治)召一个行军司马来医病。看来郑注很有本事。从此他便"多在禁中"。太和九年(835)八月,他就被召为翰林学士,但只做了一个月,同年九月就出为凤翔节度使,但文宗仍"诏月入奏事"。今人卢向前认为,"其用意不言自明,就是要利用他的精湛医术"②。

在历史上,郑注多被人"恶",正是因为他以"技进"。而甘露事件的另一主角李训,则多被人"惜",却又是因为他是肃宗时宰相李揆的族孙,进士出身,属士大夫阶层。《新唐书》的赞说"李训浮躁寡谋",不算很坏的评语,但却称"郑注斩斩小人",③明显含有轻视之意,"与他们的不同社会出身、社会地位是大有关系的;时人的惜训和恶注亦不为无因了"④。

更有意思的是,文宗以郑注的医术高明,欲召他入"翰林伎术院",也就是入翰林待诏院做待诏,没想到郑注竟不答应。此事见于李德裕的《文武两朝献替记》。此书今已失传,但为《资治通鉴·考异》所引用:"(太和)八年(834)春暮,上对宰相叹天下无名医,便及郑注,精于服食。或欲置于翰林伎术院,或欲令为左神策判官。注自称衣冠,皆不愿此职。〔王〕守澄遂托〔刘〕

① 《旧唐书》卷一六九,第 4399 页;《资治通鉴》卷二四四,第 7894 页。
② 卢向前《"恶注惜训"与时人心态——甘露事件研究之三》,《唐研究》第 6 卷,2000 年,第 242 页。卢教授此文以唐人轻视技艺的"心态",来探讨郑注和李训在历史上所得到的评价,很有新意。
③ 《旧唐书》卷一六九,第 4395 页;《新唐书》卷一七九,第 5326 页。
④ 卢向前《"恶注惜训"与时人心态——甘露事件研究之三》,《唐研究》第 6 卷,2000 年,第 245 页。

从谏奏为行军司马。"①这段引文有几点很可留意。第一，文中称翰林待诏院为"翰林伎术院"。据笔者从检索唐代文献所知，这是史料中的唯一用例，但却是一个非常恰当、非常精确的称呼，因为此院所安置的，正是书画琴医等伎术待诏。和"翰林伎术院"相对的，是"翰林学士院"，用以处翰林学士。引文中用了"伎术院"这说法，即明确把翰林待诏和学士区分开来，把郑注这类医师，视为"伎术"，和"衣冠"划清界线。

其次，郑注不愿任翰林待诏，他的理由是"自称衣冠"，即自以为是衣冠出身。换句话说，连他自己都看不起翰林医待诏这种职位，不愿屈就。这跟王叔文从翰林待诏升为翰林学士后，即"罢翰林阴阳星卜医相覆棋诸待诏三十二人"的心理是一样的。"初，王叔文以棋待诏；既用事，恶其与己侪类相乱，罢之"②。明白了唐人这种"耻于技进"和普遍看不起"伎术待诏"的心态，我们才能看清翰林待诏在唐人眼中的真正面貌，才能看清他们当时的社会地位和社会身份。他们之所以受轻视，并非如傅璇琮所说的"品位低"，而是因为他们的出身寒微，以及以"技进"造成他们的社会地位身份低下。像王叔文，后来官至户部侍郎、度支盐铁转运副使。王伾也官至右散骑常侍。这样的品位并不低，但依然被士大夫阶层看不起。

大诗人李白任翰林待诏，也应放在这观点下来考察。但李白到底还是读书人出身，和二王不一样，又是以文词而非伎术待诏，倒是个很特殊的案例。我们不禁要问：他那些年处身在那些伎术待诏当中，不知是否有"同流合污"的感觉？又是否造成他的不乐，以致终日饮酒，最后求去呢？

其实，伎术待诏的社会地位和身份低下，不属于士大夫阶层，这在汉代就已开始。顾炎武《日知录》指出，汉代"凡善格五者，能养马者，能绘画者"，都称作待诏。汉东方朔亦"以方士待诏公车"。汉代嫁给匈奴单于的王昭君，也是个待诏，待诏掖庭也。《汉书·元帝纪》："赐单于待诏掖庭王嫱为阏氏。"应劭曰："郡国献女未御见，须命于掖庭，故曰待诏。王嫱，王氏女，名嫱，字昭君。"汉代又有"本草待诏七十余人"。颜师古曰："本草待诏，谓以方

---

① 《资治通鉴》卷二四四，第 7893—7894 页。
② 《顺宗实录》卷一，《韩昌黎文集校注》，第 697—698 页。

药本草而待诏者。"①

尤有甚者，从宋代开始，待诏更走出宫廷，沦为民间手工艺者的通称。这在通俗小说中最常见。《水浒全传》第四回，鲁智深遇见的那个打铁的，就叫做待诏："智深走到铁匠铺门前看时，见三个人打铁。智深便道：'兀那待诏，有好钢铁么?'那打铁的看见鲁智深腮边新剃暴长短须，戗戗地好渗濑人，先有五分怕他。那待诏住了手道：'师父请坐。要打什么生活?'智深道：'洒家要打条禅杖，一口戒刀。不知有上等好铁么?'待诏道：'小人这里正有些好铁……'"同书第二十回，有个篦头理发的，也叫待诏："只见那汉去路边一个篦头铺里问道：'大哥，前面那个押司是谁?'篦头待诏应道：'这位正是宋押司。'"在《三遂平妖传》第二十四回，有个"做皮鞋的待诏"。在《警示通言》第八卷《崔待诏生死冤家》，这个崔待诏则是个"碾玉的待诏"。在《喻世明言》第三十卷，有一家人"将红莲女嫁与一个做扇子的刘待诏为妻"。在《醒世姻缘》第九十三回，有这么一句："原来这人是剃头的待诏。"②

以上所引，都是待诏从宫廷职官，演变为民间称呼的好例子，也反映了历史上待诏这行业原来的伎艺本色。二王的待诏，以及他们的社会地位，应当放在这个大历史背景下看，才能看得更真切。

八、翰林待诏的命运

翰林待诏的出身、地位和身份不但低下，命运也可能相当悲惨。就命运而言，唐史上的翰林待诏大略可分三类，差别颇大。第一类寂寂无闻，默默走完一生，连名字都没留下。第二类以他们的书法、画作等，留下名字和他们所书的石碑，或文献上的一小段记载。第三类享有大名，官位高，名列正史，但几乎都没有好的下场，往往是被"赐死"，如王叔文、黎幹、韩颖、刘炟等

---

① 《日知录》卷二五，第702页;《史记》卷一二六《滑稽列传》，第3208页;《汉书》卷九，第297页;卷二五下《郊祀志》，第1258页。

② 《水浒全传》第四回，上海人民出版社，1975年，第69页;第二○回，296页;《三遂平妖传》第二四回，人民文学出版社，1985年，第238页;《警世通言》第八卷，人民文学出版社，1957年，第73页;《喻世明言》卷三○，人民文学出版社，1958年，第450页;《醒世姻缘》第九三回，人民文学出版社，1983年，第1140页。

人（详见下）。

这当中，书、画、琴等待诏一般属第一、第二类，没有大名，但倒也平安无事度过一生。任医待诏和任五行占卜等待诏，人生起伏最大。得意时，可以得到皇上的"大爱幸"和赏赐，步步高升；失意时，又可能遭到杀身之祸。

例如高宗时的一个侍医，因治好高宗的脑疾，武则天还亲自持着"银锦等"赏赐他："高宗脑痛殆甚，待诏秦鸣鹤奏曰：'须针百会方止。'则天大呼曰：'天子头上，可是出血处?'上曰：'朕意欲针。'即时眼明，云：'诸苦悉去，殊无妨也。'则天走于帘下，自负银锦等赏赐，如向未尝怒也。"①这是在禁中任医者得意的一面。但柳泌等翰林医待诏，炼丹给宪宗皇帝服食，不料宪宗吃了"躁渴"死去。结果穆宗一上台，就下令把柳泌等人"痛杖一顿处死"或"流岭南"："山人柳泌，轻怀左道，上惑先朝，罔求牧人，贵欲疑众，自知虚诞，仍更遁逃。僧大通，医方不精，药术皆妄，既延祸衅，俱是奸邪。邦国固有常刑，人神所宜共弃。宜付京兆府决痛杖一顿处死。翰林医官董宏景、程准、山人李元戢、田佐元并流岭南。"②同样的，懿宗时的翰林医待诏韩宗绍等人，也因治不好同昌公主的病，结果被杀，还连累亲族三百余人。《旧唐书·懿宗纪》说："咸通十一年（870）八月辛巳朔。己酉，同昌公主薨，追赠卫国公主，谥曰文懿。主，郭淑妃所生，主以大中三年（849）七月三日生，咸通九年（868）二月二日下降。上尤钟念，悲惜异常。以待诏韩宗绍等医药不效，杀之，收捕其亲族三百余人，系京兆府。宰相刘瞻、京兆尹温璋上疏论谏行法太过，上怒，叱出之。"③韩宗绍等人其实没有做错什么，只不过公主病死了，皇上"悲惜异常"，认为"待诏韩宗绍等医药不效"，才把他们给杀了，可见任医待诏是如何危险的行业，连亲族也会被株连。

天文五行待诏韩颖以他个人的天文历法才华，从翰林待诏官至司天监，

① 《唐语林校证》卷五，第 438 页。其实，在高宗时代，待诏还有北齐和隋的遗风，指高官或文词待诏，尚未用待诏来称呼行医者。《旧唐书》卷五《高宗纪》，第 111 页；《新唐书》卷七六《高宗则天武后传》，第 3477 页；以及《资治通鉴》卷二〇三，第 6415 页，都记载此事，但全都称秦鸣鹤为"侍医"。《唐语林》此条出自《芝田录》，把秦鸣鹤改称待诏，恐怕是中晚唐时的改动，仿翰林待诏之例。《大唐新语》卷九，中华书局，1984 年，第 141 页，也有一条类似记载，亦称秦鸣鹤为"侍医"。《太平广记》卷二一八，第 1671 页引《谭宾录》，也作"侍医秦鸣鹤"。
② 《诛流方士柳泌等诏》，《全唐文》卷六五，第 690 页。
③ 《旧唐书》卷一九上，第 675 页。

又因和中人李辅国"昵狎",而官至秘书监,到最后也是被赐死。至于赐死的原因,《旧唐书·代宗纪》说:"甲午,秘书监韩颖、中书舍人刘烜配流岭表,寻赐死,坐狎昵李辅国也。"但《资治通鉴·考异》所引的《代宗实录》(今已失传),则有另一套说词,比较可信:"秘书监韩颖、中书舍人刘烜善候星历,乾元中待诏翰林,颇承恩顾,又与李辅国昵狎。时上轸忧山陵,广询卜兆,颖等不能精慎,妄有否臧,因是得罪,配流岭南,既行,赐死于路。"①这跟韩宗绍医不好同昌公主的病被杀,几乎一模一样。又如黎幹,和韩颖一样,也是"以善星纬数术进,待诏翰林",官至京兆尹。但他最后同样是被赐死:

> 黎幹者,戎州人。始以善星纬数术进,待诏翰林,累官至谏议大夫。寻迁京兆尹,以严肃为理,人颇便之,而因缘附会,与时上下。大历二年(767),改刑部侍郎。鱼朝恩伏诛,坐交通出为桂州刺史、本管观察使。至江陵,丁母忧。久之,会京兆尹缺,人颇思幹。八年(773),复拜京兆尹、兼御史大夫。幹自以得志,无心为理,贪暴益甚,徇于财色。十三年(778),除兵部侍郎。性险,挟左道,结中贵,以希主恩,代宗甚惑之。时中官刘忠翼宠任方盛,幹结之素厚,尝通其奸谋。及德宗初即位,幹犹以诡道求进,密居舆中诣忠翼第。事发,诏曰:"兵部侍郎黎幹,害若豺狼,特进刘忠翼,掩义隐贼,并除名长流。"既行,市里儿童数千人噪聚,怀瓦砾投击之,捕贼尉不能止,遂皆赐死于蓝田驿。②

换句话说,唐史上几乎所有著名的翰林待诏,都没有好的下场。但棋待诏王叔文和书待诏王伾,既不当医生,又不是五行占卜的,为什么也没有好下场呢?其实二王并没有做错什么,更算不上是坏人。他们初夺大权时,罢宫市,"出后宫并教坊女妓六百人"等新政,甚至还赢得"人情大悦"。③归根结底,恐怕还是他们的出身寒微,又做了待诏这种行业,社会地位低下,以致不但被郑珣瑜、贾耽等士大夫看不起,最后还被刚上台的宪宗赐死或被贬而病死于贬所。从这角度看,二王的命运悲惨,不在自己的掌控之中,最终落得和柳泌、韩宗绍以及韩颖、刘烜及黎幹等人一样的下场。我们现代人若能抛

---

① 《资治通鉴》卷二二二,第7130—7131页。
② 《旧唐书》卷一一八,第3426页。
③ 《顺宗实录》卷二,《韩昌黎文集校注》,第702页。

开郑珣瑜等士大夫的阶级意识,应当可以更了解和同情二王的处境。

九、集贤院待诏

唐代除了翰林院有待诏外,集贤院也曾经有过待诏,但意义不同,且为时短暂,仅出现在代宗永泰元年(765)间,以左仆射裴冕等十三个高官,出任集贤院待诏。《旧唐书·代宗纪》略载此事:

> (永泰元年,即765)三月壬辰朔,诏左仆射裴冕、右仆射郭英乂、太子少傅裴遵庆、检校太子少保白志贞、太子詹事臧希让、左散骑常侍畅璀、检校刑部尚书王昂、高升、检校工部尚书崔涣、吏部侍郎李季卿、王延昌、礼部侍郎贾至、泾王傅吴令瑶等十三人,并集贤院待诏。上以勋臣罢节制者,京师无职事,乃合于禁门书院,间以文儒公卿,宠之也。仍特给饩本钱三千贯。[1]

这十三人原都有本官或散官衔,身份地位都很崇高。这又回到北齐、唐初那种以高官当待诏的作法,属于本文所说的第一类待诏。永泰元年,才刚平定安史之乱不久。这样做的目的,正是为了"宠"这些"勋臣"也。

《新唐书·独孤及传》中保存了一篇独孤及的上疏,提到永泰元年三月壬辰,诏令裴冕等十三人待诏集贤院的事,认为只是虚应文章,且透露当年这十三人待诏集贤的实际内容:

> 陛下屡发德音,使左右侍臣得直言极谏。壬辰诏书,召裴冕等十有三人集贤殿待制,以备询问。此五帝盛德也。然顷者陛下虽容其直,而不录其言,所上封皆寝不报。有容下之名,无听谏之实,遂使谏者稍稍自钳口饱食,相招为禄仕,此忠鲠之人所以窃叹,而臣亦耻之。[2]

由此看来,代宗永泰元年的这些集贤院待诏,和二王的翰林伎术待诏大不相同,反而类似王绩等人的第一类型待诏。独孤及的上疏,明确告诉我们,裴冕等十三人的职务,只是"以备询问"而已。那正是第一型待诏的职务,比较

---

① 《旧唐书》卷一一,第278页。
② 《新唐书》卷一六二,第4991页。

清高,不涉及书棋医等"伎术"。然而,这十三位高官的待诏,后来没有下文。从此,唐史料中再也没有集贤院待诏的记载。

这次集贤院设十三人待诏,唯一还值得一考的是"特给飧本钱三千贯"这件事。"飧本"一词极罕见。据笔者在唐代史料中检索,发现它只出现在上引《旧唐书·代宗纪》中。但什么是"飧本"?"飧"即"夕食",晚饭也;"本"即"本钱"。

唐代经济史上有个很常见的名词叫"食本",即由公家提供一笔"本钱"去放高利贷,然后用利息钱供各官署官员"会食"。① "会食"即所有大小官吏坐在一起吃公家饭。此即柳宗元在《盩厔县新食堂记》所说:"得羡财,羞膳以充。"而且,除了有公家饭可吃之外,食本的每月利息,如果吃不完,剩下的钱还可以分给署中官员。此即柳宗元在另一篇文章《唐故秘书少监陈京行状》中所说:"始御府有食本钱,月权其赢以为膳。有余,则学士与校理官颁分之。学士常受三倍,由公而杀其二。"② 这是指陈京判集贤院事(即出任长官)时,集贤院内的情况:从前吃不完的利钱,由学士与校理官去分。学士分到的,常为校理官的三倍。陈京来了之后,"杀其二",即减去两倍。换句话说,陈京比较照顾职位比较低的校理官,为他们争取到更多的福利,所以他是个公平的仁慈长者。

其实,唐代史料中的"会食",指的都是中午的聚餐。官员们吃完饭就下班回家了,并无晚饭。"飧本"倒特别指明是"晚饭",而这又是唐史料中的唯一用例,显得非常特殊。所以,这个"飧本"很可能即指"食本",很可能是《旧唐书》在后代传抄刻印之误,或把"飧"当作是"食"的通假字来使用。应当注意的是,这次的"飧本",高达"三千贯",是一笔很庞大的数目。唐代一贯为一千,"三千贯"即三百万。据《唐六典》卷六所载:"凡京司有别借食本。中书、门下、集贤殿书院各借本一千贯,尚书省都司、吏部、户部、礼部、兵部、刑部、工部、御史台、左·右春坊、鸿胪寺、秘书省、国子监、四方馆、弘文馆各

---

① 关于"食本"更详细的讨论,见陈明光《唐代财政史新编》,中国财政经济出版社,1991年初版,1999年增订版,第115—120页。此书海外罕见不易得,承陈教授惠赠一册,特此致谢。最新的论述见罗彤华《唐代食利本钱初探》,载中国唐代学会、台湾中正大学中文系、历史系主编《第五届唐代文化学术研讨会论文集》,高雄丽文文化,2001年。

② 《柳宗元集》卷二六,第700页;卷八,第194页。

百贯,皆五分收利,以为食本。诸司亦有之,其数则少。"①依此,整个中书、门下、集贤殿书院的食本,才不过一千贯。至于吏部、秘书省、国子监等官署,才不过"百贯"。然而,永泰元年设集贤院待诏,十三人的"飧本"竟高达"三千贯",可以想见其数目之庞大(如果不是刻印之误)。那十三位待诏,每月除了有免费餐食外,应当还可以分到不少的利钱。难怪上引《旧唐书·代宗纪》说,这是"宠之也",一种"特给"。也难怪独孤及的上疏说:"遂使谏者稍稍自钳口饱食,相招为禄仕。"②那些集贤待诏原本是应当向皇上进谏的("谏者"),但他们却闭嘴不说话("钳口"),然而又"饱食",用典极妙,嘲讽意味也就更浓厚了。

十、结　论

唐代有两种类型的待诏。一种属高官或文士,如王绩、北门学士等人。他们原都已有官衔,以本官充任待诏的主要职务是掌制诰、修撰、备顾问,或应皇帝文章唱和。他们多在初唐的文馆(如弘文馆)和官署(如门下省)待诏,很有北齐"待诏文林馆"的遗风。安史乱后,代宗朝的"集贤院待诏"也属此类。

另一种是翰林待诏。他们大多身份低下,没有功名科第,纯以个人才艺如书、画、琴、棋、医、五行、僧道等被皇帝召入翰林院待诏。他们的选拔非经吏部诠选。当待诏数年之后,他们可能取得官衔,包括散官和职事官,甚至勋官衔。翰林待诏当中,有官衔高至从三品的司天监和秘书监,也有低至九品的参军和主簿。有些翰林待诏还挂职京外官。

翰林待诏因为亲近皇帝,和宦官一样,有可能夺得大权,权倾朝野,如德宗、顺宗朝的棋待诏王叔文和书待诏王伾。他们是唐代最有名的两个待诏,后来更"夜作诏书朝拜官",自导自演,升为翰林学士,但行事表现不脱待诏本色。李白以诗才亦被召入翰林院待诏,为时三年,但没有作为,也没有得

---

① 《唐六典》卷六,第 195 页。
② "钳口"即"闭口",典出《淮南子·本经训》:"今至人生乱世之中,含德怀道,拘无穷之智,钳口寝说,遂不言而死者,众矣。"

到任何官衔。过去我们对李白在翰林院的种种荒诞行为,颇难理解,但在待诏制度下,可以得到合理解答。

翰林待诏所带的职事官衔,也反映唐中叶以后,职事官逐渐被阶官化。这些官衔可以为我们考察唐代官制的演变,提供许多非常珍贵的材料。

原载《中国文化研究所学报》(香港中文大学中国文化研究所),
新第 12 期,2003 年,第 69—105 页。

唐代的翰林待诏和司天台

——《李素墓志》和《卑失氏墓志》再考

　　1980 年在西安出土的《李素墓志》和他夫人的《卑失氏墓志》，为一个波斯景教家族在中国做官的情况，提供了绝佳的材料。笔者最近始有机会拜读北京大学荣新江教授的大文《一个入仕唐朝的波斯景教家族》，[①]颇感兴趣和兴奋。此文对李素(744—817)和他儿子李景亮(生于约 792 年后；活跃于817—847 年)的波斯背景，他们的入仕始末，以及他们的景教信仰，都有很精辟的考释，但对李素父子任翰林待诏以及翰林待诏的官衔问题，却着墨不多。笔者近年来研究唐代职官，涉及正字、校书郎、县丞、县尉和翰林待诏等一系列官职，深感《李素墓志》和《卑失氏墓志》不但有助于我们了解一个波斯家族在中国的生活，而且更有助于我们考察唐代的翰林待诏制度以及翰林待诏的官衔。且草此文，就教于荣新江教授及其他专家。

一、翰林待诏制度及其官衔解读

　　李素任职于唐代司天台，历代、德、顺、宪四朝，这点荣新江的大文已有详细讨论，此不赘述。但应当注意的是，李素在司天台任职期间，又同时是个"翰林待诏"。据《李素墓志》，当初他的父亲在广州都督府任别驾，李素原本跟随他父亲在广州。大历(766—779)中，"特奉诏旨，追赴阙庭"，"除翰林待诏，四朝供奉，五十余年"。他夫人的《卑失氏墓志》，更透露他以翰林待诏

---

① 荣新江《一个入仕唐朝的波斯景教家族》，原载《伊朗学在中国论文集》第 2 集，北京大学出版社，1998 年，海外不易见到，现收入他的《中古中国与外来文明》，生活·读书·新知三联书店，2001年，第 238—257 页，笔者始有缘读到。

任司天监时的全套官衔："夫皇朝授开府仪同三司行司天监兼晋州长史翰林待诏上柱国开国公食邑一千户李素"①。这长串官衔，意味着什么？底下将细考。

更可留意的是，李素本人在元和十二年（817）去世时，皇帝为了感谢他长期的服务，还特别召他的儿子李景亮为翰林待诏："帝泽不易，恩渥弥深，遂召子景亮，诘问玄微，对扬无玷，擢升禄秩，以续阙如，起复拜翰林待诏襄州南漳县尉。"换句话说，李景亮也跟他父亲一样，以翰林待诏起家（"襄州南漳县尉"是翰林待诏例常所带的职事官衔，下面再论）。此后，据我们所知，他一直都在任翰林待诏，并任职于司天台。最后，他也跟他父亲一样，官至司天监（司天台的长官，从三品的高官）。

晚唐大诗人李商隐（812—858）在大中元年（847）任桂管观察使郑亚的幕僚时，曾经代郑亚（荥阳公）②写过一篇《为荥阳公贺老人星见表》。文章一开头就说："臣得本道进奏院状报，司天监李景亮奏：八月六日寅时，老人星见于南极，其色黄明润大者。"③这是笔者无意中发现的一条极佳史料，过去似未曾为人注意和引用。李商隐此表的写作年月很清楚。文中所说的"进奏院"，又是其"本道"即桂管派驻京城的机构。它从京城所发来的"状"，消息当最及时、准确、可信，④可证李景亮于大中元年（847）八月正在任司天监。从元和十二年他初任翰林待诏算起，李景亮此时已经在唐宫中服务至少三十年了。

---

① 《李素墓志》和《卑失氏墓志》的录文见周绍良《唐代墓志汇编》，第 2039—2040 页，以及第 2072—2073 页。又见《全唐文补遗》第 3 辑，三秦出版社，1996 年，第 179、186 页。但荣新江上引文说："周编所据拓本欠佳，录文有些缺误，本文据图版重录。"因此笔者引此两墓志，皆根据荣新江的最新录文，见荣书，第 239—243 页。下同，不另出注。

② 郑亚生平事迹最详细的考订，见周建国《郑亚事迹考述》，《文史》第 31 辑，1988 年。

③ 刘学锴、余恕诚校注《李商隐文编年校注》，第 1563 页。刘、余两氏把此文系于"大中元年八月底或九月初"。张采田《玉溪生年谱会笺》卷三，上海古籍出版社，1983 年，第 131 页，同样系于大中元年，但未系月份。

④ 关于唐代的进奏院，较早的研究见张国刚《唐代进奏院考略》，《文史》第 18 辑，1983 年。更详细的研究，见王静《朝廷和方镇的联络枢纽：试谈中晚唐的进奏院》，收于邓小南主编《政绩考察与信息渠道：以宋代为中心》，北京大学出版社，2008 年，第 235—273 页。至于"进奏院状"这种公文的格式和内容，见张国刚《敦煌唐代"进奏院状"辨》，《唐代政治制度研究论集》，台北文津出版社，1994 年，第 267—286 页，引两件敦煌发现的"进奏院状"文书，考辨详细而清晰。李商隐所见到的其本道进奏院状，应当和在敦煌所发现者相同或相似。

　　除李商隐此文之外,《南部新书》也收了一条关于李景亮的资料,并且引了他的一小段奏文,可以证明李景亮一直到大中九年(855)还在任司天监:

　　　　大中九年,日官李景亮奏云:"文星暗,科场当有事。"沈询为礼部,甚惧焉。至是三科尽覆试,宏辞赵秬等皆落下。①

按"日官"指古代掌天文历算之官,典出《左传》桓公十七年:"天子有日官,诸侯有日御。"李景亮任司天监时,应当也跟他父亲一样,还带有翰林待诏等官衔,下面将再细论。这样说来,李素和李景亮便是父子两代都曾担任翰林待诏和司天台的工作,而且前后时间竟长达约七八十年,很有汉代司马谈、司马迁父子两代都为太史令的遗风,也让我们想起高宗、玄宗朝印度籍天文学家瞿昙罗、瞿昙悉达和瞿昙撰等人,接连几代都在唐天文机构担任要职的事。②

　　但什么是翰林待诏? 这是一种怎样的官职? 为什么司天台的工作,要由翰林待诏来担任? 而且,为什么翰林待诏除了司天监这职称外,又还有"兼晋州长史"这样的职事官衔? 有什么意义? 这些正是本文所要讨论的。

　　唐代大诗人李白,当年到长安大明宫,风光一阵,还要高力士为他脱靴。③ 当时他任的正是这个翰林待诏。笔者已有一篇三万多字的长文《唐代的待诏》(现收入本论文集),专论唐代两种类型的待诏(王绩等人的门下省待诏和李白、王叔文、王伾等人的翰林待诏),以及翰林待诏的官衔、社会地位、命运等课题,此不再论。至于翰林院的发展脉络,翰林待诏和翰林学士的分别,翰林供奉的指称意义,近年的专书和论文甚多,所论已详,④这里只

---

① (宋)钱易《南部新书》戊卷,黄寿成点校,中华书局,2002年。关于大中九年这场考试风波的详细背景和讨论,见王勋成《唐代铨选与文学》,第290—291页。

② 江晓原《六朝隋唐传入中土的印度天学》,(台北)《汉学研究》第10卷第2期,1992年;葛承雍《唐代长安印度人之研究》,《唐研究》第6卷,2000年,第314—315页。按汉代的太史令,既管天文,又是史官。唐代的司天台早期即称为"太史局",司天监为"太史令"。详见《唐六典》卷一〇,第302页;《新唐书》卷四七,第1215—1216页。

③ 朱玉麒有一文《脱靴的高力士:一个文学配角的形成史》,载《唐研究》第7卷,2001年,第71—90页,探讨高力士替李白脱靴的传说及其文化意义,很有新意。

④ 袁刚《唐代翰林院诸伎术杂流》,《江西社会科学》1990年第1期,以及孙永如《唐代的翰林待诏》,《扬州师院学报》1995年第3期,最先提及翰林待诏和翰林学士的区别。毛蕾的专书《唐代翰林学士》第五章《附论:唐代的翰林院与翰林待诏》,第156—180页,则更深入和全面 (转下页)

简单交代。

唐代的翰林院是在玄宗开元初即位时设立的,但设置年月史书不载,难以考订。早期的翰林院有两种人:一种是像张说、张九龄等有文采的高官,负责掌制诰、备顾问等,地位崇高;另一种是书画工艺、医卜天文等杂色人,地位卑下。这两类人当时都泛称"翰林供奉"。但从开元二十六年(738)起,为了把张说、张九龄等文词高官和书画医卜等杂色供奉区分开来,翰林院之南便另外建了一座学士院,专处像张说、张九龄等高官。从此,翰林院便分为两个部分:一为翰林待诏院,一为翰林学士院。在待诏院供奉的,称为翰林待诏。在学士院供奉的,称为翰林学士。至于"翰林供奉",可说是个不明确的统称。在开元二十六年之前,它可以指翰林杂色待诏,也可以指张说等高官。但自从翰林学士院成立之后,翰林供奉这个职称在史料中便越来越少见,中晚唐偶尔出现,一般也多指翰林待诏。

翰林待诏是一种没有官品的使职。[①] 任此官者大多出身寒微,没有功名科第,纯以个人才艺如书、画、琴、棋、医、天文、五行、僧道等入翰林院待诏,以侍候皇帝在这些方面的需要。他们都以皇帝名义征召,非经吏部铨选,可说是皇帝的近侍。任待诏数年之后,他们可能取得各种官衔,包括散官、职事官、勋官,甚至爵位。翰林待诏当中,有官衔高至从三品的司天监和秘书监,也有低至八、九品的参军和主簿。有些翰林待诏还挂外官职,如"晋州长史"等等。

例如翰林待诏中有一位书待诏唐玄度,身份地位不高,在两《唐书》中都无传。然而,由于他是个书待诏,曾经负责为不少墓志碑石篆盖或篆额,结

(接上页)探讨此课题。毛蕾此书也对翰林院的前后发展脉络有清楚论述。过去中、日、韩、英、法学者对翰林院论述甚多,详见胡戟等编《二十世纪唐研究》,中国社会科学出版社,2001年,第95页的学术史回顾。主要论文有刘健明《论唐代的翰林院》,《食货》(台北)第15卷第7—8期合刊,1986年;辛德勇《大明宫西夹城与翰林院学士院诸问题》,《陕西师范大学学报》1987年第4期;袁刚《唐代的翰林学士》,《文史》第33辑,1990年;赵雨乐《唐代翰林学士院与南北司之争》,《唐都学刊》2001期第1期;杜文玉《唐大明宫内的几处建筑物的方位与职能——以殿中内省、翰林院、学士院、金吾仗院、望仙观为中心》,《唐史论丛》第19辑,2014年,第23—42页。傅璇琮一系列论翰林学士的论文,现收于他的《唐翰林学士传论》,辽海出版社,2005年,以及《唐翰林学士传论·晚唐卷》,辽海出版社,2007年。又见马自力《唐代的翰林待诏、翰林供奉、翰林学士》,《求索》2002年第5期。

① 关于使职的性质和定义等,详见拙著《唐代高层文官》,第17—52页。

果他的名字、手迹和结衔，反而保存在出土石刻中。从这些石刻材料，可以考见他任翰林待诏十多年的官衔变化，见表一：

表一　石刻中所见唐玄度的待诏年代和官衔表①

所书碑志及年代	碑上结衔	材料出处
《左威卫将军李藏用碑》（大和四年 830）	礼部侍郎翰林学士王源中撰；翰林待诏唐玄度篆额	《集古录目》卷九，叶 11 下
《六译金刚经》（大和六年 832）	经刻于上都升唐寺，文宗诏取其本使待诏唐玄度集王羲之书	《集古录目》卷九，叶 12 上
《升元刘先生碑》（大和七年 833）	刑部侍郎冯宿撰；右司郎中柳公权书；翰林待诏唐玄度篆额	《集古录目》卷九，叶 12 下
《新加九经字样序》（开成二年 837）	覆定石经字体官朝议郎权知沔王友翰林待诏上柱国赐绯鱼袋唐玄度撰	《金石萃编》卷一〇九，叶 16 下
《唐玄度十体书》（无年代）	翰林待诏沔王友唐玄度书	《集古录目》卷十，叶 3 上
《何进滔德政碑》（开成五年 840）	翰林承旨兼侍书学士工部侍郎柳公权撰并书；翰林待诏梁王府司马唐玄度篆额	《集古录目》卷十，叶 2 上下
《大唐故安王墓志铭并序》（开成五年 840）	翰林待诏朝议郎守梁王府司马上柱国赐绯鱼袋臣唐玄度奉敕篆额	《唐代墓志汇编续集》第 940 页
《司徒刘沔神道碑铭》（大中二年 848）	翰林待诏朝议郎守越州都督府司马上柱国元□模勒并篆额	《八琼室金石补正》卷七四，第 512 页

　　从上表来看，唐玄度在大和四年到七年当翰林待诏，是没有任何职事官衔的，仅有翰林待诏的名号。七年后，到了开成二年，我们才见到他有了"覆定九经字体官朝议郎权知沔王友"等官衔。"覆定九经字体官"亦非唐代九品三十阶内的职事官，仅是临时编派的一个使职。《旧唐书·文宗纪》开成二年条下，仍称唐玄度为"翰林勒字官"②，可证这才是他在翰林待诏院的职

---

① 此表据毛蕾《唐代的翰林学士》，第 159—162 页的《唐代书待诏表》重编。但笔者所用《集古录目》为清缪荃孙校辑，台北艺文印书馆 1967 年《石刻史料丛书乙编》本，卷数和毛蕾所引不同。此外，《安王墓志》和《刘沔神道碑》为笔者所添补。安王即李溶，唐穆宗的第四子。此碑为唐玄度"奉敕篆额"，可知翰林书待诏和皇帝的亲近，经常在皇室的敕命下从事书碑篆额的工作。

② 《旧唐书》卷一七下，第 571 页。

称(一种使职)。至于"朝议郎",为正六品上的文散官,"沔王友"则是他挂职领俸的寄禄官。沔王即李恂,宪宗的儿子,在长庆元年(821)封王。

到了开成五年,我们又在两通石碑上见到唐玄度新的职事官衔:"梁王府司马",而且还知道他的勋官衔"上柱国"。他显然升官了,但此时他已经在翰林院充当了至少十年的待诏。又过了约八年,在大中二年,唐玄度的名字又再次出现在石碑上,这回是替一个高官司徒刘沔的神道碑"模勒并篆额"。此时他任翰林待诏应当已有至少十八年了,而且他的职事官衔也改为"越州都督府司马",显然又升官了。①

唐玄度的这个案例,很清楚地显示翰林待诏的整套官衔结构是怎样的。其中最特别的一点,就是翰林待诏竟带有一个"虚"的职事官衔。他显然并没有担当该职事官衔所标示的职务。我们知道,唐玄度一直都在长安大明宫中任翰林待诏。这是表一中他八个结衔唯一固定不变的职称。他不可能又同时在越州都督府任司马。此职事官衔是个"虚位",类似宋初官制中所谓的"寄禄官"②。像唐代翰林待诏所带的这种职事官衔,也正是宋代"寄禄"制度的渊源。这也意味着,翰林待诏除了带有使职官名以及文散官外,他们还带有一职事官以"挂职领俸"。这虽然有些类似唐代以某某"本官"去出任某某使职的办法,③但可能因为翰林待诏是一种伎术官僚,是一种"浊官",不同于尚书、侍郎等"清官",所以翰林待诏所带的这些职事官,在唐史料中并没有被称为是"本官",而另成一套系统。

细读这些翰林待诏的官衔,可以发现,他们的官衔不管怎样改变,但"翰林待诏"这一个却始终是恒常不变的。这意味着,翰林待诏一旦进了待诏院,他就永远是待诏一个。相比之下,翰林学士被召入翰林学士院服务,一般只有短短的几年,他们就会"出院",继续到其他官署做官。出院以后,他们就不再是翰林学士了。然而,翰林待诏一般却没有"出院"这回事。除了少数特殊案例,如王叔文和王伾等人外,翰林待诏的职称是固定不变的,比

---

① 因为避讳的关系,唐玄度的名字也常作"唐元度"。刘沔神道碑上虽缺"度"字,但从官衔和时代来看,应当是"元度",亦即唐玄度无疑。

② 关于宋初的寄禄官制,见梅原郁《宋初的寄禄官及其周围》,原载《东方学报》(京都)第 48 册(1975),中译本见《日本学者研究中国史论著选译》第 5 册,中华书局,1993 年,第 392—450 页。

③ 拙著《唐代高层文官》,第 6—9 页。

如唐玄度和李素父子,在待诏院数十年,都带有这官衔。

像唐玄度这种翰林待诏的结衔,有散官,有勋官,又带个"虚"的职事官衔者,墓志中还有不少。且再举数例如下:

1. 将仕郎守衡州司仓参军翰林待诏毛伯良书①
2. 承务郎行饶州余干县尉翰林待诏郗从周撰并书②
3. 朝议郎守梁州都督府长史武阳县开国男翰林待诏韩秀实书③

这三个例子也显示,翰林待诏若服务一段时间以后,有了官衔,则他们的官衔包含至少两个部分,一是散官,如上引的"将仕郎""承务郎"和"朝议郎"等;另一则是职事官衔,如"衡州司仓参军""饶州余干县尉"和"梁州都督府长史"等。第三例的韩秀实,甚至还多了个爵号"武阳县开国男"。再如书待诏刘讽的官衔变化,更可让我们考察他的升迁:

1. 翰林待诏儒林郎守常州司仓参军骑都尉刘讽书(大和三年)④
2. 翰林待诏儒林郎守汴州司户参军骑都尉刘讽书(大和九年)⑤

刘讽从大和三年(829)到大和九年(835),都在任翰林待诏。他结衔上唯一的改变,是他的职事官衔,从"常州司仓参军"改为"汴州司户参军"。常州和汴州都在外地,离长安千里以上。刘讽既然在长安宫中任翰林待诏,当不可能又同时在常州或汴州任判司(唐制:诸曹参军通称"判司"),可证他的两个判司职都是"虚"衔,亦可证翰林待诏的升迁,可以用这种职事衔的官品上升来表示,并非以散官。他的文散官儒林郎和勋官骑都尉,六年之间反而都没有改变。事实上,到了唐后期,散官的作用只是决定官员们的章服颜色,并不表示官位的升迁。

又如另一个书待诏毛伯贞:

---

① 周绍良、赵超编《唐代墓志汇编续集》,上海古籍出版社,2002年,第800页。
② 《唐代墓志汇编续集》,第859页。
③ (清)胡聘之编《山右石刻丛编》卷七,山西人民出版社,1988年影印清光绪辛丑1901年原刻本,第37页。
④ 《唐代墓志汇编续集》,第898页。
⑤ 《唐代墓志汇编续集》,第921页。

1. 朝议郎行吉州司功参军上柱国翰林待诏毛伯贞撰并书（开成元年）①
2. 翰林待诏朝请大夫行舒州长史上柱国赐绯鱼袋毛伯贞撰并篆（大中五年）②
3. 翰林待诏朝请大夫守襄州长史上柱国赐绯鱼袋毛伯贞篆盖（大中十二年）③

毛伯贞此例最值得注意的是，他在翰林待诏的年岁相当长，至少从开成元年（836）到大中十二年（858）都在任翰林待诏，前后长达二十二年（李素父子不也待诏长达数十年吗？）。他所挂的职事官都是外官，从司功参军升到长史。他的上柱国是勋官当中最高的一转。

再如张宗厚：

1. 翰林待诏将仕郎前守右威卫长史臣张宗厚奉敕书（咸通四年）④
2. 翰林待诏将仕郎守凉王府咨议参军臣张宗厚奉敕书（咸通七年）⑤

和毛伯贞不一样的是，张宗厚似乎没有勋官。他的结衔有"奉敕"两字，因为他是奉皇帝的敕命，去为两通公主的墓志书志。他挂的两个职事官，都属京官（其中"右威卫长史"，也出现在李景亮的官衔中）。但这并不表示，翰林待诏只能单挂京官，或单挂外官。我们也找到先挂外官，后挂京官的例子，如董咸：

1. 翰林待诏承奉郎守建州长史董咸书篆（咸通五年）⑥
2. 翰林待诏承奉郎守殿中省尚药奉御臣董咸奉敕篆盖（咸通七年）⑦

即先挂外官"建州长史"，两年后即有升迁，改挂京官"殿中省尚药奉御"。董咸第二例有"奉敕"两字，因为他也是奉皇帝敕命，去给文宗第四女的墓志《唐故朗宁公主墓志铭》"篆盖"。这显示翰林待诏和皇室的"私密"程度。隔

① 《唐代墓志汇编续集》，第 927 页。
② 《唐代墓志汇编续集》，第 991 页。
③ 《唐代墓志汇编续集》，第 1015 页。
④ 《唐代墓志汇编续集》，第 1044 页。
⑤ 《唐代墓志汇编续集》，第 1065 页。
⑥ 《唐代墓志汇编续集》，第 1051 页。
⑦ 《唐代墓志汇编续集》，第 1069 页。

了约五年,在咸通十二年(871)的一通墓志上,我们又发现董咸,这回他又升官了,不但有上柱国的最高勋衔,还有赐紫金鱼袋,而且他的文散官也从承奉郎(从八品上)升为朝散大夫(从五品下):

> 翰林待诏朝散大夫守殿中省尚衣奉御上柱国赐紫金鱼袋臣董咸奉敕篆盖[①]

从唐代官制演变上看,翰林待诏以职事官作为他们的"寄禄"官,并以之表示升迁,很有意义。这类似唐代许多官员,经常以某某职事官为"本官",去出任种种使职一样。但这也往往构成一个"陷阱"。现代学者一不小心,往往会误以为这些职事官是实有其职。

上引的石刻史料例子,全属中晚唐时期,这是因为中晚唐的例子最多,但唐前期的例子也并非没有,只是比较少见,如《集古录目》卷七录《礼部尚书徐南美碑》,下云:

> 大理评事陶翰撰,翰林待诏左卫率府兵曹参军蔡有邻八分书。……碑以天宝九年(750)立。[②]

即为可考的最早一例。这位翰林待诏蔡有邻所带的职事官"左卫率府兵曹参军",应当只用作他的寄禄官而已。此外,上元二年(761)所立的《刘泰芝志》,由"朝议郎行卫尉寺丞翰林待诏刘秦书"[③],刘秦所带的职事衔"卫尉寺丞",也仅是他的寄禄官。由此可证,石刻中的翰林待诏结衔,可以为我们查考的唐代职事官,如何演变成寄禄官,且沿用到北宋,提供许多珍贵的补证资料。《李素墓志》和《卑失氏墓志》保存了唐代两个天文待诏的名字和官衔,更是罕见而珍贵。

二、李素父子的入仕和官衔

不过,以上所引用的翰林待诏全套结衔,全都是属于书待诏的。由于书

---

① 《唐代墓志汇编续集》,第 1091 页。
② 欧阳棐《集古录目》卷七,叶 5 上。
③ 《唐代墓志汇编》,上元 001。

待诏的工作之一,是负责书写碑石,所以他们的结衔才得以随着碑石在近代出土而流传下来。至于画待诏、医待诏和其他色艺待诏,他们的结衔又是怎样的呢? 据笔者所知,其他色艺待诏的官衔,在墓志中偶尔可见,但为数不多。至于天文待诏的官衔,则仅见于《李素墓志》和《卑失氏墓志》了。

了解了翰林待诏的这种官衔,我们回过头来看波斯人李素父子以翰林待诏任职司天台时的官衔,当会有新的领悟。《李素墓志》和《卑失氏墓志》,除了透露一个波斯家庭在中国朝廷任官的史事外,还有最珍贵、最重要的一点,就是它们保存了唐代翰林天文待诏的全套官衔。这是其他地方找不到的,也是极罕见的史料。正因为罕见,毛蕾在她那本专书中,一时不察,以为墓志上所见的翰林待诏,都是书待诏,结果把李素父子错列入书待诏来制表,不知道这对父子原来是管天文的。①

李素在大历中,"特奉诏旨,追赴阙廷","除翰林待诏"时,他的职事官衔是什么? 可惜他的墓志未书,我们不得而知。或许他跟李白一样,初任翰林待诏,可能一时并没有职事官衔也说不定。至于朝廷为何万里迢迢,把一个波斯人从广州召到长安京城任翰林待诏,管天文星历? 荣新江已有一解:"显然,李素所学的天文历算之学,不是中国传统的一套,而是另有新意,否则唐中央朝廷似不会如此远求贤才。另外一个原因,恐怕是执掌司天台的印度籍司天监瞿昙撰于大历十一年(776)去世,需要新的人才补充其间。"②这当然都是可能的事。不过笔者认为,《唐会要》有一条材料,或许更能够解释为什么李素会被万里征召:

> 大历二年(767)正月二十七日敕:"艰难以来,畴人子弟流散,司天监官员多阙,其天下诸州官人百姓,有解天文玄象者,各委本道长吏具名闻奏,送赴上都。"③

李素被召,正是在"大历中",跟上引此敕的年代完全相合,看来主要原因是当时安史乱后,"畴人子弟流散,司天监官员多阙"。而且,他极可能是由广州岭南道的长吏(甚至他自己的父亲广州都督府别驾),"具名闻奏,送赴上

---

① 毛蕾《唐代翰林学士》,第 161 页。
② 荣新江《中古中国与外来文明》,第 246 页。
③ 《唐会要》卷四四,第 933 页。

都"的(上都指长安)。按李素死于元和十二年(817),享年七十四,则他当生于天宝三载(744),大历中还非常年轻,才不过二十刚出头。他刚被召回时,应当也只是以翰林待诏的名义,在司天台从一个低层小官做起。这里值得注意的是,李素入仕,是被皇帝征召为翰林待诏,非经吏部铨选。这点也跟李白、吴筠等人被召为待诏的过程,完全一样。

大历十一年,印度籍司天监瞿昙撰去世时,李素也才不过33岁,似乎太年轻,不足以当上司天监这种从三品的高官。他当上司天监,应是后来的事。至少我们从其他史料知道,德宗贞元八年(792)的司天监都还不是他,而是徐承嗣。《唐会要》卷四二《日蚀》部分记录了德宗朝的七次日蚀。且看其中一次的记载:

> 〔贞元〕八年十一月壬子朔,日有蚀之,上不视朝。司天监徐承嗣奏:"据历数,合蚀八分,今退蚀三分,计减强半。准占,君圣明则阴匿而潜退。请宣示朝廷,编诸史册。"诏付所司。①

唐代的司天监只有一员。② 贞元八年,李素才49岁,还算中年。这年的司天监是徐承嗣,不是他。他死时74岁,墓志上的确有司天监的职称:"公往日历司天监,转汾、晋两州长史,出入丹墀。"看来他很可能是在50岁以后,继徐承嗣之后,才当上此官;至少,应当是在792年以后的事。

徐承嗣也是唐代有名的天文历算家。《资治通鉴》建中三年(782)条下载:"司天少监徐承嗣请更造《建中正元历》。从之。"③可知他早在十年前就当上司天少监(司天台的第二号人物),而且请更造"建中正元历"。此历到宋代犹存。《宋史·艺文志》即列有"徐承嗣《唐建中贞元历》三卷",又列他的另一天文著作"《星书要略》六卷"。④

我们不禁要问:德宗建中三年,李素不也正在司天台任职吗?而且已经服务十多年了(从大历中他被召回长安算起),资历不可谓不深,但为何造

---

① 《唐会要》卷四二,第890页。此条亦见于《旧唐书》卷三六《天文志》,第1318页,但文字略简。

② 《旧唐书》卷四三《职官志》,第1855页。

③ 《资治通鉴》卷二二七,第7337页。

④ (元)脱脱等《宋史》卷二〇六,中华书局,1985年,第5233页。"贞元历"应为"正元历"之误。新旧《唐书》的《天文志》和《历志》中,只有"正元历",没有"贞元历"此词。

德宗建中正元历的,不是他,而是徐承嗣? 或许李素那时的资历,还不如徐承嗣?

更进一步考察,宪宗朝又颁行新历。《新唐书·天文志》说:"宪宗即位,司天徐昂上新历,名曰《观象》。起元和二年(807)用之。"①这里仅称徐昂为"司天",不知是否脱一"监"字? 李素这年64岁,亦不知是否已升任司天监。但显然他并没有参与徐昂所上的《观象历》。到了长庆二年(822),穆宗即位后,更把徐昂的《观象历》改编为《宣明历》来颁行。② 如此看来,李素墓志上所说"四朝供奉,五十余年"的真正含义,以及他对唐代司天台的真正贡献,或许应当重新检讨。

顺此一提,《李素墓志》说他"四朝供奉,五十余年",恐怕只是一个大略的说法,并非表示他真的在司天台工作了五十余年,因为即使他早在大历二年(767)那道征"解天文玄象者"的敕令发出时,就马上被召回长安,到他817年去世时,也只不过是刚好五十年罢了。这五十年的算法,也假设他一直工作到去世时的高龄74岁为止,不曾退休。

李素刚入翰林待诏,是否带有职事官衔,史料不详。不过,在他死后,他的儿子继承父业任待诏,倒是很快就有一个职事官衔:"起复拜翰林待诏襄州南漳县尉。""襄州南漳县尉"即他任待诏时的职事官衔。按李素死于元和十二年(817),于元和十四年迁葬,《李素墓志》即刻于819年。李景亮的这个职事官衔,见于《李素墓志》,所以应当是他在817到819年之间任待诏时所获得的。如果和上引唐玄度待诏了约七年始有职事官衔相比,李景亮可说很快就获授职事官衔。但这也是很可理解的,正如墓志上所说,可视为"帝泽不易,恩渥弥深"的结果,是一种恩泽,因为他父亲曾以翰林待诏在司天台工作长达四五十年。荣教授说:

> 李景亮"袭先君之艺业,能博学而攻文,身没之后,此乃继体","起复拜翰林待诏襄州南漳县尉"(《李素志》),是诸子中唯一继承父业的人。襄州在山南道,《卓失氏志》说他任"宣德郎起复守右威卫长史翰林待诏赐绯鱼袋",表明他后来回到京城,在右威卫任长史,但不知他以后

---

① 《新唐书》卷三〇上《历志》,第739页。
② 《资治通鉴》卷二四二,第7823页。

的情形如何。①

从这段引文来看,荣教授显然把李景亮的"襄州南漳县尉"和他后来的"右威卫长史",都看成是"真有其事"的实职,即他曾经去襄州担任过南漳县尉,后来又回到京城十六卫之一的右威卫任长史。但从我们以上所考的翰林待诏官衔结构来看,这是不太可能的事,因为第一,翰林待诏许多照例都带有一个"寄禄"的职事官衔。第二,皇帝既然召他任翰林待诏,又怎么会同时要他跑去襄州南漳任县尉? 此"襄州南漳县尉",应当只是他的寄禄官而已。至于"右威卫长史",应当跟上引唐玄度的"沔王友"和"梁王府司马"等官一样,也都是寄禄官。否则,李景亮又怎能"袭先君之艺业"? 他的"先君"所任的,不就是翰林待诏和司天台的工作吗?

再深一层考察,我们知道,李景亮的那两套官衔,都有很明确的年代。他最初的"起复拜翰林待诏襄州南漳县尉",见于元和十四年(819)他父亲的墓志上。至于"宣德郎起复守右威卫长史翰林待诏赐绯鱼袋",则见于长庆三年(823)他母亲的《卑失氏墓志》上。但两者都有"翰林待诏"此衔,可以证明这才是他一直都在担任着的职务,而且可知他至少从819年到823年都在任翰林待诏,已有大约四年。但由于翰林待诏本身没有官品,所以他的升迁,是以职事官衔"襄州南漳县尉"升为"右威卫长史"来表示。这跟上引许多翰林待诏的官衔是一致的。

其实,唐代中叶以后这种用职事官来"寄禄"的方式,并不只限于翰林待诏而已。据笔者的考察,举凡没有官品的使职,都可能用此方法。比如最常见的翰林学士,即例必带一个职事官衔。白居易任此职时,即以"左拾遗"这个职事官衔,"充翰林学士"②。他自己也常以此两官并提,如在《香山居士写真诗并序》即说:"元和五年(810),予为左拾遗、翰林学士。"③又在《曲江感秋二首并序》中说:"元和二年、三年、四年,予每岁有《曲江感秋》诗,凡三篇,编在第七集卷。是时予为左拾遗、翰林学士。"④

① 荣新江《中古中国与外来文明》,第253页。
② 《白居易年谱》,第41页。
③ 顾学颉校点《白居易集》卷三六,中华书局,1979年,第824页。
④ 《白居易集》卷一一,第224页。

　　唐代的集贤院校理，跟翰林学士及翰林待诏一样，也是个没有官品的使职，所以集贤校理例必带一职事官衔，尤以带县尉职最常见。例如段文昌"授登封尉、集贤校理"①。又如冯宿的弟弟冯定："权德舆掌贡士，擢居上第，后于润州佐薛苹幕，得校书郎，寻为鄠县尉，充集贤校理。"②再如杨鳞，"登第后补集贤校理，蓝田尉"③。这样的例子太多了，不赘引。这三个集贤校理所带的"登封尉""鄠县尉"和"蓝田尉"，都是寄禄官。他们真正的工作场所，是在长安大明宫中的集贤院。李景亮"起复拜翰林待诏、襄州南漳县尉"，应当也作如是观。

　　荣新江说"不知他以后的情形如何"。其实，我们对李景亮后来的情况，倒是略知一二。白居易的文集中还保存了当年李景亮获授另一官的任命敕：

　　　　翰林待诏李景亮授左司御率府长史，依前待诏制

　　　　敕：某官李景亮：夫执艺事上者，必揆日时计劳绩，而后进爵秩，以旌服勤。况待诏宫闱，饬躬晨夜，比于他职，宜有加恩。宫坊卫官，以示优奖。可依前件。④

这是他获授"左司御率府长史"的敕书。"左司御率府长史"是太子东宫中的一个职事官，但此敕上清楚注明"依前待诏"。换句话说，李景亮得了"左司御率府长史"这个职事衔，只是"宜有加恩"，"以示优奖"他的"劳绩"而已。他还是"依前待诏"，即继续担任翰林待诏。这点正可证明前面所说，翰林待诏的职事官衔，是为了升迁和寄禄罢了。可惜的是，白居易所写的这篇敕，没有明确的日期。但我们知道，他是在元和十五年（820）十二月二十八日开始以主客郎中的身份"知制诰"⑤，到次年长庆元年（821）十月十八日，他即"转中书舍人"⑥。所以此敕应当作于 821 年。如此看来，李景亮的官职变化可以列如下表二：

---

① 《旧唐书》卷一六七，第 4368 页。
② 《旧唐书》卷一六八，第 4390—4391 页。
③ 《旧唐书》卷一七七，第 4600 页。
④ 《白居易集》卷五一，第 1077 页。
⑤ 《白居易年谱》，第 110 页。
⑥ 《白居易年谱》，第 117 页。

表二　已知的李景亮官衔和年代

年　代	官　　衔	出　处
元和十四年(819)	翰林待诏襄州南漳县尉	《李素墓志》
长庆元年(821)	翰林待诏李景亮授左司御率府长史,依前待诏	《白居易文集》卷五一
长庆三年(823)	宣德郎起复守右威卫长史翰林待诏赐绯鱼袋	《卑失氏墓志》
大中元年(847)	司天监	李商隐《为荥阳公贺老人星见表》
大中九年(855)	日官(司天监)	《南部新书》戊卷

上引李商隐的《为荥阳公贺老人星见表》,可证李景亮在大中元年时为司天监,但他是在哪一年成为司天监的? 又在哪一年离职? 可惜史料残缺,我们不得而知,只知道晚至开成年初,他还不是司天监,因为文宗开成年间有一位司天监叫朱子容,见于《旧唐书·天文志》:

> 开成二年……三月甲子朔,其夜,彗长五丈,岐分两尾,其一指氐,其一掩房,在斗十度。丙寅夜,彗长六丈,尾无岐,北指,在亢七度。文宗召司天监朱子容问星变之由,子容曰:"彗主兵旱,或破四夷,古之占书也。然天道悬远,唯陛下修政以抗之。"[1]

可知837年的司天监是朱子容。李景亮任司天监应当至少在朱子容之后,即837年之后。但他终于最迟在847年当上司天监,此时距离他刚开始待诏翰林那年(817),已有足足三十年之久了。然而,司天监是从三品的高官。这样的高官得花三十年才能当上,亦不出奇。

此外,李商隐也没有告诉我们,李景亮任司天监时的全套官衔是什么。但我们推测,他任司天监时,应当也带翰林待诏,更带另一职事官衔,以及散官、勋官、爵和食封等,正如他父亲李素官至司天监时的官衔一样:

> 开府仪同三司行司天监兼晋州长史翰林待诏上柱国开国公食邑一千户

---

[1] 《旧唐书》卷三六,第1333页。

李素的每个官衔都很高。"开府仪同三司"是从一品的文散官;"司天监"和"晋州长史"都是职事官;"上柱国"是最高一转的勋官;"开国公食邑一千户"是正二品的爵和食封。① 这里最可注意的是,以李素为例,翰林待诏若出任司天监,则司天监本身已经是个很高层的职事官(从三品),但他依然照例"兼"(同时带有)另一个职事官,而且是官品较低的"晋州长史"(晋州属上州,长史从五品上)。这可能是翰林待诏出任司天监时的特殊情况,也反映翰林待诏任职司天台是一种特别安排,因为天文星历不但是一种专业,而且还是一种相当"机密"的工作(论见下)。翰林待诏属皇帝的近侍。由他们来出任司天台机密的工作,正是很巧妙的安排。

翰林待诏的种类很复杂,主要有书待诏、画待诏、棋待诏、医待诏、琴待诏、僧道、五行待诏等等,各以个人的本事服侍皇帝。他们一般隶属翰林待诏院(翰林学士则在翰林学士院轮直,和翰林待诏不同),但史料上可以发现,翰林待诏可能奉皇帝所召,充当指派的工作。例如永贞事件的主角王叔文,任的是棋待诏,但他却是被派去陪皇太子下棋的,而且时间长达十八年之久。另一主角王伾,任的是书待诏,他也是被派去东宫,教李诵写字:

> 上(指顺宗李诵)学书于王伾,颇有宠;王叔文以棋进:俱待诏翰林,数侍太子棋。②

难怪二王可以和李诵建立那么深厚的友谊和信任,以致在李诵上台后迅速夺得大权。

波斯人李素,专长天文星历,比书画琴等待诏更专业,看来需有专门仪器以观察天文星象。所以他任翰林待诏时,奉皇帝之命,派驻司天台。也因为这样,他最后才得以官至司天台的长官司天监。但值得注意的是,他任司天监时,依然还保留翰林待诏的职称,而且跟许多翰林待诏一样,还兼带另一个"虚"的职事官"晋州长史"。这可说是天文待诏和其他待诏有些不同的地方。

---

① 关于食封,见韩国磐《唐代的食封制度》,《唐代社会经济诸问题》,台北文津出版社,1999 年,第 127—142 页;黄正建《关于唐代封户交纳封物的几个问题》,《中国史研究》1983 年第 4 期。
② 《顺宗实录》卷一,《韩昌黎文集校注》,第 696 页。

还可一提的是,李素和他儿子李景亮,显然皆非科第出身,[①]纯以本身专业的天文星历知识入仕。这样的入仕,不在吏部的铨选范围内。最好的办法自然是由皇室征召为翰林待诏,就像李白、王叔文、王伾等人入仕的方法一样。印度籍天文学家瞿昙罗、瞿昙悉达和瞿昙撰几代,是否也如此以待诏办法入仕,史料阙如,不得而知。但李素父子以翰林待诏官至司天监,在唐史上却不是唯一的案例。唐代至少还有一人,即肃宗朝的韩颖,也像李素父子一样,既是翰林待诏,又是司天监。

三、韩颖和司天监

关于韩颖,我们不但可以考他任翰林待诏升官的年月,还可以明确知道他如何执行司天监的职务。《新唐书·历志》说:

> 至肃宗时,山人韩颖上言《大衍历》或误。帝疑之,以颖为太子宫门郎,直司天台。又损益其术,每节增二日,更名《至德历》,起乾元元年(758)用之,讫上元三年(762)。[②]

《唐会要》卷四二《历》条下说:

> 乾元元年六月十七日,颁山人韩颖等所造新历,每节后加旧历二日。[③]

《资治通鉴》肃宗乾元元年条下的记载当即根据以上两条:

---

① (清)徐松《登科记考》卷二七,中华书局,1984 年,第 1098 页,引韩愈《李素墓志》,即《河南少尹李公墓志》,把一位李素列为明经及第。但韩愈的《河南少尹李公墓志》,《韩昌黎文集校注》卷六,第 367 页说:"元和七年(812)二月一日,河南少尹李公卒,年五十八。"这位李素不论在官职、去世年月和年龄各方面,都跟本文所论的司天监李素不合,显然另有其人。《登科记考》卷一三,第 493 页,又引《册府元龟》和《唐会要》,说有一位李景亮中制科。细查《唐会要》卷七六,第 1645 页,此李景亮乃贞元十年(794)十二月中制举及第。但本文所论的李景亮生年虽不详,却应当生于贞元八年(792)以后,因为他父亲李素,是在他原配夫人去世后,"以贞元八年,礼聘卑失氏"的,而李景亮是卑失氏的"长子"(俱见《李素墓志》),在 794 年若已出生,最多也只有三岁,不可能制举及第,所以《唐会要》和《登科记考》中的李景亮,也是另有其人。
② 《新唐书》卷二七下,第 635 页。
③ 《唐会要》卷四二,第 880 页。

　　　　山人韩颖改造新历，〔六月〕丁巳，初行颖历。①

刚开始待诏时，韩颖显然没有官衔，所以《新唐书》《唐会要》和《资治通鉴》都
只称他为"山人"，即从事占卜五行职业者。② 他上言唐僧一行所创的《大衍
历》③"或误"，于是肃宗就给了他"太子宫门郎"的职事官衔，令他"直司天
台"。这是典型的以某一职事官任某一使职的办法。到了乾元元年六月十
七日，他所创的新历《至德历》，便取代沿用了数十年的《大衍历》。再隔不到
四个月，在乾元元年十月一日的时候，我们发现他竟升官了，升为"权知司天
监"。从太子宫门郎（从六品下）升为司天监（从三品），韩颖可说是升官极
快。《唐会要》说：

　　　　乾元元年十月一日，权知司天监韩颖奏："司天台五官正，既职配五
　　方，上稽五纬。臣请每至正冬朔望朝会及诸大礼，并奏本方事，各依本
　　方正色，其冠上加一星珠，仍永为恒式。"从之。④

《通典》亦载此事，但文字略有不同：

　　　　乾元元年十月，知司天台事韩颖奏："五官正，奏敕创置，其官职配
　　五方，上稽五纬。臣请冠上加一星珠，衣从本方正色。每至正冬朔望朝
　　会及诸大礼，即服以朝见，仍望永为恒式。"奉敕旨宜依。⑤

从他所奏的事项来看，韩颖明确地是在行使司天监的职务，代表司天台条陈
他台内的事。"五官正"是乾元元年刚设的官职，为正五品官，"有春、夏、秋、
冬、中五官之名"⑥。他此奏的主旨，就是要替五官正这些新官，争取在他们

---

① 《资治通鉴》卷二二○，第 7056 页。

② 关于唐代的占卜，见黄正建《敦煌占卜文书与唐五代占卜研究》，学苑出版社，2001 年。

③ 关于一行和他的大衍历的计算，详见曲安京《正切函数表在唐代子午线测量中的应用》，《汉学研
　究》第 16 卷 1 期，1988 年；又见 Ang Tian Se（洪天赐）的博士论文（由何丙郁教授指导）"I-Hsing
　（683 – 727 AD）：His Life and Scientific Work"（Ph.D. Dissertation, Kuala Lumpur, University
　of Malaysia, 1979），最新的一行生平研究见 Jinhua Chen, "The Birth of a Polymath: The
　Genealogical Background of the Tang Monk-Scientist Yixing（673 – 727），" T'ang Studies, 18/
　19（2000 – 2001）: pp.1 – 40. 此文细考一行应当生于 673 年，非过去学界所接受的 683 年。

④ 《唐会要》卷四四，第 933 页。

⑤ 《通典》卷五七，第 1615 页。亦见《唐会要》卷三一，第 675 页，文字略同。

⑥ 《旧唐书》卷四三，第 1856 页。

的"冠上加一星珠，衣从本方正色"。值得注意的是，《唐会要》称他为"权知司天监"，《通典》则称他为"知司天台事"，两者含义约略相同，也就是请他去"知"（负责）司天台的职务。

到了上元二年（761），史籍已称他为司天监，如《旧唐书·天文志》：

> 其年建子月癸巳亥时一鼓二筹后，月掩昴，出其北，兼白晕；毕星有白气从北来贯昴。司天监韩颖奏曰："按石申占，'月掩昴，胡王死'。"①

至于韩颖的翰林待诏职称，见于《新唐书》："有韩颖、刘烜善步星，乾元中待诏翰林，颖位司天监，烜起居舍人，与辅国昵甚。"②又见于《代宗实录》（据《资治通鉴考异》所引）："乾元中待诏翰林，颇承恩顾，又与李辅国昵狎。"③但这时他又"权知司天监"，的确在行使司天监的职务，可知他一边保留翰林待诏的职称，一边又在执行司天监的职务。换言之，他是以翰林待诏的身份出任司天监的，和后来的李素一样。

李素和李景亮父子以翰林待诏任职司天台，其方式应当也像韩颖一样。不同的是，韩颖更官至秘书监（皇帝藏书库秘书省的长官，但这里用作寄禄官，无实职）。而且，天文待诏有其职业上的"危险"。韩颖没有好的下场，因其专业而丢了命。《新唐书》说：

> 有韩颖、刘烜善步星，乾元中待诏翰林，颖位司天监，烜起居舍人，与辅国昵甚。辅国领中书，颖进秘书监，烜中书舍人，裴冕引为山陵使判官，辅国罢，俱流岭南，赐死。④

《资治通鉴考异》引用今已失传的《代宗实录》，对此事有进一步的交代：

> 秘书监韩颖、中书舍人刘烜善候星历，乾元中待诏翰林，颇承恩顾，又与李辅国昵狎。时上轸忧山陵，广询卜兆，颖等不能精慎，妄有否臧，因是得罪，配流岭南，既行，赐死于路。⑤

---

① 《旧唐书》卷三六，第1325页。
② 《新唐书》卷二〇八，第5882页。
③ 《资治通鉴》卷二二二，第7130页。
④ 《新唐书》卷二〇八，第5882页。
⑤ 《资治通鉴》卷二二二，第7130页。

据此看来,韩颖和刘烜之所以被赐死,主要不是因为他们跟宦官李辅国"昵狎",而是因为他们在代宗筑坟陵时,卜兆失准,因是得罪而被赐死的。天文待诏管天文占卜等事,若有占卜失误,可能召来杀身之祸,其实可算是一种"危险行业"。这令人想起懿宗朝的翰林医待诏韩宗绍等人,因治不好同昌公主的病,结果被杀,还连累亲族三百余人。[1] 幸好,李素父子入仕唐朝,倒没有遇到这样不幸的事。

最后,还有两点可以进一步申论。一是翰林待诏的服务年月都很长,更有父子相继为待诏的事,如李素父子。二是司天台的工作属"高度机密",所以司天台官员,常由皇帝身边的亲信如翰林待诏来出任。

四、翰林待诏的服务年月

前文提过,翰林待诏不属于吏部铨选的范围。出任待诏者,几乎也全都没有科第,如李素父子、李白、王叔文、王伾等人。他们全都纯以个人所专长的本事入仕。由于不在吏部的铨选范围,待诏照例由皇室征召任命,属于一种使职(即宋代的差遣),而且可以长期任官,不受一般品官每任一官只有三四年即需"守选"的限制。[2] 王叔文任待诏即长达十八年。上引书待诏如毛伯贞,任待诏长达二十二年。李素任待诏达四五十年。他儿子李景亮任待诏也至少有三十年。由于服侍皇室的年月如此之长,待诏这种近侍,也像宦官一样,很容易和皇帝建立起感情和亲信。李素死后,他的儿子马上就被召为待诏,正是这种亲密关系的延续。王叔文和王伾能夺大权,更和他们的长期待诏背景有关,可惜今人几乎毫不注意。

至于翰林待诏子承父业的事,也不只限于李素家一例。比如晚唐有个能棋善琴的"前翰林待诏"王敬傲,即自称:"某家习正音,奕世传受,自由德、顺以来,待诏金门之下,凡四世矣。"[3]这比李素两代相传更进一步。又如咸通五年(864)《金氏夫人墓铭》载,她的祖父是"翰林待诏检校左散骑常侍内

---

① 《旧唐书》卷一九上,第 675 页。
② "守选"制度过去几乎无人提及。王勋成《唐代铨选与文学》,第 102—137 页及第 304—310 页,在这方面有极详细清晰的论述。
③ 《太平广记》卷二〇三,第 1541 页。

府监内中尚使"。她父亲也任待诏，全衔是"翰林待诏将作监丞充内作判官"，可知父子两代都待诏翰林。更可一提的是，她的"亲叔"竟也是翰林待诏，职事官衔为"前昭王傅"。① 又如《翰林待诏陈府君故夫人杨氏墓志铭》，志主杨氏夫人(793—867)的丈夫陈克敬，本身已是翰林待诏，先她而去。她有儿子五人。长子正珣，也继承父业，任翰林待诏："去大中四年六月十五日入院充翰林待诏"，"去咸通八年五月十四日赐绯鱼袋，依前翰林待诏"，②待诏了十七年之久。

五、司天台的机密性质

上文说过，李素父子都是从翰林待诏起家，而且以翰林待诏的身份官至司天监。这是《李素墓志》和《卑失氏墓志》上清楚记载着的，也是此两志最有史料价值的部分。毕竟，唐代翰林天文待诏的材料太少了。过去，我们只知道肃宗朝的韩颖，既是待诏，又是司天监。如今多了李素父子的案例，我们应当可以合理地推测，司天台内恐怕还有不少翰林待诏，只不过他们没有像李素父子和韩颖那样，官至司天监，所以才寂寂无名，没有在史料中留下名字。

荣教授的大文中引《通志》，也提到波斯天文历算著作《聿斯四门经》，由一位"唐待诏陈辅重修"的事。③ 这位陈辅显然也跟李素父子一样，以翰林待诏的身份任职于司天台。唐司天台官员众多，看来不可能全部都由待诏出任，但其中的主要官员，应当有不少带有翰林待诏的身份。唐代翰林待诏原是皇帝私人的近臣，而司天台则为行政机构，两者初看似不应当有关联，但由于中国历史上的司天台、太史局或钦天监等天文机构，掌管天文、历算、占卜等重大事项，一向是"皇帝的禁脔"，是皇权统治的重要工具。④ 天文和星占始终息息相关，紧紧结合在一起，不像现代天文学已跟星占学分离。这导致唐皇室经常需选派它所信任的翰林待诏到司天台任职，形成司天台和皇

---

① 《唐代墓志汇编续集》，第 1051 页。
② 《唐代墓志汇编续集》，第 1085 页。
③ 荣新江《中古中国与外来文明》，第 249 页。
④ 江晓原《天学外史》，上海人民出版社，1998 年，第 28—29 页。

室极密切的关系,有异于一般的行政单位。

司天台的工作,由翰林待诏这种皇室亲信来出任,其实也是很恰当的一种安排,因为司天台还有一点有别于一般行政机构,即它的工作许多时候属高度"机密"性质,最好由皇室的亲近人员如待诏等来充任。天文知识、天文书和天文器物都是"高度敏感"的东西,朝廷亦常有敕令不得"私习天文"。《唐律疏议》即规定:

> 诸玄象器物,天文,图书,谶书,兵书,七曜历,太一,雷公式,私家不得有,违者徒二年。私习天文者亦同。①

这类禁令在唐史上常出现,如《旧唐书·代宗纪》大历二年(767)条下:

> 天文著象,职在于畴人;谶纬不经,蠹深于疑众。盖有国之禁,非私家所藏。……其玄象器局、天文图书、七曜历、太一雷公式等,私家不合辄有。今后天下诸州府,切宜禁断,本处分明榜示,严加捉搦。先藏蓄此等书者,敕到十日内送官,本处长吏集众焚毁。限外隐藏为人所告者,先决一百,留禁奏闻。所告人有官即与超资注拟,无官者给赏钱五百贯。两京委御史台处分。各州方面勋臣,洎百僚庶尹,罔不诚亮王室,简于朕心,无近憸人,慎乃有位,端本静末,其诫之哉!②

举报者还可"超资"注官,或"给赏钱五百贯"。既然唐王朝禁止私习天文,我们就要问:天学知识又如何传授?朝廷怎么培养天学人才?答案应当是在司天台内师徒相授。《唐律疏议》有一条疏解释说:"习天文业者,谓在太史局天文观生和天文生,以其执掌天文。"③"太史局"即唐初天文台的名称,后来改称司天台。④ 据《旧唐书·职官志》,司天台有"天文观生九十人,天文生五十人,历生五十五人"⑤。学生人数真不少。

天文生若犯了流、徒等罪,甚至连惩罚的方式都另有一套规定,跟其他

---

① 《唐律疏议》卷九,第196页。关于此条律文的解读,见刘俊文《唐律疏议笺解》,中华书局,1996年,第768—770页。
② 《旧唐书》卷一一《代宗纪》,第285—286页。此敕又见于《全唐文》卷四一〇,第4203—4204页,署常衮撰《禁藏天文图识制》,文字略有不同。
③ 《唐律疏议》卷三,第75页。
④ 《旧唐书》卷四三,第1855—1856页;《新唐书》卷四七,第1215—1216页。
⑤ 《旧唐书》卷四三,第1856页。

人不同："天文生等犯流罪,并不远配,各加杖二百。""犯徒者,皆不配役,准无兼丁例加杖。……还依本色者,习天文生还归本局。"①似乎不愿让习天文生流徒,只是加杖,仍要他们还归本局。由于天学在古代中国是"皇权的来源"和"皇权的象征",所以"天学是一门被严厉禁锢的学问"②,不轻易外传。洋州刺史赵匡著名的《举选议》,其中一条即建议不考天文律历:"天文律历,自有所司专习,且非学者卒能寻究,并请不问。惟五经所论,盖举其大体,不可不知。"③即透露天文等学问,"自有所司专习",但传统五经中的天文律历,"盖举其大体",则当时举人又不可不知。

在这样的历史背景下,司天台恐怕是唐代所有官署当中最机密的机构。这点在《唐会要》所收的一道敕中,有详细的说明和透露:

> 开成五年(840)十二月敕:"司天台占候灾祥,理宜秘密。如闻近日监司官吏及所由等,多与朝官并杂色人交游,既乖慎守,须明制约。自今以后,监司官吏并不得更与朝官及诸色人等交通往来,仍委御史台访察。"④

此敕说"司天台占候灾祥,理宜秘密",在天文星占皆为皇帝禁脔的中古唐代,自然很可理解,似不为奇。但最让人惊讶的是,司天台的"官吏及所由"("所由"指下层胥吏)竟也被禁止和"朝官"及"杂色人"交游,以免泄漏"玄机"。在这种讲求机密的环境下,司天台的好些官员和司天监由皇室亲近的翰林待诏来出任,而且让他们长期服务,可以严防天文玄机的泄漏,看来正是最妥当的刻意安排。这可以充分解释,为什么李素父子既是翰林待诏,又曾任职司天台,而且最后两人都官至司天台的长官司天监。

像韩颖和李素父子以翰林待诏官至司天监的例子,在五代还可找到至少一个,即赵温珪和赵廷义(有些史料作"乂")父子。此例不但让我们知道天学有所谓"家法",司天监有父子相传的习性,而且也让我们看到司天监和皇帝的密切利害关系,对于我们了解李素父子任司天监的处境,很有些帮

---

① 《唐律疏议》卷三,第 75 页。
② 江晓原《天学真原》,辽宁教育出版社,1991 年,第 62—68 页及第 113—122 页。
③ 《通典》卷一七,第 423 页。
④ 《唐会要》卷四四,第 933 页。《新唐书》卷三六《天文志》,第 1336 页。

助。《旧五代史·赵廷义传》说：

> 赵廷义，字子英，秦州人。曾祖省躬，以明术数为通州司马，遇乱避
> 地于蜀。祖师古，黔中经略判官。父温珪，仕蜀为司天监。温珪长于
> 袁、许之术，兼之推步。王建时，深蒙宠待，延问得失，事微差跌，即被诘
> 让。临终谓其子曰："技术虽是世业，吾仕蜀已来，几由技术而死，尔辈
> 能以他途致身，亦良图也。"廷义少以家法仕蜀，由荫为奉礼部、翰林待
> 诏。蜀亡入洛，时年三十。天成（926—929）中，得蜀旧职。①

这是一段很感人的记载。赵廷义的父亲温珪，仕蜀为司天监，深受皇帝王建
的宠待。可是"延问得失，事微差跌，即被诘让"。此即《新五代史》所说："事
蜀王建为司天监，每为建占吉凶，小不中，辄加诘责。"②可知司天监官虽高，
却不好当，占卜失准会挨骂，更有可能赔上一命，亦可印证上文"危险行业"
之论。温珪便"几由技术而死"。这让我们想起上引司天监韩颖，因卜算失
准而被赐死的事。温珪临终时劝儿子"他途致身"，不好再任星官。但他儿
子似乎别无仕进之途，结果仍以"家法仕蜀，由荫为奉礼部、翰林待诏"。所
谓"家法"，当指父子相传的天学"技术"。所谓"由荫为奉礼部、翰林待诏"，
更让我们想起，李景亮在他父亲死后，即被召为翰林待诏。

赵廷义（896—953）仕蜀任翰林待诏，实际上就是以待诏任星官。蜀亡，他
入洛阳仕后唐，"得蜀旧职"，继续以待诏任星官。《资治通鉴·后唐纪》清泰二
年（935）六月条下，曾提到他："翰林天文赵廷义。"胡三省注："翰林天文，居翰
林院以候天文者也。"③可证他是以待诏任司天职。最迟到清泰三年（936），
他 41 岁时，就已经当上了司天监："司天监赵廷义亦言星辰失度……"④后唐
于 936 年为后晋所灭。天福六年（941）六月，他便出任后晋的司天监。⑤ 后
晋灭于 946 年，入后汉。《资治通鉴》天福十二年（947），有他任后汉司天监
时介入一场纠纷的记载："司天监赵廷义善于二人，往来谕释，始得解。"⑥到

① 《旧五代史》卷一三一，第 1729—1730 页。
② （宋）欧阳修撰，（宋）徐无党注《新五代史》卷五七，中华书局，1974 年，第 666 页。
③ 《资治通鉴》卷二七九，第 9131 页。
④ 《旧五代史》卷四八，第 661 页。
⑤ 《旧五代史》卷七九，第 1047 页。
⑥ 《资治通鉴》卷二八七，第 9372 页。

乾祐三年(950),他依然是后汉的司天监,而且跟皇帝很亲近:"帝召司天监赵廷义,问以禳祈之术,对曰:'臣之业在天文时日,禳祈非所习也。然王者欲弭灾异,莫如修德。'"①入后周,广顺二年(952)九月,周太祖又"以司天监赵廷义为太府卿兼判司天监"②。从他仕蜀为翰林待诏算起,赵廷义可说长期从事天文工作,事前蜀、后蜀、后唐、后晋、后汉和后周六朝,官历非常丰富,更做过后唐、后晋、后汉和后周四朝的司天监,前后达十多年,可说空前绝后。他和他父亲温珪相继为司天监,可以和李素父子经历相辉映。

司天台和翰林院的密切关系,也可见于五代周太祖(951—954 年在位)所发的《禁习天文图纬诸书》:

> 自今后玄象品物、天文图书、谶记、七曜历、太一、雷公、式法等,私家不合有,及衷私传习。见有者并须焚毁。司天台翰林院本司职员,不得以前件所禁文书,出外借人传写。其诸时日五行占筮之书,不得禁限。其年历日,须候本司算造奏定,方得雕印,所司不得衷私示外,如违准律科断,遍下诸道州府,各令告示。③

这里可说很清楚地把司天台和翰林院本司职员联系起来,要他们"不得以前件所禁文书,出外借人传写"。所谓"翰林院",当指翰林待诏院,而非翰林学士院。我们知道,五代后周仍有翰林待诏制度。从这道禁令来看,后周的翰林待诏,显然仍继承唐中叶以来的传统,继续以皇室近侍的身份,任职于司天台。

六、结　论

1980 年西安出土的《李素墓志》和他夫人《卑失氏墓志》,有极高的史料价值,不但透露了一个波斯家族入仕唐朝的史事,而且更有助于我们了解唐代翰林待诏制度和官衔的若干细节。李素和他的儿子李景亮,不但曾经在司天台任职数十年,而且他们都具备翰林待诏的身份,是皇室的亲近侍从。

---

① 《资治通鉴》卷二八九,第 9425 页。
② 《旧五代史》卷一一二,第 1484 页。
③ 《全唐文》卷一二四,第 1243 页。

为了解他们入仕的细节和意义,本文把他们放在唐代的翰林待诏制度下来考察。

这两通墓志,其中最珍贵的一点是,它们保存了翰林天文待诏的整套官衔,这是其他史料所无者。近世出土的墓志上,可以找到许多书待诏的结衔,而其他色艺待诏的官衔却很罕见。天文待诏则仅见于此两通墓志。本文把李素父子的官衔,拿来和其他翰林待诏如书待诏的官衔比较,发现它们的结构都是相同的、一致的,而且都带有一个"虚"的职事官衔。此为宋代"寄禄"官的渊源。

唐代翰林待诏的选拔,不属于吏部的铨选范围,而由皇帝征召。他们的服务年限也很长。像李素父子,可长达三四十年,没有一般品官每任一官只有三四年的限制。翰林天文待诏当中,甚至有父子相传的。李素父子当是最佳的佐证。

司天台的工作是"机密"的。朝廷亦有敕令禁止司天台官吏和"朝官并杂色人"交往。在这种防范背景下,司天台的官员由皇室亲近的翰林待诏出任,也正是最妥当的一种安排。这可以充分解释,为何李素父子既是翰林待诏,又挂职司天台,而且两人最后都官至司天台的长官司天监。

原载《唐研究》第 9 卷,2003 年,第 315—342 页。

唐代使职"侵夺"职事官的职权说质疑

一、前　言

　　现代唐史学者有一个说法,常说唐代的使职"侵夺"了职事官的职权,以致到了唐后期,使职变得比职事官更为重要。但这种"侵夺""侵权"的背景是什么? 为什么唐王朝要委任使职来"侵夺"职事官的职权? 是谁最先使用了"侵夺"这一类负面的字眼? 使职真的"侵夺"了职事官的职权吗? 我们是否可以不用"侵夺"这种负面用词,而改用比较正面的用语,比如"取代"或"替代",从正面和赞同的角度,去看待唐后期不少使职取代职事官的历史现象?

　　其次,既然是"侵夺",不少现代学者认为,职事官这种职权的旁落,是一种制度上的崩溃,是一种"破坏"。但实情是否如此呢? 真的是一种制度上的崩坏吗? 还是制度上的一种改进,制度上的一大革新? 本文拟探讨的便是这两个大问题。

二、唐代三个"侵官"说

　　使职"侵夺"职事官的职权,这种说法其实并不始于现代。唐代也有类似论调,虽然跟现代的"侵夺"说略有不同。让我们先细考三件个案。

　　第一,《唐会要》记载了开元十三年(725)发生的一件事:

　　　　十三年十二月,封岳回,以选限渐迫,宇文融上策,请吏部置十铨。礼部尚书苏颋、刑部尚书韦抗、工部尚书卢从愿、右散骑常侍徐坚、御史中丞宇文融、朝集使蒲州刺史崔林、魏州刺史崔沔、荆州长史韦虚心、郑州刺史贾曾、怀州刺史王丘等十人。当时榜诗云:"员外却题铨里榜,尚书不得数中分。"尚书裴漼、员外郎张均。其年,太子左庶子吴兢上表谏曰:"臣闻《易》称'君子思不出其位',言各止其所,不侵官也,此实百王准的。伏见敕旨,令刑部尚书韦抗等十人,分掌吏部铨选。及试判将毕,遽召入禁中决定。虽有吏部尚书及侍郎,皆不得参议其事。议者皆以陛下曲受谗言,不信于有司也。……况我大唐万乘之君,卓绝千古之上,岂得下行选曹之事,顿取怪于朝野乎? 凡是选人书判,并请委之有司,仍停此十铨分选,依旧以三铨为定。"①

唐代吏部的铨选,原本由吏部尚书(一人)和吏部侍郎(二人)主持,尚书掌尚书铨,两侍郎分掌另两铨,所以吏部的铨选又称为"三铨",也就是分三个部分来进行。② 据严耕望的《唐仆尚丞郎表》,开元十三年的吏部尚书是裴漼,两位吏部侍郎分别是李元纮和许景光。③ 但在这年冬天,玄宗封泰山回京后,竟突然临时把传统的三铨,改为"十铨",并且委任了十个当时相当高层的官员来主持这十铨,取代了三铨。

应当注意的是,这十人原本都有本身的职务,如礼部尚书苏颋、刑部尚书韦抗、工部尚书卢从愿、右散骑常侍徐坚等等。他们原本都不是主掌铨选的,却临时被召去主持十铨,替代原本掌三铨的吏部尚书裴漼和两位吏部侍郎李元纮及许景光。换句话说,这是唐代非常典型的委派使职的方式——常常以某某官(职事官)去充任某某职(使职)。这"十铨"并非原本的职官编制,所以可视为临时因某种需要设立的使职。

我们自然要问:为什么唐玄宗要这样做? 为什么要把"三铨"改为"十铨"?《唐会要》所记载的理由是"选限渐迫"。《通典·选举志》亦载此事,说是"玄宗又以吏部选试不公,乃置十铨试人"④。《资治通鉴》结合这两个原因,记此事为:"上疑吏部选试不公,时选期已迫,御史中丞宇文融密奏,请分吏部为十铨。甲戌,以礼部尚书苏颋等十人掌吏部选。"⑤这似乎颇有综合各种史料之功,也把设此使职的幕后因由,交代得比较清楚。

---

① 《唐会要》卷七四,第 1586—1587 页。
② 详见王勋成《唐代铨选与文学》,第 179—184 页。
③ 《唐仆尚丞郎表》卷三,台湾"中研院"历史语言研究所,1956 年,第 117 页。
④ 《通典》卷一五,第 364 页。
⑤ 《资治通鉴》卷二一二,第 6769 页。

从这背景看来,原本主持三铨的吏部尚书裴漼和吏部侍郎李元纮及许景光,可能因"选试不公"或其他原故,遭到撤换(或"架空"),甚至没有参与十铨。玄宗显然认为"三铨"不能胜任,所以采纳御史中丞宇文融的"密奏",改为"十铨",大幅增加了参与铨选的官员,并且亲自委任了十个职事官,去充当这种临时设置的使职。这十人应当是玄宗或宇文融的亲信。使职的委任,经常都带有如此浓厚的"私"因素,不足为奇。

此事的时间点很值得注意。我们都知道,从开元九年(721)到十三年左右,宇文融推行了唐史上著名的"括户"行动,括收到"客户八十余万,田亦称是"①,替玄宗征收到不少额外的税收,再贡献给皇帝的私人财库大盈库(非国家的左藏库),因而得到玄宗的赏识和信任。他因此成了玄宗最宠爱的使者,也成了儒臣所说的"聚敛之臣"。所谓"聚敛之臣",并非指一般的财臣,而是指那些"刻下以媚上"的财臣,那些向百姓征收特别税目再"进奉"给皇帝的财臣。② 就在这时候,宇文融"密奏"或"密陈意见"③,请求把吏部的三铨,改为十铨,看来完全是很自然的事,是一个"得宠使者"想再次立功的表现。此事由他主导,玄宗在幕后支持并推行。"十铨"甚至跟宇文融括户所派遣的"十道判官",有某些相同之处,都有个"十"的成分,应当不是一种巧合,而是有意模仿先前"十道判官"的成功先例。

然而有趣的是,当时曾担任史馆史官长达十多年的吴兢(669?—749),却跳出来坚决反对把三铨改为十铨分选。细察他的反对理由,也相当有意义。他立论的主要依据是引用《易经》所说的那句话:"君子思不出其位",认为委任十铨新使职,是一种"侵官"的做法,也就是十铨使职"侵夺"了原本三铨职事官的职权。他甚至说出这样的重话:"况我大唐万乘之君,卓绝千古之上,岂得下行选曹之事,顿取怪于朝野乎?"最后,他请求把铨选之事,"委之有司",停止设立十铨。结果,皇帝还是不顾吴兢的反对,十铨还是实行了,但只行用了一年,第二年就"复故"④。

唐代第二个"侵官"说,可以举宪宗朝左补阙裴潾反对宦官出任馆驿使

① 《新唐书》卷五一《食货一》,第 1345 页。
② 拙著《唐代高层文官》,第 283 页。
③ 《旧唐书》卷一〇五,第 3221 页。
④ 《通典》卷一五,第 365 页。

为例：

> 〔元和〕十二年（817）十二月，复以中官为馆驿使。六典之制，以监察第二御史主邮驿。元和初，常以中官曹进玉为使，恃恩暴戾，遇四方使多倨诘之，或至捽辱者。内外屡以为言，宰臣李吉甫等论罢之，至是复置。左补阙裴潾上疏曰："伏以馆驿之务，每驿各有专知官主当，又有京兆尹、观察使、刺史，递相监临，台中有御史充馆驿使，专察过阙。伏以近有败事，上闻圣聪。若明示科条，切责官吏，据其过犯，明加贬黜，敢不惕惧，日夜励精。若令宫闱之臣，出参馆驿之务，则内臣外务，职分各殊。切惟塞侵官之源，绝出位之渐，事有不便，必诫于初，令或乖方，不必在大。当扫静妖氛之日，开太平至治之风。澄本正名，正在今日。"疏奏，不报。①

"六典之制，以监察第二御史主邮驿"这句话的意思，并非指《唐六典》的规定，因为查今本《唐六典》，并未说"以监察第二御史主邮驿"。此"六典"当用《周礼》六官的典故，指正规官员编制。考唐代开始以"监察第二御史主邮驿"，是在德宗兴元元年（784）十月。② 元和初用兵，为了方便，故"常以中官曹进玉为使"，一度罢去。到元和十二年又"复置"，于是裴潾便上疏反对此事。他认为此事最切要的一点，是要"塞侵官之源，绝出位之渐"。他跟第一例的吴兢一样，用了《易经》"君子思不出其位"的典故。在他看来，以宦官任馆驿使，是一种"侵官"之举，"侵夺"了原有正统职事官的职权。

唐代第三个"侵权"说，最为有名，见于今本《唐会要》所载苏冕的一段言论：

> 天宝七载（748）十一月，给事中杨钊充九成宫使。其使及木炭使，并是岐州刺史勾当。至是，钊欲移夺大权，遂兼监仓、司农出纳钱物，召募剑南健儿；两京太仓，含嘉仓出纳，召募河西陇右健儿，催诸道租庸等使。
>
> 苏氏驳曰：九寺三监、东宫三寺、十二卫，及京兆、河南府，是王者之有司，各勤所守，以奉职事。尚书准旧章，立程度以颁之。御史台按

---

① 《唐会要》卷六一，第 1251—1252 页。

② 《唐会要》卷六〇，第 1244 页；《册府元龟》卷五一六，第 6169 页；《新唐书》卷四八《百官三》，第 1240 页。

格令，采奸滥以绳之。中书门下立百司之体要，察群吏之能否，善绩著而必进，败德闻而且贬，政有恒而易为守，事归本而难以失。夫经远之理，舍此奚据？洎奸臣广言利以邀恩，多立使以示宠，克小民以厚敛，张虚数以献忠，上心荡而益奢，人怨结而成祸。使天子有司，守其位而无其事，受厚禄而虚其用。宇文融首倡其端，杨铦（应作"王铣"）①继遵其轨，杨国忠终成其乱。仲尼云："宁有盗臣，而不畜聚敛之臣。"诚哉是言也。前车既覆，后辙不改，欲求化本，不亦难乎。②

按杨钊即杨国忠的本名。此处记载他被任命为九成宫使事，引发了苏氏（苏冕）的一大段评论。苏冕的生卒年和官历不详，但他是大历以来著名的学者。李肇的《唐国史补》说："大历已后，专学者有蔡广成《周易》……其余地理则贾仆射，兵赋则杜太保，故事则苏冕、蒋乂，历算则董和，天文则徐泽，氏族则林宝。"③苏冕早在德宗贞元年间，即搜集唐高祖到德宗九朝的典章制度，编成《会要》四十卷。④宣宗时，为了续接苏冕的《会要》，宰相崔铉等人又编成《续会要》。可惜两书今已不传。我们现在所能见到的，是五代王溥所编的《唐会要》，书中常见苏冕的评论，应当是王溥保存了苏冕《会要》的旧文。

在这段议论当中，苏冕以"九寺三监、东宫三寺、十二卫"等唐代正规"王者之有司"，来跟后来不断设立的各种使职对举，认为"多立使"是"示宠"，使得"天子有司，守其位而无其事"，等于职权被剥夺了，而祸害就是"使"职的设立。

三、唐人对使职的微妙看法

然而，细读以上三位唐人的论点，可以发现一个有趣之处——唐人对使职看法颇为"微妙"。他们其实并不完全反对设立新使职来取代旧有的正规有司，但他们却坚决反对让两种人充任使职——宦官和聚敛之臣。在他们

---

① 《资治通鉴》卷二一六，第6891页，此处即作"王铣"，当据改。
② 《唐会要》卷七八，第1701—1702页。
③ 《唐国史补》卷下，第54页。
④ 董兴艳《〈会要〉撰者、成书时间考》，《唐史论丛》第12辑，2010年，第220—228页。

看来,某些使职是好的,是制度上的一种革新,但某些使职却是坏的,特别是因为委任了宦官或像宇文融那样的"聚敛之臣"来担任,会带来巨大的祸害。所以,我们应当细心区别唐人对使职持有的这种"微妙"观点。

以第一例吴兢的"侵官"说为例,他真正反对的,应当是当时一个新贵宇文融在主导此事,而不是一种新设的使职在替代旧有衙司。在开元年间,宇文融的括户行动所取得的成功,导致他迅速得到玄宗的宠信,成了当朝红人。何况,宇文融当时只不过是一个中层等级的官员,却能借着出任括户劝农使这种使职,得到皇帝的宠幸,迅速窜红,这难免引起其他正规官员的忌妒和恐惧。唐代另一位史馆史官柳芳,曾经写过一篇著名的《食货论》,当中有一段话评论宇文融等"聚敛之臣",正可代表当时某些官员对宇文融等人任使职的负面观感:

> 天子方欲因士马之众,贾将帅之勇,高视六合,慨然有制御夷狄之心,然惧师旅之不供,流佣之未复,思睹奇画之士,以发皇明,盖有日矣。而宇文融揣摩上旨,款关谒见,天子前席而见之,恨得之晚。言发融口,策合主心,不出数年之中,独立群臣之上。无德而禄,卒以败亡。既而天子方事四夷,国用不足,多融之能,追而悔焉。于是杨崇礼又以善计财帛见幸,然廉谨自守,与人无害,故能获终。融死且十余年,始用韦坚及崇礼、慎矜,皆以计利兴功中人主,胁权相灭,为天下笑。而王铣、杨国忠威震海内,尤为暴横,人反思融矣。大凡数子少者带数使,多者带二十使,判官佐使,遍于天下,客户倍于往时。主司守以取决,备员而已。①

吴兢的上奏,应当放在这个背景下来考察。他表中有一句话说,"议者皆以陛下曲受谗言,不信于有司也",正好透露他反对的,是宇文融这个人,不是制度本身。他只是反对宇文融主导十铨,恐惧他的权力越来越大,但吴兢似乎又不便得罪这个当朝得宠的人,所以用了一个制度上的理由,引用《易经》"君子思不出其位"的典故,认为不应当设立新使职来剥夺旧有司的职权。

---

① 《文苑英华》卷七四七,第 3907 页。

　　若从制度层面看,设十铨到底有什么坏处? 吴兢本人并没有申论。假设当时的确是"选限渐迫",或"选试不公",原本的三铨不足以应付,那么设十铨,委任十个临时使者来主持铨选,不也是一种解决之道吗?

　　在制度层面上,唐前期就曾经设过不少使职,来替代正规的"有司",但只要所用之人得宜,并不见有官员反对。例如吴兢本人所担任的史馆史官,就是一个使职,取代了传统"有司"秘书省的著作郎。钱大昕在《廿二史考异》中有一段话,早已道出个中奥妙。他首先指出,唐代的"节度、采访、观察、防御、团练、经略、招讨诸使,皆无品秩",为典型的使职。接着,他说"元帅、都统、盐铁、转运、延资库诸使,无不皆然"。然后,他又说:

> 即内而翰林学士、弘文、集贤、史馆诸职,亦系差遣无品秩,故常假以他官。①

弘文、集贤诸学士为使职,但不见有唐人反对。钱大昕指出史馆史官为使职,过去常为人所忽略。我已在他处详细检讨过唐代史馆史官的使职身份。② 然而,史馆史官这种使职,早在唐前期就取代了原有的秘书省著作郎这件事,却从未见有唐人提出异议,更无唐人指史馆史官"侵官",可证唐人并不反对设新使职,只要用人得宜。

　　然而,一旦唐人认为新使职用人不宜时,他们就会像吴兢那样上表上疏反对。上举第二例裴潾反对宦官出任馆驿使,便是个好例子。他所反对的,并非馆驿使这种新使职,而是反对委任宦官出掌馆驿使。换句话说,他是针对人,不是针对制度。实际上,在他上疏之前,馆驿使早已设立,最初是在德宗兴元元年(784),当时是以"监察第二御史主邮驿"③。按监察御史原本的职务是监督百官,并非馆驿。兴元元年委派监察御史去充馆驿使,可能跟当时动乱的局势有关,出于一种需要,是一种使职的设立。接着元和初讨伐刘辟和王承宗,出于战争需要,故"常以中官曹进玉为使"。到了元和十二年(817),为了讨伐淮西节度使吴元济,又"复置",并且委派宦官出任。

---

① 方诗铭、周殿杰校点《廿二史考异》卷五八,上海古籍出版社,2004年,第849页。
② 拙著《唐代高层文官》第四部分《史官》。
③ 《唐会要》卷六〇,第1244页;《册府元龟》卷五一六,第6169页;《新唐书》卷四八《百官三》,第1240页。

从馆驿使这个使职的设置历史来看,当初委任监察御史为使,并无人反对,无人说监察御史"侵官"。到元和初,"常以中官曹进玉为使",才有人说他"恃恩暴戾,遇四方使多倨诘之,或至捶辱者。内外屡以为言,宰臣李吉甫等论罢之"。看来宦官充使,特别容易挑起正规官员的敏感神经。裴潾的反对,应当放在这个脉络下来观察。他并非反对设馆驿使,只是反对宦官任此使职。

馆驿使在平时管理各地馆驿事,但在战争期间,涉及人员和公文传递等紧急机密事,所以唐皇室在用兵期间,常会派自己的亲信宦官去出任馆驿使,也属常情,无可厚非。《旧唐书·薛存诚传》有一段话,颇能帮助我们理解这种微妙的使职安排:

> 存诚进士擢第,累辟使府,入朝为监察御史,知馆驿。元和初,王师讨刘辟,邮传多事,上特令中官为馆驿使。存诚密表论奏,以为有伤公体。会谏官亦论奏,上乃罢之。①

薛存诚本人原本就"入朝为监察御史,知馆驿",在担任一种馆驿使职。元和初,因为讨伐剑南刘辟之叛,"邮传多事",所以"上特令中官为馆驿使"。然而,薛存诚却"密表论奏,以为有伤公体"。他也跟裴潾一样,只是反对宦官任馆驿使,并非反对设立馆驿使这种使职。如果站在制度的立场,派宦官任馆驿使有何不可,有何坏处?薛存诚并未申论,只说"有伤公体",含义不很清楚,但大意应当是指宦官原本只管宫中事,不应插手外廷国家大事。但站在皇室立使职的角度,使职原本就出于某种需要而设。用兵期间,皇室需要亲信宦官来担任传送文书等机密事,以宦官任馆驿使,符合这种需求,也合乎情理。

裴潾虽然反对,结果是"言虽不用,帝意嘉之,迁起居舍人"②。看来,淮西用兵,情势紧急,皇室出于需要,最后还是不得不派自己亲信的宦官来充任馆驿使。一般的士人官员,可能无法胜任这种使者任务。皇帝顾不得裴潾的谏言,只能"嘉之",把他升官为起居舍人了事。

同理,苏冕反对的,是让杨钊(杨国忠)这个人任使职。他反对的真正原

---

① 《旧唐书》卷一五三,第 4089 页。
② 《旧唐书》卷一七一,第 4446 页。

因,应当是他认为杨国忠当时也是个"聚敛之臣",像宇文融一样,向百姓征收常赋以外的税收,来"进奉"给皇帝。然而,他所列举的理由,却不是杨国忠"聚敛"讨好皇帝,而是搬出"侵权"说,认为设立新的使职会导致"天子有司,守其位而无其事,受厚禄而虚其用"。这样便模糊了论点。假设新使职由一个有品行的君子型官员来担任,苏冕应当不会如此激烈反对。

因此,我们在检讨唐代官员的这些"侵官""侵权"议论时,应当仔细分辨,他们这些言论到底是针对个人,还是针对事(制度)而发? 到底是反对某些人任某些使职,还是根本就在制度层面上,反对设立新使职来替代原有的"有司"(职事官)?

细察以上三个案例,结论应当是:吴兢只是反对宇文融主导十铨,因而反对设十铨。裴潾是反对宦官越界出任馆驿使,但并不反对设馆驿使这种使职。同样,苏冕的评论只是针对杨国忠的个人"侵权",并未说整个使职制度"侵夺"了职事官的职权。

实际上,不论是在唐前期还是唐后期,我们见不到任何唐代官员有反对设新使职的言论。那些看似反对的言论,都是针对某某人而发。因此,使职若用人得宜,便没有反对言论,比如唐初设宰相、史馆史官、翰林学士、集贤学士、观察使、节度使等使职时,都未出现反对声音。唐代官员对宦官一向有警戒之心,反对他们任馆驿使等,但宦官任监军使、神策军使等,却无人反对,因为这些原本就属于他们的势力范围,不致构成"侵权"。然而,监军使和神策军使等,其实都是新设的使职。同样的,唐后期在宫中设立数十种诸司内使,例由宦官出任,亦未引起外廷官员的反对。

神龙元年(705)的《中宗即位赦》中有一段话说:

> 设官量才,固须称职。比来委任,稍亦乖方。遂使鞫狱推囚,不专法寺;撰文修史,岂任秘书? 营造无取于将作,勾勘罕从于比部。多差别使,又着判官。在于本司,便是旷位。并须循名责实,不得越守侵官。[①]

这是指武则天等前朝广设使职来取代职事官。如"撰文修史,岂任秘书?"指

---

① 《唐大诏令集》卷二,第7页。

前朝设立了史馆史官这种使职,来代替原来的职事官史官(即秘书省的著作郎和著作佐郎)。表面上看起来,这似乎表示,中宗复辟,极力反对设使职,想恢复从前旧的职事官制度。但我们从其他史料知道,从中宗复辟开始,这些使职依然存在,而且行用多年,已无从复旧。比如史馆史官便一直沿用到唐末。白居易在《赠樊著作》这首名诗中,首先提到了阳城、元稹等"善人",然后笔锋一转,劝这位失去史官职权的樊宗师说,"何不自著书,实录彼善人?"

> 君为著作郎,职废志空存。
>
> 虽有良史才,直笔无所申。
>
> 何不自著书,实录彼善人?
>
> 编为一家言,以备史阙文。①

因此,上引中宗赦文中的这段话,不能视为唐人反对设使职,只能说是"后朝在批判前朝"设使职,但又无法恢复所谓的"祖制",即旧有的职事官制,只好继续行用使职。中宗神龙二年(706)甚至仿照前朝的做法,设了十道巡察使,以按察诸州府。② 使职始终有它们存在的理由,无法废除。

中宗的这篇赦文,让我们想起唐后期汝州刺史兼防御使陆长源,写给当时宰相的一封信中的一段话:

> 且尚书六司,天下之理本。兵部无戎帐,户部无版图,虞、水不管山川,金、仓不司钱谷,光禄不供酒,卫尉不供幕,秘书不校勘,著作不修撰。官曹虚设,禄俸枉请。计考者假而为资,养声者籍而为地。一隅如是,诸司悉然。欲求网目张,裘毛举,其可得乎? 此宰相之职也。③

陆长源指出了他那个时代,他所见到的一个现象——尚书省的职权,普遍被各种使职取代,以致"兵部无戎帐,户部无版图"等等。"著作不修撰"这一句,更可为白居易《赠樊著作》诗中的"君为著作郎,职废志空存"做一注解。那么,

---

① 《白居易集笺注》卷一,第 29 页。

② 《唐会要》卷七七,第 1674 页。

③ 《上宰相书》,收于《唐文粹》卷七九,台湾商务印书馆《四部丛刊初编》缩印校宋明嘉靖刊本,1975 年,第 526 页。陆长源于贞元五年到贞元十二年(789—796)出任汝州刺史,见郁贤皓《唐刺史考全编》第二册,安徽大学出版社,2000 年,第 720 页。他这封上宰相书,书前自署官衔为"太中大夫守汝州刺史兼御史中丞本州防御使陆长源",所以应当写于贞元这段时候。

他是否反对设使职？从这封信中，我们看不出他有反对之意，只是他认为，这些职事官被使职取代后，造成"官曹虚设，禄俸枉请"，是宰相的失职。

德宗时代的陆贽，在贞元四年(788)曾经上奏说：

> 学士私臣，玄宗初令待诏内廷，止于唱和诗赋文章而已。诏诰所出，本中书舍人之职，军兴之际，促迫应务，权令学士代之。今朝野义宁，合归职分。其命将相制诏，请付中书行遣。①

表面上看起来，这好像又是一种"侵权"论，好像陆贽在反对设翰林学士这种使职，来代替传统的职事官中书舍人。但深一层看，我们知道陆贽这样的上奏，纯属"私心"作怪，因为他当时跟吴通微、吴通玄不和，于是写了这篇奏状，希望德宗把掌制诰的职权，归还给中书舍人，借以排挤通微、通玄两人。但德宗看透了他的私心。《旧唐书》记载："德宗以贽指斥通微、通玄，故不可其奏。"②因此，陆贽这段话，要放在适当的脉络下来看，不能视为唐人反使职。以陆贽来说，他自己就当过德宗的翰林学士。这也再次证实一点：唐人常会因私人理由或担心某某使职权力过大，而反对某某人任某某使职。这纯粹是针对人，而非针对事(制度)的言论。我们应当小心分辨。

四、杜佑和李肇的使职论

唐人当中，有反对某某人任某某使职的议论，但有没有赞成设立使职的？有。杜佑《通典》中有一段话，便高度评价使职：

> 设官以经之，置使以纬之。……于是百司具举，庶绩咸理，亦一代之制焉。③

杜佑这一番话，出自《通典》卷一九《职官一·历代官制总序》，说明他眼中的唐制，"官"(职事官)和"使"(使职)同样重要。职事官是"经"，使职是"纬"，两者都有必要设置。两者相互配合，才能"百司具举"，完成"一代之制"。两

---

① 《陆贽集》补遗，第775页。
② 《旧唐书》卷一三九，第3817—3818页。
③ 《通典》卷一九，第473—474页。

者的结合,构成唐代官制的最大特征。①

李肇在《唐国史补》卷下,也有一大段话,谈到唐代的使职:

> 开元已前,有事于外,则命使臣,否则止。自置八节度、十采访,始
> 有坐而为使,其后名号益广。大抵生于置兵,盛于兴利,普于衔命,于是
> 为使则重,为官则轻。故天宝末,佩印有至四十者;大历中,请俸有至千
> 贯者。今在朝有太清官、太微官使、度支使、盐铁使、转运使、知匦使、官
> 苑使、闲厩使、左右巡使、分察使、监察使、馆驿使、监仓使、左右街使,外
> 任则有节度使、观察使、诸军使、押蕃使、防御使、经略使、镇遏使、招讨
> 使、榷盐使、水陆运使、营田使、给纳使、监牧使、长春官使、团练司使、黜
> 陟使、抚巡使、宣慰使、推覆使、选补使、会盟使、册立使、吊祭使、供军
> 使、粮料使、和籴使,此是大略,经置而废者不录。宦官内外悉属之使。
> 旧为权臣所管,州县所理,今属中人者有之。②

这条记载的内容非常丰富,可考的细节极多,但这里只能就本文的论题略为申
论。如果和杜佑的言论相比,李肇的记载是平铺直叙的,语气是稳静的、低调
的,看起来既不反对使职,但也没有像杜佑那样给予使职那么高的评价。他是
比较中肯公正的,把使职取代职事官,视为自然的官制演变过程而已。

"大抵生于置兵,盛于兴利,普于衔命",是以一种平淡的语调,说明使职
的起源、兴盛和普及的过程。"于是为使则重,为官则轻",则指出那个时代
的一个事实:使职比职事官来得更重要,但他并没有因此认为使职"侵夺"
了职事官的职权。其他叙述大抵也都如此:仅列举一个又一个的事实,未
见有任何褒贬之意,比如"宦官内外悉属之使"和"旧为权臣所管,州县所理,
今属中人者有之"这两件事,都轻描淡写,不含主观情绪。

五、现代学者的"侵夺"与"破坏"论

看过了吴兢等人反对某某人任某某使职的议论,以及杜佑对唐代使职的

---

① 笔者在《唐代高层文官》第 17—18 页,对杜佑的这番话,有进一步的讨论。
② 《唐国史补》卷下,第 53 页。

高度评价和李肇的平实记载,我们再回去看现代学者所谓使职"侵夺"职事官职权的说法,应当会有新的视角。我们可以从几个层面来讨论这个问题。

从最单纯的用词来说,唐史学界常用的"侵夺"一词,很可能源自吴兢等人所用的"侵官"。但应当注意的是,吴兢的"侵官"说,是借用了《易经》"君子思不出其位"的典故,也就是一个君子,不应当越位去侵占别人的官位。换句话说,这是针对某某人而说的。在上引的三个案例中,是针对宇文融、宦官和杨国忠而言。

不过,现代唐史学者的"侵夺"说,却不是指某某人侵夺别人的官位,而是说某某使职,侵夺了原来某某有司的职权,比如尚书省各部之职权普遍被各种使职剥夺,沦为空架子。

这等于把侵权的范围扩大。吴兢等唐人只是指某某人侵权,到了现代,却变成了整个使职制度在侵权,在侵夺职事官的权力。日本不少学者,如矢野主税和砺波护等人,认为使职的出现,造成律令制的破坏。他们称使职为"令外之官"①。所谓"令",指唐代的《职员令》《官品令》等"令",订定各种正规职事官的员额和官品,如仁井田陞所辑的《唐令拾遗》中所收的那些令。但唐代各种使职,却是新设的,从未载于令中,所以他们是"令外之官"。易言之,这些"令外之官"是不正规的,是不规范的,"破坏"了正规的、规范的律令制中的正统职事官制。

这些"侵权""破坏"或"崩坏"说,背后都有一个假设:认为旧有的正规官制是美好的,甚至是完美的,不容"侵夺"或"破坏"。但我们最好不要使用"侵夺"等负面且隐含"语言暴力"意味的字眼。站在官制演变的角度,一旦职事官无法应付新的需求,掌权者便会委任使职来执行任务,这是很自然的现象,不应视为"侵夺"或"侵权",最好以平常心看待,视为"替代"即可。

同理,所谓使职"破坏"正规官制,也是负面的说法,未考虑到官制演变的大规律。不论是在东方还是西方,不论古今,从来没有任何一种正规官制是完美的。一旦时代改变,有了新的需求,旧有的正规职事官无法有效地执行职务时,掌权者自然就会委派他亲信的使职去取而代之。这不应当被视

---

① 矢野主税《"使"制度の发生について》,《史学研究》12 卷 2 号(1940);砺波护《三司使の成立について——唐宋の变革と使职》,《史林》44 卷 4 期(1961)。

为"破坏",反而应当被视为是制度上的一种革新。

我们都知道,基因突变(gene mutation)是生物演化的一大机制。同理,使职便是官制演变的重要"突变"。假如唐代没有使职,唐代官制将永远没有新的内容,永远没有新的演变,等于一直停滞不前,停留在三省六部的旧框框,无法应付不断改变的新局面。至于官制演变的机制为何? 使职何以产生? 何以掌权者要委派新的使职来取代旧有的职事官? 他背后的动机和运作方式是怎样的? 使职又何以演变出新的官制内容? 这些问题正是拙书《唐代高层文官》的主题之一。

六、结　　论

从吴兢、裴潾和苏冕三人的议论看来,唐人只是认为某些"聚敛之臣"如宇文融、王锘和杨国忠等,以及某些宦官,在担任某些类的使职时(特别是涉及财税者或权力太大者),侵夺了职事官的职权。他们并不反对设立新的使职,只要用人得宜。他们也不认为,所有使职都侵夺了职事官的职权,因为唐代有不少使职,如宰相、史馆史官、文馆学士、观察使等等,当初设立或后来施行时,并未见有唐人提出异议。简言之,唐人只是"选择性"地反对让某些人担任某些类的使职。这是针对人,而非针对事(制度)的言论。

然而,宇文融和杨国忠等少数几个人所引起的争议,却产生"害群之马"的效应,导致唐代使职整个染上一层负面色彩,让宋人以及现代学者,都以为使职在侵夺职事官的权力。这是一种负面的评价。本文认为,我们最好不要使用"侵夺"等负面字眼——最好改用"取代"等正面用词。站在官制演变的角度,一旦职事官无法应付新的需求,掌权者便会委任使职来执行任务,这是很自然的现象,不应视为"侵夺"或"侵权"。同理,日本有学者常说使职"破坏"正规官制,也是负面看待使职的说法,未考虑到官制演变的大规律。

在唐人当中,杜佑曾经出任过多种使职,他应当深刻体认到使职的功用和效率,所以他在《通典》中,对使职有正面、高度的评价。我们今人应当也作如斯观。李肇的中肯观点也很值得我们参照。

原载《唐史论丛》第 15 辑,2012 年,第 17—45 页。

唐代的检校官制

一、前　言

著名的前辈唐史学者岑仲勉,在他那本流通很广的教科书《隋唐史》中有一段话,可以作为本文讨论的起点:

> 唐代官制,异常复杂,稍后更有"官"和"使"的分别,益令初学者难以了解。外官系统较单纯,可略而不论,兹只就内官表说其大概。①

他在《依唐代官制说明张曲江集附录诰命的错误》一文中,对唐代官制的复杂这一点,也有所发挥:

> 唐的官制,比起任何朝代,最为复杂不过,所用的术语又很多,每个术语往往含孕着两种或两种以上的意义,这是学习唐史者较难搞通的一件事;像郑鹤年氏的《杜佑年谱》,就犯了把虚衔和实职等观的错误。说其大概,可分为职事官、散官、爵、勋四项,五品以上的官员,往往各项兼备,最低限度也有职事官和散官两项。②

以上这两段引文所涉及的问题很多,这里不能一一细论。笔者只想提一提和本文最有关联的三点。

第一,唐代的官制固然相当复杂,但恐怕还不能说成"比起任何朝代,最为复杂不过"。现代学者一般认为,宋代的官制比起唐制还要复

---

① 《隋唐史》,河北教育出版社,1957 年初版;2000 年重排本,第 519—520 页。

② 收于岑仲勉《金石论丛》,上海古籍出版社,1981 年,第 461 页。西方一位唐史专家 P. A. Herbert 曾经把岑此文节译为"The T'ang System of Bureaucratic Titles and Grades," *T'ang Studies* 5 (1987): 25 - 31,所以岑的说法在西方唐史学界也颇有影响。

杂好几倍,①但宋制之所以紊乱,有它在唐代的根源。② 换句话说,如果我们要彻底了解宋代的官制,那恐怕还得先去厘清唐制。这也是唐代官制研究的其中一个重要意义——它对宋代官制和唐宋变革等领域的研究,都有帮助和参考作用。

第二,岑仲勉只论及唐代的"职事官、散官、爵、勋四项",好像唐代的官制只有这四项可以讨论。要之,岑仲勉和许多现代学者一样,似乎过于依赖《唐六典》《通典》和两《唐书》的职官记载,以致以为唐代官制之复杂,仅止于职事官、散官、爵、勋四项。实际上,唐制比这还要复杂许多。单单只了解这四项是绝对不够的。例如本文所要讨论的"检校"官,就是唐代中叶以后一种新的演变(相关的还有"试"衔),不在传统职官书所说的职事官、散官、爵和勋的范围内。

第三,岑仲勉说"外官系统较单纯",恐怕亦有待商榷。唐后半期在各方镇幕府或盐铁使府任职者,应属"外官系统",但他们的官制却一点也不"单纯",经常带有本文所论的"检校"官衔(或"试"衔),形成一套相当复杂的系统。若不了解这套官制的意义和运作,我们不但无法把许多后半期的史料读通,而且恐怕还很容易误读许许多多唐人的官历。

本文第三节将讨论"检校"和"试"衔的密切关系和共同特征,但由于这两种官制涉及的问题太多太广,非单单一篇论文所能尽,所以本文主要讨论检校官。至于"试"衔,本文在必要时也将略为提及,但详细的研究则有待将来。

清代学者对"检校"和"试"衔几乎一无研究,对石刻史料中常见的此类官衔都略而不论,或仅称之为"虚衔""京衔""宪衔"等了事。现代学者的做法和清代学者相似,也仅泛称此类官衔为"虚衔""朝衔"或"宪衔",没有再深论这些官衔的起源、颁授、应用及其实质意义。据笔者的

---

① 龚延明在他所编的《宋代官制辞典》,中华书局,1997年,总论部分征引各家所说,详论此点。又见宫崎市定著、于志嘉译《宋代官制序说——宋史职官志的读法》,(台北)《大陆杂志》第78卷第1期,1989年,第1—28页;梅原郁《宋代官僚制度》,京都同朋舍,1985年。

② 孙国栋《宋代官制紊乱在唐制的根源》,载《唐宋史论丛》,香港商务印书馆,2000年,第197—210页。

检索,在过去一个世纪以来,关于"检校"和"试"这两种官制的专题论文,一篇也没有。① 若干论唐代官制的专著或唐史教科书,曾约略提及这两种官衔,但可能受限于篇幅或体例,所论都稍嫌简略,美中不足。② 故本文拟详考检校官的各个面貌,以及它与"试"衔的关系。

二、石刻中的例证

两《唐书》职官志不提"检校"和"试"衔,但这些官衔却经常见于两《唐书》的列传部分,更十分习见于墓志、神道碑和各种唐代石刻题名上。这当中,笔者认为最好的一个例证,就是元和四年(809)立于西川蜀州(今四川成都)的《蜀丞相诸葛武侯祠堂碑》(以下简称《武侯祠堂碑》)其碑阴上所刻的一大段题名。它不但涵盖了本文所要专论的"检校"官,而且还包含了"试"衔,同时更包括了文官和武官,内容非常丰富,值得全引。为了方便阅读和讨论,笔者在各人结衔之前加上编号,并在"检校"和"试"等关键词处画上底线,同时在六角括号内约略说明各官衔的性质,如使职、文散官、检校官、勋官、爵号等:

1. 剑南西川节度副大使、管内支度、营田、观察处置、管押近界诸蛮及西山八国、云南安抚等使〔以上为各种使职〕银青光禄大夫〔文散官〕检校吏部尚书〔检校官〕兼门下侍郎同中书门下平章事〔"兼"字为连接词,意为"同时带有"另一检校官〕成都尹〔职事官;尹的地位比刺史略高一等〕临淮郡开国公〔爵号〕食邑三千户〔食邑〕武元衡

2. 监军使〔真正执行职务的使职〕兴(元)元从〔指兴元元从功臣〕朝议大夫〔文散官〕内侍省内常侍员外置同正员〔职事官〕上柱国〔勋官〕赐紫金鱼袋〔赐章服〕王良会

---

① 见胡戟等编《二十世纪唐研究》等书目指南。本文发表后,笔者才见到一些相关论述,其中最深入的是冯培红《论唐五代藩镇幕职的带职现象——以检校、兼、试官为中心》,收于高田时雄编《唐代宗教文化与制度》,第133—210页。

② 例如张国刚《唐代官制》,三秦出版社,1987年,第168—170页。又见王寿南《唐代文官任用制度之研究》,《唐代政治史论集》,台北商务印书馆,1977年,第26—27页;王寿南《隋唐史》,台北三民书局,1986年,第422页。

3. 行军司马〔中层幕府使职〕中大夫〔文散官〕检校太子左庶子〔检校官〕兼成都少尹、御史中丞〔两个兼官,即"兼领之官"。其"成都少尹"为职事官,实有其职;御史中丞则无实职〕云骑尉〔勋官〕赐紫金鱼袋〔赐章服〕裴堪

4. 营田副使〔使职〕朝散大夫〔文散官〕检校尚书吏部郎中〔检校官〕兼成都少尹、侍御史〔两个兼官,其"成都少尹"为职事官,实有其职;侍御史无实职〕赐紫金鱼袋〔赐章服〕柳公绰

5. 节度判官〔幕府中层文职〕朝散大夫〔文散官〕检校尚书户部郎中〔检校官〕兼侍御史〔兼官〕骁骑尉〔勋官〕张正台

6. 支度判官〔幕府中层文职〕检校尚书礼部员外郎〔检校官〕兼侍御史〔兼官〕上护军〔勋官〕赐绯鱼袋〔赐章服〕崔备

7. 节度掌书记〔幕府基层文职〕侍御史内供奉〔兼官,前面省略"兼"字〕赐绯鱼袋〔赐章服〕裴度

8. 观察支使〔幕府基层文职〕殿中侍御史内供奉〔兼官,前面省略"兼"字〕卢士玫

9. 观察推官〔幕府基层文职〕监察御史里行〔兼官,前面省略"兼"字〕李虚中

10. 节度推官〔幕府基层文职〕试太常寺协律郎〔试衔〕杨嗣复

11. 节度巡官〔幕府基层文职〕试秘书省校书郎〔试衔〕宇文籍

12. 知度支西川院事〔真正职务〕承奉郎〔文散官〕殿中侍御史内供奉〔兼官,前面省略"兼"字〕赐绯鱼袋〔赐章服〕张植

13. 朝散大夫〔文散官〕守成都县令〔职事官〕飞骑尉〔勋官〕韦同训

14. 朝散大夫〔文散官〕守华阳县令〔职事官〕上柱国〔勋官〕裴俭

15. 左厢都押衙兼右随身兵马使〔同时任两种幕府武职〕奉天定难功臣〔功臣封号〕检校国子祭酒〔检校官〕兼御史大夫〔兼官〕李文悦

16. 右厢都押衙兼左随身兵马使〔同时任两种幕府武职〕检校大理少卿〔检校官〕兼侍御史〔兼官〕赐紫金鱼袋〔赐章服〕浑巨

17. 押衙兼左衙营兵马使〔同时任两种幕府武职〕银青光禄大夫〔文散官〕检校太子宾客〔检校官〕兼侍御史〔兼官〕罗士明

18. 押衙〔幕府武职〕银青光禄大夫〔文散官〕检校太子宾客〔检校官〕兼监察御史〔兼官〕上柱国〔勋官〕史绸

19. 押衙知右衙营事〔以押衙身份执行右衙营事〕正议大夫〔文散官〕试太子詹事

　　　　〔试衔〕王顗

20. 押衙〔幕府武职〕朝议郎〔文散官〕前行江陵尉〔"尉"字疑衍〕府司录参军〔前任职官〕李□

21. 押衙〔幕府武职〕朝议大夫〔文散官〕行蜀州长史〔另一职事官〕刘武

22. 左厢兵马使〔幕府武职〕开府仪同三司〔文散官〕使持节邛州诸军事行刺史〔持节〕兼御史大夫〔兼官〕充镇南军使〔另一使职〕郇国公韦良金

23. 藩落营兵马使〔幕府武职〕朝请大夫〔文散官〕使持节都督巂州诸军事守刺史〔持节〕兼御史大夫〔兼官〕充本州经略使、清溪关南都知兵马使〔幕府武职〕临淮郡王〔爵号〕陈孝阳

24. 中军兵马使兼西山中北路兵马使〔两种武职〕特进〔文散官〕使持节都督茂州诸军事行刺史〔持节〕兼侍御史〔兼官〕上柱国〔勋官〕陇西郡开国公〔爵号〕李广诚

25. 左厢马步都虞候〔幕府武职〕儒林郎〔文散官〕试太仆寺丞〔试衔〕摄监察御史〔摄官〕云骑尉〔勋官〕韦端

26. 右厢马步都虞候〔幕府武职〕银青光禄大夫〔文散官〕检校少府少监〔检校官〕兼殿中侍御史〔兼官〕上柱国〔勋官〕李锽

27. 保定营兵马使〔幕府武职〕开府仪同三司〔文散官〕检校太子宾客〔检校官〕怀德郡王〔爵号〕王日华

28. 西山南路招讨兵马使〔幕府武职〕银青光禄大夫〔文散官〕试殿中监〔试衔〕归化州刺史〔职事官〕兼女国王〔此衔不详〕蓟县开国男〔爵号〕汤立志

29. 征马使〔幕府武职〕银青光禄大夫〔文散官〕试太子詹事〔试衔〕兼侍御史〔兼官〕上柱国〔勋官〕赐紫金鱼袋〔赐章服〕赵东义[1]

这是当年西川节度使及其属下各大小文武幕僚联合树立的一通石碑,很有纪念价值,意义重大,所以各幕僚(以及监军使、两个当地县令以及知度支西

---

[1] (清)陆增祥编《八琼室金石补正》卷六八,文物出版社,1984年缩印1925年希古楼原刻本,第15—17页。砺波护《唐代使院の僚佐と辟召制》,载《唐代政治社会史研究》,京都同朋舍,1986年,第102—103页,也引用此碑阴题名,细考唐代幕府的僚佐组织和幕主自辟班子的辟署制。高文、高成刚编《四川历代石刻》,四川大学出版社,1990年,第119—120页,亦有此碑阴题名释文,但颇多错误,特别是在"检校"两字之后全都加上一个顿号,显示该书编者完全不了解这种检校官制。

川院事一名官员)的名字和官衔,都一一隆重地刻在碑阴上。[①] 也正因为这样,它为我们研究唐代官制的实际运作和施行细节,提供了非常珍贵的材料。各文武官刻在这石碑上的官衔,都是他们当时实际所拥有的,而且又都刻在石碑上。石碑有它考古学上的重要意义,所以这通《武侯祠堂碑》上的碑阴题名,可说是最上好的"考古实物证据",其立碑地点、年代和缘起都非常清楚且具体,有别于职官书或史书中的纸上记载。

就以上这二十九位文武官的结衔,我们可以先来做几点初步观察。

第一,这些结衔都是各人最完整全套的官衔,不但包含了他们实际的官职(如第 3 例的"行军司马"和第 5 例的"节度判官")、散官(如"朝议大夫""朝散大夫"等)、勋(如"上柱国""云骑尉"等)、爵(如第 1 例的"临淮郡开国公"等)四大项,而且还列出了各人的"赐章服"(如"赐紫金鱼袋""赐绯鱼袋"等)以及"检校"和"试"衔(见上画有底线者)。它甚至还有"食邑"(如第 1 例的"食邑三千户"),真可谓洋洋洒洒,无所不包。这是唐代官制最生动、最具体的一个记载,刻在石碑上流传至今,更好比是"活生生的历史",让我们得以看到唐代各种官衔是怎样搭配起来运用的。而且这当中不但有文官,还有常为人所忽略的武官。

第二,严格说来,唐人往往对实际的职官还有更细致的区分——常分为"官"和"职"两种。"官"指"有官品"的职事官,如吏部侍郎、刺史、县令、县尉等;"职"指"无官品"的使职,如翰林学士、集贤学士等职,或节度使、行军司马、判官、掌书记、推官、巡官、兵马使、押衙、虞候等幕府文武幕职,或"知制诰""知吏部选事"等以"知"字开头的使职。白居易的《有唐善人墓碑铭并序》,在列出墓主人李建的长串官衔时,便对他的"官"与"职",作了最清楚不过的区分,同时也告诉我们李建的"阶"(即散官)、"勋"和"爵"是什么:

> 公"官"历校书郎,左拾遗,詹府司直,殿中侍御史,比部、兵部、吏部
> 员外郎,兵部、吏部郎中,京兆少尹,澧州刺史,太常少卿,礼部、刑部侍

---

① 此碑今天仍然立在四川成都的武侯祠,笔者在 1990 年夏曾去参观过,基本完好,并建有碑亭保护,但碑上有些字已漫漶。碑由裴度撰文(他当时任掌书记,后来官至宰相),书法家柳公绰书写(但碑阴和题名部分似由另一人崔备所书),名匠鲁建刻字,因此在今天被旅游业者美称为"三绝碑",作为一个旅游景点供人参访。网上有许多最新资料和照片。

郎,工部尚书。"职"历容州招讨判官,翰林学士,郿州防御副使,转运判官,知制诰,〔知〕吏部选事。"阶"中大夫。"勋"上柱国。"爵"陇西县开国男。①

《武侯祠堂碑》碑阴题名上的二十九人,其中绝大部分人所持的,实际上是西川幕府的各种文武"使职",只有第 13 和 14 例的两人才有真正的"官"——成都县令和华阳县令。这两人也不属于武元衡的幕府成员,但由于成都和华阳都在西川幕府的管区内,这两位县令很可能是以"陪位"的方式名列在这碑阴题名上(两人的排位正好在幕府文职之后,武职之前,看来也颇有"深意")。他们两人的官衔书写结构也和其他人有明显的不同:先列散官(朝散大夫),然后是他们的职事"官"(县令),最后才是勋衔(飞骑尉和上柱国)。

但另二十七位文武幕职,他们长串的官衔则都另有一套排列结构和书写规则。其基本结构是:文武"职"排在最前面(这也是各人真正的职务),若同时带有两个"职"者则用"兼"字连接,如第 15 例的"左厢都押衙兼右随身兵马使",第 16 例的"右厢都押衙兼左随身兵马使",然后是散官、检校官(或试衔)、御史台官(无实职)、赐章服鱼袋,最后是封爵和食邑(无者从略)。这几项其实都是唐代官衔(特别是发展到唐后半叶最复杂时)的基本组成部分,可证唐代官制不只是岑仲勉所说的"职事官、散官、爵、勋四项"那么简单。②

第三,这二十九段结衔甚至可以说是唐代官制的一个"缩影"。如果我们能够充分解读它们的意义,那么我们也就等于对唐代官制有了相当深度的了解。反过来说,这大段石刻题名结衔,也可以用来作为非常好的"教学材料"或"考试题目",可用来"考一考"唐史学者和学生对唐代官制的理解程度如何。比如说,第 15 例中的"奉天定难功臣"一衔,在官制上的意义为何?该作何解?它不是职事官,也不是散官、勋、爵、赐,更不是检校官或试衔。

---

① 《白居易集》卷四一,第 904 页。

② 当然,岑仲勉本人对唐代的典章制度是非常熟悉的。这里笔者绝无意暗示岑仲勉不知唐代有检校、兼和试等制,而是说他(以及不少唐史教科书)单单只提"职事官、散官、爵、勋四项",等于大大简化了唐代的官制。这样做反而更容易令初学者感到混淆,因为初学者在史传和碑志中见到大批检校官衔时,将无所适从,无法解读,更感迷惑。

那它是什么呢？答案——它是一种功臣封号，在中晚唐、五代和宋初的碑刻上都很常见。《宋史·职官志》更有一章节特别讨论此种功臣封号在唐代的起源，以及它在宋代的种种美称和赐予对象。①

第四，碑刻上所见的官衔，常比正史列传来得完整而详细。两《唐书》列传通常只记载一个人的职事官，鲜少提到他的散官、勋和爵。至于"赐紫金鱼袋"等赐章服，也只有在某一官员获得皇帝这种赐章服时才会提上一笔。但在墓志和石刻题名史料上，我们却可以见到唐代官员最完整的整套官衔，如上引二十九例。这是因为这全套官衔通常很复杂冗长，正史列传都把它简化成只剩下最重要的职事官衔。除了墓志和石刻题名等场合外，全套官衔也常用于祭文、行状、奏表、制诰等正式文书。唐人替他人的文集撰写序文，或撰写（和书写）墓志碑文时，通常也会署上自己的全套官衔。② 这是他官场身份的全部记录。

第五，过去的唐代官制研究，常常仅以文官来作例子，忽略武官，以致不能取得比较全面的认识。以上二十九段结衔，文官有十四个（第 1 到第 14 例），武官反倒多一些，共有十五个（第 15 到 29 例）。这可以让我们重新认识到，唐代的节度使府，其实都是军事色彩非常浓厚的组织，武官恐怕远比文官更为重要，但学界对节度使府的研究，至今却仍然仅止于文职。武职研究目前几乎还停留在草创期，③常令人忽视这些武官的存在。然而，在官制研究上，我们却不能不理会武官，否则难窥全豹。以检校官和试衔为例，不但文官可以带有此类官衔，武官也同样可以拥有。武官的例子当然可以为

---

① 《宋史》卷一六九，第 4062、4080 页。又见龚延明《宋史职官志补正》，浙江古籍出版社，1991 年，第 565—566、580 页。

② 唐代的墓志或神道碑等，可能由两个不同的人分别负责"撰写"和"书碑"（当然也有撰碑和书碑者为同一人）。撰写者指撰写碑文者（取其文笔佳），书碑者则负责书写撰好的碑文（取其书法好），再由石匠刻在石碑上。撰碑者和书碑者往往都是做官的人，所以都可能在写上他们的姓名时，加署他们的整套官衔。此之所以唐代的碑志，保存了大量很有价值的全套官衔。从职官研究的角度，不少唐碑的价值往往不在其碑文的实际内容，反而是在撰碑者或书碑者所留下的长串完整官衔。刻字的石匠通常无正式官职，也往往在碑上无名。

③ 严耕望《唐代方镇使府僚佐考》，载《唐史研究丛稿》，香港新亚研究所，1969 年，第 211—236 页论军将部分。张国刚《唐代藩镇军将职级考略》，载《唐代政治制度研究论集》，台北文津出版社，1994 年，第 157—174 页，对幕府武职有进一步的研究；王永兴《关于唐代后期方镇官制新史料考释》，载《陈门问学丛稿》，江西人民出版社，1993 年，第 394—411 页，主要以《房山石经题记汇编》中所收的幽州卢龙地区武官官名，考察唐代方镇的武职制度。

我们提供更多的证据和参考讯息。

要之，碑刻上唐人的全套官衔，反映的是唐代官制的实际运用，是最生动、最具体的例证，也是研究唐代官制最好不过的材料，远比职官书的零星记载来得完整。唐人的全套官衔，在唐后半期最复杂时，可能包括以下几个组成部分：职事官、散官、检校官、试衔、勋、赐、爵和食邑，甚至偶尔还有功臣封号，如上引二十九个例子，并非单单只有岑仲勉所说的"职事官、散官、爵、勋四项"而已。这几个部分当中，学界过去对职事官、散官、勋、赐、爵和食邑等六项所论大体已详，所以这里不必赘论，只专论过去为人所忽略的检校官和"试"衔的关系。

三、检校官和试衔的基本性质和共同特征

检校官和试衔虽然是两种不同的官，但它们却有一些共同的基本性质和特征。

第一，这些官衔可以说都是一种"加官"，最常授给各方镇幕府或使府的府主和幕僚，如上引的许多例子。但值得注意的是，并非只有驻在京城外的方镇节度使府幕僚才能获授此类官衔。它也可以授给驻京某些使府（如神策军使府）的僚佐（详见下）。所以，授官的对象是京城内外各种各样使府的官员，包括文武官。这些使府当中，最常见的是各方镇的节度、观察使府，但也可以是财经系统的盐铁、转运使府，或京城使府如神策军使府等。

第二，各使府方镇幕佐之所以会获授这两大类官衔，主要因为使府幕佐如文职的行军司马、判官、掌书记、推官、巡官等，或武职的押衙、兵马使和虞候等，都是一种"职"（使职），并非传统固定编制有官品的"官"（职事官），所以这些没有官品的"职"，照例都带有检校和试衔，也就是"加挂"一个京城职事官的头衔，以秩品位，"用来表示其地位之尊崇和升迁之经历"[1]，但他们真正的职务，是在各使府方镇工作。他们所加挂的各种检校和试职事官衔，并无实职。所以清代和现代学者，往往称这些官衔为"虚衔"。

简略而言，检校衔属中高层，通常只授给中、高层的使府人员如节度使、

---

[1]　张国刚《唐代官制》，第169页。

副使、行军司马、判官等文职，以及押衙、虞候和兵马使等武职。"检校"通常和京城中高层职事官连用，如上引各例中的"检校吏部尚书""检校尚书礼部员外郎""检校国子祭酒""检校太子宾客"等。

比较特殊的是"检校太子宾客"和"检校太子詹事"两衔。太子宾客和太子詹事都是东宫太子官，而且都是正三品的高官。作为检校官使用时，此两官通常只授给方镇使府的武职，如押衙和兵马使等（例见上引《武侯祠堂碑》题名第 17、18 和 27 例），不授文职僚佐。不过，"检校太子宾客"和"检校太子詹事"在史料中有时却又会写成"试太子宾客"和"试太子詹事"（例见上引第 19 和 29 例）。据笔者检索史料的结果，发现此两官一般还是冠以"检校"居多。如冠以"试"，可视为一种混用或通用的现象，或一种"不规范"的用法。①

一般而言，试衔如授给文职僚佐，通常和京城低层职事官连用，最常见的是试校书郎、试大理评事、试太常寺协律郎等，授给刚入仕或只任过两三任官的基层使府文职，如巡官、推官、掌书记等，例见上引《武侯祠堂碑》题名第 10 例"试太常寺协律郎"和第 11 例"试校书郎"。

但试衔若授给幕府武职，则又常跟几种特定的高层京城职事官连用，最常见的是试殿中监、试光禄卿、试太常卿、试卫尉卿和试鸿胪卿等。这些都是从三品的高官，却常冠以"试"，如上引《武侯祠堂碑》第 28 例中的"试殿中监"。由此看来，唐代试衔有文武之分别。武职所带的试衔，另外搭配一套职事官，和文职试衔的搭配略有不同。②

以上西川节度使的文武幕僚，就跟唐后期许许多多使府幕职一样，往往都带有一个御史台官衔，但都无实职。它通常写在检校官或试衔的后面，如上引第 6 例："检校尚书户部郎中兼侍御史"。"兼"字为"同时带有"之意，③表示这位幕僚带有检校官尚书户部郎中，又同时带有侍御史官衔。唐

---

① "太子宾客"冠以"检校"的例子，见《唐代墓志汇编》大和 066、大和 070；冠以"试"的用例，见《唐代墓志汇编续集》贞元 058、元和 072、大和 023。"太子詹事"冠以"检校"的用例，见《唐代墓志汇编》长庆 015、开成 033、会昌 054、大中 082、咸通 066、咸通 092；冠以"试"的例子，见《唐代墓志汇编》大历 010 以及《唐代墓志汇编续集》贞元 003、会昌 029。

② 文武职试衔涉及的问题太多，且超越本文的范围，这里无法细论。笔者将来拟另撰一文处理。

③ 拙著《唐代高层文官》，第 3—6、248—255 页。

代御史台有五大类御史：御史大夫、御史中丞、侍御史、殿中侍御史和监察御史。这当中，御史大夫是御史台的首长，御史中丞为副首长，所以这两种御史台官衔都属高层，通常授给像节度使那样的高官。侍御史、殿中侍御史和监察御史是御史台中另三种御史，以侍御史的排位最高，殿中侍御史居次，监察御史最低层。侍御史或殿中侍御史属中层，通常便授给中层的使府僚佐。监察御史为最低层，通常授给最低层的幕佐如巡官、推官等。

一般而言，带有"检校"官，不可能再带"试"衔，反之亦然。碑刻中有极少数几个既有"检校"官，又有"试"衔的个案。但这些恐怕都属例外，是一种非"规范"的混用。①

在本节中，我们探讨了"检校"和"试"衔的一些基本性质和共同特征，目的在于建立起一个比较大的参考架构，以便把这两种官衔的相互关系弄清楚。这套中晚唐的检校官制一直沿用到五代和宋初。《宋史·职官志》有一段话，引《三朝志》，颇能道出个中奥妙，很有助于我们了解唐制以及"检校"和"试"这两者之间的微妙关系：

> 《三朝志》云：检校、兼、试官之制，检校则三师、三公、仆射、尚书、散骑常侍、宾客、祭酒、卿、监、诸行郎中、员外郎之类，兼官则御史大夫、中丞，侍御、殿中、监察御史（可能由于这些御史台官，常跟"兼"字连用，所以《三朝志》称这些为"兼官"。但"兼官"并非唐代的专用官制名词，它的意思只是"兼领之官"。要注意的是，唐代"兼"字后面所带的官衔，不一定都是御史台官，也可以是任何官衔），试秩则大理司直、评事、秘书省校书郎（以上和唐制基本相同，即"检校"为中高层官衔，"试"为低层，"兼"则常跟御史台官衔连用）。凡武官内职、军职及刺史已上，皆有检校官、兼官。内殿崇班初授检校祭酒兼御史大夫（唐代刺史一般无检校官，但若由节度使兼领任则可能带有检校官。唐无"内殿崇班"）。三班及吏职、蕃官、诸军副都头加恩，初授检校太子宾客兼监察御史，自此累加焉。厢军都指挥使止于司徒，军都指挥使、忠佐马步都头止于司空，亲军都虞候、忠佐副都头以

---

① 例如《唐代墓志汇编》，第 2308 页，有一位兵马使魏弘章，全衔中便有"检校秘书监试左金吾卫长史"。同前书第 2293 页，有一位十将刘自政，全衔中既有"检校太子宾客"，又有"试殿中监"。笔者推测，这两位武职，很可能是从"试"衔升迁至"检校"衔，但死后墓志的全衔却把生前所带的所有官衔都列上去，所以造成既有"检校"又有"试"官的假象。一般全衔仅列死者去世时持有的最高官职，因此不会同时出现"检校"官和"试"官。

上止于仆射,诸军指挥使止于吏部尚书。其官止,若遇恩例,则或加阶、爵、功臣(以上大抵为宋制,怎么样的武官授怎么样的检校官有很细致的规定。唐制没有如此详细的授官规则,但唐武职一般最常授的即"检校太子宾客",详见下)。幕职初授则试校书郎,再任如至两使推官,则试大理评事。掌书记、支使、防御团练判官以上试大理司直、评事,又加则兼监察御史,亦有至检校员外郎已上者(这几点和唐制基本相同,即低层幕职如巡官等初授常是"试校书郎",但"试大理评事"和"试大理司直"通常又比"试校书郎"稍高一阶,常授给巡官以上的推官、掌书记和判官等)。①

以上括号中的评语为笔者所加,以说明唐制和五代及北宋制的异同,但两者有相当多相同之处。这也清楚显示,检校官和试衔实际上渊源于唐代,但到了宋代已发展为非常成熟的一套官制,有更细致的运作规则,所以《宋史·职官志》有一部分专论此制。②

四、唐前后期"检校"的意义和分别

在唐代文献中,"检校"一词有几种用法和含义。

第一,"检校"可以当作普通动词来使用,基本的意思是"负责""管理""办理"之意。这种"检校"的意义在唐前后期相同。例如唐前期的政书《唐六典》中总共有五个"检校"用例,但全作动词使用:

（一）典事掌检校车乘。

（二）九成宫监掌检校官苑。

（三）其监门官司检校者听从便门出入。

（四）参军事掌出使及杂检校事。

（五）参军事掌出使检校及导引之事。③

唐史史料诸如《唐律疏议》、《通典》、《唐会要》、新旧《唐书》和《全唐文》也很

---

① 《宋史》卷一七〇,第4077页。
② 《宋史·职官志》多达十二卷,材料非常丰富,但也相当混乱,详见龚延明《宋史职官志补正》,第1—21页的《序论》。
③ 《唐六典》卷一二,第361页;卷一九,第530页;卷二五,第640页;卷二九,第732页;卷三〇,第749页。

常见这种用例。例如《旧唐书·职官志》："狱丞四人,掌率狱吏,检校囚徒,及枷杖之事。"①《旧唐书·职官志》："宫监掌检校宫树,供进炼饵之事。"②《旧唐书·玄宗纪》："道士、女冠宜隶宗正寺,僧尼令祠部检校。"③《新唐书·礼乐志》："开元十五年(727)敕:宣皇帝、光皇帝陵,以县令检校,州长官岁一巡。"④

此种当作动词使用的"检校",到晚唐仍常见,且意义和初唐相同。例如晚唐日本僧人圆仁便似乎特别爱用此词,⑤在他写的《入唐求法巡礼行记》中,就有至少下面六例:

(一)申时,镇大使刘勉驾马来泊舫之处,马子从者七八人许,检校事讫,即去。

(二)十八日早朝,押官等来检校此事。

(三)廿四日辰时,第四舶判官已下乘小船来……斋后差使遣寺,令检校客房。

(四)十八日,相公入来寺里,礼阁上瑞像,及检校新作之像。

(五)申情既毕,相揖下阁。更到观音院,检校修法之事。

(六)职方郎中、赐绯鱼袋杨鲁士,前曾相奉,在寺之时,殷勤相问,亦曾数度到寺检校,曾施绢褐衫裈等。⑥

以上六例中的"检校",都用作动词,大抵是"处理""办理""察看"之意。已故美国学者、曾任美国驻日本大使的赖世和,在他的英译本中,便把这些"检校"视情况英译为不同的字眼。例如上引第四和第五例中的"检校",大约是"察看"之意,所以赖世和在此两处都用了"inspect"一

---

① 《旧唐书》卷四四,第 1884 页。
② 《旧唐书》卷四四,第 1888 页。
③ 《旧唐书》卷九,第 207 页。
④ 《新唐书》卷一四,第 364 页。
⑤ 董志翘《〈入唐求法巡礼行记〉词语研究》,中国社会科学出版社,2000 年,对圆仁此书所用的"中文"(汉文)文体有极精细的分析,并指出那是一种受圆仁本人日文母语影响的中文体,一种"日式中文",不过董书并未讨论"检校"此词。
⑥ 《入唐求法巡礼行记》卷一,第 1 页;卷一,第 11 页(有两处);卷一,第 19 页(有两处);卷四,第 186 页。

词来英译。①

第二，"检校"也是个官制用语，指某一种"检校官"。检校官在唐前后期则有不同的意义。

在唐前期，"检校官"的意思是"代理某某职务的官员"。例如《旧唐书·太宗纪》："民部尚书戴胄以本官检校吏部尚书，参预朝政。"②《旧唐书·窦琮传》："及从平东都，赏物一千四百段。后以本官检校晋州总管。寻从隐太子讨平刘黑闼，以功封谯国公，赏黄金五十斤。未几而卒。"③《旧唐书·宇文士及传》："太宗即位，代封伦为中书令，真食益州七百户。寻以本官检校凉州都督。时突厥屡为边寇，士及欲立威以镇边服，每出入陈兵，盛为容卫，又折节礼士，凉土服其威惠。"④

这一类例子还有许多，不胜举，显示唐初任检校官者，常带有一个"本官"(史料若未说明其本官，当是省略)，再去"检校"(即"代理""代行")另一种官的职务。在这种情况下，他应当就只执行检校官的责任，而不再行使其本官的职责。例如上举第三例，宇文士及以中书令的本官去"检校凉州都督"，远在长安以西千里外的凉州抗御突厥，他不可能又在京师长安执行其本官中书令的职务。

但安史之乱以后，"检校官"慢慢变成一种虚衔，无实职。中晚唐更成了经常授给使府方镇文武长官和幕僚的一种加官，以奖军功或用以提升幕佐的地位。严耕望指出，唐初至肃宗朝的检校官"皆掌本职，与正员不异"，然而自"代宗以后，纯虚衔，非实职"，⑤经常成了方镇和使府幕僚所常带的一种加官衔，但不执行该官的职务，如《武侯祠堂碑》的碑阴题名所示。

---

① Ennin's Diary: The Record of a Pilgrimage to China in Search of the Law, translated by Edwin O. Reischauer (New York: Ronald Press, 1955), pp. 52 – 53. 中国学界常把 Reischauer 称为赖肖尔，看来是直接译音。其实他的正确汉名是赖世和。余英时在一篇悼念严耕望先生的文章《中国史学界的朴实楷模——敬悼严耕望学长》中，曾经回忆他和严先生在 1957 年左右，在哈佛大学一起上研究生日文课的情景。当时教他们日文的，正是这位把圆仁此书翻译成英文的美国学者。余英时称他为"哈佛燕京学社社长赖世和教授，后来曾出任美国驻日大使"。见《充实而有光辉——严耕望先生纪念集》，台北稻禾出版社，1997 年，第 37 页。
② 《旧唐书》卷三，第 39 页。
③ 《旧唐书》卷六一，第 2367 页。
④ 《旧唐书》卷六三，第 2410 页。
⑤ 严耕望《唐仆尚丞郎表》(台北："中研院"历史语言研究所，1956 年)，第 1 册，第 1 页。

　　唐后期的这种检校衔,虽无实职,但对后世阅史研究者来说,仍具有几个重要意义,不宜掉以轻心。

　　首先,须能分辨这些无实职的检校衔,且充分了解其含义,否则将无从解读中晚唐史传、墓志和石刻史料中随处可见的这一类检校衔,并且很可能会把许许多多唐人的官历弄错了。更值得注意的是,这种检校衔有时甚至会省略"检校"两字,变成好像和真正的职事官衔没有两样,以致不明就里者往往会误坠陷阱,增加了研究的难度。这就是严耕望在其《唐仆尚丞郎表》序文中所提到的其中一个研究难题:"唐世史传碑志所题先人或他人官衔,每多检校、致仕、追赠之官而不明言。(书本人衔幸少此类。)有可考而知者,有不可考者,弃之不宜,收之或误。"①

　　要之,唐前期的检校官主要是一种"代行"职务的官员,案例也不算太多,没有什么复杂问题,前面已经约略触及,底下就不再论及。唐后期的"检校官"在文献和石刻中则几乎随处可见,案例极多,问题也比较复杂。下文将专论这些唐后期无实职检校官衔的等级、颁授对象、用途以及它在唐代官制史上的意义等课题。

五、唐后期检校官制的始创和各种用途

　　如上所说,唐后期的检校官已无实职,变成一种虚衔,好比散官和勋衔一样。但这种检校官是在什么时候开始颁授,又因何颁授呢? 细察唐代史料,这应当是在安史乱中代宗刚上台不久的事,而当时最主要的目的,是为了"嘉奖"和"安抚"那些投降归顺的史思明"叛将"。最早的一条记录见于《旧唐书·代宗纪》宝应元年(762)条下:

> 冬十月……丁酉,伪恒州节度使张忠志以赵、定、深、恒、易五州归顺,以忠志检校礼部尚书、恒州刺史,充成德军节度使,赐姓名曰李宝臣。于是河北州郡悉平。贼范阳尹李怀仙斩史朝义首来献,请降。②

隔了几个月,在宝应二年(763)初,还有更多的降将被授予这种检校官衔:

---

① 严耕望《唐仆尚丞郎表》序,第 2 页。
② 《旧唐书》卷一一,第 270—271 页。

闰月戊申,以史朝义下降将李宝臣为检校礼部尚书、兼御史大夫、恒州刺史、清河郡王,充成德军节度使;薛嵩为检校刑部尚书、相州刺史、相卫等州节度使;李怀仙检校兵部尚书、兼侍中、武威郡王、幽州节度使;田承嗣检校户部尚书、魏州刺史、雁门郡王、魏博等州都防御使。①

代宗之前的肃宗朝,未发现有这样的授官。以上张忠志(李宝臣)、薛嵩、李怀仙、田承嗣等人,都是史思明的旧将,原本统领着河北一大片辽阔的土地。史思明被杀后,他们群龙无首,只得"归顺"。唐室也就颁给他们这种新的检校官,让他们挂着种种无实职的六部尚书高官以及其他官衔,并且让他们继续以刺史或节度使的名目管理原先所统领各州。

换言之,唐后期这种检校官完全是"因时势需要而产生"的,是一种非常典型的"时代产物",让我们可以清楚看到检校官制是如何诞生的。当年,唐室若要"嘉奖"这些归顺的义士,原本大可采用当时现成的勋衔(如上柱国之类的),但李宝臣等人不是等闲之辈,而是拥有庞大军队、广大人民和广阔土地的一方之霸,显然不是上柱国等区区几个勋衔所能满足的,所以唐室不得不因应时代的需要,特别颁给这些将领六部尚书这样的高官虚衔,而开创了此后大盛的"检校"官制,一直到唐末,且为五代和宋初所沿用。这也正是唐代宗以后,举凡节度使几乎都带有"检校某部尚书"或"检校尚书仆射"等高层检校官的肇因。

从此以后,唐室授检校高官给归降的首领,成了一种例常的办法。《册府元龟》在《帝皇部·招怀》部分,对这些授官有大量的记载,例子之多,举不胜举,且引下面三条,以见一斑:

> 〔唐德宗建中三年,782〕三月,田悦将摄雒州刺史田昂以州降,授检校右常侍兼雒州刺史、御史中丞,实封一百户。②

> 〔唐德宗兴元元年,784〕十月,李希烈伪署滑州节度李澄以所部归顺,加澄检校兵部尚书、汴滑节度使。次月封武威郡王,赐实封五百户。③

① 《旧唐书》卷一一,第 271 页。
② 《册府元龟》卷一六五,第 1986 页。
③ 《册府元龟》卷一六五,第 1988 页。

〔唐宪宗元和〕十四年(819)正月,淄青伪署海州沭阳县令兼镇遏兵马使梁洞以县降于楚州刺史李聪,诏授洞检校殿中少监兼侍御史,知沭阳县事,赐实封一百户,赏钱五千贯,并令淮南节度使李夷简授之重职,其县权隶楚州,加聪兼御史大夫。①

以上第三个案例也清楚显示,检校官和兼官可以同时授予。"兼侍御史"和"兼御史中丞"也都是无实职的御史台官衔,其作用和检校官相同,用以酬降将或奖军功等。

除了开始时授给降将外,检校官后来的用途和使用范围越来越广,主要有五种功能:(一)奖军功;(二)用以"姑息"跋扈的将领;(三)授驸马都尉;(四)授回纥等外族将领;以及(五)授使府及方镇高层长官和中层文武僚佐(低层幕僚则授"试"衔)。这当中,又以第五类的案例最多也最常见,前引《武侯祠堂碑》上的题名都属此类。授神策军将也属此类,因为神策军实际上是一种使府编制(详见下)。

(一) 奖军功

检校官作为奖军功之用,从德宗朝开始到唐末都很常见,史书上常有记载。《册府元龟》把许多这类案例编在《将帅部·立功》部分,最便查考,且引下面两例,以见其概:

刘沔为盐州刺史、天德军防御使。唐宝历间,在西北边累立奇效。太和末,河西党项羌叛,沔以天德之师屡诛其酋渠,授振武节度使、单于大都护。开成中,党项杂虏大扰河西。沔率吐浑、契苾、沙陀三部落等诸族万人,马三千骑,径至银夏讨袭,大破,俘获万计,以功加检校户部尚书。会昌三年(843),回鹘部饥,乌介可汗奉太和公主至汉南求食,过把头峰,犯云朔北川,朝廷移沔为河东节度使,加检校左仆射,与幽州张仲武协力招抚,竟破虏寇,迎公主还宫,以功进检校司空。②

时溥为武宁军节度,光启中,黄巢攻陈州,秦宗权据蔡州,与贼连结。徐、蔡相近,溥出师讨之,军锋甚盛,每战屡捷。巢之败也,其将尚

① 《册府元龟》卷一六五,第 1993 页。
② 《册府元龟》卷三五九,第 4265 页。

让以数千人降溥。溥将林言又斩巢首归徐州。溥功居第一,累授检校
太尉、中书令,封巨鹿郡王。①

从这些案例来看,检校官甚至可以有所"升迁",好比职事官、散官一样。例
如第一例中的刘沔,他最先得到"检校户部尚书",然后"加检校左仆射",最
后"以功进检校司空",便标志着他的检校官步步高升。第二例中的时溥,
"累授检校太尉"。"累授"两字便表示这是他屡次升迁所得的检校官。"检
校太尉"是个非常高阶的检校官衔,在史料中相当少见,比一般最常见的"检
校司空"还高约二阶。按唐制,正一品有六个职事官位,从高到低的排秩为:
太师、太傅、太保、太尉、司徒、司空。②

(二) 用以"姑息"跋扈的将领

安史乱后,唐室对河北等几个重要地区已经失去控制能力,对于那些一
方之霸的"军阀"式节度使,只好采取所谓的"姑息"态度,任由他们自行拥有
土地、重兵、人民和财赋。唐室在无能力对付这些不听命令的地方将领时,
便不时授以高官,以示"安抚"。德宗以后,授予检校官衔便成了最常用的一
种办法,如下例所述:

> 文宗太和元年(827)五月丙子,以天平军节度使守司徒同中书门下
> 平章事乌重胤为横海军节度使,兼沧州刺史,充沧、景、德、棣等州观察
> 处置等使,以前摄横海军节度副使、检校国子祭酒、沧州长史、侍御史李
> 同捷起复为云麾将军守右卫大将军员外置同正员,检校右散骑常侍,兼
> 兖州刺史、御史大夫,充兖、海、沂等州节度观察处置等使,就加魏博节
> 度使、检校司空史宪诚检校司空、同中书门下平章事。丁丑,就加幽州
> 节度使、检校户部尚书李载义检校尚书右仆射,平卢军节度使、检校工
> 部尚书康志睦为检校户部尚书,镇州节度使、检校司空王庭凑为检校司
> 徒。是时既以李同捷节度兖海,尚虞群帅生事,故咸有就加之命,以宠
> 安之。③

这是把检校官授给河北好几位"跋扈"将帅的好例子。文末所谓"虞群帅生

---

① 《册府元龟》卷三五九,第 4266 页。
② 《旧唐书》卷四二,第 1791 页。
③ 《册府元龟》卷一七七,第 2133 页。

事,故咸有就加之命,以宠安之",更是说得沉痛,颇能透露唐室之无奈。这一类"宠安"跋扈将领的检校官,和当初用以酬降将的检校官,真不可同日而语,可说是检校官制一种新的演变,新的功用。

唐后期的检校官,功能越来越多,不但可以用来酬勋臣、奖军功、安抚跋扈将领,甚至还可以用来授给驸马都尉和外族首领。

(三) 授驸马都尉

授驸马都尉,最有名的两个例子是平定安史之乱的名将郭子仪,他的儿子郭暧和孙子郭鏦,都娶皇帝之女,而且都因而获得检校官衔:

> 暧字暧,以太常主簿尚升平公主。暧年与公主侔,十余岁许昏。拜驸马都尉,试殿中监,[1]封清源县侯,宠冠戚里。大历末,检校左散骑常侍。[2]

> 鏦字利用,尚德阳郡主。诏裴延龄为主营第长兴里。顺宗立,主进封汉阳公主,擢鏦检校国子祭酒、驸马都尉。[3]

卫次公的儿子洙,也属此类:

> 子洙,举进士,尚临真公主,检校秘书少监、驸马都尉。[4]

宣宗朝更有一敕,对驸马都尉的授官有明确的规定:

> 其年(大中四年,850)二月敕:"诸县主婿选尚之初,多无官绪,或正员初秩,授检校朝官,从前条流,都未详备。自今以后,县主婿如先有官,宜超资与进改,如未有官者,且授检校官,待三周年后,与第二任正员官。仍委宗正卿检勘闻奏。"[5]

(四) 授外族将领

以检校官授外族,最常见者为授新罗、渤海及回纥首领或将领,且常派

---

[1]　殿中监为从三品的高官。按中高层职事官冠以"检校",低层则冠以"试"的原则,此处的"试殿中监"似应作"检校殿中监"为是。但殿中监和太常卿、卫尉卿、鸿胪卿等官一样,常冠以"试",不用检校,是一种特殊用法。详见上文第三节。

[2]　《新唐书》卷一三七,第4611页。

[3]　《新唐书》卷一三七,第4612页。

[4]　《新唐书》卷一六四,第5046页。

[5]　《唐会要》卷六,第85页。

专使前去授官。《册府元龟》卷九六五《外臣部·封册第三》中,有极多的例证,且举三例如下。

> 贞元元年(785)正月,以秘书丞孟昌源为国子司业、兼御史中丞、新罗吊祭册立使。先是,建中四年(783),新罗王金乾运卒,无子,国人立其上相金良相为王。至是诏授良相检校太师、都督鸡林州刺史、宁海军使,遣昌源吊册之。①

> 〔贞元〕十四年(798)三月,加渤海郡王、兼左骁卫大将军、忽汗州都督大嵩璘银青光禄大夫、检校司空,册为渤海国王,依前忽汗州都督。②

> 武宗会昌二年(842)六月,封天德降到回鹘首领唱没斯为怀化郡王,赐牙旗豹尾,寻加检校工部尚书,兼归义军使。③

(五) 授方镇使府长官和僚佐

不过,唐后期检校官最重要、最广泛的用途,却是作为使府(包括京城使府如神策军)和方镇长官及僚佐的一种加官衔,也就是我们在上引《武侯祠堂碑》的碑阴题名所见各例。安史乱后,陈少游获授"检校郎官"是最早的案例之一:

> 至德(756—758)中,河东节度王思礼奏为参谋,累授大理司直、监察殿中侍御史、节度判官。宝应元年(762),入为金部员外郎。寻授侍御史、回纥粮料使,改检校职方员外郎。充使检校郎官,自少游始也。④

据此,陈少游获授"检校郎官"当在宝应元年之后,代宗朝之初,正好也是代宗开始用各种检校官衔酬奖归顺降将的时候(见上)。不同的是,酬降将用的是比较高层的检校官,如检校某部尚书或检校仆射之类。陈少游所得却是一个比较中层的官位"检校职方员外郎"。"职方员外郎"属于唐代尚书省二十六司的员外郎之一,他们和二十六司的郎中,统称为"郎官",所以陈少

---

① 《册府元龟》卷九六五,第 11351 页。
② 《册府元龟》卷九六五,第 11352 页。
③ 《册府元龟》卷九六五,第 11354 页。
④ 《旧唐书》卷一二六,第 3563 页。

游得"检校职方员外郎",史称"充使检校郎官,自少游始也"。这意味着,从此唐室经常以中层的郎官等职位,作为检校官,授给那些在使府或方镇任中层僚佐的官员,又以比较高层的检校官,如检校某部尚书或仆射,授予使府和方镇的长官,成了一种惯例。中晚唐许许多多在使府或幕府任职的士人,都曾经得过这种检校官,这是他们整套官衔的一部分,和上述酬勋臣将领之用的检校衔,又稍有不同。我们故且称之为"使府方镇检校官",并在下一节中详论。

六、使府方镇检校官

唐中叶以后,使职盛行,主要有方镇系统的节度使、观察使、经略使等,有财经系统的盐铁转运使、度支使等,更有长驻京城的特殊使职,如神策军使等。方镇其实是使府的一种,但历来又习惯称之为"幕府"和"藩镇"[①]。清代吴廷燮作《唐方镇年表》,特别把方镇系统的节度等使和财经系统的盐铁等使区分开来,以致"方镇"似乎自成一类。为了清楚起见,本文用"使府方镇"一词,以涵盖盐铁转运、神策等使府和中晚唐的各大小方镇(盛时达到约五十个)。值得注意的是,唐代洛阳的东都留守,实际上也是一种方镇的编制:东都留守等于是方镇的节度使,他的幕僚班子也正像一般节度使的幕府。[②]

在官制上来说,使府方镇的一大特色是,它们的长官如节度使、盐铁使等,文职僚佐如行军司马、判官、掌书记、推官和巡官等,以及武职僚佐如押衙、虞候和兵马使等,全都是一种没有官品的"使职"(即上引白居易所说的"职",和有官品的"官"相对)。因此,使府方镇的长官和僚佐,照例除了职称外,还带有一个无实职的"官"(或称"本官"),以秩品位,作为他们做官资历和升迁的一种凭证。

唐后期的检校衔,可按它所连带职事官的官品而分为好几个等级,并授

[①] 《新唐书》特别把河北那些长期叛逆的方镇和其他方镇区分开来,另立《藩镇传》处理,以致"藩镇"似乎含有贬义,专指那些背叛唐室的方镇。

[②] 程存洁对此有详细的研究,见其《唐代城市史研究初篇》,中华书局,2002年,第二章《唐代东都最高行政长官东都留守的演变》,第37—57页。

给不同等级的方镇使府文武职。怎样的检校衔会授给怎样的文武职,大抵都有一定的对应规律。笔者现根据《武侯祠堂碑》、周绍良《唐代墓志汇编》及《唐代墓志汇编续集》中所收的约六千多篇墓志,以及两《唐书》列传中所爬梳到的例证,把这种对应关系列在下面表一。

表一　唐代常见的检校官衔及授给对象①

检 校 官 衔	授 给 对 象	文 武 等 级
检校太尉、检校司徒、检校司空、检校仆射、检校某部尚书、检校太子庶子、检校散骑常侍等	节度使、东都留守、盐铁使、转运使、神策军使、团练使、观察使等	高层文武职②
检校某司郎中、检校某司员外郎等	营田副使、判官、节度参谋等	中层文职
检校国子祭酒、检校大理少卿、检校少府少监、检校秘书监等	都虞候、都押衙、都知兵马使等	一般为高层武职
检校太子宾客、检校太子詹事等	虞候、押衙、兵马使等	一般授中层武职,但有时也授高层武职

从表一中,我们可以作几点观察,看看唐后期实行这种检校官制的一些大原则和特征。

第一,"检校"只跟京城某些官署的职事官连用。上引《宋史·职官志》说:"检校则三师、三公、仆射、尚书、散骑常侍、宾客、祭酒、卿、监、诸行郎中、员外郎之类。"唐制也大略如此。

这显示,唐代的检校官,理论上虽然可以跟任何京官职事衔连用,但在实际施行时,显然又有所"偏爱",只有某几种京官才特别拿来作检校官使用,而某些官(如六部侍郎)则从来不会用作检校官。最常见的即以上表一所列的数种,其中又以武职带"检校太子宾客"为最习见。

第二,高层的检校衔授给高层的文武官,中层的检校衔颁给中层的文武官,且文武有严格区分。例如像检校司空等衔,便只授予节度使等高层文官,不授武官(但武人出任节度使亦可获授)。检校某司郎中或员外郎

---

① 此表并非完整的名单,只是最"常见"的一些检校官衔和授给对象。

② 唐代的节度使等官属于文官系统,然而亦经常由武人出任。

等所谓"检校郎官",则经常授给判官等中层文职,但从不会授予中层武职。同理,像检校太子宾客等衔,则经常授给中层武职,但从不授予中层文职僚佐。

第三,检校官属于中高层文武官专用的官衔,所以基层或低层幕职如掌书记、推官和巡官等,不会得检校衔,而是得"试"衔(晚唐五代有掌书记和推官,得到检校某司郎中或员外郎的少数几个案例,但这些属当时乱世的一种"乱象")。也正因为如此,如果我们在史传和碑刻中见到某某人带有检校衔,那几乎可以肯定他必属中高层文武职,而且往往可以从他所带的检校衔,轻易判定他是文职或武职,中层或高层。

除了方镇使府官员可以获得检校官外,中晚唐那些被派往国内或国外执行特别任务的特使,如河北宣慰使、新罗吊册使、回鹘册立使、吐蕃盟会使等,也经常在任命的同时,获授检校官衔以及各种"兼"官衔。例如《旧唐书·回纥传》长庆元年(821)条下:

> 四月,正衙册回鹘君长为登罗羽录没密施句主录毗伽可汗,以少府监裴通为检校左散骑常侍、兼御史大夫,持节册立、兼吊祭使。……五月,回鹘宰相、都督、公主、摩尼等五百七十三人入朝迎公主,于鸿胪寺安置。敕:太和公主出降回鹘为可敦,宜令中书舍人王起赴鸿胪寺宣示;以左金吾大将军胡证检校户部尚书,持节充送公主入回鹘及册可汗使;光禄卿李宪加兼御史中丞,充副使;太常博士殷侑改殿中侍御史〔此当亦为"兼官"衔;史书省略"兼"字〕,充判官。①

唐后期皇权最重要的支柱左右两大神策军,由神策军使总管,驻在京师长安及其周围,实际上是使府编制的一种,所以神策军使、押衙、虞候、正将等军职,也和方镇长官及僚佐一样,经常获授检校官衔。诗人杜牧在晚唐任知制诰时,便写过好几篇这样的授官文书,现仍收在他的文集中,可以让我们见到当年这种任命文书的真貌,以及杜牧本人的文采,如《梁荣幹除检校国子祭酒兼右神策军将军制》:

> 敕:北落亲军,夹峙宫省,选忠勇者,为吾爪牙。右神策军奉天镇

---

① 《旧唐书》卷一九五,第5211页。

都知兵马使、银青光禄大夫、检校国子祭酒、兼右威将军、御史大夫、上柱国、安定郡开国公食邑二千户梁荣幹,射必落雕,力能扼武,自晦雄毅,益守谦恭。故能塞护长榆,兵分细柳,恩加士卒,名著勤劳。今日擢掌五兵,荣悬三绶,勉砺锋锷,上答宠光。可检校国子祭酒、兼右神策军将军知军事、御史大夫、充马军都虞侯,散官勋封如故。①

这位神策军将所获授的检校官为"国子祭酒",属比较高层,和上引《武侯祠堂碑》中的几个武职一样,显示这是较高层武官最常带的检校衔之一。

日本僧人圆仁晚唐在长安求法时,曾经得到一个神策军押衙的许多帮助,并且以一种感性的笔调,这样描写这个武官:

> 左神策军押衙、银青光禄大夫、检校国子祭酒、殿中监察侍御史("监察"两字疑衍)、上柱国李元佐,因求归国事投,相识来近二年,情分最亲。客中之资,有所阙者,尽能相济。……在府之间,亦致饭食,毯缛等,殷勤相助。②

这位好心肠的"左神策军押衙",他的检校官为"国子祭酒"(国子监首长,好比现代的大学校长),属比较高层武官所常带者,官位相当高。值得一提的是,美国学者赖世和英译圆仁此书,一般上极优秀、精确、可读,但在检校官制上却常出问题。他把这个"检校国子祭酒"译成 "acting Rector of the University for Sons of the State"③,把此处的"检校"理解成 "acting"(代行),可说误解了中晚唐无实职的检校官制,犹以为这位押衙是唐前期那种代行职务的检校官。赖世和英译本中还有许多此类官制误解和误译,或可引此以为戒。

七、检校官是一种"新官制"吗?

检校官是否为"职、散、勋、爵"以外的一种"新官制"? 这个问题或许可以有三种看法。

---

① 《樊川文集》卷一九,第 284 页。
② 《入唐求法巡礼行记》卷四,第 184 页。
③ *Ennin's Diary*, p.364.

第一种看法是："职、散、勋、爵"是唐代官制的"正宗"。《通典》、两《唐书》职官志等政典，仅提及"职、散、勋、爵"四项，始终未提"检校官"，显然并不承认检校官是一种新官制。唐人如陆贽，在他那篇著名的《又论进瓜果人拟官状》中，特别指出：

> 谨按命秩之载于甲令者，有职事官焉，有散官焉，有勋官焉，有爵号焉。①

换句话说，"职、散、勋、爵"四项是"载于甲令者"，是原有的正统官制。陆贽认为不应当以"试官"等授"进瓜果人"，从而"破坏"了"职、散、勋、爵"的传统。从陆贽的观点看，检校官并未"载于甲令"，所以它不算是一种新官制。

而且，检校官仅在唐安史之乱后开始行用，到北宋元丰改制时便废除，所以它只能说是一种"暂时"的、过渡期的措施，并不足以构成一种"新官制"。

第二种看法是：检校官不同于"职、散、勋、爵"四项，行用于唐后半期、五代及北宋初，前后长达约三百年之久。史料碑刻中又屡屡可见各种各样的检校官，而且还是这时期文武官员整套"正式"官衔的一部分（如上引《武侯祠堂碑》上的二十多例），又跟"职、散、勋、爵"连在一起书写，显然成了一种不同的官制，称之为"新官制"，不亦宜乎？

第三种是"折中"的看法，认为《通典》和两《唐书》采取的是一种"规范式"（prescriptive）的处理方式：其编纂者可能认为检校官是一种"不规范"的、"变体"的官制，乖离了"职、散、勋、爵"的"规范"原则，所以才把检校官排除在"正规"的、"规范"的官制之外，只字不提，不予处理，不承认它为"新官制"。这就像正规的、"规范式"的词典，照例是不收社会上那些新创的词语一样，直到这些新词成为大家都能接受的所谓"规范"用词为止。

在这个脉络下看，检校官正像一个因应时代需要而"新创"的"非规范"词语。从正统"规范"的观点看，它当然不能说是"新官制"，因为它最终并没有成为"规范"，在北宋元丰改制时就被废除了。但站在和"规范式"相对的

---

① 《全唐文》卷四六九，第 4797 页。

"描述式"（descriptive）的立场，检校官即使不能说是"新官制"，应该也可以说是一种"新创的变体"，是旧有官制下的一种"新演变"。

因此，笔者在此认为，检校官是否为一种"新官制"，应该放在上述的角度下来理解。但这种争论，其实是观点不同而已，可不必强求统一或单一观点。重要的是，站在"务实"的立场，既然中晚唐在行使这种检校官，那么唐史教科书等现代著作，应该对检校官也有所讨论，有所交代才对，不应只提"职、散、勋、爵"四项了事，否则中晚唐史料中随处可见的检校官将无从解读。笔者在本文中也并无意争论检校官是否为一种"新官制"（这种争论其实也没有什么太大意义），亦不以"新官制"来形容检校官，只是把它放在唐人整套官衔的脉络下来讨论，径称之为"检校官"。

八、结　　论

唐代碑志和文献上所见的唐人全套官衔，在中晚唐最复杂时，可能包含大约十二个组成部分：职事官、散官、勋官、爵号、使职、检校官、兼官、试衔、功臣、持节、赐章服、死后赠官。一般唐史教科书只提到职事官、散官、勋官和爵号四项。本文认为这过于简化，易生误解，且无从解说中晚唐那些冗长复杂的全套官衔。故本文细考了这十二个组成部分当中比较复杂的检校官，并且探讨了检校官和试衔的关系，希望能解开中晚唐全套官衔中的若干"谜团"，或可对后世阅史读碑者有所帮助。

唐前后期的检校官意义不同。唐前期的检校官有实职，安史之乱后则都演变为无实职的虚衔。"检校"一词也可以当作动词使用，意为"处理"和"察看"等意。在肃宗时代，唐皇室为了安抚"归顺"的史思明的降将，授给他们"检校礼部尚书""检校刑部尚书"等高官，而创立了一种检校官制。这种检校官后来也授给其他文官或武官，用以奖军功，用以"姑息"跋扈的将领，用以酬驸马都尉以及新罗、回纥等外族将领。但检校官在中晚唐最大的用途，是授给各使府及方镇的高层长官和中层文武僚佐，作为他们的一种加官（低层文职僚佐则获授"试"衔），以致中晚唐的石刻和文献上，几乎随处可见这种无实职的检校官衔。

从官制演变的角度看，检校官可以视为唐代"职事官的本官化和使职化"的现象之一。[①] 中晚唐检校官衔广泛应用,也导致这时期的唐人全套官衔,变得相当冗长,往往长达三四十字,不易解读。检校官制一直沿用到五代和北宋中期,成了宋初官制之所以"紊乱"的一大原因,直到北宋神宗元丰年间大改官制,把检校官废除为止。[②]

　　　　　　原载《汉学研究》第 24 卷第 1 期,2006 年,第 175—208 页。

[①]　拙著《唐代高层文官》的主题之一,便是唐代许多职事官,如何在唐初就变得无效率,沦为闲官,最后再成为各种使职的本官。

[②]　关于元丰改制,见张复华《北宋中期以后之官制改革》,台北文史哲出版社,1991 年;龚延明《北宋元丰官制改革论》,《中国史研究》1990 年第 1 期,第 132—143 页;宫崎圣明《元丰官制改革の施行过程について》,《史朋》37 号(2004),第 20—39 页。

唐代的州县"摄"官

《唐六典》和两《唐书》职官志等典志,都曾经对唐代州县官员的员额、官品和职掌等有所描写。这些典志也成了今人了解和研究唐代地方行政制度最主要的依据。但如果完全依赖这些典志,我们对唐代地方行政的认识恐怕是不完整的,因为唐代制度的运作,许多时候是乖离了典志上的规定,也有许多做法是随着时代或形势需要应运而生的,是典志完全没有提到的。要言之,唐代典志根据的主要是律令,是一种"理想化"的、"规范式"的描写。律令条文容易变为"僵化",往往跟不上时代变迁和时代需要,因此和当时实际的运作情况常常不尽相同。

例如以唐代州县官来说,《唐六典》等书便规定,州县官由中央朝廷委任,有一定的官品和员额。然而,我们却经常在史料和碑刻上发现,唐代后期出现了一种称为"摄"的州县官。他们不由朝廷委派,而是由地方长官自行选任"辟署",好比幕府的僚佐一样。这种州县"摄"官,背离了典志上所描写的"理想"或"规范",所以有些唐史学者——特别是那些专门研究律令的"律令派"学者——会认为这是中晚唐地方行政的一种"乱象",一种"不正常"的现象,[①]但我们却也不能否认,不管是否"乱象",当时的历史实况就是如此。历史学者应当也研究这样的"实况",而不只是典志上所规定的制度条文。研究唐代地方行政,我们当然要看典志上怎么规定,但也应当深入考察当时制度运作的一些细节,特别是那些乖离制度律令条文的部分,否则难窥全豹。唐后期盛行的"摄"州县官,便是一个好例子。唐史学界过去对这一课题关注的不多,[②]这里拟更深入研究。

---

① 这是中国台湾地区某位律令派的资深前辈学者,亲口跟我说的。

② 学界过去对摄官的研究不多,比较重要的论述见陈志坚《唐代州郡制度研究》,上海古籍出版社,2005 年,第 85—97 页,论"州县官中的差遣职"一节,以及石云涛《唐代幕府制度研究》,中国社会科学出版社,2003 年,第 339—343 页,论"兼摄州郡县官"一节。

一、朱巨川的案例

现藏台北故宫博物院的一件唐代告身《朱巨川告身》，其开头部分记录了朱巨川(725—783)被任命的官职：

> 睦州录事参军朱巨川
> 右可试大理评事兼豪州钟离县令①

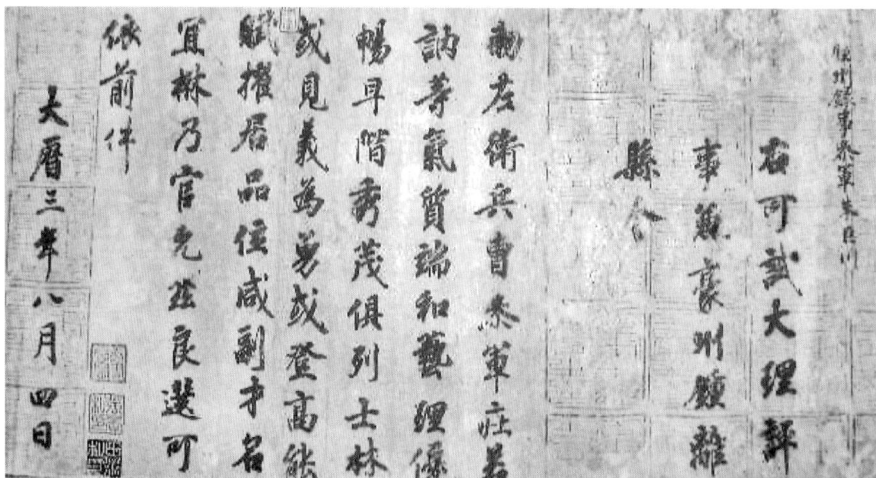

台北故宫博物院所藏的《朱巨川告身》

这官衔本身便颇不寻常。为什么一个县令又会挂一个"试大理评事"的官衔？这是其他一般县令所没有的。我们知道，幕府的基层幕佐如巡官、推官和掌书记等，常常会有"试大理评事""试校书郎""试大理司直"这样的"试"衔。② 但朱巨川并非幕佐，而是县令。为何他也有这样的"试"衔？大理评事是唐京城大理寺中的一个八品官，"掌出使推核"③。那么朱巨川到底是在京城当大理评事，还是在豪(元和三年改为"濠")州钟离(今安徽凤阳县)当县

---

① 详见台北故宫博物院官网上的《朱巨川告身》彩色照片。此告身影印件，也收在好几种该博物院的出版品内，例如何传馨等编《晋唐法书名迹》，台北故宫博物院，2008 年。
② 详见拙著《唐代基层文官》第五章《巡官、推官和掌书记》，第四节"幕佐的官衔"。
③ 《旧唐书》卷四四，第 1884 页。

令？为什么一个县令要带这样的京衔？"试"的含意又是什么？这些正是本节所要探讨的课题。

说穿了，朱巨川当时并不是唐代一般普通的正规县令，不是中央朝廷任命的，而是一个被当地长官所"辟署"的"摄"县令。这种摄县令和相关的州县摄官，在中晚唐相当普遍，在墓志中尤其常见。

朱巨川后来的官历显赫，官至中书舍人高官，所以在他死后，他的朋友李纾给他写过神道碑曰《故中书舍人吴郡朱府君神道碑》。碑文这样记载了他的出身和他的官历：

> 年二十明经擢第。……御史大夫李季卿实举贤能，授左卫率府兵曹参军。户部尚书刘晏精求文吏，改睦州录事参军。濠州独孤及悬托文契，举授钟离县令兼大理评事。①

这是一段特殊的官历，有些地方涉及唐代刺史或使府辟人和使府复杂的幕府官衔制度，稍嫌"晦涩"，需要解读。

据李纾写的这篇神道碑，朱巨川死于"建中四年"（783），"遘疾终于上都胜业里私第，春秋五十有九"，则他当生于开元十三年（725）。他 20 岁考中明经，当是天宝三载（744）。"御史大夫李季卿实举贤能，授左卫率府兵曹参军"这件事，发生在安史乱末的代宗广德（763—764）中，当时李季卿正以御史大夫的身份为江淮宣抚使。这时朱巨川已经 39 岁左右，才得到他的第一个官衔"左卫率府兵曹参军"。他 20 岁考中明经，到 39 岁才有官做，足足等待了十九年之久。不过，这可能是受到安史之乱的乱世影响。

笔者怀疑，朱巨川这个"左卫率府兵曹参军"恐怕跟他后来的"试大理评事"一样，也只是个"试"衔而已。他其实并未到长安京城任此京官，很可能只是出任江淮宣抚使李季卿的一个幕佐，幕职不详，或许是巡官或推官之类的基层幕职。李季卿于是替他上奏，请朝廷授予他"试左卫率府兵曹参军"的官衔。唐中叶以后，使府僚佐有许多都带有"左卫率府兵曹参军"这样的试衔，但墓志和史书经常省略这个"试"字，容易造成误解。果真如此，则朱巨川后来被盐铁使刘晏赏识，接下来的两任官又都在江淮，也就更合情合理

---

① 《全唐文》卷三九五，第 4019—4020 页。

了。他是更后来才回到朝中任左补阙内供奉,最后官至中书舍人。

"户部尚书刘晏精求文吏,改睦州录事参军"这一句,指的是唐代理财专家刘晏在大历元年(766)"充东都京畿、河南、淮南、江南东西道、湖南、荆南、山南东道转运、常平、铸钱、盐铁等使"[1]事,权势很大,辟朱巨川为"睦州录事参军"。睦州属江南东道,就在刘晏的管区内。这件事可以证明,唐代的盐铁转运使,也跟节度使或观察使一样,有"辟署"自己班底的权力。刘晏就是因为"精求文吏",所以才辟朱巨川为"睦州录事参军"。

濠州刺史独孤及"举授"朱巨川为钟离县令,是在大历四年(769)。这时朱巨川已经担任睦州录事参军约三四年,其时年约 45 岁。值得注意的是,独孤及当时只是一个刺史,不是节度使(他从来也没有任过节度使),可是他却和节度使一样,可以"举授"朱巨川为他的钟离县令。

这种"举授",也就是中晚唐诏敕中常提到的"奏州县官"事。例如肃宗《申戒刺史考察县令诏》所说"比来刺史之任,皆先奏州县属"[2]。又如大和元年(827)《请定诸道奏补及致仕章服等例奏》所谓"诸道应奏州县官衔、散、试官,及无出身人幕府迁授致仕官",指的便是刺史或节度使等使府,自行辟署州县官事。

任命州县官,原本是朝廷的权力,但在中晚唐,却有不少方镇,甚至像盐铁使如刘晏和刺史如独孤及等人,都可以自行委任州县官,再奏请朝廷批准,并请朝廷授予这些州县官一个朝衔(或称京衔)。

于是,朱巨川便获得"试大理评事兼豪州钟离县令"这样一个特殊的官衔。他的实际任务是在钟离县任县令,不是在京城任大理评事。这个京衔只是个秩阶的所谓"虚衔",所以前面有一个"试"字,以示分别。不过,唐代史料经常省略这个"试"字。比如朱巨川的神道碑文,便只说是"举授钟离县令兼大理评事",略去"试"字。现代读者若不明其中奥妙,很可能会误以为朱巨川任钟离县令,又同时在京城出任大理评事。

二、赵州的摄州县官

这种由方镇使府或刺史所辟的县令,和朝廷任命的正规县令不同,所以

①　《旧唐书》卷一一《代宗纪》,第 282 页。
②　《全唐文》卷四三,第 474 页。

又常称为"摄某某县令",以示其"假摄""权充"等意。例如著名的《赵州刺史何公德政碑》,其碑阴题名部分,便列了赵州及其属下八个县的一系列州县官和武官的名字及官衔,内容极为丰富,为我们考察唐代后期的地方行政制度和州县官制度,提供了第一手绝佳的史料。其中涉及县官的部分,里面便有许多"摄"某某县之县令、县丞、主簿和县尉的资料。但为了完整起见,这里连州官的部分也一起全引如下,以彰显中晚唐州县摄官之盛行:

1 检校官朝散大夫试司马高神都

2 朝散大夫试大理少卿上柱国兼别驾毕华

3 朝散大夫试少府监兼别驾赐紫金鱼袋上柱国平联

4 朝散大夫兼殿中侍御史摄别驾吕诏

5 朝散大夫前卫州司马赏紫金鱼袋上柱国摄长史孙□嗣

6 朝议郎守司马赏绯鱼袋李□琭

7 朝散大夫司马赏鱼袋兼知临城县事韩绮

8 判官朝议郎前行易州遂城县尉摄司功参军张仙□

9 判官朝议郎前行易州涞水县丞摄司法参军宋承仙

10 判官朝议郎前行易州易县主簿刘蓉

11 判官朝议郎试左金吾卫兵曹参军摄宁晋县郑楚玉

12 摄录事参军赏绯鱼袋郭杰

13 朝散大夫行司功参军赐鱼袋□□□高弈

14 朝散大夫兼司功参军潘谦光

15 朝议郎行司户参军阎同

16 朝散大夫试太子左赞善大夫摄司户参军上柱国师琭

17 朝散大夫行司田参军宋演宗

19 朝散大夫试司兵参军裴芮

20 宣义郎前行司户参军摄司兵参军□颖

21 朝议郎行司法□□

22 朝散大夫行司士参军赐鱼袋上柱国赵暹

23 朝议郎行参军尹问

24 朝散大夫行录事上柱国成朝巇

25 宣义郎前行平棘县尉<u>摄</u>昭庆县令张□

26　　　　主簿刘□

27　　　　尉段怡

28　　　　<u>摄</u>尉贾咏

29 承务郎前行宁晋县尉<u>摄</u>宁晋县令阎庭皋

30　　　　丞胡庭望

31　　　　主簿张东门

32　　　　尉郑宁□

33　　　　尉陈□□

34 登仕郎守昭庆县令赏绯鱼袋<u>摄</u>平棘县令刘琦

35　　　　<u>摄</u>丞毕升

36　　　　主簿胡志□

37　　　　尉赵金

38　　　　<u>摄</u>尉张□

39　　　　<u>摄</u>尉杨伷

40 朝散大夫行元氏县令槁审

41　　　　丞贾萼

42　　　　主簿杨游岩

43　　　　尉郎济

44　　　　尉□□

45 朝散大夫试光禄卿前兼长史赐紫金鱼袋上柱国<u>摄</u>柏乡令贾庭瑶

46　　　　<u>摄</u>丞□重温

47　　　　主□□□光

48　　　　尉刘沔

49　　　　尉王光信

50 临城县丞王觊

51　　　　<u>摄</u>主簿曹季璘

52　　　　<u>摄</u>尉田季扬

53　　　　<u>摄</u>尉张飞

54 朝散大夫行高邑县令杜惠

55	丞欧阳烜
56	<u>摄</u>主簿刘备真
57	<u>摄</u>尉卢岑
58	<u>摄</u>尉刘幼□
59	朝议郎前行易州容城县丞<u>摄</u>赞皇县令宋庭俊
60	<u>摄</u>丞李敬简
61	<u>摄</u>主簿周陟
62	尉孟□①

这一大段碑阴题名和官衔,清楚显示唐代州县官和摄官制度的实际运作。它不但可以让我们考察中晚唐"摄"官之盛行,更可以让我们窥见一个州及其属下八个县有哪些州县官以及他们的一些特色。

赵州属河北道,治所在平棘县(今河北赵县)。它也是成德节度使属下的四个州之一,另三个是恒州(后改为镇州)、冀州和深州。成德节度又是唐代著名的河北三镇之一,长期不听命于朝廷。所以成德节度使属下的赵州八县,竟有那么多摄州县官,一点也不稀奇,因为这些摄官,应当都是成德节度使自行辟署的。不过,它也有一些看似朝廷任命的"正规"州县官,所以成德和朝廷的关系,又非完全彻底的对抗。它有时也乐于接受朝廷的一些任命。

赵州属下有八个县:平棘、宁晋、昭庆、柏乡、高邑、临城、赞皇、元氏。这是新旧《唐书》地理志上的排名顺序。这八个县的县令、县丞、主簿和县尉,都在上述《赵州刺史何公德政碑》的碑阴上一一题名,连同别驾、司马和各曹参军,构成一幅相当完整的唐代州县官图。

不过,这些属县在此碑阴上的排位顺序,和两《唐书》地理志的顺序有点不同:先是昭庆(望县),然后是宁晋(紧县)、平棘(上县)、元氏(上县)、柏乡(上县)、临城(中县)、高邑(中县)和赞皇(中县)。由此看来,《赵州刺史何公德政碑》碑阴题名中这些县的排序,完全是按照县的等级来排列(由望县到中县),可证县的等级在唐代当时人的心目中自有其分量,连石碑题名上县

---

① (清)陆增祥编《八琼室金石补正》卷六三,第29—31页。

的排序都得视其等级而定。

从这一大批州县官的题名,我们可以作几点观察。

第一,"摄官"的数量非常之多,几乎占了正规州县官的一半左右。这显示中晚唐方镇自辟州县官的风气是如何盛行。这些方镇所辟的县官,不单只限于县令,还包括县丞、主簿和县尉。州官方面,则包含别驾、长史、司功参军、司法参军和录事参军等等。

第二,在县官题名中,似乎只有县令才有全套完整的官衔,包括散官、前官等,如1、5、10、16、21、35等例。但他们属下的县丞、主簿和县尉,只有现职官名,没有散官或前官等官衔。这有两种可能:一是他们的散官等衔被省略了。二是他们的确没有散官或其他官衔。果如此,则唐代某些县官地位之低,可见一斑。

第三,两《唐书》职官志等政书,都列举一个县应当有的全部县官及其人数,如县令一人、县丞一人、主簿一人和县尉二人等等。但这只是一种"理想化"的员额分配。在实际运作时,不是每个县都能做到,也不是每个县都按照政书上的规定来执行。比如临城县就显然没有县令,由一个县丞充数。昭庆县则没有县丞。照职官志的规定,上县的县尉人数是两人,中县及以下县为一人。但平棘为上县,却有三个县尉。高邑和临城都是中县,却有两个县尉,而非一个,都跟典志不合。赞皇县只有一个县尉倒符合规定。这显示,唐代地方行政的运作,不能以职官书上的规定作准。石刻材料反而更能够反映真实情况。

第四,如前所说,方镇在辟署州县摄官时,通常会上奏朝廷批准,并请朝廷授予这些摄官一个京官衔。例如李商隐和崔致远现传世的文集中,便保存了好几篇他们当年在幕府任职时,代幕主所写的这一类奏官文书。文书中最典型的一个特色,便是文末结尾所用的一句"套语",不外乎"事须差摄丰水县令""事须差摄灵川县主簿""事须差摄滁州清流县令"等等。①

这样的奏官例证,在上述碑阴题名中,在摄州官方面尤其明显清楚。例如,第2例"试大理少卿",第3例"试少府监",第11例"试左金吾卫兵曹参

---

① 详见《全唐文》卷七七八所收李商隐的这一类奏文,以及《全唐文》附《唐文拾遗》卷四〇所收崔致远文。

军"等,都是节度使为这些摄州官所奏得的京衔。州官当中,也有不少人带有"赐紫金鱼袋""赐绯"或"赐鱼袋"等章服赏赐。这些也是节度使为他们奏授所得。

摄县官方面,却似乎只有一人得到这样的京衔,即第 45 例:"朝散大夫试光禄卿前兼长史赐紫金鱼袋上柱国摄柏乡令贾庭瑶。"这个"试光禄卿"就是成德节度使为贾庭瑶向朝廷所奏得,其性质就跟朱巨川任钟离县令时所得的"试大理评事"一样。只不过"试光禄卿"又比"试大理评事"高一等,是个相当高层的试衔,通常只颁给武官,所以贾庭瑶很可能是以武官身份去摄县令。

那么,为什么上述其他摄县官,除了贾庭瑶之外,都没有带这样的"试"衔? 这有几种可能。第一,成德节度使可能还没有为他们奏请京衔,甚至很可能也还没有奏请朝廷批准这样自行辟署的摄官。第二,可能奏请了,但还没有得到朝廷的批准,因为整个奏请过程可能需花费一两年的时间。例如韩愈在贞元十二年(796)就到汴州的董晋幕府任推官,可是他一直要等到大约两年后的贞元十四年(798),才得到一个"试校书郎"的京衔。[①]

除了《赵州刺史何公德政碑》之外,中晚唐的墓志中也经常可以见到方镇所辟的州县官,过去一直为学界所忽略。他们大部分也都带有"试"衔。

例如《唐代墓志汇编》贞元 116 所收的《唐故朝散大夫试大理司直兼曹州考城县令柳府君灵表》,其墓主柳均(720—774),便曾经两度出任使府所辟的县令。且看他的墓志如何记载他起家以后的官历:

> 转授越州司仓,太子通事舍人、溧阳令。……满岁,授大理司直、考城令。[②]

对唐人来说,这样的叙事应当不构成问题,但对现代读者来说,恐怕有些隐晦,很容易便把这里的五个官名,解读成志主做了五任官。

实际上,这里只记载了柳均三个真正的官职:越州司仓、溧阳县令和考城县令。"太子通事舍人"并非他的实职,而是他任宣州溧阳(今江苏溧阳市

---

① 详见拙著《唐代基层文官》第 64—65 页的讨论。
② 《唐代墓志汇编》,第 1922—1923 页。《唐代墓志汇编》的录文标点有误,这里不跟从而重新标点。

西北)县令时所带的京衔,其实是一个相当常见的"试"衔,但墓志略去"试"字,以致现代读者容易误读。柳均接着充当曹州考城(今河南民权县东南)县令,带有"大理司直"的京衔。但墓志文中又照唐人惯例省略了"试"字,然而墓志标题倒没有省略,清楚说是"试大理司直兼曹州考城县令"。这跟朱巨川的正式全套官衔"试大理评事兼钟离县令"类似。唐代拥有这样官衔的州县官,都是刺史或方镇使府自行辟署的州县官,都是所谓的"摄官"。

《唐代墓志汇编》大和037《唐故承务郎试左武卫兵曹参军摄无极县令天水赵公墓志铭并序》,也是个极佳的摄官个案,可以让我们更清楚地看到,方镇所辟的摄州县官会是一个怎样的人。据墓志,志主赵全泰(777—830)的身世和官历如下:

> 常山郡真定人也。考讳融,易定节度参谋、支度营田副使、朝请大夫、检校尚书兵部郎中、兼御史中丞、赐紫金鱼袋、上柱国。公至学之岁,曾读诗书,冠带之年,留好文艺。起家摄定州无极县主簿,再为府掾,五宰属城。……殁世之年,五十有四。时则大和四年(830)十二月廿九日。……以太和五年正月廿七日迁窆于州城西北七里翟村平原,礼也。①

这段叙事有几点很可注意。第一,墓志说赵全泰是"常山郡真定人";他死后葬在"州城西北"。此"州城"应当指常山郡的州城(也就是恒州城,元和十五年〔820〕避穆宗讳改为镇州)。这篇墓志最初就收在清代所编的当地金石录《常山贞石志》卷十内。这可以证明常山真定即赵全泰的真正故里,是他经常居住的地方,不是他的郡望。

第二,有意义的是,他起家"摄定州无极县主簿"的地点。这个定州无极县(今河北无极县),离赵全泰的故里恒州真定县(今河北正定县南)非常接近,距离只有大约60千米。唐代州县官员有所谓"回避本贯"的规定,不能在自己的家乡任官,②但赵全泰起家到如此近距离的邻县去任主簿,实际上也和他在"本贯"任官无甚差别。不过,他之所以如此,很可能是因为他这个起家官,不是他去吏部赴选求得,由朝廷委派,而是个"摄"官,由易定节度使

---

① 《唐代墓志汇编》,第2122页。
② 吕慎华《唐代任官籍贯回避制度初步研究》,(台湾)《中兴史学》第5卷,1999年。

所辟,所以可以不必理会这些规定。

更可留意的是,他的父亲是"易定节度参谋、支度营田副使"。所谓"易定节度",即义武节度,管易、定两州。如此看来,赵全泰不单是在离他故里很近的地方做官,而且他做官的地方,根本就在他父亲的管区内。他之所以能够获得"摄定州无极主簿"这个起家官,恐怕是靠了他父亲的"裙带关系"。[①] 这正是中晚唐使府所辟之"摄州县官"的一大特色:他们不但可以不守"回避本贯"的规定,而且他们大多也是方镇使府自己的门生故吏或与其有裙带关系者,带有非常浓厚的私交色彩。他们甚至也可以不必是科第出身者。

第三,赵全泰任起家官后,还"再为府掾,五宰属城"。"府掾"一般指州的列曹参军。赵全泰后来还继续在易定节度的管区"五宰属城"。志文虽未明说,但这些应当也都是"摄官"。果如此,则他一生都在出任摄州县官,但这种摄官看来却一点也不逊于正规州县官。至少,他任官地点都不出易、定两州。他可以不必宦游,不必远行,也不必远赴京城参加常选。这些正是充当摄州县官的一些特征和"好处"。

三、州县摄官的起源和兴盛

州县摄官早在唐前期即已出现,不过是在西州、敦煌等边区,属于特殊状况,这里不拟讨论。本文关注的是内地的州县摄官。他们在安史之乱的后期也已出现。例如元结在乾元三年(760)所写的《请省官状(原注:乾元三年上来大夫)唐邓等州县官》中,便提及唐、邓两州的几个县,在安史乱后,户口大减,但每县却有"正员官和摄官"多达"六十人",必须简省以自救:

> 右方城县,旧万余户,今二百户已下,其南阳、向城等县更破碎于方城。每县正员官及摄官共有六十人。
>
> 以前件如前。自经逆乱,州县残破。唐、邓两州,实为尤甚。荒草千里,是其疆畎。万室空虚,是其井邑。乱骨相枕,是其百姓。孤老寡

---

① 戴伟华《唐方镇文职僚佐考》,天津古籍出版社,1994 年,第 236 页,也认为"其摄定州无极县主簿,当因其父的关系"。

弱，是其遗人。哀而恤之，尚恐冤怨。肆其侵暴，实恐流亡。今贼寇凭陵，镇兵资其给养。今河路阻绝，邮驿在其供承。若不触事救之，无以劳勉其苦。为之计者，在先省官。其方城、湖阳①等县正官及摄官，并户口多少，具状如前。每县伏望量留〔县〕令并佐官一人，余并望勒停。谨录状上。②

元结当时在沁阳（即唐州）一带招集义军，对抗史思明的叛军。他的身份是山南东道节度使的节度参谋，所以他在唐、邓等州所见到的"州县残破"景象，正是他的亲身见闻。这篇《请省官状》下有自注："乾元三年上来大夫。"来大夫即来瑱，于该年四月才刚刚接任山南东道节度使。所以唐、邓等州的这些"摄官"，应当不是来瑱所辟，而是前任节度使或刺史甚至当地豪强所自署。元结上书的目的，正是要请求新任节度使，把数目如此多的"正员官及摄官"加以省减以救困。③

代宗的《令举堪任刺史县令判司丞尉诏》，也对安史乱后摄官趁乱世涌现，发出这样的感叹：

自顷中原多故，迄未小康。州县屡空，守宰多阙。摄官承乏者，颇无举职之能。怀才抱器者，或有后时之叹。朕所以宵夜不寐。④

"州县屡空，守宰多阙"，所以要由"摄官承乏"，但这些摄官却"无举职之能"，以致代宗"宵夜不寐"，忧心不已。史料中没说这些摄官的来源，但他们应当是由当地牧守或豪强自行辟用的。

唐后期摄州县官之盛行，在沈既济著名的《选举杂议》中也有所反映，不过沈的观点相当新颖、特殊。他不是站在朝廷的立场来反对摄官，反而是赞成摄官制度，认为它有可取之处，值得留意。这是贞元时期的事，当时沈既济任礼部员外郎，就见到"州县有摄官"的现象："顷年尝见州县有摄官，皆是

---

① 湖阳亦属唐州，但元结此状前面未见此县名，可能有传抄之脱漏。

② 孙望校《元次山集》卷七，中华书局，1960 年，第 99—100 页；又收于《全唐文》卷三八一，第 3867 页。

③ 关于元结此状的写作时间和背景，详见孙望《元次山年谱》，古典文学出版社，1957 年，第 39—41 页。又见杨承祖《元结研究》，台北编译馆，2002 年，第 93—94 页。

④ 《全唐文》卷四六，第 508 页。

牧守所自署置。"并且他把摄官和"常调之人"(即通过吏部常调委任的正规
州县官)作了一个非常有趣的比较:

> 若职无移夺,命自州邦,所摄之官,便为己任,上酬知己,下利班荣,
> 争谒智力,人谁不尽?今常调之人,远授一职,已数千里赴集,又数千里
> 之官,挈携妻孥,复往劳苦,必一周而在路,料闲岁而停官,成名非知己
> 之恩,后任可计考而得,此之不苟,而谁为苟!①

这是说摄官因为感激当地牧守的委任,会尽"己任",会"争谒智力,人谁不
尽?"反观"常调之人",为了做官,千里奔波,"已数千里赴集,又数千里之官,
挈携妻孥,复往劳苦",消耗不少精力。这样他们怎么能好好尽责当官?
("此之不苟,而谁为苟!")

所以沈既济赞成摄官制度。且看他的建议:

> 州府佐官(别驾、少尹、五府司马、赤令,不在此例)右自长史以下,至县丞、县
> 尉(诸州长史、司马,或虽是五品以上官,亦同六品官法)。请各委州府长官自选用,
> 不限土、客。其申报正、摄之制,与京官六品以下同。其边远羁縻等州,
> 请兼委本道观察使,共铨择补授。②

这里明确建议让各州府长官自行辟州县官("州府长官自选用"),而且还"不
限土、客",即不理这些州县官是当地人还是外地人,打破了所谓"回避本贯"
的规定。这样的建议很有划时代的意义,但没有被朝廷采纳。

虽然如此,唐后期的中央朝廷,实际上也无法阻挡这股州县摄官涌现的
时代潮流。它所能做的,只是尽力设下种种限制,免得其自身权力被地方长
官过分侵蚀。

中央朝廷对州县摄官的最大要求,就是他们必须是够资历者,最好是
"前资官"。例如早在安史乱末的永泰元年(765),就有一敕:

> 诸州府县,今后有才不称职,及犯赃私,即任本使及州府奏人请替,
> 余并不在奏请。其所许奏人,仍须灼然公清,曾经驱使者,课效资历当

---

① 《通典》卷一八,第449页。
② 《通典》卷一八,第451页。

者，兼具历任申授年月，并所替官合替事由同奏。①

这是说州府若有"才不称职，及犯赃私"的州县官，"本使及州府"可以"奏人请替"，但这些人必须是"灼然公清，曾经驱使者，课效资历当者"，也就是有"课效"、有"资历"的前任官员。

会昌元年（841）五月中书门下的《请停散、试官摄州县事奏》也提及"前资官"的事：

> 州县摄官，假名求食，常怀苟且，不恤疲人。其州县阙少官员，今后望委本州刺史于当州诸县官中，量贤剧分配公事勾当。如官员数少，力实不逮处，即于前资官选择清谨有能者差摄，不得取散、试官充。②

这里说明两件事。第一，州县如果缺少官员，本州刺史应当在"当州诸县官中，量贤剧分配公事勾当"。这也就是（比如说）把县丞派去充当县令，或以县尉兼主簿之类的做法。贞元元年（785）五月，当时宰相张延赏在一篇讨论如何省减官员的奏疏中，便透露他当年任荆南节度使的真实经历：

> 臣在荆南，③所管州县阙官员者，不下十数年，吏部未尝补授，但令一官假摄，公事亦治。以此言之，官员可减，无可疑也。请减官员，收其禄俸，以资募士。④

这种"但令一官假摄，公事亦治"的办法，显然不只用于张延赏的荆南节度管区，亦普遍行于唐后期许多州县。而且，所谓"但令一官假摄"，并非吏部所"令"，而是地方长官下的命令。

第二，如果"官员数少，力实不逮处"，那么可以选取"前资官"当中"清谨有能者差摄"，但"不得取散、试官充"。上引《赵州刺史何公德政碑》碑阴题名中，有三个是前某某县尉（例25、例29）和县丞（例59），摄今某某县之县令。他们就是以前资官任摄官的好例子。实际上这也等于解决了前资官守

---

① 《唐会要》卷六九，第1441页。
② 《全唐文》卷九六七，第11043页。
③ 张延赏于大历十一年至十四年（776—779）任荆南节度使。见戴伟华《唐方镇文职僚佐考》，第328页。
④ 《唐会要》卷六九，第1449页。《旧唐书》卷一二九《张延赏传》，第3609页，亦引用此奏。

选等待做官的问题。

会昌五年(845)六月敕,则对摄官的"出身"有所限制:

> 诸道所奏幕府及州县官,近日多乡贡进士奏请。此事已曾厘革,不合因循,且无出身,何名入仕。自今以后,不得更许如此。仍永为定例。①

所谓"乡贡进士",指那些由地方上贡的进士考生,还未中举的士人。他们还没有出身,本来不可以当官,但方镇仍常奏请这样的人任"幕府及州县官",所以朝廷曾经有过禁令("此事已曾厘革"),现在又再重申。但看来这种禁令的效果不彰。我们在中晚唐的石刻史料中,经常可以见到这些"乡贡进士"摄州县官的例子。例如《唐代墓志汇编》中和001有"前摄沧州司马乡贡进士徐胶"。又如《唐代墓志汇编》咸通083也有"乡贡进士前摄幽州大都督府参军许舟"。

综上所述,唐后半期许多州县的州县官(包括县令),经常由地方长官自辟的所谓"摄官"取代,不再由中央朝廷委任。这方面的史料除了前面引用过的之外,还有不少,但限于篇幅,这里无法一一引用。且引大和四年(830)中书门下的一篇奏文,因为它很能展现时代精神,而且生动描述了当时的情况:

> 〔大和〕四年五月,中书门下奏:"准大和元年九月敕,厘革两畿及诸州县官,唯山剑三川、峡内,及诸州比远,许奏县令、录事参军,其余并停。自敕下以来,诸道并有奏请,如沧、景、德、棣,敕后已三数员。伏以敕令颁行,不合违越,苟有便宜,则须改张。自今以后,山剑三川,峡内,及诸道比远州县官,出身及前资正员官人中,每道除〔县〕令、录事外,望各许奏三数员。如河北诸道沧、景、德、棣之类,经破荡之后,及灵、夏、邠、宁、麟、坊等州,全无俸料,有出身及正员官,悉不肯去,吏部从前多不注拟。如假摄有劳,望许于诸色人中,量事奏三数员。其余勒约及期限,并请依大和元年九月十九日敕处分。"从之。②

---

① 《唐会要》卷七九,第1714页。
② 《唐会要》卷七四,第1601页。

这篇奏文的内容非常丰富,反映了中晚唐州县摄官最关键的几个面貌,还可以做进一步讨论。

奏文主要涉及中晚唐州县摄官盛行的地区。大和元年敕允许地方牧守自辟(即"许奏")县令和录事参军的地方,计有"山剑三川""峡内"和"诸州比远"三大块。山剑三川和峡内都比较容易理解,比较难理解的是"诸州比远"。

"比远"原为"偏远"之意,但"比远州县"在唐代另有其他含意。我们不妨引用另一条材料来说明何谓"比远":

> 元和八年(813)十二月,吏部奏:"比远州县官,请量减选:四选、五选、六选,请减一选。七选、八选,请减两选。十选、十一选、十二选,各请减三选。伏以比远处都七十五州,选人试后,惧不及限者,即状请注拟。虽有此例,每年不过一百余人。其比远州县,皆是开元、天宝中仁风乐土。今者或以俸钱减少,或以地在远方,凡是平流,从前不注。至若劝课耕种,归怀逃亡,其所择才,急于近地。有司若不注授,所在唯闻假摄,编甿益困,田土益荒。请减前件选。"敕旨:"宜依。"①

据此,"比远"有两层意思:"地在远方"者,固然是"比远",但那些"俸钱减少"的地方,选人不愿去,也号称"比远"。这也就是大中五年(851)十月中书门下另一奏文所说:"其河东、潞府、邠宁、泾原、灵武、振武、鄜坊、沧德、易定、夏州、三川等道,或道路悬远,或俸料单微,每年选人,多不肯受。"②

"比远州县"其实也包含岭南等南方地区。开成五年(840)岭南节度使卢钧的奏文便说:

> 每年吏部选授,道途遥远,瘴疠交侵。选人若家事任持,身名真实,孰不自负,无由肯来。更以俸入单微,每岁号为比远。……臣到任四年,备知情状。其潮州官吏,伏望特循往例,不令吏部注拟,且委本道求才。若摄官廉慎有闻,依前许观察使奏正。事堪经久,法可施行。敕旨依奏。③

---

① 《唐会要》卷七四,第 1589 页。
② 《唐会要》卷七九,第 1717 页。
③ 《唐会要》卷七五,第 1624 页。

曾任岭南节度使的孔戣,在他写的奏文《奏加岭南州县官课料钱状》中,也说岭南的许多州县官是"一例差摄"的:

> 伏以前件州县,或星布海壖,或云绝荒外。首领强黠,人户伤残。抚御缉绥,尤借材干。刺史县令,皆非正员,使司相承,一例差摄。①

元和年间的韩佽,刚上任南方桂管观察使时,他所管的二十几州,便有不少他前任观察使所自辟的官员:"自参军至县令无虑三百员,吏部所补才十一,余皆观察使商才补职。"他的本传生动记载了当时地方补官的一些细节:

> 〔韩〕朝宗孙佽,字相之,性清简。元和初第进士。自山南东道使府入为殿中侍御史。累迁桂管观察使,部二十余州,自参军至县令无虑三百员,吏部所补才十一,余皆观察使商才补职。佽下车,悉来谒,一吏持籍请补缺员,佽下教曰:"居官治,吾不夺;其不奉法,无望纵舍。缺者,须按籍取可任任之。"会春服使至,乡有豪猾厚进贿使者,求为县令,使者请佽,佽许之。既去,召乡豪责以梏法,笞其背,以令部中,自是豪右畏戢。②

韩佽一到任,"悉来谒,一吏持籍请补缺员"。这看来是桂管地区长久以来的陋规,韩佽也不得不容许它的存在,只是强调"居官治,吾不夺"云云,并且设法约束地方"豪强"而已。

除此之外,咸通十二年(871)中书门下还有一道奏文,则等于把唐末州县摄官实行的一些细节和盛行的地区,作了一个总结:

> 准今年六月十二日敕,厘革诸道及在京诸司奏官并请章服事者。其诸道奏州县官司录、县令、录事参军,或见任公事,败阙不理,切要替换,及前任实有劳效,并见有阙员,即任各举所知。每道奏请,仍不得过两人。其河东、潞府、邠宁、泾原、灵武、盐夏、振武、天德、鄜坊、沧德、易定、三川等道观察防御等使及岭南五管,每道每年除〔县〕令、录〔事参军〕外,许量奏〔主〕簿、〔县〕尉及中下州判司及县丞共三人。福州不在

---

① 《全唐文》卷六九三,第 7110 页。
② 《旧唐书》卷一一八,第 4274 页。

> 奏州县官限。① 其黔中所奏州县官及大将管内官,即任准旧例处
> 分。……其幽、镇、魏三道望且准承前旧例处分。②

结果是"敕旨从之"。据此,唐后期"每道"都可以奏请自辟州县摄官,然而可辟署的人数不同。大原则是"每道奏请,仍不得过两人"。但州县摄官盛行的地区如河东、潞府、邠宁、泾原、灵武、盐夏、振武、天德、鄜坊、沧德、易定、三川等道,以及"岭南五管","每年除〔县〕令、录〔事参军〕外,许量奏〔主〕簿、〔县〕尉及中下州判司及县丞共三人",即总共五人。南方只有"福州不在奏州县官限"。至于黔中和幽、镇、魏三道,则"准承前旧例处分"。

所谓"准承前旧例处分",即按照从前的惯例来处理。我们知道,河北的幽、镇、魏三道,是长期不听中央命令的地区,其州县官也大多自辟。河东等道每年只能奏请州县官当中最主要的县令和录事参军,及其下属官"三人"。但河北三道可以奏请的官员数目,若照"旧例处分",则恐怕远远不止此数,而可能多达上百人。这方面最好的例证,便是元和七年(812)魏博的奏文:

> 〔元和〕七年十二月,魏博奏:"管内州县官二百五十三员,内一百六
> 十三员见差假摄,九十员请有司注拟。"从之。③

魏博的州县官,竟有约三分之二是由它自辟的摄官"假摄",只有约三分之一请中央"有司注拟"。至于幽(范阳节度)、镇(成德节度)和黔中的情况,没有其他史料可证,但恐怕也约略如此。

唐末这种州县摄官,到了五代更为盛行,在边远地区甚至演变成摄官驱逐正授官的局面,例如后晋一个地方官何光乂在他的《进策》中说:

---

① 此奏也收于《唐会要》卷七九,第 1719—1720 页;《全唐文》卷九六八,第 10055 页,但"福州"两字在《唐会要》和《全唐文》中都因形近而误为"偏州"。此处的"福州",当指福州观察使的管区,即整个广阔的福闽地区,不仅只是福州一州而已。它之所以"不在奏州县官限",很可能因为福闽地区长久以来即由当地人自任州县官。韩愈在悼念他的朋友欧阳詹的古文名篇《欧阳生哀辞》中便说:"欧阳詹世居闽越,自詹已上皆为闽越官,至州佐县令者,累累有焉。"见《韩昌黎文集校注》卷五,第 301 页。《新唐书》卷二〇三《欧阳詹传》,第 5786 页,也说:"欧阳詹字行周,泉州晋江人。其先皆为本州州佐、县令。"可证中晚唐福闽地区的州县官不但由当地人出任,甚至有"世袭"现象。美国学者 Hugh R. Clark, "Bridles, Halters, and Hybrids: A Case Study in T'ang Frontier Policy," *T'ang Studies* 6 (1988): 49 - 68,讨论过福闽地区这种特殊的任官制度。

② 《旧唐书》卷一一九上《懿宗纪》,第 678 页。

③ 《唐会要》卷七五,第 1615 页。

窃见诸处边郡小县,多是山乡。虽旧有敕,正官满时不许差摄充替。无那远地,多越明规。摄官既已到来,见任岂敢违拒? 况闻所差摄者,大半是本州府使长临时与旋署虚衔,强替见任正授官员。①

其后果便是后晋中书舍人李慎仪在《请委铨曹检点选格奏》中所说:"诸道州县,皆是摄官。"②

四、结　论

综上所考,唐后期的地方行政实呈现一种错综复杂的现象。其州县制度并非像《唐六典》、两《唐书》职官志或《通典》等政书所描写的那样"井然有序"。③ 学界过去似乎也没有注意到,中晚唐州县有一大批地方长官自辟摄官的存在,而且分布极广。不单河北跋扈的三镇和岭南、黔中等南方边区有州县摄官,甚至连河东潞泽、关内鄜坊、泾原等地都有这些非正规的官员。这种州县摄官制度,可以让我们更深入了解唐后期地方行政的真貌,也反映了中央朝廷在中晚唐真正能控制的州县,主要集中在东西两京赤畿地区以及汴河及大运河流域的江南地区。

原载《唐史论丛》第 9 辑,2007 年,第 66—86 页。

---

① 《全唐文》卷八五〇,第 8925 页。
② 《全唐文》附《唐文拾遗》卷四六,第 10899 页。
③ 一般唐史教科书或通史类著作,甚至像薛作云《唐代地方行政制度》,台北商务印书馆,1974 年那样早期的著作,常根据这些职官书和政书来描写唐代的地方行政,实无法掌握其中复杂的真貌。严耕望的《中国地方行政制度史》,原有意涵盖隋唐部分,但可惜最后仅写到南北朝为止,未及隋唐,所以隋唐的地方行政,至今仍然是一大片尚未有人深耕的研究领域。英国学者 Denis Twitchett 在他的 *Financial Administration under the T'ang Dynasty* (2nd ed.; Cambridge: Cambridge University Press, 1970), pp.120 - 123, 倒是对唐代地方行政的复杂面貌作了简要的叙述。

唐代的侍御史知杂

一、前　　言

唐末赵璘《因话录》卷五,有一段关于唐代御史台的详细记载,经常为人引用,但其开头有一段话颇不易理解:

> 御史台三院:一曰台院,其僚曰侍御史,呼为"端公"。见宰相及台长,则曰"某姓侍御"。知杂事,谓之"杂端"。见台长,则曰"知杂侍御"。虽他官高秩兼之,其侍御号不改。见宰相,则曰"知杂某姓某官"。[①]

什么是"虽他官高秩兼之,其侍御号不改"?因为赵璘没有提供例证,这句话相当费解。据笔者所知,历来研究唐代御史制度的学者,从来没有注意到这问题,更没有论及御史台中一个极重要的关键人物——侍御史知杂。[②]

二、知杂的几种称号

侍御史知杂又称"知杂御史"或"知杂侍御史"(以下简称"知杂")。例如《唐会要》载,"大和四年(830)三月,御史台奏:'三院御史尽入,到朝堂前无止泊处。请置祗候院屋。知杂御史元借门下直省屋后檐权坐,知巡御史元

---

① 《因话录》卷五,第100—101页。
② 例如胡沧泽《唐代御史制度研究》,台北文津出版社,1993年。Charles O. Hucker, *A Dictionary of Official Titles in Imperial China* (Stanford: Stanford University Press, 1985), p.431甚至说侍御史知杂事是"五代到宋"的制度,完全不知此制早在中晚唐即出现。Hucker这本辞典是西方汉学界在中国官制方面最重要的参考工具书。马同勋有一短文《知杂御史与杂端》,载陈国灿、刘健明编《〈全唐文〉职官丛考》,武汉大学出版社,1997年,第390—394页,跟本文的观点不同,可参阅。

借御书直省屋后檐权坐。'"①《旧唐书·鲍防传》："为礼部侍郎时,尝遇知杂侍御史窦参于通衢,导骑不时引避,仆人为参所鞭。"②

知杂此官在唐前半期史料中难得一见。笔者只能找到一例,在《唐会要》:

〔天宝〕四载(745)十一月十六日敕:"御史宜依旧制,黄卷书缺失,每岁委知杂御史长官比类能否,送中书门下,改转日褒贬。"③

但此官在安史乱后便很常见,特别是从宪宗朝开始。例如《旧唐书·宪宗纪》:元和四年(809)夏四月甲辰,"以刑部郎中、侍御史知杂李夷简为御史中丞"④。《旧唐书·文宗纪》:大和元年(827)六月丙申,"左司郎中、兼侍御史知杂温造权知御史中丞"⑤。《旧唐书·文宗纪》:大和九年(835)秋七月癸丑,"以右司郎中、兼侍御史知杂事舒元舆为御史中丞"⑥。《旧唐书·窦参传》:"参转殿中侍御史,改金部员外郎、刑部郎中、侍御史知杂事。无几,迁御史中丞,不避权贵,理狱以严称。"⑦

从以上这几条书证及其他史料来看,知杂经常升任或"权知"御史中丞,可证此官是御史台的灵魂人物。如果我们对知杂的选任及其尊贵地位不了解,则唐代许多史料也将不易解读,比如上引赵璘"虽他官高秩兼之,其侍御号不改"一句。这里拟详考此"知杂"制度,为赵璘这篇珍贵的记载做一个注脚。

三、知杂的尊贵地位

御史台有三院:台院、殿院和监院。台院的御史称为侍御史,殿院的称殿中侍御史,监院的则称监察御史。这是大家熟悉的。在台院侍御史当中,其实又有一名侍御史专门负责所谓的"知杂",其地位最高,可说是众侍御史的"头目"。所以赵璘一开头就提到这位关键人物。过去我们对"知杂"的含

---

① 《唐会要》卷六二,第 1282 页。
② 《旧唐书》卷一四六,第 3956 页。
③ 《唐会要》卷六二,第 1281 页。
④ 《旧唐书》卷一四,第 427 页。
⑤ 《旧唐书》卷一七上,第 526 页。
⑥ 《旧唐书》卷一七下,第 559 页。
⑦ 《旧唐书》卷一三六,第 3746 页。

意不甚了了,可能也就误解了"侍御史知杂"的地位,误以为他只不过"知杂"事,不甚重要。实际上,知杂事等于无事不管,总揽大权,也就是《通典》所说的"台事悉总判之"①。用现代话来说,或可比作"总干事",其尊贵地位和重要性可想而知。

颜真卿著名的行草手稿《与郭仆射书》,是他写给尚书右仆射郭英义的一封信。内容涉及代宗广德二年(764)朝廷班位的争论和侍御史知杂的坐次问题。此手稿有一个很生动的别名《争座位帖》,当系后人所题。当时,郭子仪击退吐蕃大军回京师。代宗命百官在长安开远门迎接他,并为他办了个"兴道之会"。郭英义为了讨好宦官鱼朝恩,特别把他的座位排在朝廷上位。此事惹恼了颜真卿。他在会后给郭英义写了这封信,即《争座位帖》,指责郭英义安排坐次不当,并对朝廷的班位,有一段极生动具体的描写:

> 前者菩提寺行香,仆射指麾宰相与两省台省已下常参官并为一行坐,鱼开府(鱼朝恩有从一品的散官阶"开府仪同三司")及仆射率诸军将为一行坐。若一时从权,亦犹未可,何况积习更行之乎?一昨以郭令公以父子之军,破犬羊凶逆之众,众情忻喜,恨不顶而戴之,是用有兴道之会。仆射又不悟前失,竟率意而指麾,不顾班秩之高下,不论文武之左右,苟以取悦军容为心,曾不顾百寮之侧目,亦何异清昼攫金之士哉。……宗庙上爵,朝廷上位,皆有等威,以明长幼。……从古以然,未尝参错。至如节度军将,各有本班。卿监有卿监之班,将军有将军之位。……如鱼军容(鱼朝恩有使职"观军容使")阶虽开府,官即监门将军,朝廷列位,自有次序。但以功绩既高,恩泽莫二,出入王命,众人不敢为比,不可令居本位,须别示有尊崇,只可于宰相师保座南,横安一位,如御史台众尊知杂事御史,别置一榻,使百寮共得瞻仰,不亦可乎?圣皇时,开府高力士承恩传宣,亦只如此横座,亦不闻别有礼数,亦何必令他失位?②

---

① 《通典》卷二四,第 672 页。
② 《全唐文》卷三三七,第 3411 页。《争座位帖》原为颜真卿写信的草稿真迹,传有七纸,宋时曾归长安安师文。安氏以此上石,石在陕西西安碑林,真迹已不传。此帖信笔写来,苍劲古雅,与王羲之《兰亭序》并称。北京国家图书馆藏有北宋和南宋两种拓本。上海图书馆藏有南宋长安拓本。笔者所用为日本东京二玄社 1990 年影印本(据东京国立博物馆藏本影印),在《原色法帖选》第九册。

颜真卿特别把知杂的特殊坐次提出来,可知这人是御史台中的"众尊",而且与众不同,"别置一榻,使百寮共得瞻仰"。颜真卿在信中劝郭英义,不可为了鱼朝恩而改变朝廷高官坐次。若鱼朝恩"功绩高","须别示有尊崇","只可于宰相师保座南,横安一位",如知杂侍御史那样"别置一榻"。他这封信细写他当年朝廷礼仪坐次,论证生动,又提到知杂"别置一榻"的特殊礼仪,以及玄宗时宦官高力士的坐位安排,充分反映了当时的实况,可说是极珍贵的第一手材料。

颜真卿的《争座位帖》,在中国书法史上极其重要,跟他的《祭侄稿》和《祭伯父文》并称"三稿",历代为习字者模写的对象,但恐怕没有多少人注意到,它的内容竟涉及唐朝廷高官们在"争座位",以及知杂可以"别置一榻"的特殊礼仪。

唐代还没有现代形式的"椅子",也就是那种可以让人垂脚坐的坐具。唐人一般席地而坐,许多时候为盘腿坐,没有使用坐具,类似现今日本、韩国和伊斯兰世界的居家习惯。但在宫廷和士人之家,却有一种比较低矮的坐具叫"榻"(也称为"床"),高约一尺,让人可以盘腿坐在上面,但还不能垂脚坐。让客人坐"榻",表示尊敬。例如《旧唐书·窦群传》说,"群尝谒王叔文,叔文命撤榻而进"[1],意思是王叔文对窦群来访,很不高兴,于是"撤榻"(把榻搬走)后才让窦群进来。榻很轻便,可轻易"撤"去。

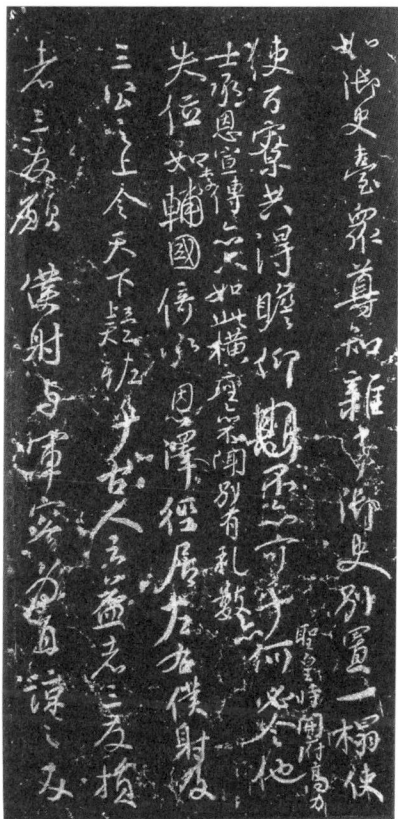

颜真卿《争座位帖》

---

[1] 《旧唐书》卷一五五,第 4120—4121 页。

敦煌第 9 窟供养人坐的榻，榻底中空，很轻便，
不用时可收起，或挂在墙壁上。

知杂可以"别置一榻，使百寮共得瞻仰"，这句话的含义很丰富。第一，这表示他的"榻"跟其他官员"百寮"的分开，是特别为他设置的。第二，"瞻仰"两字，表示"抬头看"。这就暗示"百寮"很可能没有坐榻，只是坐在地上（可能有地毯）。只有知杂一人"别置一榻"坐在上头，使他看起来高过其他人，真的如鹤立鸡群，让"百寮"可以"瞻仰"他。

知杂的这张"榻"，在其他史料中亦可见到。例如《通典》就对它有过一段生动、详细的描写：

> 其知杂事者，谓之"杂端"，最为雄剧。食坐之南设横榻，谓之"南床"。殿中、监察不得坐。亦谓之"痴床"，言处其上者，皆骄傲自得，使人如痴，是故谓之"痴床"。凡侍御史之例，不出累月，则迁登南省，故号为"南床"。[①]

赵璘的《因话录》也写到这张"南榻"：

---

① 《通典》卷二四，第 672 页。

> 每公堂食会,杂事(知杂事的简称)不至,则无所检辖,唯相揖而已。杂事至,则尽用宪府之礼。杂端(跟前面的"杂事"同义)在南榻,主簿在北榻(两"榻"字在《因话录》作"揖",无意义,据《唐语林》改),两院则分坐。虽举匕筋,皆绝谈笑。①

综上所考,可知侍御史知杂绝非等闲人物,而是侍御史当中"最为雄剧"者。他甚至在御史台台院拥有自己专用的"榻","殿中、监察不得坐"。

侍御史知杂("杂端")居三院御史领袖地位,也可从一件小事看出。赵璘《因话录》说:

> 若杂端失笑,则三院皆笑,谓之"烘堂",悉免罚矣。②

这一细节也见于《唐国史补》,文意更为清楚:

> 凡上堂绝言笑,有不可忍,杂端大笑,则合座皆笑,谓之"烘堂"。烘堂不罚。③

可见众御史皆视侍御史知杂为龙头老大,连上堂会食(众官员一起吃午饭)时的笑与不笑,都得看知杂的脸色。知杂不笑,不可笑,否则会被罚。知杂忍不住大笑,举座始能"烘堂"。这也是成语"烘堂大笑"的出典。

四、以郎官任知杂

中晚唐的侍御史知杂,照例是由郎官(尚书省二十六司中的郎中或员外郎)出任。晚唐诗人杜牧所写的《郑处晦守职方员外郎兼侍御史知杂事制》,提供了最好的例证:

> 御史中丞韦有翼上言曰:"御史府其属三十人,例以中台郎官一人稽参其事,以重风宪。如曰处晦(有些史料作"海")族清胄贵,能文博学,人伦义理,无不讲求,朝廷典章,饱于闻见,乞为副贰,以佐纪纲。"……可

---

① 《因话录》卷五,第101页。
② 《因话录》卷五,第101页。
③ 《唐国史补》卷下,第52页。

守本官兼侍御史知杂事,散官勋赐如故。[①]

这是宣宗朝的事。《旧唐书·宣宗纪》大中三年(849)十一月条下亦有记载:"以刑部侍郎韦有翼为御史中丞,以职方员外郎郑处诲兼御史知杂。"[②]这篇任命书还有两点很可注意。第一,郎官出任侍御史知杂,一般是由御史中丞上奏推荐的,如郑如诲此例。中晚唐的御史台经常没有御史大夫,所以御史中丞常是实际的首长,负责御史的选任。第二,郎官出任知杂御史,实际上是以"本官兼侍御史知杂事"。换言之,他不再执行郎官的职务,而是到御史台去"知杂事"。

关于第一点,唐代史料中的例证很多,不胜举,且再举三个以见其概。如吕温,"自司封员外郎转刑部郎中"时,窦群(当时任御史中丞)即"请为知杂"。[③] 又如郑畋,"会昌初,始入朝为监察御史,累迁刑部郎中。中丞李回奏知杂"[④]。再如崔从,"入为殿中侍御史,迁吏部员外郎。……裴度为御史中丞,奏以右司郎中知杂事"[⑤]。

至于第二点,我们知道侍御史知杂是一种有实职的职位,而且极"雄剧"。郎官若出任知杂,其工作场所当即改为御史台,不再担任郎官的职务。这便是任命制诰中常见的"以本官兼侍御史知杂事"的意思。我们在唐史料中爬梳,也可以找几个具体个案,足以说明郎官在御史台知杂时,是如何执行知杂的职务。

最好的一个例子是宪宗朝的卢坦。李翱的《故东川节度使卢公传》,详细记载了这位节度使壮年时出任侍御史知杂时的事迹:

> 及王叔文贬出,坦遂为殿中侍御史。权德舆为户部侍郎,请为本司员外郎,寻转库部兼侍御史知杂事。未久,迁刑部郎中,知杂事如故。赤县尉有为御史台所按者,京兆尹密救之。上使品官释之。坦时在宅,台吏以告。坦白中丞,请覆奏然后奉诏。品官遂以闻。上曰:"吾固宜

---

① 《樊川文集》卷一七,第 257 页。
② 《旧唐书》卷一八下,第 625 页。
③ 《旧唐书》卷一三七,第 3769 页。
④ 《旧唐书》卷一七八,第 4630 页。
⑤ 《新唐书》卷一一四,第 4197 页。

先命所司。"遂使宣诏乃释。数月,迁御史中丞,赐紫衣。①

卢坦最先是以"库部〔员外郎〕兼侍御史知杂事",不久,他迁为刑部郎中,但这只是官阶上的升迁,他还是"知杂事如故",可知他的确是在御史台知杂,不是在当郎官。他的两个郎官只是他的"本官"。

李翱此传中还透露一个细节,让我们更具体地知道卢坦和御史台的实际关系。这便是当年有一个赤县尉"为御史台所按"之事。赤县尉的上司京兆尹"密救之"。"上使品官(《新唐书·卢坦传》作"中人"②)释之。坦时在宅,台吏以告。坦白中丞,请覆奏然后奉诏。"从这些如此清晰的细节来看,卢坦应当是在御史台服务,因为赤县尉的事情发生时,御史台的"台吏"特地去他家告诉他,而他又"白中丞",向他的上司御史中丞建议御史台应当采取的对策,可见他这时完全是在行使知杂御史的职务。卢坦"数月"即"迁御史中丞"。正如上文所考,这是侍御史知杂最典型的升官途径。

事实上,唐史料中对郎官出任知杂御史,还有其他写法,在在可证他们的实际职务是知杂,而非郎官。例如晚唐宰相崔慎由的父亲崔从,"元和初入朝,累迁吏部员外郎。九年,裴度为中丞,奏从为侍御史知杂,守右司郎中"③。重点即在知杂。又如王徽,"高湜时持宪纲,奏为侍御史知杂,兼职方员外郎,转考功员外"④。《唐会要》有一条材料也说:"今知杂侍御史,多兼省官以为之。"⑤在这里,"兼"的意思不是"兼任",而是"同时带有"⑥,也就是说,知杂多数同时带有郎官的身份。

唐代以郎官为知杂御史,至少在中晚唐已形成了固定的制度。唐代史料中大量以某某郎中或员外郎任侍御史知杂的记载,说明这种制度行之有年。唐人文集和《全唐文》中更保存了不少此类授官文书,如白居易的《崔管可职方郎中侍御史知杂制》⑦、元稹的《授高允恭侍御史知杂事制》⑧以及李

① 《全唐文》卷六四〇,第 6463 页。
② 《新唐书》卷一五九,第 4959 页。
③ 《旧唐书》卷一七七,第 4578 页。
④ 《旧唐书》卷一七八,第 4640 页。
⑤ 《唐会要》卷六〇,第 1239 页。
⑥ 拙著《唐代高层文官》,第 1—9 页。
⑦ 《白居易集》卷四九,第 1040 页。
⑧ 《元稹集》卷四六,第 501 页。

碛的《授王搏兵部员外郎兼侍御史知杂事等制》①等等。

五代后晋少帝的《以郎署兼侍御史敕》，更对唐代的这种制度缅怀不已，而且还因为此制"近年停罢"，有意恢复"旧事"：

> 御史台准前朝故事，以郎中、员外郎一人兼侍御史知杂事。近年停罢，独委年深御史知杂，振举之间，纪纲未峻。宜遵旧事，庶叶通规，宜却于郎署中，选清慎强干者兼侍御史知杂事。②

不过，唐代的侍御史知杂是否全都带有郎官身份，恐怕又未必。至少，我们可以找到一个非郎官出任知杂的案例，见于贾至所撰《授王延昌谏议大夫兼侍御史制》：

> 京兆少尹知杂王延昌，学于古训，秉心塞渊，以文艺之质，饬干时之器。顷者弥纶省闼，纪纲台宪，旧章克举，雅望攸归，贰政浩穰。虽借其条理，列职规讽，更思其谠直，谏大夫之密，侍御史之雄。尔宜兼之，以匡予理，可谏议大夫兼侍御史知杂，余并如故。③

此授官文书无年代。但王延昌曾在代宗永泰元年(765)任吏部侍郎，此职远比侍御史知杂为高，所以他任知杂应当在永泰元年之前。他也曾在永泰元年出任集贤院待诏。④ 他以"谏议大夫兼侍御史知杂"，当是代宗朝或之前的事。当时以郎官任侍御史知杂的制度尚未形成(此制度主要成于宪宗朝及其后)，因此有谏议大夫知杂事。是否如此，尚有待研究。史料残阙，姑且录此存疑。

除此之外，应当注意的是，史书中提到侍御史知杂，有时会有"简化"的写法。若不明就里，其文意颇难理解。例如《旧唐书·杜审权传》：

> 审权，释褐江西观察判官，又以书判拔萃，拜右拾遗，转左补阙。大中初，迁司勋员外郎，转郎中知杂。⑤

---

① 《全唐文》卷八○三，第8435页。
② 《全唐文》卷一一九，第1201页。
③ 《全唐文》卷三六六，第3722页。
④ 关于集贤院待诏的意义，见拙文《唐代待诏考释》，《中国文化研究所学报》(香港中文大学)，新第12期，2003年，第69—105页。此文亦收于本论文集，改题《唐代的待诏》。
⑤ 《旧唐书》卷一七七，第4610页。

"转郎中知杂"的含意不清。郎中并无所谓在尚书省知杂事。但若放在知杂御史制度下来看,这里的意思显然是"转〔司勋〕郎中兼侍御史知杂"。史书用了简化的写法。这种简化写法在唐史料中颇常见,如《旧唐书·宪宗纪》元和十二年(817)九月"乙巳,以刑部郎中知杂崔元略为御史中丞"[①];《旧唐书·崔元略传》"初,崔植任吏部郎中,元略任刑部郎中知杂"[②];以及《旧唐书·李训传》"刑部郎中知杂李孝本权知〔御史〕中丞事"[③]等等,都是显例。这些"郎中知杂"都是"郎中兼侍御史知杂"的省称。其中李孝本例,更可与《旧唐书·文宗纪》的记载相比较:"大和九年(835)九月壬申,以刑部郎中、兼侍御知杂李孝本权知御史中丞"[④],可证"郎中知杂"即为"郎中兼侍御史知杂"的简化无疑。

五、知杂为使职

以上的论述可以证明,知杂是一个确实在唐代行用过的官职,有实职,不是虚衔。然而,如果读者们想多了解这个官职的职掌和官品,而去翻查两《唐书》的职官志,或现代人根据职官志编写的《中国政治制度史》《唐代政治制度史》,或《中国古代官名大辞典》之类的书,一定查找不到这个官名,大失所望。为什么?

最简单的答案是:知杂是一个典型的、标准的使职。它从来没有官品,但有实职。拙书《唐代高层文官》曾给使职下了一个定义:举凡没有官品的实职官位,都是使职。但职官书却照例不记载这种无官品的使职,认为它"不正规"[⑤]。于是《中国政治制度史》之类的书和课程,也就从来不会涉及这种使职。

---

① 《旧唐书》卷一五,第461页。
② 《旧唐书》卷一六三,第4261页。
③ 《旧唐书》卷一六九,第4397页。
④ 《旧唐书》卷一七下,第561页。《新唐书》卷一七九《李孝本传》第5325页载:"李孝本,宗室子。元和时第进士,累迁刑部郎中。依〔李〕训得进,于是御史中丞舒元舆引知杂事",亦可证他曾以刑部郎中出任知杂御史。
⑤ 拙著《唐代高层文官》第二章《钱大昕和唐代使职的定义》及第三章《唐职官书不载许多使职的前因和后果》,第39—73页。

　　知杂的产生，是因为唐代的御史台，在唐后期跟许多其他官署一样，变得僵化没有效率，于是皇帝便开始委任使职（知杂），去整顿和管理这个御史台。办法便是在郎官当中，挑选那些适当的官员，去出任知杂，但同时又让他们带有原有的郎官"本官"，以定俸禄和秩班位。所以，这类使职官员，他们的官衔书写方式，常常便是"以某某郎官兼侍御史知杂"。这里的"兼"不是现代人所说的"兼职"，而是"同时出任""同时充任"之意。

　　知杂在御史台的出现，也反映了一个现象——唐后半期的御史台，正在逐步被"使职化"。比如，御史大夫原本是御史台的首长，但这时期的御史大夫，却常常没有在管本司的事，而跑去充当节度使。例如，"殿中侍御史韦皋为陇州刺史、兼御史大夫、奉义军节度使"[①]。御史中丞、殿中侍御史、侍御史、监察御史等官，也常常在各种地方幕府任幕职。御史台真正在管事的人，好像只剩下知杂了。

　　这就很像北宋元丰改制之前的官场现象：本官不管本司事，却跑到其他官署去充当各种差遣职。事实上，北宋之制，一点也不新奇——它正是起源于唐制。

　　知杂（或知杂事）这个官名，也是我在《唐代高层文官》书中常提到的，那种以"知"字开头的"动宾结构的官名"——"知"是动词，"杂"是宾语。类似的官名还有唐代的知政事（即宰相）、知制诰，以及宋代的知州、知县等等，也全都是使职。

　　有一个问题是：既然知杂等各种使职，不载于各种职官书，也非《中国政治制度史》之类的专书和教科书所要讨论的，那么现代大学生在历史系《中国政治制度史》课堂上所学到的官制知识，岂不是片面的，不完整的吗？课堂所学，可以让他们解读本文所引用的这些知杂官衔和材料吗？

六、结　论

　　最后，让我们回到本文开头所提的一个问题：赵璘《因话录》所说"虽他官高秩兼之，其侍御号不改"，含义为何？看过了以上的论证，答案应当是呼

之欲出了。"虽他官高秩兼之",意指员外郎(从六品上)或郎中(从五品上)的官品虽然高过侍御史(从六品下),但他们以这样的高品出任侍御史知杂时,却不以为意,所以"其侍御号不改",因为侍御史知杂是御史台的尊贵人物。他甚至拥有自己专用的坐榻,是一个由皇帝委任的使职,总揽御史台的各种"杂事"。

原载《中华文史论丛》第 82 辑,2006 年,第 83—95 页。

唐"望秩"类官员与唐文官类型

一、前　言

　　《册府元龟》卷六二九,载有唐武则天时代的一篇敕,很值得研究唐代职官和官制的学者注意:

> 其年(指神功元年,697)闰十月二十五日敕:"八寺丞;九寺主簿;三监丞簿(《唐会要》作"诸监丞簿");城门、符宝郎;通事舍人;大理寺司直、评事;左右卫、千牛卫、金吾卫、左右率府、羽林卫长史、直长(《唐会要》无"直长"两字);太子通事舍人;亲王掾属、判司、参军;京兆、河南、太原判司;赤丞簿尉(《唐会要》作"赤县簿尉");御史台主簿;校书、正字;詹事主簿;协律、奉礼、太祝等,出身入仕,既有殊途,望秩常班,须从甄异。其有从流外及视品官出身者,不得任前官。其中书主书、门下录事、尚书都事,七品官中,亦为紧要。一例不许,颇乖劝奖。其考词有清干景行,吏用文理者,选日简择,取历十六考(《唐会要》作"十六年")已上者,听量拟左右金吾长史及寺监丞。"[①]

这段史料过去常为学者引用,但敕中列了一长串唐代官名,许多不太常见,且品秩又不算太高,或许使得不少人望之生畏。引用这段长文者,一般都只引它以证明"其有从流外及视品官出身者,不得任前官"云云,没有再进一步深考这些"前官"到底是些什么官,有何特征等等。

　　例如我在 2008 年于中国台湾地区出版的《唐代中层文官》繁体本《导言》一章中,就犯了这个毛病。当年,我的说法是:

[①]　引文据《宋本册府元龟》卷六二九,中华书局,1989 年影印宋残本,第 2025 页;校以《唐会要》卷七五,第 1610 页。

流外转流内,不能任校书郎、正字、赤县主簿、县尉等等清流官,以免"污染"了这些清流。唐代屡次有禁令,比如初唐神功元年(697)的一道诏令(即上引敕),便规定"从流外及视品官出身者",不得任某些清流士职。①

当时我用了"清流""清流士职"等词,着眼点其实是在"校书郎、正字、赤县主簿、县尉"这几种官而已,因为我在较早的一本书《唐代基层文官》中,研究过这几种官,知道他们颇清贵,是士人任官的"美职"。② 但我没有说他们是"清望官"或"清官",因为唐代的"清望官"和"清官"有严格的定义,见于《唐六典》和《旧唐书·职官志》所列出的清望官与清官详细名单,③而校书郎、正字和赤县簿尉并不在名单上,所以我改称这些为"清流士职"。

至于"八寺丞""九寺主簿"等官,是否也跟校书郎、正字等官属同个等级,同为士人任官的"美职",同为"清流士职"? 我当时并不甚清楚,也就含糊其词,没有再申论。

至于敕最后一句,"其考词有清干景行,吏用文理者,选日简择,取历十六考已上者,听量拟左右金吾长史及寺监丞",究竟又是什么意思? 我当时略去此句没有引用,没有任何诠释。这不能不说是件憾事。为了弥补从前的过失,我现在想重新审视这段史料。

近一年来,我研究的重点在唐代的官员类型,涉及清望官、清官、流外官、伎术官等官的特征和分类等课题。在这框架下,我发现,神功元年的那篇敕,如果我们充分了解其含义,其实大可以帮助我们厘清唐代文官类型的不少"谜团"。因此,本文拟详细疏证这篇敕,以及敕中提到的所有官名。

二、敕 文 要 旨

这篇神功元年敕,最早收在五代所编的《唐会要》里,后来又收在宋代所编的《册府元龟》和清代所编的《全唐文》中。

---

① 拙著《唐代中层文官》,第 11 页。
② 拙著《唐代基层文官》,第一至第三章。
③ 《旧唐书》卷四二,第 1804—1805 页;《唐六典》卷二,第 33—34 页。

　　《册府元龟》现存有四种版本：一是南宋刻本，虽有不少残缺，但幸运地还保存卷六二九，收有此篇敕。二是明刻本，最常见的一种版本，但不精。不少学者已指出，明刻本所出现的难解或错误文字，常可由宋刻本来解决。三是《四库全书》本，也收在《四库全书》的电子版中。据《四库全书总目提要》，此四库本用的是"内府藏本"，版本不详，但它显然依据明刻本。① 四是周勋初等人的《册府元龟》校订本。此书虽号称"校订本"，但以我使用过的经验，它的校订不精。不少原本可以校出的文字都没有校证。以这篇敕来说，它的校订和标点都可商榷。所以我在此不拟引用此校订本，而根据宋本《册府元龟》录文（见上），重新标点，再校以明本和《唐会要》本。

　　《唐会要》的成书年代，其实早于《册府元龟》。在某些地方，它比《册府元龟》更原始，保存唐代官文书更原早的风貌和更佳的文本。现代唐史学者一般喜用《册府元龟》，而有"看轻"《唐会要》之意。我认为，两者各有千秋，各有优缺，两者应当都参考。所以这里我虽然认为宋本《册府元龟》的文本比《唐会要》较优胜，但还是校以《唐会要》。

　　至于《全唐文》，编于清代，时代晚，又无出处说明和校证，在版本上毫无权威（textual authority）可言，可以不论。但从异文来看，它显然抄自《唐会要》而非《册府元龟》。

　　这里拟先对整篇敕的主旨、背景和重点做一些考释，再来疏证敕中所列的那一长串官名。敕最前面，先列出一连串官名。这是敕常见的格式。接下来，才是敕的主旨：

　　　　出身入仕，既有殊途，望秩常班，须从甄异。其有从流外及视品官出身者，不得任前官。

敕首先指出一项唐人应当习以为常的事，即唐代官员的"出身"（资历功名等）和"入仕"（步入仕途），有不同的方式（"有殊途"）。但现代学者有时似乎忘了这件事，常以为只有读书人（士人）才能做官，只有贡举、门荫等才是入仕的不二法门。士人的贡举门荫等入仕法，当然是重要的方式，但绝不是唯一的，甚至可能不是唐代多数官员的入仕法。

---

① 例如宋刻本的"京兆、河南、太原判司"一句，在明刻本即误为"京兆、河南、太守判司"，误"太原"为"太守"，文意不通。四库本也作"京兆、河南、太守判司"，显然沿袭明刻本之误。

因为我们从其他史料知道，唐代还有不少的非士人阶层，也在做官（而且是九品三十阶的流内官，并非流外官）。敕接着便指出，唐代有人是以"从流外及视品官出身者"身份入仕的。他们不是士人，有些甚至可能不识字，也能做官，只是他们能做的官职种类，有一定的限制。他们只能做某一类的官。这篇敕的主旨之一，就是要明确规定"从流外及视品官出身者"，不能做哪些官。这些官就是敕最前头所列的那一系列"前官"。

既然出身和入仕方式有所不同，那么"望秩常班"，便"须从甄异"，意思是要"分辨"清楚"望秩常班"的差异。换句话说，"望秩常班"绝不是同一类的官员，而是两大类官员，一类是"望秩"，一类是"常班"。两者要"甄异"分明。

有学者把"望秩常班"理解成同一类官员。比如王永兴便说：

> 按上列自八寺丞至太祝凡十种官职都不是清资官，只是望秩常班而已。①

我则认为，"望秩"和"常班"并非同一类，相反正好是相对立的两大类官员。在敕文中它们是对举的。此之所以"须从甄异"也，否则"甄异"两字便落了空，无从说起。"望秩"是那些"从流外及视品官出身者"不能担任的官职，也就是那些"前官"。他们只能做"常班"一类的官职。

因此，这篇敕最前头所列的长串官名，我们可以称之为"望秩"类官员，和"常班"类的官员相对，不相同。

从字义上看，"望"跟"常"是对立的，并非同义。"望"比较高一级，"常"则普通而已。但什么是"望秩"？什么是"常班"？

很可惜，我在台湾"中研院"历史语言研究所研发的《汉籍电子文献资料库》，检索唐代史料中"望秩常班"的用例，只发现一个，正是神功元年这篇敕。若单单检索"望秩"，则唐代的用例比较多，但都用其古典《尚书》中的含义，用于祭祀场合，也就是"按等级望祭山川"的意思。例如《旧唐书·礼仪志》记载玄宗的一段话："朕观风唐、晋，望秩山川。"②意思是"朕在唐、晋观察

---

① 王永兴《关于唐代流外官的两点意见》，收于《陈门问学丛稿》，江西人民出版社，1993年，第363页。

② 《旧唐书》卷二四，第791页。

风俗,依次望祭山川"。这个"望秩"并不指某种官员,非官制用语。据我所见,唐代的"望秩"不用于礼仪祭祀场合,而用于职官的场合,用来指某一类的唐官员,则仅见于本文要详考的这篇敕。

由此推论,"望秩"不是一个专门的官制用语,不像"清望官""浊官""常参官"之类。它应当没有特定的官制上的含义。敕的作者用此语,想是一种权宜的、随兴的用法,用来概指某一大群"有职望"的唐官员。我在这里也没有更好的用词可以替代,姑且沿用此词,称这一类为"望秩"官员。

"望秩"最容易让人联想到唐代的"望州"和"望县"。按唐代的州可分为府、辅、雄、望、紧、上、中、下。唐县也可分为赤(或"京")、次赤(或"次京")、畿、次畿、望、紧、上、中、中下、下。① 在这种分法下,望州和望县都不是最高等级:在州的场合,望州排第四位;在县的场合,望县排第五位。因此,望州、望县和望秩等词中的"望"字,并不表示最高等级。就字面上来看,仅能说是有"名望"的州县,有"名望"的官员。

至于有"名望"到什么程度? 在州县的场合,我们知道望州排第四,望县排第五。那么"望秩"类的官员在整个唐代文官体系中,应当排在什么位置?

这个问题其实不难解答。因为这篇敕中列了一大串官员,我们分析这些官员的职望和地位,拿他们来跟清望官和清官类的官员来比较,答案就很清楚了。

"望秩"类官员应当排在清望官和清官之后,排名第三。我们细检这三份名单,它们全具有"排他性质",出现在某一名单上的官名,就不会出现在另一名单上,绝无重复之处。这等于是唐朝当时人的精细分类,为现代学者研究唐代官员的类型,提供了绝佳的参考价值。

唐代清望官和清官名单见于两处。一是在《唐六典》,另一在《旧唐书》卷四二《职官志》:

> 职事官资,则清浊区分,以次补授。又以三品已上官,及门下中书侍郎、尚书左右丞、诸司侍郎、太常少卿、太子少詹事、左右庶子、秘书少监、国子司业为清望官。太子左右谕德、左右卫左右千牛卫中郎将、太

---

① 关于唐代州府的定位,见拙著《唐代高层文官》第十六章,第345—369页。

子左右率府左右内率府率及副、太子左右卫率府中郎将、已上四品。谏议大夫、御史中丞、给事中、中书舍人、太子中允、中舍人、左右赞善大夫、洗马、国子博士、尚书诸司郎中、秘书丞、著作郎、太常丞、左右卫郎将、左右卫率府郎将、已上五品。起居郎、起居舍人、太子司议郎、尚书诸司员外郎、太子舍人、侍御史、秘书郎、著作佐郎、太学博士、詹事丞、太子文学、国子助教、已上六品。左右补阙、殿中侍御史、太常博士、四门博士、詹事司直、太学助教、已上七品。左右拾遗、监察御史、四门助教已上八品。为清官。①

《唐六典》与《旧唐书》两名单的差别,主要有两点:(一)在清望官名单上,《唐六典》在秘书少监之后,多列了"左、右率"。(二)在清官名单上,《唐六典》不列"太子中允"和"中舍人"两官。

为了清楚起见,我把清望官、清官和望秩官员排列成一个简表,方便比较。见附录一。

清望官都是三四品官员,没有低于四品的,而且都是唐代官员体系中最重要的一些高层官员,如尚书、左右丞和侍郎等。清官的地位比清望官低一些,最高为四品官,如太子左右谕德,但也有低至八品者,如左右拾遗和监察御史。我们从其他史料知道,唐代士人做官,梦寐以求的美职就是这两份名单当中的某些官职,特别是侍郎、郎中、员外郎、中书舍人、给事中、各级御史、拾遗和补阙等数种。

不过,应当指出的是,这两份名单上包含了一些武官,如清望官名单中有一大项"三品已上官",定义不明,若包括三品以上武官,则应当包括唐卫率府中的大将军等最高层三品武官。清官名单上则毫无疑义地包括了几种武官,如"太子左右卫率府中郎将"和"左右卫郎将"等。过去的唐代清官研

① 《旧唐书》卷四二,第1804—1805页。敦煌伯希和文书P. 2504,被现代学者称为"天宝令式表残卷",前头有一行文字说"朱点者是清官"。在卷中所列出的好些官名上头,都有个"朱点",表示这些是"清官"。但此文书上的清官名单,跟《唐六典》及《旧唐书》所列的有许多地方不相同。有些学者认为这是因为天宝年间的清官名单有所增减。但我认为,此文书不可靠,因为它有许多抄写错漏之处,朱点也可能有"脱落",而且它原为某地方官署或官员所抄写的一份笔记式抄件,仅供自己工作备忘之用,不能视为正式的官方清官名单,故这里不拟讨论此文书。关于它的录文和最详细的考释,见刘俊文《敦煌吐鲁番唐代法制文书考释》,中华书局,1989年,第355—403页。

究,似没有论及清官中的武官问题。一般都假设,清望官和清官都只有文官,没有武官。限于论题,这里亦无法讨论这点,且留待将来另文处理。

跟清望官及清官相比,望秩名单上的官员,地位和职望都明显不如前两者。望秩类官员大抵是六品或以下的,有两个特征特别值得注意。

第一,他们任职的衙司,大都不是在比较崇高的尚书、中书、门下省和御史台,而是在九寺诸监一类的"次级"事务部门。即使有些官是在门下省(如城门郎、符宝郎)和御史台(如御史台主簿),但这些官却是比较次要冷门的。

第二,望秩名单上的官职,有几种官特别吸引人注意,那就是京兆河南太原三府判司,赤丞簿尉,以及校书正字等数种。实际上,这几种官跟八寺丞、九寺主簿有些不一样。我们从其他史料知道,这几种官正是唐代士人梦想中的好官,特别是起家刚入仕的士人,更把校书郎、正字等视为"美职"和"起家之良选"。我在《唐代基层文官》中曾深入研究过这几种好官。此不赘论。

正是京兆河南太原三府判司,赤丞簿尉,以及校书、正字这几种官,给这份望秩名单增添了不少崇望的意味。这几种官之所以没有列在清官名单上,而仅出现在望秩名单上,可能因为京兆等三府判司和赤丞簿尉,职望不如清官名单中的拾遗补阙和监察御史。校书正字虽清贵,但官品却仅九品,所以没列进清官名单。

虽然望秩类官员的地位,不如清望官和清官,但他们还算是跟清流士职沾上边,特别是京兆河南太原三府判司等基层"美官"也名列其中,更让这份名单生色不少,增添几许"望秩"的意味。因此朝廷要下敕禁止"从流外及视品官出身者"出任这些望秩官。

因此,我们可以总结说,这三份名单等于是唐代三大类"清资"型官员的职望排行榜:清望官最高,清官次之,望秩官第三。

所谓"清资",是指这些官基本上是"清"的,和"浊官"相对,而且任官者大抵都是士人,不是流外出身者或伎术官。"清资"也是个唐代用语,有清流等义。如《旧唐书》卷四三《职官志》:"凡出身非清流者,不注清资官。"①清资官的含义也比清望官和清官更广,因为它可以指低至九品的官员,如玄宗开

---

① 《旧唐书》卷四三,第1818页。

元二十九年(741)春正月的一道禁令所云:"禁九品已下清资官置客舍邸店车坊。"①

上面提过,"望秩"和"常班"是相对的。但什么是"常班"? 常班类官员是不是又比望秩类更低下呢?

唐史料中"常班"的用例寥寥无几。其中一个最有意义,或许最能帮助我们理解"常班"为何物的用法,出现在《新唐书》卷一九六《武攸绪传》:

> 中宗初,降封巢国公,遣国子司业杜慎盈赍书以安车召,拜太子宾客。苦祈还山,诏可。安乐公主出降,又遣通事舍人李邈以玺书迎之。将至,帝敕有司即两仪殿设位,行问道礼,诏见日帔葛巾,不名不拜。攸绪至,更冠带。仗入,通事舍人赞就位,攸绪趋就常班再拜,帝愕然,礼不及行,朝廷叹息。②

武攸绪是武则天皇后兄武惟良的儿子。他的传说他"恬淡寡欲,好《易》、庄周书",不喜做官,于是长期归隐山林。但他是皇室成员,和一般隐士不同,曾经一度被封为安平郡王,在中宗初年降封为巢国公。朝廷几次征召他出来做官,都被他谢拒。到安乐公主下嫁时,中宗特地派遣通事舍人李邈以玺书迎接他到京城,原本想在两仪殿为他设位,行问道礼。但武攸绪却在典礼上有一个让大家错愕的动作。他不就朝廷为他安排好的贵宾位子,却"趋就常班再拜"③,以致"帝愕然,礼不及行,朝廷叹息"。

这个"常班"指什么,指哪一些官员的"班"? 虽然传中没有说清楚,但它显然不是一个像武攸绪那样的贵宾应当站立的地方。这里的"常班"和某一"尊位"相对,正如上引敕中,"常班"和"望秩"相对一样。

敕在禁止"从流外及视品官出身者,不得任前官"之后,还有一句话,然而文词有些晦涩(或许是因脱文造成晦涩),须再细考:"其中书主书、门下录事、尚书都事,七品官中,亦为紧要。一例不许,颇乖劝奖。其考词有清干景行,吏用文理者,选日简择,取历十六考已上者,听量拟左右金吾长史及寺监丞。"

这里我们恐怕须充分理解什么是"中书主书、门下录事、尚书都事"这几

① 《旧唐书》卷九,第 213 页。
② 《新唐书》卷一九六,第 5602 页。
③ 《资治通鉴》卷二〇九,第 6628 页,把这个"常班"改为"辞见班"。

种官,才能读通全句。

简单说,中书主书等官不是士人应当做的清流士职,而是流外官转入流内时常任的流内官,是专门保留给那些流外出身者转入流内之用的。近二十年来,唐代的流外官研究颇有一些成果,特别是任士英的研究最为出色,厘清了流外官的许多谜团。他研究过流外官转入流内时最常出任的流内官有哪些,当中最主要的就包括"中书主书、门下录事、尚书都事",其他的有九寺、亲王府录事;某些等级县的主簿、县尉;州县录事等等。①

换句话说,任"中书主书、门下录事、尚书都事"者,都是流外出身者,但这几种官在"七品官中,亦为紧要"。如果"一例不许"这些流外出身者出任"前官",即望秩官,那又"颇乖劝奖"。所以,敕最后提了个变通、例外的办法,让那些曾任"中书主书、门下录事、尚书都事"的流外出身人,如果"其考词有清干景行,吏用文理者",则他们可以"选日简择,取历十六考已上者,听量拟左右金吾长史及寺监丞"。

应当注意的是,这里虽然网开一面,让某些流外出身人出任望秩类官,但并不是所有望秩类官都包含在内,只是"听量拟"望秩类当中的"左右金吾长史及寺监丞"而已。换句话说,望秩类官当中某些更清贵的官,例如上面提到的三府判司、赤丞簿尉和校书正字等,还是禁止由流外出身者出任。这也间接显示,这几种官的清贵程度,犹在"左右金吾长史及寺监丞"之上。

还有一点值得申论,即敕中"十六考"此词。唐代官员一年有一次考课。十六考几乎跟十六年同义。《唐会要》此处即作"历十六年"。但问题是,那些任"中书主书"等官的流外出身人,要担任这些官"十六考"之后,才有资格获选为"左右金吾长史及寺监丞",岂不太久?

我认为,这"十六考"的年资要求的确太高,很可能是"六考"的衍文,衍一"十"字。因为,"中书主书"等官,正如敕中所说,已经是"七品官"了,而"左右金吾长史"和"寺监丞"都只不过是从六品上的官,但却要这些七品官花上十六年才能升任,岂非太刁难人?岂是"劝奖"之道?"六考"比较合理。

实际上,这段敕也出现在《唐六典》卷二,"出身非清流者,不注清资之官"之下的一段小字注中:

---

① 任士英《唐代"流外出身人"叙职考》,《烟台师范学院学报》1993 年第 1 期,第 59—67 页。

> 其中书主书、门下录事、尚书都事,历任考词、使状有清干及德行、言语、兼书、判、吏用,经十六考已上者,听拟寺・监丞、左・右卫及金吾长史。①

这段小字注,其史源显然是神功元年这篇敕,虽然略有异文。中华书局《唐六典》的校点者陈仲夫,在"经十六考已上者"处,有一条校记说:

> "十"字原本坏作"一",后人墨书作"十",与《唐会要》卷七十五"选部下杂处置"所载神功元年闰十月二十五日敕合,今仍之。正德本亦坏作"一",嘉靖本墨钉,近卫校明本曰:"'一'当削。"广雅本径删去之,俱非。②

这里所说的"原本",指陈仲夫所用的底本南宋本。依此看来,早在南宋,这个"十六考"原本印为"一六考"。后来有人就在此南宋本以墨笔加上一画臆改为"十"。明正德本也作"一",显然沿袭宋本之旧。我以为,此"一六考"中的"一"恐怕是衍文,应作"六考",所以我颇赞同近卫家熙的看法:"一"字当削。"广雅本径删去之",也很有道理,且文义更优胜。但陈仲夫受到后人墨笔所改的"十"字和《唐会要》的影响,仍校为"十六考",应当还可再商榷。

神功元年此敕在颁行当时,应当是付诸实行的。至于它所提到的禁令,是否也曾经在唐代其他时候实施,特别是在唐后半期,由于史无明文,我们不得而知。但就官制研究的观点看,此禁令是否曾经实行,或是否在唐后期行用,倒也不是关键要点。重点是,此敕让我们见识到唐朝廷如何把文职事官分成几种类型,如何在"保护"某些类型的文职事官免受流外等杂色出身人的"污染"。这也就间接让我们知道,唐代士人心目中的"好官"是哪一些,哪一些官是他们可以出任的,哪一些又是专门保留给流外等杂色出身人和伎艺人,是士人不能担任的。

三、"望秩"官名考略

唐代的清望官和清官名单,其实都包含了相当"庞杂"的一大群官员。

---

① 《唐六典》卷二,第28页。
② 《唐六典》卷二,第48页。

例如两份名单中都有武官,显然和文官不属同类。即使不理武官,单论文官,我们也还可以分辨出好几种不同性质、不同职望的文官。

我研究唐代职官,其中一个最关心的课题是:哪一些官是唐代士人心目中的好官、美职?哪一些官是他们最想出任的?哪一些官是比较剧要的、核心的?哪一些官虽然官品高,但其实是次要的,闲散的职位?这些问题不可能单靠查检各官职的官品来解决,因为衡量唐代官职,不能单靠官品。我们必须从大量唐代士人的仕历经验和亲身描述,去认知他们心目中的好坏官标准。

之所以关注这样的问题,是因为在我们阅读唐代士人的传记或墓志时,我们需要知道,他一生所出任的那些官职当中,哪一些是好官,哪一些是升迁的枢纽,哪一些其实无关紧要。这样,我们才能弄清楚这位士人官员的仕途是否坦顺、是否腾达等等,就像我们今天阅读某个专业人士的履历,可以单单从他的学历,他过去的任职机构和职称,他的得奖荣誉等等,就可以大致了解和评估这人过去的专业表现和未来的发展潜能一样。阅读唐人的官历,我们应当也能达到这样的境界才是。这正是研究唐代官职最理想的目标。否则,我们将如雾里看花,看不透也等于"没看懂"这位官员的仕历。

从这样的角度来审视那三份官员名单,应当更有意义。

例如清望官名单虽然列了长达约 59 个官名(包括三品官中的 51 个,见附录一),但在唐整个文官体系中,最核心的官职仅有中书门下侍郎、尚书左右丞和尚书诸司侍郎寥寥几种而已。三品官中诸寺的首长,如太常卿等九卿,职望都在上述核心官职之下。当然,九寺卿当中又有高低等级之分,如太常卿、宗正卿的地位,一般又在太仆卿和太府卿之上。至于三师三公,都用以酬德高望重的臣子,不是士人可以追求的高职。太子少詹事、左右庶子和秘书少监,则是常用以处闲散的清职。国子司业属于学官性质,只有儒学型官员好之,非一般士人所能为。

在清官名单上,最核心的官职是御史中丞、侍御史、殿中侍御史、监察御史等四种御史台官;给事中;中书舍人;尚书诸司郎中和员外郎;补阙拾遗。其他的属闲散,如左右赞善大夫、著作郎、著作佐郎;或属学官,如国子博士、太学博士、国子助教、四门博士、太学助教、四门助教。

同理,望秩名单也可以这样解读。最核心官职当数京兆河南太原三府判司、赤丞簿尉和校书正字数种。至于其他官职,都可以说比较次要,也是唐代士人比较少会去出任的,在史料中也比较少见。下面略考所有望秩名单上的官名。

(一) 八寺丞

唐代有九寺,按先后秩序是:太常寺(管宫廷礼乐占卜祭祀等)、光禄寺(管宫中膳食酿酒等)、卫尉寺(管两京武库和宫廷守卫等)、宗正寺(管宗室和道观等)、太仆寺(管车马监牧等)、大理寺(管司法审判等)、鸿胪寺(管外国使节和外交事务等)、司农寺(管园林粮仓温泉等)、太府寺(管国库赋税收支和常平义仓等)。

严耕望有一篇著名论文《论唐代尚书省的职权与地位》,详论唐尚书六部与九寺诸监的统属关系。结论是:

> 尚书六部上承君相之制命,制为政令,颁下于寺监,促其施行,与为之节制;寺监则上承尚书六部之政令,亲事执行,复以成果申于尚书六部。故尚书六部为上级机关,主政务;寺监为下级机关,掌事务。六部为政务机关,故官员不必多;寺监为事务机关,事类丛琐,故组织常庞杂。六部长官为政务官,故地位特崇隆;寺监长官为事务官,故权势自远逊。[1]

虽然岑仲勉在他那本教科书《隋唐史》中曾经质疑过这个结论,但我认为大抵不差,只是细节部分可能还需商榷。就官员地位而言,尚书六部的各主要官员,如尚书、左右丞、侍郎、郎中和员外郎,都是唐代士人最推崇的清望官或清官,也多为封演那篇著名的升官图中所说的"八俊":

> 宦途之士,自进士而历清贵,有八俊者:一曰进士出身制策不入,二曰校书、正字不入,三曰畿尉、〔京尉〕[2]不入,四曰监察御史、殿

---

[1] 《严耕望史学论文集》上册,上海古籍出版社,2007年,第262—263页。
[2] 此处有缺文。此处据池田温《律令官制的形成》,东京岩波书店,1970年,第299页,补作"京尉"。砺波护《唐代的县尉》,黄正建中译本,收于刘俊文主编《日本学者研究中国史论著选译》第四册,第576页,则补作"县丞"。我认为池田温所补的"京尉"较佳,正好和前面的"畿尉"相配。县丞没有如此高的职望。

中丞[侍御史]①不入,五曰拾遗、补阙不入,六曰员外郎、郎中不入,七曰中书舍人、给事中不入,八曰中书侍郎、中书令不入。言此八者尤加俊捷,直登宰相,不要历余官也。②

然而,唐代九寺官员的地位,就的确远不如尚书六部者。九寺的长官卿(如太常卿),因为是从三品,而自动列为清望官(所有三品或以上官员,都是清望官)。九寺的次官少卿,地位比较低,而且只有太常少卿被列为是清望官,其他八寺的少卿,则连清官都不是。

值得注意的是,这篇神功元年敕,提的不是"九寺丞",而是"八寺丞",显得有点奇怪。这"八寺"又指哪八个寺?哪一个寺丞不包括在内?初看之下,这似乎是史料传抄之误,为"九寺丞"之误,但细心求证,这"八寺丞"应当是正确的。它是指光禄丞、卫尉丞、宗正丞、太仆丞、大理丞、鸿胪丞、司农丞、太府丞这八个寺丞,不包括太常丞。为什么?

最简单的解释是:太常寺丞已经列在《唐六典》或《旧唐书·职官志》的那份"清官"名单上,自然就不应当又出现在这份"望秩"名单中。更进一步观察,太常丞的官品为从五品上,和其他八寺丞的从六品上相比,明显崇高一些。再进一步求证,太常寺负责国家朝廷的礼乐,职务显然比其他寺所管的膳食酿酒车马等事"高尚"一些,所以太常寺的几个重要官员,不是被列为清望官(太常卿和太常少卿),就是清官(太常丞和太常博士)。这个太常博士也是太常寺所独有,其他八寺没有相应的对口官职。这样看来,唐的太常寺地位远在其他八寺之上,有点超然。这份望秩名单只列"八寺丞",排除已属清官的太常丞,也就毫不出奇了。

丞通常是一个机关首长的副手。例如县的长官为县令,副手即县丞。管理天文的太史局(唐某些时候又称司天台),首长为太史令,副手即太史丞。九寺的首长为某某卿,如太仆卿等,但九寺的编制多了一个较次的少卿,如太仆少卿等,为九卿之副手。太仆丞等寺丞因而变为九寺排名第三位

---

① 此处《唐语林》引作"殿中丞",见《唐语林校证》卷八,第717页。但"殿中丞"和前面的"监察御史"毫无关系,且殿中丞并非什么清官,恐误。池田温《律令官制の形成》和砺波护《唐代的县尉》,都将之校改为"殿中侍御史",甚是。封演所说的"八俊",都是相对或相近的,如校书郎和正字、拾遗和补阙、员外郎和郎中等等。

② 赵贞信校注《封氏闻见记校注》卷三,中华书局,2005年,第18—19页。

的官员,在所谓的"四等官"中成了"判官"。①《唐六典》对九寺丞的职掌描述都一样:"丞掌判寺事。"换句话说,在九寺的场合,诸寺丞成了一种执行事务的官员,好比县的县尉。

这些寺丞的官品,太常丞为从五品上,其他八寺丞都是从六品上。这点再次显示太常丞的地位跟其他八寺丞不一样,高一品。这样的官品乍看之下很不错:五品一般算高官,六品至少也算中层,跟尚书省的诸郎中(从五品上)和员外郎(从六品上)比起来,似乎完全一样,地位相同,但实际上绝非如此。

因为这些寺丞绝不能跟郎中和员外郎相提并论。最好的证据是:郎中和员外郎都双双名列在那份尊贵的"清官"名单上,寺丞却没有,只能"屈居"于"望秩"名单上。其次,郎中和员外郎都是封演所说的"八俊",寺丞却不是。但更重要的证据是,唐代士人出任过郎中和员外郎的比比皆是,但史料中找不到有多少人出任八寺丞的案例,显示这是一种不太常见,不怎样重要的官员。虽然称为"望秩",有点清贵,但却远在清望官和清官之下。这再次说明,何以唐代官员的地位,不能单看官品。

(二) 九寺主簿

跟上述"八寺丞"不同的是,这里的"九寺主簿",顾名思义,当然包含了唐所有九寺的主簿,包括太常寺主簿。

《唐六典》对所有九寺主簿的职掌描写都一样:"主簿掌印,勾检稽失,省署抄目。"②这样的职务描述相当抽象,不易理解,但如果我们把它放在唐代的勾检制度和勾检官脉络下,便清晰易懂,且有吐鲁番出土文书的实例可供参证。

简言之,唐代几乎所有衙署,都有两个负责勾检稽查文书的官员,一个为上司,称为"勾官",另一个为下属,称为"检官"。当一个文案送到某某衙署时,一般照例由比较低层的下属"检官"来领受处理。他的批语一般会是

---

① 《唐律疏议》卷五,第 110 页,有一条律疏云:"假如大理寺断事有违,即大卿是长官,少卿及〔大理〕正是通判官,丞是判官,府史是主典,是为四等。"由此推论,九寺丞都是判官,而非县丞之类为通判官。关于"四等官"的详细解说,见拙著《唐代中层文官》第五章第一节"从勾官到通判官和专知官",以及第六章第三节"本判官和四等官及勾官"。此不赘论。

② 《唐六典》卷一四,第 396 页等处。

"检无稽失"。文案处理到最后阶段,送到上司"勾官"那里,他覆查无误后,通常会批上"勾讫"两字,表示整个文案结案了。我们在好些吐鲁番出土文书上,还可以见到西州勾检官的这两种批示,不少为朱笔批。①

勾官和检官在唐的不同衙署,有不同的官名。在州的场合,勾官即录事参军,检官为州录事。在县的场合,勾官即县主簿,检官为县录事。在好些中央衙署,比如九寺,勾官即九寺主簿,检官为九寺录事。

所以,九寺主簿职掌中所谓"掌印,勾检稽失,省署抄目",最重要的部分是"勾检稽失"。至于"掌印"和"省署抄目"两项,可说是次要的。

九寺主簿的官品都是从七品上。我们感兴趣的是,这样的官品表示怎样的职望? 跟其他相同官品的官员比较起来,九寺主簿在唐代士人心目中的地位如何?《旧唐书》卷四二列出"从第七品上阶"的一系列官员,其中职事官计有:

> 殿中侍御史……左右补阙、太常博士、太学助教……门下录事、中书主书、尚书都事、九寺主簿、太子詹事主簿、太子左右内率监门率府长史、太子侍医、太子三寺丞、都水监丞、诸州中下县令、亲王府东西阁祭酒……京县丞、万年、长安、河南、洛阳、奉先、会昌、太原、晋阳。下都督府上州录事参军、中都督上都护府诸曹参军事、中府别将长史、中镇副。②

这些虽然全都是从七品上的官员,但职望和地位却很不相同,甚至差别极大。最明显的是,殿中侍御史、左右补阙、太常博士和太学助教,都名列在尊贵的清官名单上,也是我们所知唐代士人心目中的好官和核心官职。但九寺主簿却没有达到这样高的职望,仅在"望秩"名单上有名。这种官在两《唐书》列传和其他唐史料中也很少出现,显示它是一种比较"冷门"的官职。这再次说明,衡量唐代官员时,如果单单列出他们的官品,那是很容易误导读者的。

应当指出的是,九寺主簿的地位,明显又高于同属从七品上的门下录事、中书主书、尚书都事等三官,因为我们知道,这三种官正是保留给流外出身人转入流内时的"专任官职",属所谓的"流外之任",多少含有贬义,而且

---

① 拙著《唐代中层文官》第五章《司录、录事参军》中有详细的举例和讨论。
② 《旧唐书》卷四二,第1798页。

不在望秩名单上。至于其他不在望秩名单上的官,比如太子侍医、太子三寺丞、都水监丞等等,是否也在九寺主簿之下?我们目前对太子侍医等官还没有任何研究,不得而知,但以我阅读许多唐代史传和墓志的体会,我认为:万年、长安、河南、洛阳、奉先、会昌、太原、晋阳等八个京县的县丞,以及下都督府和上州的录事参军,他们在唐代士人心目中的地位,应当都高过九寺主簿。

(三) 三监丞簿

宋刻本和明刻本《册府元龟》的"三监丞簿",在《唐会要》中作"诸监丞簿"。唐代"监"等级的衙署计有:国子监、少府监、将作监、都水监、北都军器监等。如果是"诸监",似乎可以指这六个监。如果是"三监",那又是哪"三监"?

《旧唐书》卷四二《职官志》说:

> 贞观元年(627),改国子学为国子监,分将作为少府监,通将作为三监。[1]

换句话说,唐初只有三监:国子监、少府监和将作监。唐初的史料也常见"九寺、三监"的用语。神功元年时,应当也只有这三监,所以"三监丞簿"无误。

实际上,北都军器监原本属少府监,于"开元初令少府监置,十六年移向北都"[2]。都水监原本"隶将作"[3],是后来才分化出去的机构。

因此,"三监丞簿"即国子监丞、少府监丞、将作监丞,以及国子监主簿、少府监主簿、将作监主簿等六种官的省称。

上面"八寺丞"部分已讨论过"丞"的意义。三监的官员编制和九寺类似:有长官,在国子监为"国子祭酒",又有副官"国子司业",于是国子监丞像八寺丞那样排位第三,成了四等官制中的"判官"。将作监丞和少府监丞的情况与国子监丞相同。《唐六典》对三监丞的职掌描写都一样:"丞掌判监事。"

在上文"九寺主簿"中已论及主簿是一种"勾稽文书"的"勾官"。此不赘

---

① 《旧唐书》卷四二,第 1785 页。
② 《唐六典》卷二二,第 577 页。
③ 《唐六典》卷二三,第 599 页。

论。三监主簿和九寺主簿的职务相似,大抵为"掌勾检稽失"之类。

唐史上充当过三监丞和主簿者,在两《唐书》列传中都仅仅能找到一两人,相当少见,显示这些又都是"冷门"官,正如八寺丞和九寺主簿一样。

(四) 城门、符宝郎

这是门下省两种官"城门郎"和"符宝郎"的省称。

城门郎"掌京城、皇城、宫殿诸门开阖之节,奉其管钥而出纳之"[①],是一种掌管京城、皇城和宫殿诸门钥匙的官。城门郎的员额仅有四人,但却有"门仆八百人"。由此看来,城门郎恐怕只负责诸多城门钥匙的整体管理和规画。真正开关城门的工作,应当由这些众多的门仆充任。

符宝郎原称符玺郎,"掌天子之八宝及国之符节"[②],因武则天不喜"玺"字而改为"宝"字。"八宝"指皇帝的八种玺印,用于不同的场合,如修封禅、答四夷书等。

城门郎和符宝郎的官品都是从六品上,和尚书省的诸司员外郎相同,但唐史上做过员外郎而留名史籍的士人非常多,做过城门郎和符宝郎而留名史籍的则非常少。两者可说是冷门官。

(五) 通事舍人

这是中书省的一种"传令官","即秦之谒者","掌朝见引纳及辞谢者于殿庭通奏"。[③] 我们前面提到,当年安乐公主出嫁,中宗召见武攸绪,就是遣"通事舍人李邈以玺书迎之"。在两仪殿的欢迎典礼上,也是"通事舍人赞就位",但武攸绪没有就位,而跑到"常班"去。

和城门符宝郎不同的是,通事舍人在唐史料中比较常见。唐初名人崔敦礼、许敬宗、韦凑、元行冲等人,都曾经做过通事舍人。

(六) 大理司直、评事

这是大理寺两种不同等级的司法官员:大理司直和大理评事。《唐六典》等职官书描述他们的职掌时,都提到他们需要"出使":"司直掌承制出使推覆,若寺有疑狱,则参议之。评事掌出使推按。"[④]

---

① 《唐六典》卷八,第 249 页。
② 《唐六典》卷八,第 251 页。
③ 《唐六典》卷九,第 278 页。
④ 《唐六典》卷一八,第 504 页。

大理司直和评事这种需"出使"推案的特质,在唐后期的史料还可以见到,如《唐会要》所载的一篇奏文:

> 会昌元年(841)六月,大理寺奏:"当寺司直、评事应准敕差出使,请废印三面。比缘无出使印,每经州县及到推院,要发文牒追获等,皆是自将白牒,取州县印用,因兹事状,多使先知,为弊颇深,久未厘革。臣今将请前件废印,收锁在寺库。如有出使官,便令赍去,庶免刑狱漏泄,州县烦劳。"敕旨:"依奏,仍付所司。"①

这是大理寺请求把"废印三面",从"寺库"中"请"出来,以供大理司直和评事出使州县时可以使用(不必再借用州县印),可证唐后期应当仍有这两种司法官员在出使执行任务。但此事还有下文:

> 其年十一月,又奏:"请创置当寺出使印四面。臣于六月二十八日,伏缘当寺未有出使印。每准敕差官推事,皆用州县印,恐刑狱漏泄,遂陈奏权请废印三面。伏以废印经用年多,字皆刓缺。臣再与当司官吏等商量,既为久制,犹未得宜。伏请准御史台例,置前件出使印,其废印却送礼部。"敕旨:"宜量置出使印三面。"②

这两篇奏文,让我们见识到唐代衙署对印章使用和管理极其谨重的态度。"废印"如要从寺库中请出来,还得上奏请示。请出来后,发现这些废印"经用年多,字皆刓缺"之后,又要上奏"请创置当寺出使印"。看来连刻几个出使印章,都不是大理寺"当寺"本身可以自主决定的。如此大费周章上奏,可以想见大理寺的这两种司法官员,真的在"出使",而且碰到了出使时无印可用的窘境。

德宗建中元年(780)改元时,曾颁一敕令:"常参官、诸道节度观察防御等使、都知兵马使、刺史、少尹、畿赤令、大理司直评事等,授讫三日内,于四方馆上表让一人以自代。"③这里所提的几种官全是唐核心官职,大理司直和评事亦名列其中,说明这两种官在德宗时代仍颇受重视。

---

① 《唐会要》卷六六,第 1359 页。
② 《唐会要》卷六六,第 1359 页。
③ 《旧唐书》卷一二《德宗纪》,第 324 页。

唐后期史料常见"试大理司直"和"试大理评事"。这些不是实职,而是幕府官任幕职时常带的所谓"朝衔",以秩品位。但史料中常省略"试"字,以致真正的大理司直和大理评事,和无实职仅带"试"衔者,有时不易分辨,常会弄错,须从上下文去推敲。①

(七) 左右卫、千牛卫、金吾卫、左右率府、羽林卫长史、直长

这里的"左右卫、千牛卫、金吾卫"当指唐卫府中的左卫、右卫、左千牛卫、右千牛卫、左金吾卫、右金吾卫。"左右率府"当缺一"卫"字,应作"左右卫率府",指太子东宫的左卫率府、右卫率府。不过,唐史料常把太子的"左右卫率府"省略为"左右率府"。东宫这种卫府都带有一个"率"字。

"羽林卫"原为左右"羽林军"。武则天天授二年(691)二月三十日,"改为左右羽林卫,以武攸宁为大将军"。到中宗的神龙元年(705)二月四日,"又改为左右羽林军"②,可知羽林卫是武则天时代的称呼。这篇神功元年敕,正是武则天掌政期间所颁,称"羽林卫"完全吻合时代。

长史是唐代很常见的一种官,分布很广,不但见于京城的十六卫府、太子率府、亲王府,也见于京外的都督府、都护府和诸州。长史字面上的意思即"总书记",常英译为 Chief Administrator,所以此官的职掌一般说是"掌判诸曹之事",是个通判型的官员。

长史的官品和地位,要看他所属的衙署而定。例如唐代有五个极重要和极具战略地位的大都督府,即扬州、益州、荆州、并州和冀州,通称五大都督府。这五大都督府照例由亲王遥领,如沛王李贤曾为扬州大都督,周王李显曾为并州大都督,但不之任。五大都督府的长史名义上是副手,实际上是府的大总管,官品也高达从三品。③唐名臣张说和张九龄,都曾经做过荆州大都督府长史。李德裕则做过扬州大都督府长史。

但唐代卫率府的长史官品和地位,却没有五大都督府长史那么高。卫府的长史正六品上,太子率府的正七品上。但这些卫率府长史也跟上述八寺丞、九寺主簿一样,在唐代史料中难得一见,看来不是士人热衷的热门官。

① 拙著《唐代基层文官》和《唐代中层文官》曾多处讨论过这种无实职的"试"衔。
② 《唐会要》卷七二,第 1530 页。
③ 《旧唐书》卷四二,第 1792 页。

应当一提的是,唐卫率府为军事机构,其将军、郎将、司阶、司戟等都是武职事官,但长史和诸曹参军却是标准的文职事官,不是武职事官。[1]

至于"直长",唐左右卫、金吾卫等卫率府,实际上并未设置此官。唐代设有"直长"的衙署有两种。一是在殿中省的尚食局、尚药局、尚衣局、尚舍局、尚乘局和尚辇局,都有"直长",为六尚的副官(长官叫奉御)。另一是在太子左右监门率府,但它的"监门直长"人数多达"七十八"人,而且也只是一种"卫官",[2]不属九品三十阶的职事官。这两种"直长"都跟我们这里讨论的卫率府无关。因此我怀疑,宋本和明刻本《册府元龟》此处的"直长",很可能是衍文,因为《唐会要》此处只列卫率府的长史,并无直长。

(八)太子通事舍人

这是中书省通事舍人的东宫版。其官品为正七品下,比中书省通事舍人(从六品上)略低,但职掌类似,"掌导引东宫诸臣辞见之礼,及承令劳问之事"[3]。

唐代做过此官者,有些跟宗室有关,如上面提到的安平郡王武攸绪,以及九江王武攸归,都曾经当过此官,[4]或可说明此官的属性。两《唐书》列传中做过此官的士人不多,属冷门官。

此外,应当一提,太子通事舍人在唐后期,也常用作加官,作为幕府官或州县摄官的一种加衔。例如武则天时代的名臣敬晖,他的曾孙元膺,便在"开成三年(838),自试太子通事舍人为河南县丞"[5],也就是以"试太子通事舍人"这个"试"加官衔,去充任"河南县丞"。这种"试太子通事舍人",在唐后半期的墓志中尤其常见。

(九)亲王掾属、判司、参军

"亲王掾属"指亲王掾和亲王属两官。"判司"则是诸曹参军的统称,在亲王府的场合指功曹参军、仓曹参军、户曹参军、兵曹参军、骑曹参军、法曹参军、士曹参军。"参军"则指亲王府参军。此"参军"很容易跟功曹参军等

---

① 《旧唐书》卷四二,第 1797 页。

② 《旧唐书》卷四二,第 1799 页。

③ 《唐六典》卷二六,第 672 页。

④ 《旧唐书》卷一八三,第 4729 页。

⑤ 《旧唐书》卷九一,第 2934 页。

诸曹参军混淆。最简便的记忆法是：诸曹参军的官衔前头，都有诸曹的名称，如功曹、仓曹等，但亲王府参军（以及其他衙署参军）的官衔前头，没有户曹、仓曹等前缀词。亲王府诸曹参军的官品（正七品上），也比亲王府参军（正八品下）略高。①

亲王掾和亲王属是诸曹参军的上司。亲王掾"掌通判功曹、户曹、仓曹事"。亲王属"掌通判兵曹、骑曹、法曹、士曹事"。其他诸曹参军，专管各曹相关事，一如州府的列曹参军，如功曹参军掌文官簿书、考课等等；骑曹参军"掌厩牧、骑乘、文物、器械等事"。只有参军没有特定的曹事可管，所以"掌出使及杂检校事"。②

这一批亲王府官，官品和地位都不相同，从亲王掾、亲王属的正六品上，到亲王参军的正八品下不等，但都同列在望秩名单上。这再次说明这名单的选官标准，不在官品地位，而在诸官职的"职望""清望"程度。亲王府官虽不如尚书省侍郎、郎中、员外郎、拾遗补阙和各级御史那么清要，那么热门常见，但这些官毕竟在处理皇室成员的事务，因而得以列入这望秩名单，禁止流外出身等杂色人担任。

（十）京兆、河南、太原〔府〕判司

"判司"是诸曹参军的统称，上面已说明。京兆（长安）、河南（洛阳）和太原三地，在唐具有重要地位，因为长安为西京，洛阳为东京，太原则是唐高祖起兵的地方，也是唐的北都。这三地因而都升格为"府"，有别于一般的州。

唐前期这种比州略高一级的"府"只是这三个，所以神功元年敕只提到这三府。唐后期的这种"府"则多达八个，增添了凤翔、兴元、成都、河中和江陵五府。"有三个是因皇帝驻跸（凤翔、成都、兴元府）；一个是因地势险要（河中府）；一个是由于民户猛增（江陵府）。"③至于这些后来添加的五府判司，是否跟原先的三府判司一样，被视为"望秩"类官员，禁止流外出身者担任，则不得而知，有待进一步的研究。

唐代的州有三百多个，也都各有判司。但京兆等府的判司显然比一般

① 关于亲王府参军，拙著《唐代基层文官》第四章《参军和判司》有一专节讨论。
② 《唐六典》卷二九，第 731—732 页。
③ 这五府从原本的州升格，主要跟皇帝曾经停驻或跟皇陵所在地有关。

州的判司清要多了,名列望秩名单,禁止流外出身者等担任,专门保留给士人。至于一般州的判司,未列名望秩,则有可能由流外出身者担任,特别是在那些偏远不重要的州,如岭南等地。

唐代史料中出任过京兆等府判司的士人相当多。我在《唐代基层文官》第四章有一节专论过这些判司,此不赘论。① 此官比八寺丞、九寺主簿常见。

(十一) 赤丞簿尉

"赤丞簿尉"是个省称,指赤县的县丞、县主簿和县尉三种官。《唐会要》作"赤县簿尉",好像不包括县丞。但唐代的这种用词,有时是不精确的。"簿尉"有时可以当作一种"简写略语",用来泛指所有县官。

何谓赤县?"京都所治为赤县"②,所以赤县又称京县。在神功元年,唐只有六个赤县,即京兆府的长安、万年县;河南府的洛阳、河南县;以及太原府的太原、晋阳县。唐后期的赤县也是这六个,但后来新增凤翔等五个府,以及皇帝陵所在地增多,出现了一种新的赤县,叫"次赤县",共有十四个,包括奉先、成都、华阳、河东、河西、江陵、醴泉、云阳、奉天等县。③

赤县是唐代最高等级的县。能够在赤县做县丞、主簿和县尉等县官者,都是一些出身非常良好、资历优秀的士人。畿县、次畿县、望县和紧县的县官一般也不轻授,地位也相当崇高。但中下等级县,位于偏荒小州,其县官地位就相当低下,士人多不愿就任。唐武宗的《加尊号后郊天赦文》这样形容这些中下县的县官:

> 其远处县邑,多是中、下县。其县丞、簿、尉等,例是入流令史。苟求自利,岂知官业?④

这里"入流令史"是个很精确的用词,说明唐远处中下县的县丞、主簿和县尉,"例是"一些原本担任"令史"的流外官,"入流"后去出任的。这跟神功元年赦禁止流外出身等杂色人担任"赤丞簿尉",正好形成对比。

---

① 见《唐代基层文官》第四章《参军和判司》第七节"京兆河南等大府判司"。此章亦论及参军和州府的判司等相关课题。

② 《通典》卷一五,第 920 页。

③ 翁俊雄《唐代的州县等级制度》,《北京师范学院学报》1991 年第 1 期,第 14—15 页。

④ 《文苑英华》卷四二九,第 2174 页。

因此,赤丞簿尉远非其他等级的县官可比,名列在这望秩名单上,甚为合理。我们评估唐代州县官的地位,一定要先看看他们任官州县的定位和等级,才能见到真貌。

但近年颇有一些硕博士论文和专书,探讨唐代的州县官和地方行政,却完全不理会唐代州县等级问题,没有注意到(比如说)赤畿县的县官地位崇高,任官者几乎都是出身或资历非常良好的士人,非中下等级县从流外官"令史入流"的县官可比。这一类论著,论及唐州县官时,好像他们全都是一个模子印出来的,同等出身,同等地位,可说没有骚到痒处。

(十二) 御史台主簿

此官的性质和职务,都跟上面提过的"九寺主簿"以及"三监丞簿"中的"簿"(即主簿的简称)相同。他们主要都是一种勾稽文书的"勾官"。

唐代京官的职望,常要看他任职的官署而定(外官则要看他任职州县的定位和等级)。依此看来,御史台主簿在唐代士人心目中的地位,应当高于九寺主簿,因为御史台是唐极清要的一个衙署,非九寺可比。或许正因为此点,敕中把御史台主簿独立出来单列。

唐史上做过御史台主簿此官的,我们仅能在史料中找到寥寥几个案例,远比监察御史等官少,应当算是冷门官,但这不减其清资程度。《通典》更指出:"贞观中,自张弘济为此官之后,遂为美职。"[①]另一曾任此官者为唐代有名的史官李延寿,著有二十四史中的《南史》和《北史》。不过,李延寿是以御史台主簿的身份,到唐史馆去担任"直国史"的使职。[②] 这意味着,当时御史台主簿可能已成了一个闲官,所以可以作为李延寿的本官,去出任一个使职。

(十三) 校书、正字

前面常提到,望秩名单中有不少官为"冷门官"。相比之下,校书郎和正字无疑是热门官。我在《唐代基层文官》的第一章《校书郎》和第二章《正字》中,曾经全盘研究过这两种官的种种面貌,可参看。这里不拟赘论,仅简单交代两点。

---

① 《通典》卷二四,第 676 页。张弘济仅见于《通典》此处,在两《唐书》中无传。
② 《旧唐书》卷七三,第 2600 页。

第一,校书郎和正字的职务是在唐秘书省、集贤院等藏书楼刊正抄本典籍。虽然都只是九品官,但地位和职望却相当高,是唐代士人心目中的好官。关于校书郎,《通典》说:"为文士起家之良选。其弘文、崇文馆,著作、司经局,并有校书之官,皆为美职,而秘书省为最。"关于正字,《通典》说:"掌刊正文字,其官资轻重与校书郎同。"

第二,唐代主要诗人当中,有十一人曾经以校书郎起家,或在年轻时任过此职:杨炯、张说、张九龄、王昌龄、刘禹锡、白居易、元稹、李德裕、杜牧、李商隐和韦庄。从正字出身的,则有王绩、陈子昂和柳宗元三人。唐史料中做过这两种官的士人,更是不可胜数,故可谓"热门官"。

(十四) 詹事主簿

"詹事主簿"即太子詹事府主簿的简称。这种官和上面论及的九寺主簿和御史台主簿一样,主要是一种勾稽文书的勾官。

太子詹事府是东宫一个总管府式的机构,掌管东宫三寺(太子家令寺、太子率更寺、太子仆寺)和十率府等总务。詹事府的长官叫太子詹事(正三品的高官),副官为太子少詹事。副官之下有太子詹事府丞,然后才是太子詹事府主簿和主簿的下属录事。

唐史上做过詹事主簿的士人非常少见,可说是另一冷门官。其中一个案例是著名的魏徵。唐太宗"素器之,引为詹事主簿"①。这或可反映此官的清资程度。

(十五) 协律、奉礼、太祝

这是太常寺中的三种基层官。协律郎掌宫廷的大乐等,奉礼郎和太祝则都掌祭祀任务。或许正因为大乐和祭祀跟国家礼乐有密切关系,这三种官都名列在望秩名单上,为清资官。

值得一提的是,太常寺虽属九寺之一,为所谓的"事务性"机构,声望略低于尚书省,但太常寺又居于九寺之首,地位略高于其他八寺。比如它的长官太常卿和副官太常少卿都双双名列在最尊贵的清望官名单中。它的太常丞和太常博士也都在清官名单上。现在,它的三个基层官协律郎、奉礼郎和太祝又都相继出现在望秩名单上,可谓首尾相连,备受崇敬,为

---

① 《旧唐书》卷七一,第 2546—2547 页。

九寺之最。

唐史上做过这三官的士人颇不少,为热门官,但其清资程度不及校书郎和正字。

(十六) 综述

综上所述,唐代有一些地位声望比较崇高的官职,专门保留给士人出任,禁止流外出身人和其他杂色人担任。这些官列在三种名单上:清望官、清官和望秩。他们的总数约为 123 个(见文末附录一),在整个唐文官体系约 365 个官职中不算多数,只占 33.69%,但却都是一些比较"精选"的、"清资"的官。这三份名单又有高低等级之分。如果以"清资"的程度来分,清望官最高,清官次之,望秩第三。

望秩名单中的官职,有官品高低之分,大致从六品到九品。但观察唐人的官职,官品不是一个很好的标准,因为有些官虽然官品高,但职望反而不如官品低者。例如望秩名单上的八寺丞(从六品上)和九寺主簿(从七品上),官品都高过监察御史(正八品上),但两者反而不如监察御史,因为监察御史名列在清官名单上,是大家都熟知的士人美职,远非八寺丞和九寺主簿可比。

比官品更好的衡量办法,是观察诸官职的冷、热门程度。所谓"冷门官",是说这种官不是唐文官体系中的核心官职,如八寺丞等,或非文官体系中的重要官职,亦非士人心目中的好官。或出任这种官的士人,大都是一些比较"平庸"的,以致他们后来没有攀升到更高层的文官,导致他们的仕历不显,在史书上无传。这样一来,唐史料中也很少见到有什么士人出任过这些官职的案例。

相反的,热门官指士人心目中的好官美职,或重要的核心官职,指唐史料中那些有许多士人出任过的官职,有许多案例可寻者。

按照这样的标准,望秩名单上的热门官计有:校书郎、正字;赤丞簿尉;京兆、河南、太原判司;协律郎、奉礼郎、太祝。冷门官计有:八寺丞;九寺主簿;三监丞簿;城门、符宝郎;太子通事舍人;御史台主簿;詹事府主簿。介于热门官和冷门官之间的则有:通事舍人;大理司直、评事;左右卫、千牛卫、金吾卫、左右率府、羽林卫长史;亲王府判司、参军。

望秩名单上有一半以上的官职为冷门官,也说明唐代士人常任的热门官职其实并不多，来来去去就是校书、正字这一类（也正是我在《唐代基层文官》和《唐代中层文官》中研究过的那些官职）。但即使是那些冷门官，唐朝廷还是不肯让流外杂色出身者染指（除了"左右金吾长史及寺监丞"之外），对清流士职的保护可谓相当坚持。

望秩名单上的官职，同时名列在封演"八俊"图上的有三大类——校书、正字、赤县尉。

四、结　　语

神功元年这篇敕给我们最大的启示是：唐代能够出任文官者，不单单只有士人。流外出身人及视品官等杂色出身者（这些通常为非士人），也同样能出任文官，只是他们所能做的文官种类，和士人常任的文官种类不同。比如，他们不能做望秩名单上的官，更不能做清望官和清官两名单上的官，但他们却可以做这三种名单以外的其他类文官。

那么，这些"其他类文官"又是些什么官？在整个唐代文职事官体系中，清望官、清官和望秩类官占了多大比重？非士人所能做的"其他类文官"，又占全体文职事官总数的百分之几？

这些当然都是非常有意义的课题，但却不是本文所能细论的。本文的重点在考释神功元年此敕和望秩类官员。文中对相关的清望官和清官略有涉及，但限于题材，无法全面论及这两类官员。这一切都有待将来另文处理。这里只能简单回答上一段所提的几个大问题。

答案或许会让人惊讶：据初步研究，唐清望官、清官和望秩类官员，总数只有 123 种，只占唐全体文官总数约 365 种的 33.69％，约三分之一。另三分之二（约 66.3％）又分两大类。一是特别保留给"从流外出身者"专任的所谓"流外之职"，如中书主书、门下录事和尚书都事等等；二是各种伎术官职，如天文官、医官、监牧官和占卜官等等。这里所说的"文官"，指九品三十阶的标准流内文职事官，并非不入流的流外官。

更让人感到意外的是，流外杂色出身人和伎艺人在唐文官体系中所占的员额，并非如过去学界所以为的那样少数，而是相当庞大的一个群体，其总数（66.3％）甚至比士人群体的总数（33.69％）多约三分之一。

换句话说,唐大约有三大类人,可以出任流内文官。我们可以列表如下(见表一):

表一　唐代流内文职事官的三种类型

官员身份	可任流内文职事官类型	可任官职数额	入仕途径
士人及某些皇亲国戚	清望官、清官和望秩名单上的清资类官职(见附录一)。	约123种,占唐流内文职事官总数365种*的33.69%.	进士、明经、门荫、荐举、征辟等。
流外、视品和其他杂色出身者(包括内侍宦官等)	上述三种名单以外的官职,主要为文书类工作,如中书主书、门下录事、尚书都事等专门保留给流外官转入流内时就任的官职。士人不能任此类官。①	两类共约242种,占唐流内文职事官总数365种的66.3%。	先任令史、掌固等流外官,再经铨选转任流内官。
伎艺人	司天台、殿中监、将作监和九寺诸衙署涉及专业技术的官职,如天文官、医官、酿酒官、占卜官、音声人、监牧官等技术官员。士人不能任此类官。		从学徒、家学出身,或先任流外技术官,如天文生、咒禁生、针生等,再转入流内技术官。科举中的明算等技术科目考试,应当也是入仕通道。

* 唐流内文职事官总数为365种,据《旧唐书》卷四二,第1791—1803页所列的所有文职事官计算。

从上表来看,唐代的文官体系并非仅有士人一个群体。士人甚至不是人数员额最多的一个群体。流外等杂色出身者和伎艺人各占相当大的另两部分。我们或可想象一个这样的场面:在许多唐代的政府衙署,士人和流外出身者以及伎艺人经常在一起共事,经常擦身而过。

我们常说,唐代传统社会分为士农工商四个阶级。但在它的文官体系中,"士"和"工"看来有某种程度的共处和融合,共同为治国的大业各做贡献。在唐代,士人虽然依然看轻流外杂色和伎艺人,但值得一提的是,唐朝廷却没有把这些人视为胥吏,而是把他们都纳入了九品三十阶的文官体系,把他们当作正式的流内文官,给了他们相当的地位。这或许是最值得我们

① 拙著《唐代中层文官》《导言》一章第二节"非士职:唐代士人不做何官?"曾专论此事。

深思的一点。

简言之,唐代的文官是一个相当复杂的多元群体,包含了至少三种不同类型的官职和任官者。过去我们对唐代文官没有做过太多的类型(typology)研究,[①]以致常以为唐文官只有一类,做官者都是士人。英文论著一提到唐代官员,常称他们为 scholar-officials 或 literati officials(士人官员),显示这种一面倒的理解很普遍。学界常见的误解是:唐人要出任文职事官,就必须考科举,或以门荫入仕。实际上,唐人不必考科举、不以门荫也能当文官,甚至是相当高层的文官,例如从五品下的太史令(一种天文官)。唐代某些伎术官类型的流内文官,甚至可以是不识字的,或只是"粗知书"者。[②] 唐人"学而优"固然可以"仕",但学不优却专长于"刀笔"事或某门伎艺,也同样可以"仕",只是他们所能出任的官员类型不同。

所以,我们迫切需要对唐代文职事官群体做比较精细的类型研究,分辨出这一群体当中到底有哪些不同类型的官员和官职。这样,我们才能看清这些文官复杂、多元的真貌。否则,我们好些涉及唐代士人和文官群体的研究,结果都不免会有所偏差。

附录一　唐代清望官、清官和望秩官名单

清 望 官	清　　官		望　秩
三品以上官 (含约 51 种文武官)	太子左右谕德	起居郎	八寺丞
门下中书侍郎	左右卫左右千牛卫中郎将	起居舍人	九寺主簿

---

① 叶炜《南北朝隋唐官吏分途研究》,北京大学出版社,2009 年,第 32 页,曾对唐代官员做过分类,并说:"唐代官员中存在着清望官和清官、伎术官、胥吏、宦官的分类。"换言之,流外出身者即使已经入为九品三十阶的流内官员,叶炜仍然把他们视为"胥吏",并如此称呼,但这是个特殊用词,和我们一般理解的"胥吏"含义不同。这里我也要感谢叶炜兄 2010 年 8 月底在台北开中古史青年会议时和我讨论了这个问题。

② 例如唐代所谓"永贞革新"的两位主角王叔文和王伾,便都是"粗知书"者。见《旧唐书》卷一三五,第 3734、3736 页。正由于他们并非士人出身,二王始终没有得到当朝主要士人官员的支持,以致"革新"失败。事实上,王叔文原为翰林院的棋待诏,长于棋艺;王伾则为书待诏,长于书法。两人属于伎术类的使职。

(续表)

清望官	清　　官		望　秩
尚书左右丞	太子左右率府左右内率府率及副	太子司议郎	三监丞簿
诸司侍郎	太子左右卫率府中郎将（以上四品）	尚书诸司员外郎	城门、符宝郎
太常少卿	谏议大夫	太子舍人	通事舍人
太子少詹事	御史中丞	侍御史	大理司直
左右庶子	给事中	秘书郎	大理评事
秘书少监	中书舍人	著作佐郎	左右卫、千牛卫、金吾卫、左右率府、羽林卫长史
国子司业	太子中允	太学博士	太子通事舍人
	中舍人	詹事丞	亲王掾、亲王属
	左右赞善大夫	太子文学	亲王判司
	洗马	国子助教（以上六品）	亲王参军
	国子博士	左右补阙	京兆河南太原判司
	尚书诸司郎中	殿中侍御史	赤丞簿尉
	秘书丞	太常博士	御史台主簿
	著作郎	四门博士	校书、正字
	太常丞	詹事司直	詹事府主簿
	左右卫郎将	太学助教（以上七品）	协律郎
	左右卫率府郎将（以上五品）	左右拾遗	奉礼郎
		监察御史	太祝
		四门助教（以上八品）	
清望官总数：59	清官总数：38		望秩官总数：26

出处：《唐六典》卷二；《旧唐书》卷四二《职官志》；《册府元龟》卷六二九；《唐会要》卷七五。
注意：这三种名单所列的官员总数额123，仅占唐文职事官总数额约365种的33.69%。

原载《唐研究》第16卷，2010年，第425—455页。

唐后期一种典型的士人文官

——李建生平官历发微

前　言

　　唐代元稹和白居易的好友李建,一直是个令我着迷的人物。[①] 我最早是在白居易写的《有唐善人墓碑》中,读到李建的生平事迹。白居易特别把李建一生几乎所有官历,分成五大类来归类详列——官、职、阶、勋、爵。这是研究唐代官制的一条非常珍贵的材料,因为白居易在这里清楚告诉我们,唐人有"官"(职事官)和"职"(使职)的不同观念。官是官,职是职,两者并不相混,但现代学者对这个重要差别已经不甚了了,[②]经常混为一谈。

　　李建在新旧《唐书》中都有传,但都十分简略,且有不少遗漏或省略,远远不如两传所本的白居易《有唐善人墓碑》(以下简称《白碑》)和元稹写的《唐故中大夫尚书刑部侍郎上柱国陇西县开国男赠工部尚书李公墓志铭》(以下简称《元志》)。[③] 实际上,两《唐书》上的李建传,文献价值不高。我们几乎可以完全不理会这两传,而直接运用《白碑》和《元志》,就可以重新建构

---

① 目前所能见到的李建生平研究,最主要的仅有傅璇琮《唐翰林学士传论》,第 384—393 页的《李建》传。其他研究则大都放在白居易跟他的交游上。例如丸山茂《白氏交游录:李建》,《日本大学文理学部人文科学研究所研究纪要》,上篇刊于 61 号(2001),第 33—48 页,下篇刊于 62 号(2001),第 41—52 页;后收入丸山茂《唐代の文化と诗人の心:白乐天を中心に》,东京汲古书院,2010 年,第 377—409 页;西村富美子《白居易の交友关系について:李建·崔群·崔玄亮》,《白居易研究年报》3 号(2002),第 21—44 页;西村富美子《白居易的交友关系——元稹、刘禹锡、李建、崔玄亮、崔群》,《唐代文学研究》(2004),第 427—432 页。

② 拙著《唐代高层文官》,第 18—21 页。

③ 元稹写的李建墓志《唐故中大夫尚书刑部侍郎上柱国陇西县开国男赠工部尚书李公墓志铭》,收于周相录校注《元稹集校注》卷五四,中华书局,2011 年,第 1333—1338 页。白居易写的《有唐善人墓碑》收在《白居易集笺校》卷四一,第 2676—2682 页。

李建的一生事迹及其完整官历。在重建过程中,我们也可以发现,李建可以说是唐代后半期一种典型的士人文官,极具代表意义。

第一,他生在一个官宦之家,祖上几代都做官。第二,他在三十岁左右考中进士。这是唐后期许多士人文官常备的学历。第三,他进入官场后,就不断在地方州县、地方幕府和中央朝廷的官署交替任官职,并不能长期待在某一州县,某一幕府,或某一中央官署。同时,他不但出任有官品的传统职事官,也必须出任唐后期那些越来越盛行的无官品使职。这是唐后期许多士人文官最典型的一种任官经验。第四,这也意味着,他经常需要为了做官而远行,需要宦游。他旅行路线之长,往往令现代人感到惊讶。第五,李建也跟许多唐后期士人一样,喜服食丹药,最后因而丧命。这五点便是这一类型士人文官的共同特征。

本文想做一个新的尝试,想深入解读李建一生的官历,以及他所任各官职的深层意义。过去一般为唐人作年谱或评传,或时下流行的唐人新出土墓志考释,在处理唐人的官历时,往往显得太草率。最常见的做法是,碰到某一官名时,便引用《唐六典》和两《唐书》职官志所记的官品以及简单的职掌了事,没有更深一层的解读。例如见到校书郎这个官,便引用《唐六典》所记秘书省的校书郎:"八人,正九品上。"职掌则跟正字相同:"校书郎、正字掌雠校典籍,刊正文字,皆辨其纰缪,以正四库之图史焉。"[①]至于校书郎的官品为正九品上,意味着什么?九品官是否等于一种微不足道的小官?还是大有前途的"美职"?大家都未深究。学界目前一般的倾向是,许多学者(特别是研究唐代文学的学者),好以官品高低来衡量唐人官位的高下。唐代名人当中,刚起家当校书郎者比比皆是,如张说、张九龄、元稹、白居易、李商隐、李德裕,但现代学者为他们所写的年谱和评传,都没有说清楚校书郎到底是一种怎样的官,对读者的理解毫无帮助。以这样的方式来处理唐代官名,很不可取,是轻率的。那么,我们该怎样做?请参考本文第三节"典校秘书"对李建出任校书郎的解读。我们至少应当能做到这样起码的解读,才算合格过关。

很可惜,目前所见的唐人年谱、评传和大量墓志考释,甚至专门的官职

---

① 《唐六典》卷一〇,第298—300页。

论述,最弱的一环往往就是官历的处理,甚至常误解误读唐人官历,比如有人把"试"和"检校"等"虚衔",当成实职。又如以往的唐史研究,常常把使职误解为职事官,比如近二十年来的唐代史馆史官研究,都把刘知幾、吴兢等一系列史官(一种使职),当成正规的职事官来论述,看不清这批史官的真正使职身份及其工作性质。[①]

事实上,传世的唐代墓志和两《唐书》中的列传等传记,隐藏着极为丰富的唐人官历史料,往往可见到一连串的官名,但都在在需要进一步的考掘和解读,才能为之发微。如果我们知道如何解读,这连串官名可以让我们读得津津有味,就像我们阅读今人求职时的履历表一样,可以从表上所列的连串学历、职称和任职机构,清楚知道这位求职者的学历是否优越或不佳,他过去的经历是否坦顺或曲折,他任职过的机构是否重要或次要,他的专业表现是否优秀或普通,以及他未来在职场上的潜能等等。如果我们不晓得如何解读唐人的官衔,则那些官名读起来都不免味同嚼蜡,让人避之唯恐不及,平白糟蹋了大好的史料。

因此,阅读唐人史传或墓志中的官历,应当如读今人履历,要能达到像阅读今人履历表那样通达剔透的境界,始可谓读通读懂,否则恐如雾里看花,不求甚解,隔靴搔痒。

本文末附录"李建行年表",以年表的方式来呈现他的一生事迹和官历。我常觉得,年谱和评传固然详细,但细节叙述太丰富,反而让人不易在一时之间,清楚了解某一唐人。以年表的方式来呈现唐人的一生,更像是为唐人撰写一篇类似今人的履历表——简单、清楚、易读。这样一来,我们也更容易从年表中看出,这个唐人有哪些年在做官,哪些年又没做官,即年表上呈现"空白"的地方。这些空白的部分往往在年谱或评传中一笔带过,不加处理(好的年谱或评传本该交代这些空白)。读者若不细心去爬梳,恐不易察觉传主在哪些年所为何事。但在年表上,这种空白(特别是成年以后的空白),就会显得非常明显,惹人注意。我们自然会去追问,这位唐人那些年到底在做些什么?为什么会留下这样的空白?

其实,空白往往更有意义,可以引发学者的思考。在今人的履历表上,

---

① 拙著《唐代高层文官》,第209—224页。

如果读者见到这样的"空窗期",肯定会在心里打个问号：这人在那些年为何"没做事"？是失业吗？还是犯了什么罪行，入狱了吗？本文末所附的"李建行年表"中，只有他30岁之前的那一大段时间，有这种空白，但从他在大约30岁考中进士后，就很少有这种空白了。这也表示，我们对30岁之前的李建，几乎所知无多，除了他的家世和儿少时的一些传闻之外。但这是唐人传记中常见的现象，主要因为史料残缺，或唐人年少时大抵皆无甚可记之处，不像今人履历，可记其念小学或中学的校名成绩等等。但我们对李建30岁以后的经历，所知还算不少。

　　行年表的另一好处，在于让我们可以轻易比较两个或多个唐人的经历。只要点选某一年，比如贞元二十年（804），则我们可以查找在同一年，元稹和白居易又在做些什么。为了达到这一目的，行年表应当清楚记载几个项目：（一）唐代纪年；（二）公元年；（三）传主的虚岁；（四）传主在那一年做何官，在何地。若任某官的年代跨越数年，则应当详载起讫年月日（若有）。若不知传主在那一年做何官何事，则应当清楚交代，注明"不详"等等，不可含糊过去，像目前许多唐人年谱所做的那样。最后，应当还有第（五）项：主要资料出处（简明即可）。本文末的"李建行年表"，便按照这个方式编成，供大家参考、指正。

　　以下先分节详考李建的生平官历，最后再来细说他这样的履历，如何构成唐后半期一种士人文官的典型。但本文并无意为李建写完整的评传，重点不在他的生平，而在他的官历，所以本文对李建的交游和他的子女后代等生平经历，都不拟涉及。

一、生 于 荆 南

　　唐代宗广德二年（764），李建（764—821）出生在江陵（今湖北荆州）[①]一个仕宦家族。这个家族有过显赫的家世。现传世的李建史料，都说他的十五代祖是北魏的横野将军申国公李发。他的六代祖平阳公李远，更是北周

---

① 本文中所有唐代地名的今名，皆根据吴松弟编《两唐书地理志汇释》，安徽教育出版社，2002年。底下不一一注明。

八大柱国属下的十二大将军之一，是个非常高阶的军官，但最后被"赐死"。从李建的高祖李明开始，李建家族似乎便开始没落。李明在唐高宗朝仅官至绥州(治所在今陕西绥德县)刺史。刺史虽然是一州首长，在唐为四品官，但绥州是个边塞州，在这样的州任刺史，仕道不算坦顺。李建的曾祖进德，官至太子中允。这是唐的一个太子东宫官，属闲散官位。李建的祖父李珍玉，仅官至绵州昌明县(今四川昌明市南太平镇)的县令，更是个小官。他的父亲李震，任雅州(治所在今四川雅安市)别驾。据严耕望的研究，唐代的别驾属闲散官。① 雅州更远在四川"蛮荒"之地，亦非优差。

这样的家世告诉我们什么？有一点最值得注意：李建的远祖是军人。但李建和他的哥哥李逊，却在唐代双双考中进士，成了士人。唐代每年参加进士考试者，约为一千人，但中举者仅二十五到三十人，成功率只有约 2.5%到 3%。② 李建兄弟竟能双双中举，是少见的成就。从军人到士人，这是一种怎样的转变？学界目前对唐代士人的军族根源，似无研究。或许可以这样推论：中古时代的军人之家，在达到一定军位之后，往往便开始栽培后代子孙业儒，读书考贡举，不再从戎。李建一家看来便是如此。类似的案例还可以找到许多。进一步的研究肯定会很有意义。

李建小时候，他的家道已中落。据《元志》，他三十多岁任秘书省校书郎时，曾经常跟他的两位同事好友元稹和白居易说，他童年"在江陵时无衣食"。《旧唐书·李逊传》也说："逊幼孤，寓居江陵，与其弟建，皆安贫苦，易衣并食，讲习不倦。"③看来生活困顿，以致要"易衣并食"，但两人用功好学。我们不禁好奇要问：两兄弟在如此贫穷的家中长大，又怎么有本事考中进士，以后又双双做到高官？

原来，中古时代士人官宦家族的这种"贫"，跟一般人家(比如农家)的"贫"不一样，要放在适当的脉络下来理解。农家之贫，确实是贫，孤立无援，求助无门。士人官宦之家虽曰"贫"，但因为从前家中长辈做官所建立的人脉，以及家族其他房系往往也做官，早就形成一张很强大的"安全网"，在贫

---

① 严耕望《唐代府州僚佐考》，《严耕望史学论文集》上册，第 339—395 页。
② 傅璇琮《唐代科举与文学》，陕西人民出版社，2003 年，第 160—189 页。又见(清)徐松撰，孟二冬补正《登科记考补正》，北京燕山出版社，2003 年。
③ 《旧唐书》卷一五五，第 4125 页。

苦时可以彼此互相支持。我们循此线索追查下去,果然发现,李建李逊兄弟有一位"伯兄李造",帮了他们很大的忙。《元志》说:

> 赖伯兄造焦劳营为,纵两弟游学。不数年,与仲兄逊举进士,并世为公卿。

这位"伯兄",指李建和李逊的长兄李造。可惜我们对他一无所知,[①]只能从他们的家庭背景推测,李造应当也是个士人文官,有俸料收入,可以接济他的两个弟弟。

唐代官员常需如此照顾整个家族成员(甚至包括亲戚家)的生活。最有名的一个例子,见于韩愈的古文名篇《祭十二郎文》,透露他佐董晋幕时,有一个侄儿"十二郎"曾经来看他,且跟他住了一年("汝来省吾,止一岁");过了一年,这位十二郎竟然还要"请归取其孥",也就是回家把他的家眷也接过来和韩愈一家住。[②] 这样韩愈一人做官,却至少要养活两家人。再如,杜牧曾写信给宰相,请求调派到杭州(《上宰相求杭州启》)。他的一大理由是,他要照顾失明的弟弟杜颛和"李氏孀妹"。两人"并仰某微官以为饘命",但他那时任京官的俸料不足,所以他想请调到杭州去任刺史,因为杭州"户十万,税钱五十万,刺史之重,可以杀生,而有厚禄"也。[③]

于是,李建便在这位伯兄的帮助下成长,完成学业。我们对他在儿少时间的学习,几乎一无所知,仅知道他"八九岁时,始讽《诗》《书》日三百言,讽毕,尽得其义"。由此看来,《诗经》和《尚书》是唐代士人儿时常"讽"之书。不过,李建幼时所读的这两种书,很可能不是完整的全书,而是抄写在散页纸上的选文,那些比较简单而适合孩童阅读的篇章。[④] 这时,他的父亲已去世,母亲还健在:

> 公幼孤,孝养太君,太君老疾,常曰:矮子劝吾食,吾辄饱。劝吾

---

① 唐史上有多位李造,如代宗李豫第十三子便叫李造。再如(唐)张彦远撰,范祥雍点校《法书要录》卷六,人民美术出版社,1964 年,第 203 页,提到有一位书画收藏名家"武都公",也叫李造,但这两人看来仅是巧合同名,不可能是李建的"伯兄造"。

② 《韩昌黎文集校注》卷五,第 337 页。

③ 《杜牧集系年校注》卷一六,第 1018—1019 页。

④ 唐代还是个手抄本的时代,书籍不容易取得,也无处购买,只能借别人的书来抄写那些需要阅读的部分。详见拙文《刘知幾和唐代的书及手抄本》,现收于本论文集。

药,吾意其疾瘳。矮子,公小字也。①

他除了这种"孝养"母亲的行为外,还因为"太君好善,喜佛书,不食肉,公不忍违其志,亦终身蔬食"。在他死后,白居易为他写墓碑,尊称他为"有唐善人",看来不无原因。

李建家"世寓荆州之石首"(今湖北荆州区石首市,离长安约 830 千米)。从"世寓"两字看来,他们这一家居住在这里,已经有好几代了。为什么?可能是他家祖上有某先人曾经在荆州做过官,罢官之后就在当地定居下来,繁衍后代。中古时代这种例子颇常见。据白居易所写的墓碑,李建年轻时在石首县,就是当地一个受尊重的人,"凡争斗,稍稍就公决":

> 及长,居荆州石首县。其居数百家,凡争斗,稍稍就公决,公随而评之,寝及乡。人不诣府县,皆相率曰:请问李君。公养有余力,读书属文,业成,与兄逊起应进士,俱中第。

白居易这段碑文,读起来仿佛是一种"公式化"的书写,难以证实。大凡有成就的官员,年轻时似乎都有这种让乡人敬佩的本领。但李建跟他哥哥李逊,"读书属文,业成",考中进士,的确一点不假。

二、远赴岭南

据傅璇琮的考订,李建可能是在贞元九年(793)进士登第,跟刘禹锡和柳宗元同年。② 这一年他 30 岁,是考中进士的"标准年龄"。唐代考中进士者,绝大多数不会在 20 多岁,而多半约 30 岁。这导致唐代士人初次做官的年龄,比起现代大学毕业生的初次就业年龄推迟许多,多在 30 岁以后。而且,唐代进士跟明清两代的进士不一样,中举后并非马上有官做,而必须"守选"等待若干年,始能选上官。③

如果李建在 793 年中进士,那么他等待了大约四年,才获得他生平的第

---

① 《白居易集笺校》卷四一,第 2677 页。
② 傅璇琮《唐翰林学士传论》,第 385 页。
③ 详见王勋成《唐代铨选与文学》,第 102—137 页。

一件差事,那便是在贞元十三年(797)到贞元十七年(801),前往遥远的容州(今广西北流市),出任容州招讨判官。四年的等待算是短的,因为我们从其他史料知道,唐代士子考中进士后,一般都得等上五年或更长时间,才能获得第一个官职,甚至有人等待了长达十九年之久,如朱巨川。李建等待的时间之所以只有四年,其中一个原因是,他这个容州招讨判官是一种幕府职,一种使职,不属于正规的,由吏部铨选的文职事官。

幕府职是一种比较有弹性的职位。它不由中央吏部铨选分派,而由幕府的府主去亲自物色、挑选和聘任,等于是府主的私人助理,府主的使者。唐代从 8 世纪初年开始,就在全国各地设立节度使府,监控地方的军政与民政。安史乱后,这种使府越设越多,盛时达到约五十个。容州属于南方边陲少数民族地区(今天依然如此)。这种边疆战略要地的使府长官,更具军事色彩,所以也不叫节度使,而称为经略使。贞元十三年十月,原本担任滁州刺史的房济,受德宗委任为容管经略招讨等使时,他便"聘请"李建为他的容州招讨判官,因为这种使府都获得皇朝的授权,可以私自聘人,包括自己的亲朋好友和门生故吏,无须回避。这种聘人的方式,其正式名目为"辟署制",从汉代到清代都在使用。①

为什么房济会聘请李建为他的招讨判官?因为李建正是房济的女婿也,两人之间有一种"私"关系。在我们今人看来,官场应当是"无私"的,怎么可以允许如此"明目张胆"的裙带风"私"行为?说穿了,这正是唐代(甚至中国许多朝代)任官命职的一个特色,读史者不可不知也。唐代具有实职的官员有两大类:一类是正规的职事官,有官品,有一定员额;另一类是所谓的"使职",无官品,也没有一定的员额。职事官的任命是无私的,通常由吏部委任。使职却比较特别,都由掌权者(如皇帝或府主)来亲自全权委任,不经吏部,所以掌权者可以任命或"辟署"任何他信任或他认为合意的人为他的"使者",去出任某个"使职",以达成某种使命。以唐代来说,节度使、经略使和盐铁使等等,都是使职,都属皇帝的使者,都有辟署个人助理的权力。李建便是在这样的情况下,成了他岳父的招讨判官,也属一种使职,可以说

---

① 关于唐代的幕府制度,最详细的专书是石云涛《唐代幕府制度研究》,中国社会科学出版社,2003 年。

是他岳父的一个使者。这种"使者性格"导致使职的委任充满"私"色彩,不但被允许,且还是中国历代官制的一大特色。明清的巡抚、清代的钦差大臣都属此类。甚至到了民国初年,使职仍然盛行,大总统还经常委任各种使职来治国。①

容州离长安约二千千米。② 以唐代官方规定的正常旅行速度(骑马每天约 35 千米,步行每天约 25 千米),③李建前往容州赴任,他至少需要在路上行走大约两个月。他这次远游,因为是官务,可以使用唐代官方的驿站(陆驿或水驿),一站一站走下去。在中古中国,远行是缓慢而艰苦的,但唐代士人做官,却不得不经常出门远行。这是李建的第一次宦游。他后来还有另两次这样的远行。我们从其他史料知道,唐代官员的这种远行,一般是带家眷的(甚至有携带父母亲同行的)。④ 推想李建应当也如此。到任后,他应当就住在容州衙署内。唐代州县的衙署为四合院落多进结构,都有附属的官舍和园林,供远道而来的官员们居住。⑤

就这样,李建在容州担任他岳父的招讨判官,在蛮荒的南方度过约三个多年头。所谓"判官",一般读者望文生义,常误以为是一种审判法律案件的法官,其实这只是一种执行官而已。⑥ "判"的含意即"执行",所以 Charles Hucker 把这官名英译为 Administrative Assistant。⑦ 李建的官衔之所以叫"招讨判官",那是因为他的府主房济,除了是容州经略使外,也兼领好几个

① 详见刘迪香的一系列论文《民国前期使职的渊源、特点及其作用》,《湖南城市学院学报》2007 年第 3 期,第 5—8 页;《民国前期使职设置考略》,《史学月刊》2008 年第 4 期,第 131—133 页;《东三省巡阅使职能探析》,《东北师大学报》2009 年第 4 期,第 125—130 页;《护法运动后北洋政府南方使职职能政治化探析:以四省经略使和援粤副司令为中心》,《求索》2008 年第 3 期,第 218—220 页。参考民国初年的做法,颇有助于我们了解唐代的使职。

② 本文中凡涉及两地的里程距离,皆根据 Google Maps 计算。

③ 《唐六典》卷三,第 80 页说:"陆行之程,马日七十里,步及驴五十里,车三十里。水行之程,舟之重者溯河日三十里,江四十里,余水四十五里。空舟溯河四十里,江五十里,余水六十里。沿流之舟则轻重си无制,河日一百五十里,江一百里,余水七十里。"唐代文献中的"里"皆为华里。一华里等于大约 500 米。

④ 拙著《唐代基层文官》第六章第四节"宦游"。

⑤ 关于唐代州县的衙署建筑,见傅熹年主编《中国古代建筑史》第二卷《三国、两晋、南北朝、隋唐、五代建筑》,中国建筑工业出版社,2001 年,第 456—457 页。

⑥ 我在《唐代中层文官》第五章专论判官。

⑦ Charles O. Hucker, *A Dictionary of Official Titles in Imperial China* (Stanford: Stanford University Press, 1986), p.363.

其他使职,包括招讨使,负责容管地区"招讨蛮夷"的军务。"招讨判官"即"招讨使的判官"之意,也就是招讨使的执行官,负责执行招讨使交办的所有事务。招讨判官看起来像是个军官,但判官照例属于文职僚佐,非武职。

据白居易所写的墓碑文,李建"前后著文凡一百五十二首"。从如此精确的数字看来,李建生前似乎编过个人的文集,或这些文章在他去世时依然存在,白居易见过,所以记上一笔,可惜今天都没有传世。"一百五十二首"是个不小的数字,足够编成好几十卷的文集。唐代(甚至中国历代)官员的正规教育,都包括写诗和作文两大部分,跟现代官员普遍毫无诗文修养很不一样。唐代一个官员,如果不会写诗,那是不可思议的,因为进士考试就要考诗,不会写诗肯定考不上,而且会被人讥笑无学养。他在官场上和其他官员与朋友,必定会有不少宴饮、送别、酬答的场合,在在需要写诗。白居易的文集中,就有好几首送给李建的诗,照理李建应当也必有诗作相赠才对,可惜都没有流传下来。李建初到蛮荒的容州,应当有诗文记录他的所思所见,正像李建的朋友之一柳宗元,被贬官到永州和柳州时,以诗文抒写他的见闻和他郁卒的心情。但李建的诗文如今不传,我们对他在容州三年多的生活,也就一无所知了。

但我们知道,李建是在德宗贞元十七年(801),离开容州,回到长安,到皇家藏书楼秘书省去出任校书郎。为什么他要离职,不能长期留在容州?原来,唐代的节度使、经略使等使,除了极少数的例外(如韦皋在西川任节度使,长达二十二年),一般都得经常轮替,通常是三四年一任,很少超过五年。这或许是皇帝为了避免某某使者,长期盘据一地,成了一方之霸。但这些使职一旦离任,被调回朝或改调他处,他所辟署的僚佐如果不能继续跟随他前往新的任所,便会失去工作,须更谋他职。这是幕府职不稳定的特质。所以,贞元十七年,皇帝派了另一位经略使韦丹来到容州接替房济时,李建便不得不随着房济离职,回到长安。

三、典 校 秘 书

李建能够在京城的秘书省找到一个校书郎的工作,其实也相当不简单。所谓"校书郎",就是在皇家藏书楼校正典籍(指手抄写本)的官员,是个基层文官,一般为士人释褐的初任官。① 唐代是中国历史上最后一个手抄本的时代,虽然雕板印刷术已经发明,但还不普及。宫廷和民间的书,还必须以手抄的方式取得。手抄的书,必定有不少抄写错误,于是唐王朝便要委任那些刚出来做官的年轻士人来当校书郎,替皇室校正、整理图书。实际上,唐皇家有好几个藏书楼,秘书省只是其中一个,其他的还有集贤院、崇文馆、东宫司经局等。但根据杜佑的《通典》,秘书省的校书郎最尊贵:"掌校典籍,为文士起家之良选。其弘文、崇文馆,著作、司经局,并有校书之官,皆为美职,而秘书省为最。"②杜佑这句话的重点是,校书郎虽然是个小官(仅是个九品官),但不可低估,因为它是"文士起家之良选",是个"美职"。我们从其他史料知道,唐代的校书郎是士人梦寐以求的好官。唐代二十多个大诗人当中,就有多达十一人从校书郎起家:杨炯、张说、张九龄、王昌龄、刘禹锡、白居易、元稹、李德裕、杜牧、李商隐和韦庄。这个小官不可小观!

正因为这是个"美职",竞争者当然不少。事实上,李建打败了另外七个对手,才得到这个职位。据《元志》,宰相郑珣瑜曾经这样回忆当年李建得到校书郎的经过:

> 臣为吏部侍郎时,以文入官当校秘书者八,其七则驰他人书,建不驰,故独得。

意思是说,当时有八个人竞争校书郎,但有七个人投送他人的推荐书("驰他人书"),只有李建不这样做,表示他清高独特的品德,于是最后他"独得"此美职。

李建任秘书省校书郎时,正好跟诗人白居易和元稹同事。三人从此结交为好友。白居易这时写过一首诗叫《常乐里闲居偶题》,③抒写校书郎优游的生活,细节丰富,让我们十分羡慕中古时代的那种生命情调:

> 幸逢太平代,天子好文儒。
> 小才难大用,典校在秘书。
> 三旬两入省,因得养顽疏。

---

① 我在《唐代基层文官》第一章中详论校书郎这种官。
② 《通典》卷二六,第736页。
③ 《白居易集笺校》卷五,第265—269页。

> 茅屋四五间，一马二仆夫。
>
> 俸钱万六千，月给亦有余。

白居易这里说他"小才难大用"，当然是谦虚话，不可当真。校书郎的俸钱每个月有"万六千"，正符合其他史料的记载。[①] 更难得的是，这样小小九品官的校书郎，居然有"茅屋四五间，一马二仆夫"，如此优厚的物质生活，恐怕要羡煞许许多多现代人。

李建任校书郎，约在 801 到 804 年之间，这时他年约 37 到 40 岁。在我们今天看来，一个临近"不惑之年"的人，去当一个九品官，做的又是校书这种看似无关紧要的工作，似乎不是太有出息。但唐人可不这么想。上引杜佑《通典》的那一段话就是明证。上引白居易的诗，也展现校书郎如何清望，生活如何闲散。这美职很有前途，因为不少士人当校书郎，当然志不在终生校书。他们只不过是在"养望"，在结交官场高官朋友，在等待机会，以后往往可以升迁到更好的职位。

四、召 入 翰 林

李建正是如此。他任校书郎约数年后，就被德宗皇帝看上，成了翰林学士。《元志》提供了一些细节：

> 会德宗皇帝选文学，公被荐，上问少信臣，皆曰："闻而不之面。"唯宰相郑珣瑜对曰："臣为吏部侍郎时，以文入官当校秘书者八，其七则驰他人书，建不驰，故独得。"上嘉之，使居翰林中，就拜左拾遗。

德宗是个颇有文学素养的皇帝，能写诗作文。[②] 所谓"选文学"，就是挑选有文采的官员，去出任翰林学士，为皇帝撰写公文书制诰。翰林学士是一种"文臣""词臣"。从上面这段引文看来，"公被荐"，表示李建的人脉还不错，认得一些高官，可以把他推荐给皇帝。德宗"选文学"也相当慎重，要"问"过"少信臣"才下决定。这种选官由皇帝来亲自主导，正好显示翰林学士不是

---

① 拙著《唐代基层文官》第六章第一节"俸料钱"，讨论过校书郎和其他基层文官的俸料钱问题。

② 有现代学者为德宗和他儿子顺宗李诵写过评传。见谢元鲁《唐德宗·唐顺宗》，吉林文史出版社，1995 年。

普通的官僚、普通的职事官。这其实是一种"使职"。翰林学士等于是皇帝的使者,以"朕"的名义替皇帝撰写制诰,身份清高无比。难怪皇帝必须征询过几个他的"信臣",获得某种"信任"之后,才决定礼聘李建为他的"使者"。翰林学士远非一般普通官僚可比,因为他几乎就处在权力的中心,经常有机会和皇帝见面,随侍左右。李建在大约 40 岁能做到这样的官位,成就是不小的,可知他的文笔必定高人一等,可惜我们今天无缘欣赏他的文采,因为他撰写的这些制诰都没有传世,不像他好友元稹和白居易任翰林学士时所写的制诰,至今仍保存在元白两人的文集中。

唐代的翰林学士,因为是一种使职,任命都由皇帝主导,比较有弹性,不像一般职事官僚的委任那样,由吏部铨选,循规蹈矩。其中最有弹性的一点,便是出任翰林学士者,皆选自现有的职事官员。唐史料常称这种做法为"以他官充任"。这个"他官"可以是高至三品的尚书,也可以是低至九品的校书郎。这便是唐人李肇在《翰林志》中所说:"凡学士无定员,皆以他官充,下自校书郎,上及诸曹尚书,皆为之。"① 不过据近人毛蕾的研究,出任翰林学士者,大多数是郎官(郎中或员外郎),属于中层的文职事官。② 像李建那样以校书郎去出任翰林学士的,相当少见。唐史上总共有 169 位翰林学士,仅有 3 人以校书郎去"充":除了李建外,另两人是董晋和柳伉。③ 这可以证明,李建是非常杰出的例子,操守清高,文笔出色。虽然只是个校书郎,还是被选为翰林学士。

可惜,李建任翰林学士的时间仅有大约一年多。唐人丁居晦所写的《重修承旨学士壁记》,这样记载李建的任期和官历:

> 李建:贞元二十年十二月二十二日(实际等于805年1月26日),自秘书省校书郎充。二十一年三月十七日,迁左拾遗,改詹事府司直。④

不过,这个记载没有明确告诉我们,李建是在什么时候离开翰林院。他出翰

---

① 《翰林志》,收在《翰苑群书》卷一,《翰学三书》本,傅璇琮、施纯德编,辽宁教育出版社,2003年,第4页。
② 毛蕾《唐代翰林学士》,第45页。
③ 毛蕾《唐代翰林学士》,第46页。
④ 《翰苑群书》卷六,《翰学三书》本,第32页。

林院,又是否跟王叔文的"干预"有关?傅璇琮对这段复杂的历史有过详细的考订,①这里不必赘论。简单说,李建应当是在翰林院待了大约一年多,才在元和元年(806)某个时候出院。詹事府司直是他在翰林院时所获得的另一次升官。他出院后,很可能就回到他的这个"本官",到詹事府去出任一个司直。最好的证据是,《白碑》告诉我们,李建写过一百多篇文章,其中"卓然者",就包括《詹事府司直厅壁记》。看来李建必定跟这个衙署有某种关系,否则他不会去替它写一篇"厅壁记"。所谓"厅壁记",是一种记念性质的石刻文字,先写某某衙署的历史及其功能,再把曾经在这个衙署任过官者的名单,一一附于后,刻在衙署某个厅的墙壁上,供后人阅览。②

五、二 度 入 幕

李建的下一个官职,是到鄜州去出任防御副使和转运判官。这又是一种使职,一种幕府职。鄜州位于长安以北约 240 千米,是个战略要地。宪宗元和三年(808)二月"丙子,以右金吾卫大将军路恕为鄜州刺史、鄜坊节度使"。据《元志》,这位路恕"即日就公求自贰",也就是说,路恕在得到宪宗皇帝委任为鄜坊节度使的当天,就到李建家中去"就"公,请他出任副手,任鄜坊的防御副使和转运判官。这是唐代使府聘人的一种常见礼节,有一套隆重的仪式,跟朝廷委任一个职事官员大不相同,因为使府僚佐等于是使府的使者,照例是要去登门礼聘的,才显得有诚意。③从这些礼节来看,路恕应当早就认识李建,或得到某某熟人的引荐,才有可能去行此"就公求自贰"的聘人仪式。《元志》提供了这次聘任的一些细节:

> 降拜六而后许,诏赐五品服,供奉殿中以贰焉。

这几句话字面上看起来似乎简单易懂,但里面涉及一些唐代的典章制度,却恐怕不是许多唐史学者和学生所熟悉的,或须略加解说。"降拜六而后许",

---

① 傅璇琮《唐翰林学士传论》,第 387—388 页。
② 唐代的厅壁记,有不少仍传世,收在各家文集和宋代所编的《文苑英华》等书中,让我们得以知道这种文体的内容与形式。
③ 拙著《唐代基层文官》第五章第二节,专论"幕佐的辟署和礼聘"。

表示路恕曾经"降拜"李建多次，宛如"三顾茅庐"，李建才答应。这是当时一种仪式性的做法，意味着使府聘人的隆情厚意。但这可能也是墓志中一种公式化的写法，以抬高李建的身价。"诏赐五品服"，意指路恕曾经为了礼聘李建，特别向皇帝上奏，请皇帝赐给李建"五品服"，五品官员所穿的服，即唐史料中常说的"绯衣"，桃红色的官服。李建这时的官位（散官位）应当还没有到五品。他原本只能衣青（蓝）或绿。但为了隆重起见，他的上司为他争取到衣绯，是皇帝的一种"赏赐"，荣耀无比。除此之外，因为使府幕职没有官品，路恕也为李建上奏，为他奏得一个朝官衔"殿中侍御史"，以秩他这时的官场地位。殿中侍御史是朝中一个相当清贵的官位，是一种中层的文官，①跟李建这时的官历很配搭。当然，李建在鄜州出任幕职，不可能又去京城宫中任殿中侍御史，所以他这个官衔是唐史学者常说的"虚衔"，是一种无实职的加官衔。在唐后期的使府幕府，不少僚佐带有种种这样的加官衔，但加官衔也不全"虚"，其实也有一些作用。比如李建可以自称或被人尊称为"侍御"（殿中侍御史的简称），特别是在写诗应酬赠答的场合。唐诗中屡见不鲜。这也是他全套官衔的一部分，死后可以写入他墓碑墓志中的官历。②《元志》说他"供奉殿中以贰焉"，是指他带着殿中侍御史的官衔，去充当路恕的副手。

然而不幸的是，李建在鄜州任职不到一年，却跟路恕闹翻了，自行离职而去。《元志》中只有轻描淡写的一句话交代：

> 会恕复取不宜为宾者，公罢去，归为殿中侍御史。

这句话要放在唐代府主和僚佐那种微妙的关系上来看，才能理解。表面上看起来，府主是上司，僚佐是下属，但在唐代使府的场合，却不完全如此。至少更多时候，府主是把僚佐视为他的"幕宾"，把他当成一个"上宾"来看待，所以当初才会有那些隆重的礼聘仪式。两人的关系不是单纯的老板和雇员，而更像是"主人和宾客"。大诗人杜甫，晚年到四川严武的幕府做事，便是如此。③ 这种唐人之风，也见于清代的幕府。比如李鸿章和张之洞幕府，

---

① 详见拙著《唐代中层文官》第一章。
② 拙著《唐代中层文官》第一章第五节"真御史、使府御史和外台御史"。
③ 拙文《论唐代的检校郎官》，《唐史论丛》第10辑，2008年，第106—119页。

都盛情招延了一批有学问的人入幕,如缪荃孙等人,称为"幕宾"。① 因此,《元志》中"会恕复取不宜为宾者"一句,是说路恕后来延聘了一位李建认为不适合当"幕宾"的人来当僚佐,他看不顺眼,于是便"罢去",回到朝中任殿中侍御史。李建的这种"罢去",显示唐代幕职的去留,颇有弹性。如果是职事官,比如州官中的诸曹参军,他们不会享有如此隆重的聘人礼仪,也不可能如此随性"罢去"。州官及其长官刺史的关系是"无私"的,纯为行政体系的上下属,不会像府主和幕佐的关系那样,充满"私"的因素。

六、重 返 长 安

李建什么时候离开鄜州幕府,回到长安出任殿中侍御史?《册府元龟》有一条记载说:

> 高郢为御史大夫,时右拾遗、翰林学士李建罢职,降詹事府司直,郢表授殿中侍御史。②

表面上看来,李建任殿中侍御史,似乎是接在他任詹事府司直之后,赴鄜州任幕职之前。但《册府元龟》这条记载恐怕是错误的,或有脱文。因为《旧唐书·宪宗纪》在元和三年(808)条下告诉我们:

> 十月己酉朔。癸亥,以太常卿高郢为御史大夫。③

换句话说,高郢要到元和三年十月才出任御史大夫。他表授李建为殿中侍御史,应当是在这个日期之后,也就是在李建已赴鄜州任幕职之后,不可能在此之前。因此,李建应当是因为不满路恕聘了一位"不宜为宾者",离开鄜州幕府,时间不详,但应当是在元和三年十月以后,因高郢的表授,才出任殿中侍御史。这符合《元志》所说:"会恕复取不宜为宾者,公罢去,归为殿中侍御史。"《白碑》也把他任御史,记在鄜州之后。

李建任殿中侍御史时,《白碑》记载了一件事:

---

① 尚小明《学人游幕与清代学术》,社会科学文献出版社,1999 年,对此有详细论述。
② 《册府元龟》卷五一三,第 6144 页。
③ 《旧唐书》卷一四,第 426 页。

> 为御史时,上任有遏其行事者,作《谬官诗》以讽。

《元志》提供了另外一些细节:

> 有诏天下舍三节来献,先是,襄帅均献在邸,丞相命俟节以献之。
> 公力争,不果意,作《谬官诗》。

这两段记载看起来好像平铺直叙,平淡无奇,但这正是中国史料的典型特色,在淡淡几笔之后,经常"隐藏"着一些极为重大的、戏剧性的事件,常常需要我们进一步去考掘,始能见其真貌。《元志》中的"襄帅均"三字,指当时的山南东道(简称"襄")节度使裴均,是我们得以深入探索此事的关键人物。我们依此线索追查下去,可以发现,原来这位裴均,曾经在元和四年(809)四月,进奉了一大批"银器千五百余两"给宪宗皇帝,引发了一场轩然大波。唐后期不少节度使有一个"恶习",喜欢向皇帝进献珍宝器物或财物,以讨皇帝的欢心,但这些器物或财物常是节度使向当地人民征收额外税收而来。所以,有良知的士大夫是反对这种进奉的。宪宗皇帝在元和四年初,才刚下过诏书,下令各地方镇"停罢进奉"。不料,过了没多久,他竟然又接受了"襄帅均"进奉的大批银器。此事引起朝中官员强烈不满。当时任翰林学士的白居易便写了一篇奏状《论裴均进奉银器状》,细论此事,值得细读:

> 臣伏闻向外传说,云裴均前月二十六日于银台进奉前件银器。虽未审知虚实,然而物议喧然。既有所闻,不敢不奏。伏以陛下昨因时旱,念及疲人,特降德音,停罢进奉。天意如感,雨泽应期。巷舞途歌,咸呼万岁。伏自德音降后,天下禺望遵行。未经旬月之间,裴均便先进奉。若诚有此事,深损圣德。臣或虑有人云,裴均所进银器,发在德音之前,遂劝圣恩,不妨受纳。以臣所见,事固不然。臣闻众议,皆云裴均性本贪残,动多邪巧。每假进奉,广有诛求。料其深心,不愿停罢。必恐即日修表,倍程进来,欲试朝廷,尝其可否。何者? 前月三日降德音,准诸道进奏院报事例,不过四五日,即裴均合知。至二十六日,进物方到。以此详察,足见奸情。今若便容,果落邪计。况一处如此,则远近皆知。臣恐诸道依前,从此不守法度。则是陛下明降制旨,又自弃之,

何以制驭四方？何以取信天下？臣反复思虑，深为陛下惜之。[1]

李建当时就在长安任殿中侍御史，他也是反对此事的官员之一。可惜"公力争，不果意"，只能"作《谬官诗》以讽"。

元和三年（808）十月后，李建从鄜州回到长安，他除了出任殿中侍御史之外，还在朝中担任一系列的京官。先是任比部员外郎，接着是兵部员外郎和吏部员外郎，再来是吏部郎中，又以兵部郎中的身份，去"知制诰"，过后他也当过一段时间的京兆少尹。最后，他才在元和十一年（816）的冬天，被贬官出任澧州刺史。这期间，他主要充任一连串清贵的郎官（员外郎和郎中都可统称郎官）。李建这时年约45到53岁，正值中年，也正是唐代士人出任郎官的标准年龄。[2] 总计他在京城居留了大约八年之久，算是他一生留京最长的一段时间。

《元志》这样记载他这段京城仕宦：

> 寻为员外比部郎，转兵部、吏部。始，命由文由课而仕者，岁得调，编类条式，以便观者罢成劳书，凡成否之状急一月，人皆便之，迁本曹郎。换兵部郎中，知制诰。丞相视草时，微有窜益，遂不复出，乐为少京兆。会仲兄尚书逊被口语，上疏明白，出刺澧州。

应当留意的是，他在京停留了大约八年，却做了七种官（见文末年表）。每种官的任期应当都很短，平均几乎是一年换一种官。这是唐代士人任官的特色，特别是在中高层的阶段，不独李建如此。

七、出 刺 澧 州

据《元志》和《白碑》，李建大约是在元和十一年（816）的冬天，因为坐他哥哥李逊的案子，前往澧州贬所。他在这里呆了大约三年，在元和十五年（819）才又回返长安。我们对他在澧州三年的活动，一无所知。但澧州是个非常"知名"的贬官地。唐史上被贬到此的官员颇多，其中不乏名人。澧州

---

① 《白居易集笺校》卷五八，第 3346—3347 页。
② 拙著《唐代中层文官》第三章《员外郎和郎中》，专论郎官种种。

位于今天的湖南省澧县,离长安约 834 千米,属于偏荒地区,至今仍然有许多少数民族(如土家族)居住。不过,澧县也是中国新石器时代考古一个非常重要的地方。它附近的城头山遗址,在 1990 年代被发现,为"二十世纪中国百项重大考古发现"之一。最早筑城年代距今有 6 000 年的历史,比古史传说的 5 000 年还要久远。遗址内发现了世界最早、保存最好的水稻田遗址和中国最大的祭坛。① 不过,李建被贬到澧州时,他应当不知道他境内竟有如此古老的遗址。他当时应当也跟唐代许许多多官员(包括贬官者)一样,携家带眷前往贬所,住在澧州衙署的官舍,总算一家人在一起,可免思家之苦。

八、两 任 侍 郎

李建再次回到长安时,在大约元和十五年(820)春。《唐摭言》有一条记载说:

> 元和十五年闰正月十五日,太常少卿知贡举李建下进士二十九人,至二月二十九日,拜礼部侍郎。②

这条史料有非常明确的日期,看来有所依据,应当可信(这样明确的日期,通常只见于唐代的实录,可惜唐实录今无传本,只有韩愈的《顺宗实录》,还保存在他的文集中)。由此我们知道两件事:第一,李建在元和十五年"闰正月十五日",已经从澧州回到长安。这正是春天,唐进士科考试照例在春天发榜。"下进士"即录取进士之意。第二,他是以太常少卿的身份去"知贡举",也就是主持进士科考试。"知贡举"是一种使职。主持进士考试原本是礼部侍郎的职掌。李建这时还不是礼部侍郎,可能因为某种原因,被"临时"叫去以太常少卿的官位充当"知贡举",在执行一种"使者"的任务。或许他主持贡举,颇有成效,所以他在一个多月后,就"拜礼部侍郎"。

然而,李建任礼部侍郎没有多久,又被委任以刑部侍郎的官位,去充当"知选事"的使职。唐代不少以"知"字开头的职位,都是使职,不是正规的职

---

① 湖南省文物考古研究所编《澧县城头山:新石器时代遗址发掘报告》,文物出版社,2007 年。
② (五代)王定保撰,黄寿成校点《唐摭言》卷一四,三秦出版社,2011 年,第 213 页。

事官。但不要小看使职,因为他比正规职事官更尊贵,地位比较高,权力也比较大。所谓"知选事",就是到吏部去主持官员的铨选,跟主持进士考试的"知贡举"不一样。铨选原本是正规职事官吏部侍郎的职掌,但唐后期经常以使职(使者)来代替职事官。使职常是以"某某官充某某职"的方式来委任,所以李建便以刑部侍郎的官位,去充任"知选事"。

这是李建最后一个职位,但任职期间,却有一点点小失误,被罚了一个月的俸料钱。此事不见于《白碑》和《元志》,正可印证我们常说,墓志墓碑文通常不记死者生前不光彩之事。这件事只见于《旧唐书》,而且竟"凑巧"被记录在另一个官员韩皋的传中,因为韩皋和李建正好同时出事,同时受罚:

> 〔元和十五年,820〕十二月,以铨司考科目人失实,与刑部侍郎知选事李建罚一月俸料。①

李建这时已经是一个高官,竟因公务失当被罚俸料钱,在我们今天看来,似乎不可思议,但在唐代,这却是相当常见的案例。②

九、死 于 丹 药

李建在元和十五年十二月被罚俸料钱,隔了几个月,就在第二年,长庆元年(821)的二月二十三日,他便死在他长安修行坊的家中。长安是一座大城,南北长约 8.6 千米,东西宽约 9.4 千米,比今天的西安城区还大,又分东西两大半,以中间的朱雀门大街为分界。③ 据日本学者妹尾达彦的研究,唐代的东区远比西区"高级",乃达官贵人居住的地区。④ 西区则多胡人胡商和一般庶民。修行坊位于东区,正符合李建的高官身份。

但李建死于何因? 这点在《白碑》和《元志》中没有交代,但应当不是刻意为死者讳,而是唐代的史料习惯上都不记死因,非唯墓碑墓志文如此。如

---

① 《旧唐书》卷一二九,第 3605 页。
② 张艳云《唐中后期罚俸制度初探》,《中国史研究》1997 年第 2 期;张春海《唐代罚俸制度论略》,《史学月刊》2008 年第 11 期。明清也都有这种罚俸制度。
③ 《增订唐两京城坊考》,第 40 页。
④ 妹尾达彦《唐长安城の官人居住地》,《东洋史研究》55 卷 2 期(1996),第 35—74 页。

果我们要知道李建的死因,那就得多做一点"侦探"的工作,才能破解这个"谜"。果然,我们如果用心去追踪史料,不放过一点一滴的线索,最后终可以在韩愈所写的一篇别人的墓志中,发现李建的死因。[①]

韩愈写的这篇墓志,叫《太学博士李君墓志铭》。这位"李君",单名"于",是韩愈的"兄孙女婿也",长庆三年(823)正月五日卒,享年四十八岁,比李建大约晚两年去世,死因是服食丹药中毒。韩愈这篇墓志是"奇文"一篇,因为它完全打破传统墓志例必为死者讳的惯例,不但没有"掩饰"李于的死因,反而还把李于死亡的内幕全抖了出来:

> 初,〔李〕于以进士为鄂岳从事,遇方士柳泌,从受药法,服之往往下血。比四年,病益急,乃死。其法以铅满一鼎,以物按中为孔,实以水银,盖封四际,烧为丹砂云。[②]

这段引文描写唐人烧丹砂的方法,是一段珍贵的记载。依此,服食丹药可能长期"下血",长达"四年"才死。韩愈之所以如此细写李于的死亡细节,据他自己说,是为了要警"诫"世人,不要乱服丹药。他还说,他亲眼目睹他几个朋友,"以药败者六七公"(实际上是七人),服食丹砂死去。他把这七公的名字和他们的死亡细节,也一一揭露于这篇墓志文中,故可谓"奇文"一篇。这七公当中,便有李建和他的哥哥李逊:

> 余不知服食说自何世起,杀人不可计,而世慕尚之益至此,其惑耶?在文书所记及耳闻相传者不说,今直取目见亲与之游而以药败者六七公,以为世诫。工部尚书归登、殿中御史李虚中、刑部尚书李逊、逊弟刑部侍郎建、襄阳节度使工部尚书孟简、东川节度使御史大夫卢坦、金吾将军李道古。此其人皆有名位,世所共识。

接着,韩愈笔锋一转,细写这几人怎样服丹药而死,其中有些死状颇恐怖,如工部尚书归登,"既食水银得病,自说若有烧铁杖自颠贯其下者,揑而为火,射窍节以出,狂痛号呼乞绝。其茵席尝得水银,发且止,唾血十数年以毙"。

---

① 丸山茂《唐代の文化と诗人の心:白乐天を中心に》,第386—388页,亦引用韩愈这篇墓志,讨论李建的死因。

② 刘真伦、岳珍校注《韩愈文集汇校笺注》卷二四,中华书局,2010年,第2655—2670页。

李逊和他弟弟李建又是怎样死的？韩愈有交代：

> 刑部（指刑部尚书李逊）且死谓余曰："我为药误。"其季〔李〕建，一旦无病死。

看来，李建和他哥哥死得还算"平静"，不像归登死得那样惨烈，还是韩愈笔下留情，没有透露真相？但无论如何，透过韩愈这篇奇文，我们才得以知悉李建的真正死因。[①] 韩愈这篇墓志中说李建"一旦无病死"，很可细考。我们可以参考《元志》中"一夕无他恙，而奄忽将尽"，以及《白碑》中"无疾即世"的说法，这应当是说李建原本就无病，并非病逝，而是死得很突然，"一旦"死去。据韩愈的证词，看来李建显然是急性丹药中毒。[②]

白居易有律诗一首，诗题很长，透露颇多细节：《予与故刑部李侍郎早结道友，以药术为事，与故京兆元尹晚为诗侣，有林泉之期。周岁之间，二君长逝。李住曲江北，元居升平西。追感旧游，因贻同志》。[③] 诗题清楚告诉我们，他跟李建为"道友"，且"以药术为事"。据陈寅恪的考证，白居易从中年起，"曾惑于丹术可无疑"，后来"虽似有悔悟之意"，但"至晚岁终未免除"。[④] 显然，他跟李建为同道中人，像这首律诗中所说的那样，他俩是"金丹同学"。

十、一 种 典 型

本文前言说过，"李建可以说是唐代后半期一种典型的士人文官，极具代表意义"。但这句话可能会引起一些误解，需要在此进一步说明。唐代的所谓"文官"，是一个非常庞杂的群体，包含了好几种属性的官员，并非单一

[①] 关于唐代服食风尚之盛，见廖芮茵（廖美云）《唐代服食养生研究》，台北学生书局，2004年。从道教科学技术的角度论述唐代的服食，见姜生、汤伟侠编《中国道教科学技术史：南北朝隋唐五代卷》，科学出版社，2010年。

[②] 关于中国中古时代的丹药中毒，中国科技史两位名家何丙郁与李约瑟，做过专门研究，见他们的英文论文 Ho Ping-yü and Joseph Needham, "Elixir Poisoning in Mediaeval China," *Janus* 48 (1959), pp.221 - 251.

[③] 《白居易集笺校》卷一九，第1278页。

[④] 陈寅恪《元白诗笺证稿》，上海古籍出版社，1978年，第323—325页。

同质的群体。他们其实不只有一种典型，而可以分成好几种类型。李建当然不能代表所有唐后半期的"文官"，但他可以代表某一种典型的文官：士人文官。

我在《唐"望秩"类官员与唐文官类型》一文中，尝试为唐代的所谓"文官"做一点类型研究。① 如果按照一般的定义，"文官"指九品三十阶内的流内文职事官（不包含流外官和武职事官），或约略相同等级的文系统使职（如史馆史官、观察使等，但不包含武职，如方镇幕府中的兵马使等），则唐代的"文官"包括了相当多的一批人，不是只有士人，还包含了伎术官和宦官等一大批人，见该文表一。

换句话说，李建仅能代表某一种典型的文官，那就是该文表一中第一型的士人文官。这种士人文官的数量，在整个唐代官僚阶层其实并不占大多数。表一中的第二和第三型官员，加起来的数量应当远远多于第一型的士人文官。他们应当也不需要去考科举，就能做官，而且是九品三十阶的流内文官，只是学界过去一向没有细究。② 有了这种理解，我们对李建在唐整个官僚体系中的位置，也就有比较清楚的"定位"了。我们甚至不难想象，在他任职过的那些唐代官署中，他身边必定还有许多流外出身者以及伎艺杂色人，也同样在出任"文官"。他经常和这些人一起共事，经常需要和他们打交道。

如果要进一步细分，我们还可以说，李建属于"通材型的士人文官"，跟"专业型的士人文官"相对。所谓"专业型的士人文官"，指史馆史官、学官（国子监等学府的教官）、财经系统具有某种专长的官员（如盐铁转运使和盐官等）。这些专业型的官职，不少属于使职范围，但常以职事官去充任，且任期一般都相当长，常待在某个特定官署或体系内，很少像李建这种"通材型"士人文官那样，必须在中央各个不同的官署和地方之间迁转，且每一官的任期都很短，一般最多为四五年（见文末"李建行年表"）。

例如唐初的史馆史官刘知幾、吴兢和唐后期的史官如蒋乂，任史官的时间都很长。刘知幾任史官便长达约二十年，吴兢约十七年，蒋乂十八年。他

---

① 拙文《唐"望秩"类官员与唐文官类型》，《唐研究》16卷，2010年，第425—455页。现亦收于本论文集。

② 拙文《唐"望秩"类官员与唐文官类型》，第452页。

们任史官期间,也都带有种种不同的职事官衔(以示迁转),以这些职事官去"充任"史官。两《唐书》儒林传中的许多文儒和学者,也有不少属于此类"专业型"。至于财经系统的专业官员,我们可以举唐后期一系列盐铁转运使及其属官为例,如李巽、康僚、刘长卿等人。①

然而,如果单单只是为李建在唐官僚体系的位置"定位",恐怕还不足够。研究唐人的官历,我们还应当留意他一生究竟做过几任官。他是否经常都在做官?还是有不少年月没在做官,闲赋在家?这是因为唐代官员,尤其是第一型的中下层士人文官,常是"断断续续"在做官,有"就业不足"的现象。这种情况,在州县官当中更为明显常见。我们经常在墓志中见到,唐代不少州县官,一生所做的官常常只有三五任(一任约四年),甚至还有短至一两任者,意味着他们一生可能有大半时间并没有在做官,而是赋闲在家,在守选,在等待做官。②

但表一中第二型和第三型的文官,则可能没有这种"断断续续"的做官现象,而是长期任官,且常固定在某一官署(如司天台或太医署等),或在某一官职系统(如宫中宦官系统)。专业型的士人文官,可能也有这种现象,因其专业而得以长期连任。

所以,唐人对于士人文官一生做官几任,是很"敏感"的。墓志常常会提到说,某某人一生"任官五政""从宦三任"之类的,隐含着赞许的意思。然而,任官三到五任其实是偏低的。这些人一般也都在唐史中无传,因为这样的官历和经历实际上乏善可陈也。那么,一个唐人,要任官几任才算中上呢?答曰:十五到二十任。

例如白居易晚年自撰《醉吟先生墓志铭》,追忆他生平的官历时,十分得意地说:"始自校书郎,终于少傅致仕。前后历官二十任,食禄四十年。"③白居易为他的朋友张仲方(766—837)所写的墓志《唐故银青光禄大夫秘书监曲江县开国伯赠礼部尚书范阳张公墓志铭并序》,更形容他这位朋友,"入仕

① 拙著《唐代中层文官》第六章第七节"财经系判官"。
② 关于守选制度,最早的详细论述见王勋成《唐代铨选与文学》。最新的进一步研究见陈铁民《唐代守选制的形成与发展研究》,《文史》2011 年第 2 期;陈铁民《制举——唐代文官摆脱守选的一条重要途径》,《文学遗产》2012 年第 6 期,第 141—157 页。
③ 《白居易集笺校》卷七一,第 3815 页。

四十载,历官二十五,享年七十二",完全是一派高度赞美和仰慕的口吻。① 像白居易和张仲方这种如此"成功"的官员,一生能任官在二十任以上,应当是达到一个高标准。一般士人文官,即使仕途畅达者,恐怕也很难达到。那我们打个折扣,或可定"十任以上"为唐代士人文官仕途是否腾达的一个中标。相比之下,唐代有不少士人文官做官往往不到十任。在地方州县,更有不少地方官一生只做过三五任官,在宦海中浮沉,官历并不完整。②

那么,李建一生任官几任? 据《白碑》和《元志》,李建一生任官十六任。其中十个是有官品的职事官:校书郎、詹事府司直、殿中侍御史、比部员外郎、兵部员外郎、吏部员外郎、吏部郎中、京兆少尹、澧州刺史、礼部侍郎。六个是无官品的使职:容州招讨判官、翰林学士、鄜州防御副使和转运判官、知制诰、知贡举(《白碑》漏书此职)、知吏部选事。这显示,到了唐后半期,使职越来越盛行,在唐代士人文官的生涯中,分量也变得越来越重。

依本文所考,李建一生任官,从低层一直爬升到高层,官职一个接一个,十分"紧凑",没有空白(从本文末"李建行年表"更容易看出)。他应当算是一个资历完整、相当"成功"的唐代士人文官。

以上为李建做了若干官历解读和"类型定位"的工作。这样的工作有一个好处,那就是在我们品评一个唐人,他的身份、地位和一生成就时,我们心中仿佛有了一把尺,比较能够衡量这个人在唐代整个官僚体系中的地位等等细节,可以拿他来跟其他人比较,可以知道他任官几任,资历完整不完整(或"世俗"一点来说,成不成功等等),不致于雾里看花,茫茫然。目前有许多唐代墓志考释的文章,一般都写得还算中规中矩,都达到一定的水平,但总让人有一种隔靴搔痒的感觉,意犹未尽,似乎总缺了那"临门一脚"。原因就在于没有给这些墓志的志主做这种比较深入的官历解读和类型定位,看起来每个志主都长得一模一样。读者不知道该把这人摆在什么位置,甚至不知道这人算高层、中层还是低层文官,仿佛每个唐代文官都出自同一个模子,无法具体掌握,无从比较。

---

① 《白居易集笺校》卷七〇,第3777页。

② 拙著《唐代中层文官》,《导言》一章第五节"唐代士人的常任核心官职模式"讨论过这点。同书第四章《县令》第七节"唐前后期的中下县令",论及好几个这类一生做官不到五任的县令。

十一、任 官 模 式

我在《唐代中层文官》的《导言》一章中,曾经提出一个说法:唐代的士人做官,有一种理想的常任核心官职模式。换句话说,唐代的文官虽然多达三百多种,但像李建那样的士人型文官所担任的,来来去去不外就是那些最核心的数十种,有一个规律可寻。大家心目中,知道哪些官职才是最"理想"、最有前途、最受尊敬的。这些最理想的官职,便构成"常任核心官职",是士人梦寐以求的,是他们最想当的,有一种理想的模式可供他们去追随和追求,虽然他们最终可能达不到这个理想,或只能达到一部分。

唐代士人一般到了大约三十岁以后,才开始做官,不管是否考中明经进士,必定从基层做起,几乎没有例外。他们理想的核心常任官职模式,大致上是这样的,基层的理想入仕途径大致有三条:(一)若为京官,则最好从京城秘书省或各文馆的校书郎或正字起家,如唐前期的张说和张九龄,唐后期的李德裕和李商隐。(二)若从使职做起,则最好到重要的幕府去任基层幕职如巡官、推官和掌书记,如韩愈等人。(三)若从基层的州县官做起,则最好到重要州县任州县官,如县尉(如陆贽)、主簿(如刘知幾)、州参军(如杜佑)等。要注意的是,州县官的职望和重要性,要看该州县的等级而定。京畿州县的等级最高,仕宦前景最佳,将来可升任宰相等高官。中下级的州县职望最差,也最没有仕宦前景。任官者往往一生就在这种中下等级的州县,任上几任基层官职终老,无法入朝任中高层文官。

到了中层阶段,士人理想的常任核心官职仍然可分三个系统:(一)若为京官,则最好是监察御史、殿中侍御史和侍御史、拾遗和补阙、员外郎和郎中。(二)若为使职,则最好是在京城的翰林院任翰林学士,到史馆任史官,或任知制诰等使职,或到重要幕府去任判官、行军司马等同级僚佐。(三)若为州县官,则最好到等级高的州去出任各曹参军,或到等级高的县去任县令等等。

到了高层阶段,士人的理想常任核心官职,同样可以分为三个层面来看。(一)若为京官,则最好任御史中丞、御史大夫、侍郎、尚书。(二)若为使职,则最好任宰相、知贡举、知选事等重要使职,或到关键的地方使府去任节度使、观察使、盐铁转运使等。（三）若为州府官，则最好任京兆尹和少尹、重要州府的刺史、都督、都护和长史等。

李建是否符合这样的模式？答案：有百分之九十左右符合。他在基层时，便先入幕府任判官，然后回到秘书省，出任理想的校书郎。接下来，他就成了中层文官，出任连串非常典型、非常理想的中层文职事官和使职：翰林学士、殿中侍御史、多个司的员外郎和郎中、知制诰。最后，到了高层，他出任一系列理想的高层重要使职和职事官：京兆少尹、知贡举、知吏部选事、礼部侍郎，最终死在刑部侍郎的任上。他的十六任官和职当中，只有两个不算"理想"，不在上述的核心常任官职名单上：一是詹事府司直，二是被贬官到澧州任刺史。

詹事府司直之所以不在这核心常任官名单上，最简单的一个原因是：它不是士人心目中"理想"的"核心"官职。它只是东宫中一个闲差事，并不剧要，在士人眼中，不像校书郎和郎官那么紧要。李建任詹事府司直，正是刚从翰林院"外放"之时，看来也只是"暂时"安置他在那里。后来一有机会，他便被礼聘到鄜州幕府去出任典型的中层幕职：副使、判官。

至于澧州，位于今湖南省澧县，是个偏荒少数民族地区，在唐代就是个知名的贬官之州。在这样的州任刺史，当然非常不"理想"，是一种惩罚。由此例看来，我们要特别留意唐人任州府县官的州府和县的等级是否重要，始能决定某一地方官是否为"理想"。在杭州这样的大州任刺史（如杜牧所希望的），当然是理想的高层常任官职之一，但在澧州或柳州那样偏荒的州任刺史（如柳宗元），却并非"理想"。同理，在偏远南方的阳山县任县令（如韩愈的经验），不是"理想"官职，但在京畿的长安县任县令（如裴耀卿），却是个中层的理想常任官职之一。①

应当一提，李建没有做过尚书，没有任过宰相，他还没有达到唐代士人文官所能达到的最高官位。就官业上来说，他不如张说和张九龄，也不如李德裕。这三人都做过尚书和宰相。但李建的官历依然非常杰出，唐代像他那样的官员，并不多见。韩愈最后也仅做到吏部侍郎，跟李建的官业很相像。

---

① 拙著《唐代中层文官》第四章《县令》，曾经详细讨论过韩愈和裴耀卿这两例个案。

　　我拟定这个理想的常任核心官职的模式,目的并非为了涵盖大部分士人文官的官历,而是为了定出一个相当高的标准,一种高的理想,然后以之作为一种标尺,用来衡量唐代士人文官的做官表现。在这个标准下,他们究竟能够达到怎样高的吻合地步? 假设一个唐士人文官,他的官历完全符合这个标尺,则我们可以说,他得到 100 分。李建的官历有大约百分之九十和这个标尺吻合,则我们可以说,他得到约 90 分。分数越高,表示越符合那个高标准理想,任官越"成功"。因此,我们便可以用这样的标尺去衡量每一个唐代士人文官,给每个人都打个分数,从而可以给他们做高低排秩,可以更客观地衡量比较一下各人的成就。在这样的评量下,唐代那些失意文官(墓志中尤其常见),一生只在几个不重要的州县,当三五任州县官,他得到的分数恐怕很低,可能只有 10 到 20 分。

十二、结　　论

　　研究一个唐代官员,我们一应当对他的官历有彻底的了解和掌握;二应当对他在整个唐代官僚体系中的地位,有个清楚的认识。如果我们能做到这个地步,那我们对唐代官员和唐代社会的理解,应当也迈进了一大步。同时,我们不妨以唐代理想的常任核心官职的模式,来衡量这位官员的官历,看看他是否达到那个理想模式的标准,甚至可以估算出他的"得分"。

　　本文实际上也等于是一篇唐墓志和墓碑的考释文章,考释的是元稹为李建所写的墓志,以及白居易为他写的墓碑。本文在考释过程中所关注和发微的一些课题,或许可以为目前流行的唐墓志考释研究,提供一些参照,以迈向一个更高的境地。

附录　李建行年表

年　　代	岁　数	主要经历和官历	主要出处
广德二年(764)	1 岁	生于荆南(今湖北荆州)	《白碑》《元志》
永泰元年(765)到贞元八年(792)	2—29 岁	不详	

(续表)

年 代	岁 数	主要经历和官历	主要出处
贞元九年(793)	30 岁	可能在这一年考中进士,跟刘禹锡、柳宗元同年	傅《唐翰林学士传论》,第 385 页
贞元十一—十二年(794—796)	31—33 岁	不详,应当在守选期间,等待做官	
贞元十三—十七年(797—801)	34—38 岁	以试校书郎的身份出任容州招讨判官	《白碑》《元志》
贞元十七年(?)到贞元二十年(801?—804)	38—41 岁	回到长安秘书省任校书郎,803 年跟元稹和白居易两人为同事	《白碑》《元志》
贞元二十年(804)十二月二十二日起	约 41 岁	以校书郎身份出任翰林学士	《白碑》《元志》
贞元二十一年(805)三月十七日起	42 岁	以左拾遗和詹事府司直身份任翰林学士	《白碑》《元志》
元和元年(806)	43 岁	回到詹事府任司直	《白碑》《元志》
元和二年(807)	44 岁	不详,很可能还在任詹事府司直	
元和三年(808)二月起	45 岁	以殿中侍御史的身份出任鄜州防御副使和转运判官	《白碑》《元志》
元和三年十月后至四年(808—809)	45—46 岁	回返长安任殿中侍御史。元和四年四月,曾反对裴均进奉银器给皇帝	《旧唐书·宪宗纪》《白碑》《元志》
元和四年至十一年冬之间(809—816)	46—53 岁	这期间历任比部员外郎,兵部员外郎,吏部员外郎,吏部郎中,以兵部郎中知制诰,京兆少尹	《白碑》《元志》
元和十一年冬至十五年(816—820)	53—57 岁	被贬官澧州刺史	《白碑》《元志》
元和十五年(820)闰正月十五日至二月二十八日	57 岁	以太常少卿知贡举	《唐摭言》卷一四。《白碑》遗漏此职

（续表）

年　　代	岁　数	主要经历和官历	主要出处
元和十五年（820）二月二十八日以后	57 岁	任礼部侍郎	《唐摭言》卷一四
元和十五年（820）	57 岁	以刑部侍郎身份（本官）知吏部选事	《旧唐书·韩皋传》
长庆元年（821）二月二十三日	58 岁	逝于长安修行坊，享年 58 岁。死于服食丹药。死后赠官工部尚书	韩愈《太学博士李君墓志铭》

原载《唐史论丛》第 17 辑，2013 年，第 17—45 页。

附录　汉学师承记

万里寻碑记

——我怎样找到《大悲菩萨传碑》

一、神秘的任务

1990年初夏的某个下午,我在湖北省的襄阳,探访过诸葛亮年轻时耕读了十年的古隆中后,独自一人乘火车抵达河南的宝丰县。我提着一件简单的行李,下了火车,才发现站台上十分冷清:只有三四个人和我在这个小站下车,几乎没有一个人上车,站台上也见不到有什么人在推着小摊子售卖食物,一片寂寞凄清的景象。这跟中国其他稍大城镇的火车站,那种人头涌涌,充满各种叫卖声的场面,形成十分强烈的对比。

我乘坐的这班火车,是从重庆始发,开往北京的190次直快车。这种直快车,一般只停大站,不停小站,但它居然在宝丰这个冷清的小站停靠,倒是出乎我意料。我当初筹划这段旅程时,翻查过我那本在中国旅行必备的《全国铁路列车时刻表》(90年代还没有网络购票),发现宝丰站每天竟有至少十四班火车停靠,七班往南,七班往北,而且全部都是快车。此外,还有另两班慢车,也停此站。我从来没有到过宝丰,只知道它是河南省中部一个小小的县城,位于洛阳东南约140千米,离中岳嵩山和少林寺都很近,却不知道它有多小,有多冷清。不过,当时我心想,既然它有十四班快车停靠,大概不会太冷清吧。

没想到,宝丰给我的第一印象,却是那么寂静,甚至可以说是那么安详的,没有拥挤的人群,没有喧杂的声音。我提着行李,走向火车站的出口处。这时,太阳已经快下山了。在我右方,那列载我来的火车还要等待几分钟才开走。车上的乘客,一个个默默无言地把头靠在窗口,无聊地望着我们这几个下车的旅客走过站台。我心中不禁涌现难以形容的喜悦和兴奋。终于,我来到了宝丰！走在宝丰的土地上！过去十年来，我在台北，在美国普林斯顿，在香港四处漂泊，常常会像怀念故乡一般，想念宝丰这个小县城。常常想，什么时候有机会，我一定要到宝丰去，了却一件心事。

然而，站台上没有人来接我，我也没盼望会有什么人来接。宝丰到底不是我的故乡。在这儿，我连一个亲人、一个朋友都没有。宝丰也不是旅游胜地。那为什么要到宝丰去呢？在我去之前，虽然我知道我可以先联系某些单位的某些人，但我潜意识里，却好像很不愿意这样做，总是找借口放弃许多联系的机会。在我的想象中，宝丰行的最好方式，就是静悄悄地来，静悄悄地去，不要惊动任何人，而且要带几分"神秘"的色彩才好。这样才能跟我到宝丰去的目的相配合。

的确，我到宝丰去，是负有一项"神秘"任务的。宝丰火车站站台上的黄昏暮色和冷清场面，正好加深我此行的"神秘"色彩。我下了火车后，慢慢走过长长的站台时，甚至连内心的喜悦和兴奋，也是带有几分"神秘"的。我想，我那时的处境，有些像中国侠义小说中常见的开场：一个人，奉命侦办一起重大的案件，于是不辞劳苦，独自跑了万里路，在某个黄昏，悄然抵达一个荒凉的小镇，准备第二天一早行事。

我要"侦办"的，的确是一件悬案，而且牵涉到至少四个领域：文学、历史、民间传说以及佛教信仰。这宗悬案，困扰了中外的现代学者至少将近一个世纪之久，因为有一篇写于北宋年间，关于妙善观音起源极重要的石刻碑文，在大约 18 世纪末叶以后，竟"神秘"离奇地失了踪，不知如何"不见"了，"失传"了。现代学者费尽心机，不断在找寻这篇碑文，可是大家忙了快一百年，也还是没有找到，成了悬案。

我这次到宝丰这个寂寂无闻的小镇去，就是为了寻找这篇北宋年间的碑文，"侦破"这宗百年悬案。更准确地说，我要寻找的是一件实物证据，是一通具有将近七百年历史的古碑：因为我从其他材料知道，这一篇碑文，曾经在北宋元符三年（1100），雕刻在一通石碑上，立在宝丰县的香山寺内。两百多年后，这通石碑已经被风雨侵蚀。香山寺的和尚，在元朝至大元年（1308），又把此碑重新雕刻，但仍然立在香山寺内。在清代，至少有一个金石学家武亿，曾经见过此碑的拓片，并且在清嘉庆二年（1797）编成的一本地方志中，记录了一部分碑文。可惜从此以后，一直到 20 世纪 90 年代，这通石碑的命运如何,下落如何,是存是毁,世界上除了宝丰县的居民外,恐怕就没有其他外人晓得了。据我所知,国外从来没有人到过宝丰去找寻此碑。而我自己为了寻访这通石碑,也一直在等待机缘,从台北到普林斯顿到香港,一直等了约十年,跑了超过万里路。现在,中国的门户开放后,终于有"缘",踏上宝丰的土地。这通七百年古碑之谜,它的现代命运如何,看来很快就可以揭晓了!

至于我自己当初为何会和这通石碑结缘,以至等待了那么长的时间,那就要从一段往事说起。

二、残缺的妙善传说碑文

20 世纪 70 年代末期,我在台大外文系当一名穷学生。记得在 1979 年秋天,大四刚开学不久,有一天,教我"西方汉学"这门课的王秋桂老师,借给我一本刚出版不久的西方汉学著作《妙善传说》(*The Legend of Miaoshan*)。此书的作者杜德桥(Glen Dudbridge),是英国剑桥大学的中文博士,当时在英国牛津大学任中文讲师,并且已经出版过一本研究《西游记》的专书。80 年代中期,他一度出任剑桥的汉学讲座教授,后则升任为牛津的汉学讲座教授。他这本《妙善传说》,是世界上第一本研究妙善传说的著作,治学严谨,材料详尽,在学术界得到很高的评价。当年我读此书,深深为之倾倒,也从中学到不少东西。

而妙善传说的发源地,正好是河南的宝丰县。根据最初的传说,从前有一个国王,不信佛法,生有三个女儿。第三女妙善,从小虔诚礼佛,在宫中号为"佛心"。长大后,妙善坚持要出家,不愿嫁人,而被父亲赶出宫,住到一所尼庵去。尼庵的住持,在国王的训令下,折磨妙善,好使她回心转意去嫁人。但龙神知道妙善将证道果,救度众生,于是暗中帮助妙善,渡过许多考验。有一天,国王对这个不听话的女儿,愤怒极了,下令把她押去斩首。在临刑的一刻,龙山的山神把妙善救出,从此妙善便在龙山附近的香山修行。不久,国王得了重病,肢体腐烂。有一个僧人对国王说,他的病需要用无嗔人的手眼才能治好。僧人也告诉国王,香山有一个仙人在修行,可提供手眼治病。国王便派了使者到香山来求仙人。妙善于是以刀挖出自己两眼,又叫使者砍断她的双手,用她自己的手眼作药,来医治父亲的病。国王得了手眼,果然不久就病好了。于是一家人来香山谢仙人。这时,国王才发现,香山这个没有了手眼的仙人,就是他自己的女儿妙善。国王醒悟自己从前的无道,发愿要以舌舐女儿两眼,续女儿两手,愿天地神灵,令女儿枯眼重生,断臂复完。国王发愿完了,天地震动,妙善也化身作千手千眼大悲观音菩萨。国王从此虔敬三宝,并且在香山建塔十三层,以覆菩萨真身。

这一则妙善公主化身变成大悲观音菩萨的传说,和楞严及大悲观音等佛经的记载,很不相同,不过却在宋代以后的各种通俗文学和善书中,广泛流传。宝卷《香山卷》、明代小说《南海观音全传》,和明代传奇戏曲《香山记》,讲的都是这个故事。

这则传说,很可能在唐代已经在各地方的民间流传,最初未必和宝丰县有关系。但它在唐代流传的情况如何,因为没有文献证据,一切只能存疑。这传说和宝丰发生关联,是从北宋开始,而且看来也纯粹只是一种历史巧合。事缘北宋元符二年(1099),朝廷中的一个高官,翰林学士蒋之奇,被贬到汝州(即后来的宝丰)出任太守。这年冬天,香山寺的住持怀昼,派人邀请蒋之奇上香山寺,并且请他鉴赏一篇记载妙善公主如何在香山化身为大悲菩萨的《大悲菩萨传》。据他说,这篇传是唐代道宣律师的弟子义常写的。蒋之奇读了这篇妙善传说,深为感动,于是把它稍为修改"润色",并且写了一篇《赞》附在篇末,交代整件事情的经过。

蒋之奇在汝州只停留了一个月,就被调往庆州。在他走后的第二年,香山寺便把他润色过的《大悲菩萨传》,连同他写的那篇赞,雕刻在一通石碑上,并且由当时北宋著名的书法家宰相蔡京写碑,立在香山寺内。据我们所知,这是历史上第一篇可考的妙善传说的文献。它也就成了研究妙善传说最重要的一篇原始文件。

奇妙的是,如此重要的一篇碑文,却长期"失踪"。在杜德桥之前,有好几个中外学者,曾经探讨过妙善传说,但他们都没有见过这篇碑文。大家只是从北宋另一个和蒋之奇同时代的学者朱弁,在他的《曲洧旧闻》中所写的一段短文,知道蒋之奇当年曾经答应香山住持的请求,把一篇记载妙善传说的文字,"润色"为传。朱弁甚至嘲笑蒋之奇,那么轻易就相信了那和尚的话,因为在他看来,那篇所谓由唐代道宣律师的弟子义常所写的《大悲菩萨传》，来历可疑，极可能是香山和尚捏造，而假借蒋之奇"润色"的名义，来取信于世人。和尚的用意，看来只是要使世人相信，妙善的确在宝丰香山化身为大悲观音菩萨，降迹显圣。而如果善男信女都相信这个传说，那么从此以后，宝丰香山寺的香火，必然会鼎盛起来。

朱弁的短文，只提到蒋之奇为和尚"润色"《大悲菩萨传》这件历史事实，并没有提到刻碑的事。不过，它却为后来的学者，提供了一条重要的搜寻线索。蒋之奇是北宋朝廷中的一个大臣，是个斑斑可考的历史人物，甚至连《宋史》中都有他的传。我们甚至也知道他生于 1031 年，死于 1104 年。那么当年他替人"润色"的那篇《大悲菩萨传》，是否还存在呢？还流传于世吗？这几乎是任何一个称职的现代学者，在这种情况下，都会提出的问题。大家也都在想尽办法，渴望找到这篇文献。

但问题是，中国古籍浩如烟海，到哪里去找寻这样一篇文章呢？在错综复杂的中国古籍堆中，有时为了寻找一本古书，已经够一个人忙上几年，甚至几十年，跑遍了世界各地方的中文图书馆，也未必有什么结果。何况一篇不知收在何处的单篇文章！

如果这是一篇唐代或者唐以前的文章，我们至少还可以翻查《全上古三代秦汉六朝文》，或者《全唐文》这些总集。而且这些总集都有索引，翻查起来还不致太费时间。但偏偏蒋之奇那篇文章，却是宋代的，而宋文至少一直到最近几年前，还没有人编过一朝总集。（近年来，四川大学主编的《全宋文》，方才陆续出版。不过，在我所见到的已出版的前二十册当中，也还不见有蒋之奇此文，或他的任何其他文章）。

更不巧的，蒋之奇虽是朝廷大臣，却没有个人的文集流传下来。否则，或者他为人"润色"过的那篇文章，会收在他的文集里也说不定。二十多年前，杜德桥开始研究妙善传说时，我想他正好面对这样一个尴尬的局面：明明晓得历史上曾经有过一篇这样的文章，却找不到它。如果这篇文章是明代的或清代的，而且只是妙善传说的一个后期版本，倒也算了，找不着就找不着，只需加个脚注，解释一番就可，没有什么大不了的。但偏偏它却是宋代的，而且是我们所知历史上第一篇记载妙善传说的文献，后来各种民间文学与戏曲中所描述的妙善故事，全都是从这儿演变而来的，确是非同小可。如果真的找不到这样一篇重要的文献，那么在探讨妙善传说在明清期间的演变情况时,往往便弄不清楚故事情节的根源在哪里,只能靠揣测。在这种情况下,我想,一个学者可能有几个抉择:要么干脆放弃这个研究题目,或者等找到这篇碑文后,再来继续研究;要么则继续努力,上穷碧落下黄泉般地去找。或许有一天,真诚感动了妙善菩萨,她会指引我们找到。

我想,杜德桥当年必然曾经四处寻访过蒋之奇的文集,而且也翻查过各种古籍目录,知道蒋之奇没有文集传世,此路不通,要改变搜寻的对象才行。既然香山寺在宝丰县,那么在宝丰的地方志中,会不会有什么材料呢? 果然,杜德桥后来在一本嘉庆二年(1797)编成的《宝丰县志》中,找到许多珍贵的研究材料。

这本《宝丰县志》的主纂者武亿生于清乾隆十年(1745),死于嘉庆三年(1798),在乾隆四十五年(1780)考中进士。他是河南偃师人,而偃师正好位于宝丰北部不远,距离约 150 千米。武亿也是清代颇有名气的一个金石学家。可能因为这种地利和兴趣,他编的这本县志,有一卷是金石材料,收录了宝丰县境内许多石碑的碑文,并且还对各石碑的刊刻日期,做了详细的记录。就在这卷金石材料中,杜德桥发现了现代妙善学者梦寐以求的一篇文字,一篇蒋之奇写的文章。

不过很可惜,这篇并不是蒋之奇"润色"过的那篇大悲传,而是蒋之奇自己所写,附于传后的那篇《赞》。虽然如此,这篇赞的史料价值依然非常之高。在这里,蒋之奇亲笔告诉我们,他当年是在什么时候来到汝州,香山住持是怎样派人来请他上山,而他又是怎样觉得那篇大悲传的文字"俚俗",于是替它删改修饰,然后立碑。这篇赞不但证实了朱弁的记载,而且还第一次让我们知道,原来当年还有立碑这件事,以及立碑的年月和地点。

但最可惜的是,武亿分明见到《大悲菩萨传》的碑文和蒋之奇的《赞》,却没有把传的碑文抄录在《宝丰县志》中,只抄录了蒋之奇的赞文。而且,他还特别注明:"碑文不录录赞"。这样一来,现代学者还是等于没有找到那篇《大悲菩萨传》。至于武亿为什么要来个"碑文不录录赞",令我们在满怀希望之际,又大失所望呢? 据他自己说,是因为传文中"语涉炫奇故也",于是"碑文不录"。换言之,他看来是不相信传文中所记载的妙善传说,而且他可能和宋代那个不信邪的朱弁一样,认为妙善化身为大悲菩萨显灵这种事,乃"浮屠氏喜夸大自神"的表现也。而他之所以愿意抄录蒋之奇的赞文,则因为这有助于后人考证蒋之奇的生平,尤其是他被贬出任汝州太守的年月,这是他《宋史》本传中所未记载的。清代的金石学家,大抵都有这种想法——所谓石刻碑文,可以用来补正史材料之不足也。

可是,这却害苦了研究妙善传说的学者。如果当年武亿直截了当地把传文抄录在县志中,那么现代的妙善研究,就不必走那么多曲折冤枉的路,而我自己也不必在将近两百年后的某个夏天,万里迢迢跑到宝丰县去,为了寻找一通什么石碑。

杜德桥对武亿的这种做法,也是深感惋惜的。不过他在惋惜之余,好像没有其他的办法。他在书中写道:"此碑文似乎并未保存于他处,因此也就不可得。"当年我读杜德桥此书,读到这儿,马上警觉起来:"啊,这里有人说他找不到一篇碑文,如果我能够把它找到,岂不妙哉!"这可能便是我和妙善菩萨结缘的开始。

而我当时有这种警觉,很可能是因为我那时刚好看完欧狄克教授(Richard Altick)那本十分精采的书《文学考据的艺术》(*The Art of Literary Research*)。这本书主要讲述英美文学史上好几宗重大的悬案,如何被人侦破的经过。欧狄克的文笔非常生动。他把这本书写得好像一本侦探小说一样,处处引人入胜。我几乎废寝忘食一般,把这本书看完。欧狄克本身是书目学家,编过好几种英美文学研究的重要书目。我想他写这本书的用意,除了因为这些悬案原本就很吸引人外,恐怕也想通过这些真实个案,来教导念书目学的学生,如何经常保持灵活的头脑,要培养出一种间谍所具备的警觉和嗅觉,才能解开文学史上或历史上那些别人解不开的"谜"。我读了他此书,深受启示。那时我在外文系,但知道自己将来要改行治中国文史,已经开始在留意中国的书目学。欧狄克此书让我深刻体会到,中国的书目学,不但和英美的书目学相似,而且和侦探及间谍搜集情报的方法,在许多方面,也是相通的。

当杜德桥说他找不到那篇碑文,我的"侦探瘾"便被他引发了。我当时想,他要找的是一篇碑文,而碑文在传统的中国书目学里,是属于"金石门"的,可是他用的材料却是《宝丰县志》,属于方志的范围,这已经有点问题,不太对劲。固然,不少方志也收金石史料,但方志到底是方志,主要目的是记录一个地方的历史沿革、风土人情、寺庙学校等一类的材料,而金石并非其重点,常常是可有可无的,因此也有不少方志根本不收石刻碑文。《宝丰县志》之所以会收碑文,我想这跟编者武亿是金石学家大有关系。而他不录《大悲菩萨传》的碑文,原因之一固然像他自己所说,是此碑的文字"语涉炫奇"。但我想,另一个原因是,可能他也觉得,他这样做无可厚非,因为他编的是一本方志,并非石刻碑文集。编辑目的既然不同,当然也就没有必要非把所有宝丰的碑文都抄录下来不可。因此,即使一本方志肯收碑文,那也很可能是有选择的、点缀式的收录,恐怕不会全部照录。

换句话说,要找碑文,最理想的地方,并非方志,而是石刻碑文集。这种史料,从宋代开始已经有人在编纂,到清代蔚为大观,其性质、种类都相当复杂。有的收全省的碑文,如《江苏金石录》;有的只收某一县的碑文,如《偃师金石录》;更有的雄心勃勃,几乎全国各地的都收,如王昶著名的《金石萃编》。更混乱的是,有的只有碑目而无碑文,如《艺风堂金石文字目》;有的有碑目,有考证,但又无碑文,如史学大师钱大昕的《潜研堂金石文跋尾》,不一而足。

可能也是另一个机缘,当年我初习中国书目学,是从《书目答问》起步的。这本书目,挂名是清代湖广总督张之洞编的,但许多人都晓得,它实际上是张的一个幕僚缪荃孙帮忙编的。缪荃孙正巧又是一个金石学家。他"帮忙"编的这本书目,在处理金石材料时,所推举的书名和版本,十分详尽,眼光独到,完全是行家手笔。而且《书目答问》编于道光年间,晚于著名的《四库全书总目》。它在好些条目方面,材料更新。以金石类来说,它就列了许多晚清所编的碑文集,都是《四库全书总目》所未收的。

另一个巧合,差不多在这个时候(1977—1979年间),台北的新文丰出版社,陆续翻印了大量这种石刻史料,包含了《书目答问》中所列的几乎全部金石材料。我那时是穷学生,当然买不起这种大部头的书,但台大图书馆里有好几套。我常常把这批史料,一册一册地借回家去,慢慢"玩赏",不久也就比较熟悉这些石刻史料了。

在这种背景下,当我发觉杜德桥只是查了方志,便说那篇大悲传的碑文"似乎并未保存于他处"时,不禁"疑心"顿起。我再仔细检查他书后所附的参考书目,发现他所用的第一手材料,的确是洋洋大观,计有二十四史,有历代诗文集,有明清笔记,有方志,有佛藏,有道藏,有戏曲,有宝卷,还有小说等等,种类繁多,超越了不少中国本土学者所能掌握的。然而,它却没有列任何石刻史料。换句话说,他看来并未曾利用过这类材料,而没有翻查过这些碑文集,怎么就说那篇《大悲菩萨传》的碑文"不可得"呢?岂不太早就下结论了吗?

当时我就有个预感,杜德桥要找的那篇碑文,极可能就收在这些石刻史料中,并未失传。但这批材料本身也是极为庞大的,远远超过杜甫所说的"万卷书"。新文丰的翻印本,当时出版了两辑,正好是厚厚的五十巨册,每册十六开本,约五百到一千页之间。如果要逐一翻检这五十余册,也非易事。好在那时我知道杨殿珣先生,曾经为一百四十种主要的石刻史料,编过一本索引,叫《石刻题跋索引》。此书在1941年由商务印书馆出版,正是在兵荒马乱的抗日战争期间,出版一本如此冷门的工具书,可说很不寻常。1957年上海商务又出了个增订本。新文丰在影印石刻史料时,也"顺便"把这本索引翻印了,收在其中一辑里,但原书后面所附的一个四角号码索引,却不知何故,竟没有翻印,增加使用者的许多不便。但无论如何,有了这本索引,翻检石刻史料就比较快捷。杨书出版到今天,已足足超过半个世纪,但仍然没有被其他书取代,依然还是石刻史料最好的索引之一,值得记上一笔(当然,如今许多中国古籍已数字化,制成了数据库,例如北京爱如生研发的《中国基本古籍库》等等,当中就收了不少金石材料,检索更加容易了)。

当年我寻找碑文,第一件事,就是先跑到台大图书馆,把杨殿珣的这本索引借回家。那是新文丰的翻印本,缺原版书后的四角号码索引,用起来没那么方便。我只得花一个晚上,一页一页地翻检杨书。到夜深人静时,我已找到三条可能的线索,知道有一篇叫《大悲成道传》的碑文,收在三种清代所编的石刻碑文集中:阮元的《两浙金石志》、杜春生的《越中金石记》,以及陆增祥的遗作《八琼室金石补正》。

当时,我不能确定的是,杨殿珣索引中所列的《大悲成道传》,是否就是杜德桥说他找不到的那篇《大悲菩萨传》,但这看来很有可能。唯一可以确定的方法,是把那三种碑文集都找来看看。但这时已经夜深了,台大图书馆早已关门,最快也要等到明天早上才能见分晓。不过,既然也叫大悲传,这恐怕就是杜德桥等现代学者都在找寻的那篇碑文吧。如果确的话,那么我将成为世界上第一个找到这篇碑文的人。而如果不是的话,那就是空欢喜一场,白忙一场。我想那晚我就在这种患得患失的心情下,度过一夜。

第二天一早,我跑到台大总图书馆去,在那个光线微弱、积满尘埃但十分安静的地下书库,先取下陆增祥所编的那本碑文集,按照杨殿珣索引的指示,翻到卷一○九,第 19 页。果然,我第一眼就看到妙善的名字,再细读开头第一行:"臣既至,妙善听命,即谓尼众,汝等速避,吾当受诛………"这分明是一篇从来没有人引用过的碑文,肯定是《大悲菩萨传》。我不禁要欢呼起来:"我找到了!我找到了!"接着,我再翻检阮元和杜春生所编的碑文集,发现都收了同样的一篇碑文,而且都是从"臣既至,妙善听命"那一行开始的。

等我回家仔细研究这些新材料时,我才发现,我的欢喜还是太早了些。没错,我的确是找到了那篇碑文,那的确是《大悲菩萨传》,但那却只是半篇碑文!另一半仍然没找到,不知所踪。在我往后和大悲菩萨结缘的十多年当中,我才慢慢发现,大悲菩萨的"秘密",是绝对不轻易向人透露的。她常常是这样,只肯一点一滴地透露她自己的生平和起源之谜。好戏果然还在后头。

原来,《大悲菩萨传》碑,不单只立在宝丰的香山寺,而且还曾经在宋崇宁三年(1104),重刻在杭州的天竺寺(在今天杭州著名的旅游胜地灵隐寺附近,还有一座寺庙叫天竺寺)。蒋之奇曾经在 1102 年底左右,出任杭州太守,看来是他自己把那篇《大悲菩萨传》的碑文,带到杭州去重刻的。不同的是,在杭州这通石碑上,蒋之奇的赞文和《宝丰县志》所录的,有几个地方有一些异文,而且杭州此碑把《大悲菩萨传》,改称作《大悲成道传》。因此,此碑文在清代的碑文集中,便称为《大悲成道传》。杭州碑和宝丰那通原碑,在高度和宽度上,可能不尽相同,以至每行碑文的字数,在两碑上有所不同,但在碑文的根源上,它和宝丰原碑,实际上是相同的。两者都源自蒋之奇当年"润色"过的那篇《大悲菩萨传》。

更复杂的是,这通石碑似曾在清代被人搬移到离杭州约 60 千米外的绍兴去。阮元的《两浙金石志》刊录此碑的碑文时,注明"右碑在绍兴府学"。杜春生的《越中金石记》说"不知何时移至绍兴"。陆增祥的《八琼室金石补正》则推论,此碑虽说是"杭州天竺寺僧道育重立",但未必一定立在杭州的天竺寺。

至于那怎么会是半篇碑文呢？另一半在哪里呢？其实，我最初只知道碑文有缺，因为阮元等三位金石学家的过录本，都清楚标明"前缺"，但不知道缺多少，为什么缺。他们对碑文的残缺，也各有不同的看法。阮元说他怀疑"当时刻石不止一碑，或此碑两面，拓者遗其前耳"。杜春生则说"右边截去数行，故碑文不全"。

尽管如此，这篇有缺的碑文，仍然长达两千多字，从来没有其他研究者引用过，史料价值非常之高。差不多同时，我还发现另一篇和妙善有关联的碑文：元代大书法家赵孟頫的夫人管道升所写的《观世音菩萨传略》。这也是其他研究者所未见的。我把这些新发现告诉王秋桂老师后，王老师即命我写一篇论文，向学术界公布此事。

大四下学期，三四月间，台北正是春天，台大校园里满园的杜鹃花怒放，春光明媚。我的同学当中，大概不少都"郊游"去了，我则继续在图书馆做研究，发掘大悲观音菩萨的秘密。就在我以为我的研究已做得差不多，有一天下午，坐在阳光普照的窗前，抄写最后一稿时，突然福至心灵，想到这既然是一篇碑文，它原本其实是一通石碑，那么它应该还有拓片才对啊。既然清代碑文集里所收的碑文都不全，如果这通石碑还有拓片传世的话，那岂不就可以把碑文补全吗？

这么一想，我马上掷下笔，放下稿纸，准备转移搜索对象，转而向拓片下手。当时我晓得，台大图书馆是没有什么拓片的。拓片最多的地方，是当年位于南海路的台湾"中央图书馆"和南港"中研院"的傅斯年图书馆。台湾"中央图书馆"在1972年编过一本《墓志拓片目录》，但既然只有墓志拓片编过目录，其他的尚未编目，不合我的需求。于是，我先打电话到傅斯年图书馆去打听消息。或许我的运气还不错，接听电话的那个馆员，非常好心地告诉我，她们馆里的确收藏了两万多件拓片，但没有正式出版过任何拓片目录，只编有一个目录稿本，供自己馆里使用。不过，她说很"欢迎"我亲自去查。

于是，我立刻跳上公交车，从我那时住的景美公馆路，摇摇晃晃地去到约一小时车程外的傅斯年图书馆。馆员捧出一叠高高的稿本来，共十三册，线装。我翻了一下，不禁暗暗叫苦。原来这个未出版的目录，所收录的拓片，完全不像其他金石目录那样，按照碑刻的性质、地点或年代来排列。它看来好像跟大英图书馆所收藏的敦煌卷子目录一样，是按照当年整理或装裱的顺序来排列的。每一张拓片都有一个编号。要找某一张拓片，唯有把这本目录从头到尾翻查一次，才不会遗漏。

幸好，这目录只有十三册。我花了大约一个小时，翻了一遍，果然有收获：编号 02202 的那张拓片，叫《大悲成道传》，看来正像我要找的，于是我请馆员从书库取出。她取出的是一个卷轴，很雅洁，很新，一点尘埃也没有，似乎从来没有人动过，好像才刚刚装裱好的样子。我打开一看，的确没错，是《大悲菩萨传》，不过又有些微微的失望，因为它也和那三家碑文集所过录的碑文一样，源自杭州天竺寺那通重刻的石碑，缺前面一半，也是从"臣既至，妙善听命"那行开始的。

我把这张拓片和那三家过录的碑文对校一遍，没有发现异文。单就文字本身而言，拓片似乎没有提供什么新的材料。但其实，这张拓片的价值，远远在过录本之上。最重要的一点，它非常精确、具体地保存了原碑的大小尺寸，以及写碑人蔡京的书法真该原貌，几乎毫无偏差。这点是过录本没法做到的。在这方面，传统的石碑拓印方法，也远胜现代最先进的摄影术。看了这张拓片，我才知道，那三家过录本所说的"前缺"，是怎么一回事。

最初，我以为是石碑断裂了，才造成缺文。但从拓片看来，这一通石碑完好无损，呈长方形，高约 1.64 米，宽约 1.1 米，可说是一通颇为高大的石碑，完全没有缺角或断裂的痕迹。但它的碑文分明有缺，因为它开头那一行，显然是一篇文章的中间部分，而且我从《宝丰县志》知道，此碑前面应该有"蒋之奇撰""蔡京书"等题署。那么，缺文是怎样产生的呢？

有了这张拓片，我觉得杜春生所谓"右边截去数行"，是很难成立的，因为石碑并没有"截"的痕迹，而且从故事情节看来，那已经是中间部分，缺文应该不止"数行"，而是一半左右。因此，我那时比较同意阮元的推测："疑当时刻石不止一碑，或此碑两面，拓者遗其前耳。"最后，我写论文时，又稍为"修改"阮元的说法，而说成是："碑文原本刻在两块石碑上，再拼成一大块，左右并立在一起。拓片保留的是左半部分。"我当时以为，右边那块碑石可能是后来不见了，或损毁了，才造成正好一半的缺文。

当时，我之所以有这种"两块石碑"的看法，一方面固然受阮元的影响，另一方面，其实是看了南港胡适公园里的胡适墓碑所得到的"灵感"，因为胡适的墓碑正好是用好几块（我记得至少有四块）碑石拼成的，详细记载着他的生平功业,碑石之间可以清楚看到接缝。可是,我当年没有想到,胡适是受西化影响的人物,他的墓碑其实也是蛮"西化"的,体制和传统中国墓碑很不一样。但在台北见不到什么古碑,直到十年后,我有机会跑遍几乎整个中国大地,寻访过不少古碑、名碑,我才知道,当年这种"两块石碑"的说法,实在是很不妥当的,是学艺未精的结果,因为传统古碑似乎从来没有所谓"两块碑石拼作一块"的做法。而到我去了一趟宝丰后,我更相信,阮元和我的说法都很成问题,不是碑文残缺的原因。真正的原因,且卖个关子,留待后头再说。

三、拓 片 在 哪 儿

总之,不管碑文是怎样弄缺的,当年我在台北,确已想尽了办法,都找不到另一半的碑文。最后,学期快结束了,王老师催我交论文,于是我便把所作的研究,写成一篇报告,叫《妙善传说的两种新资料》,作为我那门"西方汉学"课的一篇期末报告,稍后也发表在1980年9月台大外文系出版的《中外文学》月刊上(现亦收于本论文集附录)。在这篇论文里,我除了介绍已经找到的新材料外,也清楚表明,《大悲菩萨传》所缺的另一半碑文,还未找到。我也在文中提示了几个未来搜寻的线索。

第一个可行的办法,是到大陆去找寻原来那通石碑。既然这通石碑曾经刻了三次,而且刊立的地点分别在宝丰和杭州,如果还未毁坏,总可以找到吧。当然,在80年代初期,中国改革开放的大门还未完全打开,我知道这恐怕是个遥遥无期的梦想,并不抱太大希望。

另一个线索,是找寻这通石碑的其他拓片。古人刻碑,大概都不免希望所刻的文字,可以流传千秋万世,而碑的确有它特殊的性质和寿命。碑本身是块石头,如果质地良好,保存妥善,其实真的可以达到"不朽"的境界。碑的毁灭,常常是因人为的破坏。但即使一通石碑毁了,那也不等于它就从此在这人世间完全消失。至少,它的碑文不但可能保存于后人所编的各种文集、方志和碑文集里,而且更可能保存于历代所拓的拓片中。在印刷术尚不发达的时代,石碑其实等于是一部最原始的印刷机,可以让人复制成千上万张拓片印本。从宋代到清代的将近一千年当中,大悲传这通石碑,恐怕曾经产生过千百张拓片。傅斯年图书馆所收藏的那张拓片,只不过是其中一张而已。如果大悲菩萨真的有灵,世界上应该还有其他拓片,完美无缺地保存了完整的碑文。问题是,这些拓片在哪儿呢?

实际上,我在我那篇论文中也提到另外几张拓片,可能保存了完整的碑文,其中最值得注意的有三张。一是清代金石学家李光映,在他的《观妙斋金石文考略》(《四库全书》本)卷十四中,记录他所收藏的一张拓片,就叫《汝州香山寺大悲菩萨传》。这分明是我们要找的那篇碑文。但很可惜,李光映这本书不同于一般的碑文集:它只有李氏本人的"考略"文字,而不录任何碑文。在这个条目下,只有一段考据文字,没有碑文。李光映在金石学上的兴趣,也和一般金石学家以金石证史的作风不一样。他是比较着重于碑刻的书法,就好像《四库全书总目》提要对他的评语一样,他是"以品评书迹为主"的,不以考订旧史旧闻见长。因此,李光映对《大悲菩萨传》的考证,只是引用了宋代《宣和书谱》的一段话,来赞美写碑人蔡京的书法,对我们来说,没有什么太大帮助。

但尽管如此,十几年后的今天,甚至在我去了一趟宝丰回来后,我仍然觉得李光映所收藏的这张拓片,很值得重视,很值得再继续追踪。原因有好几个。第一,它清楚注明是拓自"汝州香山寺"的,来源和傅斯年图书馆的那张拓片不一样,极有可能是一张完整的拓片,没有缺文。其次,这可能是我们所知历史上最早的一张《大悲菩萨传》的拓片。李光映没有告诉我们,他的拓片是什么时候拓的,但我们知道,他那本《观妙斋金石文考略》,早在1729年就完成。这也比1797年的《宝丰县志》,早了超过半个世纪。第三,李光映的拓片收藏,其实还大有来头。据我所看到的材料,他的藏品实际上是来自他的一位同乡长辈:清代大经学家、书目学家朱彝尊(1629—1709)的旧藏。

可惜的是,李光映的拓片收藏,在他死后,又传给什么人,我们就没有进一步的搜寻线索了。在现有的金石书目上,我再也查不到更多记载了。但拓片这一类的玩意儿,属于古董书画的范围。我想,李光映的这张拓片,如果今天还传世的话,极可能在一个古董书画收藏家手上,或者在某个图书馆的拓片特藏里。

另两张很值得注意的拓片,都属于前面提过的缪荃孙的旧藏。他在

1896—1898 年间，曾经把他自己的金石拓片收藏，编成一本目录，叫《艺风堂金石文字目》，在 1906 年首次出版。这本目录，列了两张相关的拓片。一是《大悲成道传并赞》。这看来即杭州天竺寺那通石碑的拓片，和清代那三家的过录本及傅斯年图书馆的那张拓片，来源一样。至于缪荃孙收藏的这张拓片，是否完整无缺，则不得而知。另一是《重刻汝州香山大悲成道传》。这显然即香山寺至大元年重刻的那通石碑的拓片，也是我最感兴趣的一张，因为从来没有记录说此碑残缺。而且缪氏这张拓片，是在 20 世纪之前拓的。即使此碑在现代已残缺，拓片极可能还保存了完整的碑文。

根据缪氏自己所编的那本《艺风堂金石文字目》，他的收藏多达一万六千余件。据我所看到的其他材料，缪氏死后，前国立北京大学国学研究所，曾经收购他的其中两千余张拓片，其余的就下落不明了。傅斯年图书馆的拓片收藏，有一部分好像也原本属于缪氏的旧藏。我相信，缪氏这两张大悲传碑的拓片，今天很可能仍然存在，很值得我们大家继续去追踪。近年来，我唯一能找到的一点蛛丝马迹，是在 1985 年左右，北京大学出版社所影印出版的缪荃孙的日记里。这本日记叫《艺风老人日记》，是根据缪荃孙的手稿影印的，多达十册。在好几处，他很"神秘"地提到，他在某年某月某日的早上或下午，曾经"校"过蒋之奇的"佚文"。这看来和《大悲菩萨传》很有关系。可惜，缪氏的日记都很简略，没有进一步的详情，让人更觉得神秘不可测。

四、从普林斯顿到香港

我那篇报告《妙善传说的两种新资料》在 1980 年发表后，便也暂时结束了我对大悲菩萨的探索。那年夏天，我大学毕业，秋天开学便留在台大外文系当一年助教，帮忙编《中外文学》。另一方面，我也在申请到美国普林斯顿大学东亚研究所念博士。这时，我想大悲菩萨帮了我一个大忙。普大的东亚所，虽然说可以接受只有学士学位的学生入学，直攻博士，可是因为竞争激烈，最后取得入学许可和奖学金的，绝大多数是已经有硕士学位，或至少念过一二年硕士班的学生。像我那样大学刚毕业，又还没有念过硕士班的，机会恐怕很小。幸好，在申请过程当中，得到好几位师长的大力推荐。他们也都建议我把那篇《妙善传说的两种新资料》和其他作品，一齐送审，以壮声势。我也听取了他们的意见。结果在第二年,我顺利得到普大的入学许可和奖学金,让我可以在往后的五年,衣食无忧地度过一段优游的读书生活,顺利念完博士。因此,我除了感谢那几位师长外,也常常觉得,大悲菩萨是我的一位恩人。

我那篇《妙善传说的两种新资料》发表后,杜德桥便根据我找到的新材料,把他那本《妙善传说》英文版的好几个章节,修改一次,准备让我和外文系的几个学长,合作翻译成中文出版。另一方面,他也用英文写了一篇论文,讨论我找到的那两种新资料,并翻译成英文,介绍给英语的学术界,作为他那本书的一个补充。1982 年 12 月,我在普大的第二个寒假期间,他这篇论文《石碑上的妙善:两篇早期碑文》("Miao-shan on Stone: Two Early Inscriptions"),便发表在美国汉学界最老牌、名气最响的刊物上:《哈佛亚洲研究学报》(*Harvard Journal of Asiatic Studies*) 的卷四十二,第二期。隔一年一月,普林斯顿大雪纷飞的时候,我收到他从牛津寄赠的这篇论文的抽印本。1983 年暑假,我抽空把他那本书的第二章,译成中文,寄回给他修改。差不多在这个时候,我的外文系学长李文彬和廖朝阳等人,也都把他们负责翻译的各章译完。可是,这个《妙善传说》的中译本,后来却好像波折重重,直到七年后,才由台北的巨流图书公司,在 1990 年出版。

在普大的五年期间,我不免时常会想起那"半"篇仍然没有找到的碑文。普大的中文图书馆,属于"葛思德东方图书馆"的一部分。根据普大自己的宣传刊物的介绍,说是"西半球最好的中文图书馆之一"。我常使用这个图书馆,甚至有两年的时间,我曾经和许多普大的学生一样,在这个图书馆打点散工,赚点零用钱,深深觉得普大自己的宣传太谦虚了。这个中文图书馆,在 80 年代中,藏书已超过三十五万册,不但是"西半球最好的中文图书馆之一",而且应该还是整个世界上最好的中文图书馆之一。它的藏书,集中在中国文史哲和各种学术期刊上。传统的中国古籍,收藏尤其多且精美,是个管理完善的研究图书馆。在这种环境下,我常常在走进二楼那间宁静、雅致的书库时,想到那半篇不见的碑文。在功课不忙的时候,在写完期末报告的时候,我往往也会幻想,在这个藏书丰富的图书馆,继续挖掘大悲菩萨的秘密。不过,一直到我毕业离开普大,我始终没有把我的这个幻想,付诸行动。

第一个原因是，到普大的第二年，虽然我仍然选修了文学的课，但我的博士论文题目，已经差不多选定在唐代制度史的范围，预备写一篇研究唐代军事与防御制度的论文。这和大悲菩萨可说毫无关系。不过，这恐怕不成理由。我想，最重要的原因还是，我那时开始对大悲菩萨的秘密，产生一种奇特的心情。一方面，我固然非常希望能找到那半篇失踪的碑文。但另一方面，我其实也有点"害怕"真的找到。因为我知道，一旦找到另一半的碑文，杜德桥又要修改他那本书，我们几个外文系同窗合作翻译的那个中译本，也要大改一次，真要弄得大家的日子都不太好过。反正我想，既然大悲菩萨那么不肯轻易透露她自己的秘密，我实在应该遵从佛家的缘分说，不再刻意去找寻那半篇碑文。如果真的和菩萨有缘，我应该是在一种不经意安排的情况下，在某一天很自然地找到那半篇碑文。

在往后的日子里，这种缘的想法，颇影响我对那半篇碑文的态度。在普大那几年，我果然再没有刻意去找碑文。或许，碑文就藏在普大中文图书馆某个书架的一角也说不定。即使有时稍为动心，有一种想继续找寻碑文的冲动，我也立刻把这种冲动压抑下去。甚至，有一次写信给王老师时，我还说要让此事从此"安息"。不过，在美国那几年，我开始想到，什么时候有机缘，我倒是应该到宝丰去走一趟，带着一种谢恩的心情，去看看一位恩人的出生地。

这样的机缘，我等了好几年，一直等到我在普林斯顿写完博士论文，转到香港去教书的第二年暑假，才给我碰上。其实，在第一年的暑假，中国改革开放的大门已完全打开。我早已匆匆一个人，到西北地区和黄河流域跑了一个多月。但我第一次大陆行，没有到宝丰去，主要因为发现宝丰这个小县城，那时仍然还没有对外国人和港澳台同胞开放。我不敢贸然跑去，深怕失望，破坏了几年来我对宝丰培养出来的特殊感情。于是，我把第一次大陆行，当作一次"暖身"运动，为将来的宝丰行作好预备。就在这第一次旅行当中，我曾经闯进好几个宣称不对外国人和港澳台同胞开放的小县城，结果都平安无事，没有遭到什么人驱逐。渐渐地，我胆大起来，也好像忘记了宝丰是个不开放的县城。或许我在潜意识里，"故意"把这事实给忘了。

第二年暑假快到时，我开始筹划第二次大陆行。很巧合，这次我的行程，会从东南西北四个方向，进入四川。首先从香港直飞昆明，游完大理、丽江后,乘巴士在攀枝花这个地名别致的地方,北上四川。然后到成都、重庆,乘江轮下长江三峡,到沙市下船,游古荆州,再折回头,到湘西、贵州黄果树大瀑布后,乘火车重返重庆,东入四川。接着,沿着襄渝铁路,到陕西南部的安康和湖北的襄阳,再往北到洛阳、华山,又从西安乘巴士翻越秦岭,到陕南的石泉,再转火车经过阳平关,南入四川。最后游剑门、广元,再乘巴士从昭化北出四川,经甘肃的文县,在南坪附近,再西入四川,游川西的九寨沟,以及更北的若尔盖和青海等地。

正巧,宝丰就位于襄阳到洛阳的这段路上。更巧的是,有一天闲坐无事,翻阅一本上回旅行带回来的地图——中国地图出版社所编的《中国交通旅游图册》。我竟发现这本地图在页 23 处,不但清楚标明宝丰的位置,而且还在宝丰东面,标出香山寺的所在。这是我见过的许多中国地图当中,唯一标出香山寺的一本。香山寺在宋元时代曾经香火鼎盛,但明清以来早已没落,想不到这本地图竟把它标出。我当时怀疑,会不会是另一个同名的寺庙呢?会不会是绘图的人弄错了呢?但不管怎样,这两个巧合,让我觉得,机缘来了,时候到了,我应当到宝丰去了。

然而,我这趟宝丰行,一切都想随缘,不求刻意安排。事前我完全没有和宝丰的任何人或任何单位接触,而且我按照我那年原定的旅行计划,先到云南、四川、长江三峡、湘西和湖北,玩了几乎一个月,才在六月底的某个上午,在襄阳游过了古隆中后,搭火车到宝丰去。

五、宝 丰 之 行

宝丰到了!这是妙善传说中大悲菩萨降迹显圣的地方。它的一点一滴都让我深感兴趣。我走到车站的出口处,那儿也没有人查票,冷冷清清的。我出站后,走到车站前的广场,再回过头,仔细端详宝丰站的风采。这个火车站,果然很有小镇的风韵:售票处、候车室和出口处,全都在一个小小的单层厅房内。厅的外墙顶部,写着"宝丰车站"四个大字。屋顶呈三角形,整个建筑外表,看来好像一间小教堂,而不像火车站。最吸引我的,是它十分古朴的泥红色外墙。这种颜色,常用于中国一些寺庙的外墙上。我的第一个印象是,宝丰站小小的格局,很有一种让人说不出欢喜的古拙韵味。

"要车进县城吗?"一个开车的师傅,走上前来兜生意。

进县城? 这好像是明清小说里才有的字眼。我似乎一下子又回到了那个还有"城"、还有墙的时代。原来宝丰火车站,建在县郊外大约两公里的地方。旅客到了宝丰站,还得改坐其他交通工具进"城",尽管宝丰县的城墙,如果明清时代还存在的话,现在恐怕也早就拆掉了。

"多少钱?"我问。

"三块钱吧。"

"两块钱行不行?"我习惯地减价。

"三块钱不贵。这儿离县城还有四五里路啊!"

"不是只有两公里吗?"我问。

"对,我说四五里是华里啊,不就等于两公里吗?"

华里? 我仿佛又回到明清小说的世界。传统的华里,在许多偏远的中国县城,其实依然还在使用。在这里久了,我也渐渐习惯乡下人所用的华里,在问路时,不再需要多问他所说的里数,到底是华里还是公里。

这个开车师傅样子忠厚老实。他用的几个字眼,也让我好像回到明清小说的世界。我不禁对他产生一种亲切感,决定坐他那辆机动三轮车"进城"。在车上,我趁机向他打听宝丰的信息。我知道,在没有地图的小县城旅行,这些开车师傅往往就是最好的"活地图",常常能提供第一流、第一手的线索。

"宝丰有什么宾馆吗?"我问。

"有有,有一家天鹅宾馆。"他随口回答。

"只有这一家吗?"

"对,小地方,只有一家宾馆。不过,还有一间县招待所,条件差一些。"

"好,那就送我到天鹅宾馆下车吧。"我说。

机动三轮车开行后不久,我更向这个师傅打听香山寺的状况。

"老师傅,请问宝丰这里有一座香山寺是吗?"

"对,在县的东南方三十里左右。"

"香山寺是不是有一通大石碑,刻着妙善菩萨的故事?"我随口问,其实不期望什么答案。但想不到开车师傅的回答却让我吃了一惊。

"哦,你是说那个国王的女儿吗?"这样的回答,不但证明他十分熟悉妙善的传说,而且还反映了这传说如何深入当地民间。

"对,国王的女儿!但石碑还在不在呢?"我赶紧追问。

"在,就在塔的底下。初一十五还很多人去拜呢!"

看来我今天出门,遇到了贵人。我几乎可以肯定,这就是许多妙善研究者,自本世纪以来梦寐以求的一通石碑。只是,不知这通石碑是否还完整无恙呢?

"石碑是不是很大的? 很容易找的?"

"很大,很容易找。你走进塔的底下就可以看到。"

虽然我一时之间,还弄不清楚"塔的底下"是什么地方,但既然说"很大",那应当是完整的一通石碑,不会是残碑。不过在三轮车上,引擎的声音很吵,我不便多问,决定进了县城再想办法。

傍晚五点多,车子开进县城的一条大路,路旁许多卖菜卖肉的个体户摊贩,已经在收拾摊子,准备回家了。到了天鹅宾馆,我付了车钱,由衷谢过那个开车师傅。这天鹅宾馆果然不愧是宾馆,在宝丰这个小县城,看来还很气派:外边有画龙雕凤的柱子,大堂铺着朱红色的地毯,每个窗口还有一台崭新的现代空调机。在六月底炎热的河南,空调正是我需要的。我想,今晚我大可先在这儿睡个舒服的好觉,明天一早再慢慢去寻访大悲菩萨的踪迹不迟。

不料,我一走进大堂,一个穿着制服的年轻女服务员,满脸笑容地走上前来,问我是不是来开会的。开会?"不,我是来住宿的。"我说。

"那很抱歉,这几天正好有个会在我们这儿开,所有房间都住满了。"她说,"不然,您住到县招待所去吧。"

这是我在大陆旅行那么久以来,第一次尝到香港人所说的"爆棚"滋味。我曾经在号称房间紧张的北京和杭州,不需要预订,而轻易找到住宿。没想到,在宝丰这个穷乡僻壤,居然说没地方住宿。当时,我的感觉真的好像在阴沟里翻了船,十分狼狈和委屈。难道是大悲菩萨要先给我来点挫折,考验我的意志?

"县招待所就在前面,转个弯,往南走就是,五分钟就到。"女服务员安慰我,并且用手给我指示方向。

我万分无奈地离去。走到路口快转弯的地方,抬头一望,见到对面有一家华丰旅馆。三层楼的公寓式建筑物,灰兮兮的外墙。既然叫旅馆,它的"档次"自然比宾馆和饭店都低,主要是招待国内游客的地方。在大陆,我的正式身份是"外宾",按照规定,是要住到宾馆等级的地方才行,像这些旅馆,是不能收容我的。不过,我走过几乎整个中国,发现各地在执行各种国家规定时,很有弹性,有宽有严,并没有一定的准则。我甚至在一些小镇,住过比旅馆还低一级的小旅社,结果都平安无事。

我走得累了,而且确实也不知道县招待所在哪里。眼前这家华丰旅馆,虽然外表看来毫不起眼,这时倒变得很有些吸引力。我决定先试这里。

"同志,请问还有没有房间?"我走到住宿登记处,问一个正在埋头看书的年轻小伙子。

"有,一个床位四块。"他说。

太便宜了。在这种情况下,我通常会"包房",夜里睡得安稳些。一间房两个床位,八块钱。

"好,在这里登记吧。"小伙子把一本登记簿子推到我面前。

我登记完毕,在检查身份证件时,想到如果拿出我的护照,上面尽是密密麻麻的英文,将令这个看来不通晓英文的同志十分为难。他很可能因而拒绝收容我。幸好我在香港教书,有一张香港的居留身份证,上面中英文并列,恰可派上用场。小伙子看完我的身份证,倒是一句话也没说,收了房钱,就让我上楼去。

这家华丰旅馆,确是十分破落。房里有两张破旧的单人床,一张小书桌,两张破沙发。床单和枕套好像还没洗换过,看来今晚得动用我自己随身携带的那一套。房间窗口对着十字路口,窗外正好有一台播音机,不断在广播中央人民广播电台的节目。旅馆的后院,堆满黑煤和废物。有一个大锅炉在烧开水,不断喷出浓浓的黑烟,随风飘扬。整个旅馆没有一间浴室,连公用的浴室都没有,只有一间公用的厕所和一排盥洗槽,不能洗澡。

初夏一到,卖西瓜的摊子,就在整个中国每一个城镇的大街小巷出现。宝丰也不例外,随处都可见到西瓜摊子。我在华丰旅馆对面的一个摊子,吃完一大片甜美的河南西瓜后,就向那个面貌慈祥的老摊主打听消息。

"老师傅,请问香山寺在什么地方?"我问。

"就在东南面,"老摊主指了指方向。"离县城这里还有大约三四十里路。"这回我不必多问,知道他说的必是华里无疑。

"怎么去? 有没有班车去?"

"有,你可以先到汽车站,搭开往井营去的班车,在薛庄附近下车,再走一段土路,大约两里,就到了。"老人很详细地告诉我。但他的河南口音,我还听不清楚,索性掏出笔记本和笔,请他给我画了一张简单的地图。老人也很乐意答应了。这时,他的老伴和女儿也围上前来,看他画草图。一直到现在,他画的这张草图,还完美地保存在我的笔记本里,成了我这趟宝丰行的一个纪念品。

画完草图,老人问我从哪里来,去香山寺做什么。我当然知道,我去香山寺的目的,是要带着一种谢恩的心情,去寻找一通宋代的石碑。可是,这样的目的,怎么跟老人说呢? 老人怎么会理解我万里寻碑的心情呢? 太复杂了。我唯有支吾以对,说是没什么,到那里去看看罢了。于是,老人又马上以为我是进香客,而且还无意中透露了我当时仍不知道的一点讯息。

"哦,对对对,今天是初一,明天又是星期天,会有很多人去那里拜拜的。"他说。

我这才晓得,原来我抵达宝丰的这一天,正巧是吉祥的闰五月初一,夏至刚过后的第二天。难怪刚才在火车站会遇到一位贵人! 我也趁这机会,向老人打听妙善菩萨的传说,做一点田野调查。

"哦,听过。那个国王的女儿。"他说。这是我今天第二次听到,有人把妙善菩萨昵称为"国王的女儿"。这样的称呼让我觉得,妙善传说的重点,对这些宝丰人来说,好像在于她和她父亲的关系上,而不在于她后来化身为大悲菩萨上。这称呼又让人想到印度神话。这也很能配合妙善原来的佛教背景。毕竟,"国王"一词听起来就像翻译的外来语。看来,宝丰不愧是妙善传说的发祥地。这传说在这里流传了快一千年,家家户户早该听说过了。

我谢过老人,拿着他给我画的草图,走到他给我指示的宝丰县汽车站去。站里这时所有的班车都已停发,静悄悄的,只有三两个人,在售票处购买明天的车票。我走到班车时刻表的告示牌前,仔细研究上面的班车路线和时间。宝丰每天有好几班车发往洛阳、郑州和临近的平顶山市。至于开往县郊的班车,它们所经过的小村庄,甚至在我那本很详细的《中国汽车司机地图册》上,都查不到。幸好,在这个时刻表的告示牌上,我找到那老人给我的两个关键地名：薛庄和井营，而明早七点钟会有一班车开往井营。我想到明天就可以到香山寺去，不觉兴奋起来。唯一担心的是，小县城汽车站的这些时刻表告示牌，常常是不可靠的。我曾经在其他小镇有过亲身体验。班车路线和时刻早已改了，可是告示牌却几年来都没有更换。一直要到买票时，售票员才说，"哦，那班车早就不开了！"无论如何，我决定明天一大早来试试我的运气。现在暂且先吃了晚饭再说。

宝丰的酒在国内外好像还很有点名气。在内蒙古的呼和浩特，甚至远至青海的格尔木和香港，我都曾见过许多商店，在售卖宝丰酒厂所出产的一种宝丰大曲酒，但宝丰境内却好像没有什么风味名吃。现在回忆起来，我甚至不记得，那晚在宝丰吃了什么，在哪里吃。只记得晚饭后，我趁天色还没有全黑之前，独自一人沿着宝丰那四五条大街，慢慢走了一圈。

宝丰县其实并不算太小，至少它还有四五条大街，比起那些只有一条大街的小县，譬如我来宝丰之前去过的云南剑川县，算是"大"的了。华丰旅馆前面的那条大街上，有各种国营商店。路两旁种着一棵棵梧桐树，叶子繁茂。车子开过去时，尘土飞扬，都扑到梧桐叶上去，看来灰兮兮的，很久没有下雨的样子。

宝丰从汉代开始建立，到现在已经有两千年左右的历史，可是这个两千年历史的古老县城，一点也没有让人觉得古。相反的，我觉得宝丰和中国许多一两千年历史的城镇一样，外表看来都出奇的"新"，好像建成只有五十年的样子。县城内见不到什么远古的建筑，莫说汉唐宋元，连明清的也不见。也许远古的木构建筑，都在历代的兵火和纷乱中毁了。我走着走着，不知不觉，天色已经越来越黑，街上空荡荡的，行人越来越稀少。虽是初夏，竟有一种秋天的萧杀。我快步走回旅馆。

六、香山寺塔下的石碑

天气炎热，我一直到接近午夜时分才入睡。第二天，我起了个大早，六点钟已经在街头那家小食摊吃过油条和稀饭。然后，我走到县汽车站，预备搭七点钟那班开往井营的班车去香山寺。不料，我一走到站的大门外，突然眼前一亮，简直不敢相信。原来有一辆北京牌的国产吉普车，停在汽车站外,车顶居然放着个"出租车"的牌子,而司机就蹲在走道上,等生意上门。我万万没想到,宝丰县城里还有出租车。我一直以为,出租车要在大城市才有,像宝丰这种小镇,顶多只有机动三轮车。但香山寺在县东约十五千米的大小龙山之间,看来需要爬山越岭,而且也太远了,三轮车是没办法的,我才选择搭班车去。可是,现在好了,眼前就有一辆出租车,而且还是吉普车,恰好可以爬山越岭。难道是大悲菩萨显灵,知道我今天要来,特意安排一辆吉普出租车? 司机大概看出我的心事,很快站起来拉生意。

"要不要车?"

"去不去香山寺?"我问。

"去去去! 您还回不回来?"

"要回来。来回一趟,在香山寺等两个小时左右,多少钱?"

"那就算九十块钱吧。"

我渴望早点到香山寺,无心计较车钱,于是说好上车。司机大概以为钓到一条大肥鱼,也兴高采烈地把车顶上那个出租车的牌子拿下来,往车后座胡乱一扔,跳上车,发动引擎。

在车上和司机谈起来,才知道他姓马,40 岁左右,个体经营。他这辆吉普的确是宝丰县城里唯一的一辆出租车,平时以帮人载货为主。否则,宝丰平时没有什么游客,县城又不大,并不需要什么载人的出租车。我后来才逐渐体会到,我这一天能够在宝丰县找到出租车,确是十分幸运的,可以说是个例外。因为当年中国许多小地方,确实没有出租车。甚至有一次,在陕西省铜川市这个号称为"市"的地方,我想找辆出租车,去寻访玄奘当年翻译佛经的玉华宫遗址,结果找不到车而作罢,成了我大陆行的少数憾事之一。

车子开上大路不久,遇到一个公路稽查人员的阻拦,说是前面在修路,现在实施单线行车,要停车等待半小时。马师傅一听,马上掏出香烟,请稽查抽烟,并且不断拜托,请他让我们的车过去。但这个稽查的态度强硬,也不抽烟,也不让过。于是,马师傅索性把车子掉转头,转进路旁左边的田间小路,说是要抄小路去香山寺。

结果马师傅真的把吉普车,开到麦田间的小路上,而且速度极快,一副猴急的样子。田间的小泥路不好走,车子摇摇晃晃,我的头有时会碰到车顶。正在我担心会不会出事时,吉普车突然冲到小路旁,向右边倾斜。马师傅马上刹车,车轮陷入烂泥中,车子差一点就翻到麦田中去。我们下车查看,发现整半个后轮,深深埋在烂泥中,把车子卡着,看来不易脱身。马师傅再度发动引擎,叫我在车后推,但我们这样试了好一会儿,都不成功。

这时,天色开始暗下来,下起毛毛雨。时间一分一秒地过去,我不禁后悔坐上马师傅这辆车。如果我自己坐班车去,或许早已到了香山寺。为何今早我会落得如此下场,在一大片麦田中淋雨?为何我盼望了十年的今天,竟如此出师不利?难道这是大悲菩萨给我的惩罚?抑或是她要考验考验我的意志,要先让我吃点苦头,才肯向我透露她自己的秘密?

有一个老农夫,在离我们车子出事不远处,独自埋头干活,好像完全无动于衷的样子。细雨下着,他在雨中很有韵律地挥动锄头,一锄一锄地在整理他那片古老的麦田。中国乡下的农田,常给人一种永恒不变的远古感觉,在雨中,更有一种凄迷的美。远远看去,这其实是一幅很有诗意的画面。这个农夫,不正像"独钓寒江雪"的那个渔人一样,正在"独耕细雨田"吗?这一幅画面,也让我想起英国诗人奥登(W. H. Auden)一首叫《美术馆》(Musee des Beaux Arts)的题画诗:

> 农夫可能听到了落水的声音和绝望的呼叫
> 但对他来说,那并不是什么大不了的挫折

这首诗描写的是欧洲文艺复兴时代画家勃鲁盖尔(Pieter Brueghel)的一幅名画,画的是希腊神话中的那个伊卡洛斯,飞得太近太阳,羽毛熔化,从天上掉到地面水里去。耕田的农夫,"听到了落水的声音和绝望的呼叫",无动于衷。宝丰这个农夫,显然跟欧洲那个农夫一样,觉得我们的吉普车出事,"并不是什么大不了的挫折",没有理会,照样耕他的田。或许,可能他还觉得:"活该!明明有大路不走,却要抄小径!"

想到这些,我一时忘了自己的尴尬处境,呆呆地盯着这老农夫,看得出神。这时,马师傅也注意到这个农夫了。他跑过去,先掏出两根烟,塞到农夫手里,替他点烟,用河南话和他寒暄了好一阵,服侍极之周到。然后,他才开口解释吉普车如何出事,并且请这个农夫过来助一臂之力。

这个中国老农,满脸皱纹和风霜,但比起那个欧洲农夫,有人情味多了。他一听到我们的请求,便马上提着锄头,过来帮忙。于是,我们三人用了六

臂之力,总算把吉普车推离烂泥,推上小路。马师傅和我重新上路。老农站在细雨中,默默无言地目送我们离去。

雨越下越大。车子在田间小路上左弯右拐了好一会儿,才接上另一条大路,开到宝丰县郊,经过几个煤矿场。这里越来越接近平顶山市的轻工业区和丘陵区,比较少见到农田。我知道我离香山寺也越来越近了,不觉紧张起来,东张西望,频频寻找龙山和香山寺的踪迹,频频问马师傅到了没有。过了半小时左右,马师傅才提醒我:

"哦,那就是香山寺!"他指指前方。

我顺着他指的方向看,果然见到两座小丘,在河南的大平原上隆起,十分显眼。我想,这两座小丘,大概就是文献上所说的"大小龙山"吧。在其中一座小丘上,矗立着一座古塔,形貌古朴,一看就像宋元遗物。马师傅说,还要十几分钟才到得了。车子跟着爬山越岭,经过一些梯田,人烟稀少,看不到什么农村,路上也没有什么行人,很荒凉的样子。

车子开过一座小桥后,路越来越窄,红色的泥泞路,大概就是那个卖西瓜的老师傅所说的那条土路。我坐在吉普车里,庆幸自己没有去搭班车,否则在大雨中走这条泥泞路,必定十分狼狈。这时,偶尔可以看到几个穿着蓝色布衣的老妇人,打着伞在泥路上走。马师傅说,她们是去香山寺烧香的。他又说,今天虽然是星期日,但下这么大雨,去烧香的人恐怕不会太多。

走在这条泥路上,我不禁又想起宋代那个翰林学士蒋之奇。在整整八百九十年前的某个冬天,据蒋之奇自己说,香山寺的住持怀昼,曾经"遣侍僧命予至山,安于正寝"。那么,当年蒋之奇必定也走过我现在走的这条泥路,只不知他当年是走路,还是骑马坐轿?如果宋代的汝州城和现代的宝丰县城位置相同的话,那么蒋之奇若从县城出发,到香山寺,起码得走大约三十华里路,等于至少一整个白天的路程。如果骑马的话,那也要骑上至少半天。从"安于正寝"这句话来看,他很可能确是走了一整天,在黄昏时分到达的,然后在香山寺度过一夜。他当年去香山时,已经是 68 岁左右的高龄老头子了。这段山区路程,对他来说,恐怕是颇为辛苦的。

但我抵达香山寺的山脚下时,却还未届不惑之年,而且还只清早八点多,但却正下着倾盆大雨。马师傅说,车子到了山脚,已无路可去了。再往上,还有大约二十分钟的登山路,全是泥泞,只能靠步行。

马师傅把车子停在一家农舍前。在这荒凉的郊区，那农家居然还要收停车费，而且还卖给我们两件那种最单薄的塑料雨衣，并且向我们兜售茶叶蛋。我看这场雨一时停不了，决定和马师傅一起早点登山。雨衣还有些作用，至少我们的头发和上衣不至于全湿了。最大的问题，是那条泥泞路。在雨水的冲击下，红泥变得松散，一脚踩下去，鞋子就半陷进烂泥中，难以自拔。当年蒋之奇登山，不知是否也走过这条红泥路？不过，他是达官贵人，恐怕有人给他抬着轿子上山，不必像我这样狼狈。这次在雨中登香山，我觉得比起我两年后登泰山，更为艰苦。至少泰山还有一级一级的人造石梯，即使下大雨，也不必走泥泞路。

二十多分钟后，我上气不接下气地爬到山顶。香山寺的朱红色寺门，呈现在我眼前。牌坊和大门的油漆都很新，显然刚刚粉刷过不久。寺门前有一个老妇人在卖门票，每张只卖二角钱。我注意到，门票上印着的主管单位是"宝丰县文化馆文管所"，是一个文物考古和保管的单位，而不是一个佛教团体。香山寺现在属于一个这样的单位管理，也可看出它的地位是如何特殊。这显然不是一座普通的寺庙。毕竟，它在宋元时代，曾经有过一段光辉的历史。宝丰县的主管单位，显然把它当作一个珍贵的文物遗址来管理，而不再注重寺庙原本的宗教功能。

我一走进寺门，就发现寺庙四周围，散置着十多通石碑。这些石碑都很高大，形制很古，而且好些还很完整，有碑额，有龟趺，但也有好些随处倒卧在地上，或残缺不全。这是我在中国旅行所见过最多石碑的一座寺庙。甚至在好几个佛教胜地，譬如洛阳的白马寺，山西的五台山，或四川的峨眉山，我都没有见到如此多的石碑，如此集中在一座寺庙周围。或许，正因为香山寺远离县城，远离人烟，交通不便，高高立在一个小山上，这些石碑才经得起历代的兵灾和人祸，逃过劫数，保存至今。

然而，我早已得到火车站那个三轮车司机贵人的指点，知道这些石碑当中，并没有我要找的那一通。我最关心的，当然还是"塔的底下"那一通。于是，我走到那座古塔处，绕了一圈，发现古塔向着寺门的那一面墙中央，有一个黑暗的券洞。洞很高大，高约两米多，宽约一米半，有点像火车隧道的一个入口。我想，这大概就是所谓"塔的底下"吧。

洞口没门，我走进去，马上感到一股清凉的寒意，好像走进一座远古的坟陵地宫。洞里的光线很暗,我走了十米左右,便到了券洞的尽头。这时,有一通巨大的石碑,镶嵌在那券洞尾端的整面墙壁上,挡住我的去路。

光线太暗,我一时还看不清碑上的文字。我伸出右手,触摸石碑最靠右边洞壁的地方,碑身凉凉的。我仿佛做梦一般,在黑暗中触摸一件渴望许久的宝物,又深怕梦醒,宝物随即消失。我的手指可以感觉到碑上所刻凹进去的碑文。过了一会儿,我的瞳孔开始习惯洞里的光线,可以慢慢看清碑上的文字,最先看到的,竟是"食实封三百户蒋之奇撰"这几个字!这几个字就在碑文开始的第一行,最靠近右边洞壁的地方。

我不禁喃喃自语,"没错,就是这一通石碑!"我想起那些缺一半碑文的《大悲菩萨传》拓片或录文,都是以"臣既至,妙善听命"开头的。我仔细检查这一行文字,在香山寺这通碑上的位置,发现它正好落在碑的中央部分,之前还有整整二十几行碑文,是我或其他研究者从来没有见过的。无疑,这是一通完整的《大悲菩萨传》碑。看来,妙善菩萨终于向我透露她的全部秘密了!

原来,这前半篇"失传"许久的碑文,讲的正是妙善如何在宫中诞生,如何从小礼佛,长大后又是如何抗拒父王的命令,不肯嫁人,而被父亲赶到尼庵去。在这里,作者对妙善如何抗拒出嫁,以及她在尼庵中被刁难的经过,都有很细致的描写。就故事大纲来说,整篇碑文和宋僧祖琇在他编的《隆兴佛教编年通论》中所记载的妙善传说,有许多相同的地方。不过,在情节描述上,它比祖琇的记载,更为详细,更为生动。

碑的最后一行,刻着"元符三年岁次庚辰九月朔书,至大元年岁次戊申秋七月上吉日"等字。换句话说,这不是宋代所刻的第一通原碑,而是在二百年后元代至大年间重刻的。这点倒是在我意料中,因为 1797 年的《宝丰县志》,清楚告诉我们,宋代元符三年那通原碑,早已"风雨残故",元代又把此碑重刻。

尽管如此,我站在那幽暗、寂静的券洞里,面对着这一通将近七百年历史的古碑,不禁感受到一阵阵深沉的历史感,在我身上流过。尽管过了好几百年,妙善菩萨、蒋之奇和写碑人蔡京的幽灵,却仿佛仍然停留在券洞里,徘徊不去。我十年来的万里寻碑之梦,在这一刻终于实现!我万万没想到,我简直是不费吹灰之力,一到香山,就那么轻易找到这一通古碑。几百年来,石碑仿佛就一直竖立在那儿,等待我来找寻似的。看来我和大悲菩萨,确是有缘。

其实,石碑当初在元代重刻时,应当不是立在寺塔下的那个券洞中的。像大悲传这样一种宣扬菩萨圣迹的石碑,原本应当是摆放在寺庙最显眼处,或许建有一座碑亭保护,让善男信女阅览,才能达到它立碑的目的。如今,它却深藏在一个幽暗的券洞里,碑额已经不存,龟趺也不知所踪。我猜测,这很可能是在过去某个动乱时期,为了保护这通石碑免受破坏,才把它搬移到那券洞中去保存,并且镶嵌在墙壁上。在搬移之时,碑额和龟趺原本可能还存在,但为了配合券洞后墙的高度,为了把石碑镶嵌在那里,结果不得不把碑额和龟趺去掉。又或许,碑额或龟趺在搬移之时就已经不存了。

总之,石碑镶嵌在那后墙上,它每行文字靠近碑额的地方,都有十来个字,被水泥涂盖着,显然石碑上部有一些地方被破坏了。

我面对这一通曾经影响过我个人生命历程的石碑,恍若和一个失散许久的故人,在十多年后重逢,彼此相对,默默无言。

七、碑文何以残缺?

我仔细端详这个"故人"的样貌。"故人"看来无恙,隔了将近七百年,依然神采飞扬,气质非凡。碑身的石质考究,属于花岗岩类,虽然布满尘埃,仍然泛着一层光泽,没有风雨摧残的风化痕迹。可是,七百年的时间,毕竟还是给"故人"留下不少岁月的沧桑。碑身基本上保存得相当完整,碑面上的字迹清晰可见。最可惜的是,它如今缺了碑额和龟趺,而且靠近碑额处,每行碑文也都缺了十来个字。碑的中部和底部,偶尔也有一两个缺字。

石碑比我还高出整整两个人头有余,高 2.22 米,宽 1.46 米,完全可以称得上是"丰碑"。不过,二米多的高度,在中国众多古碑当中,不算特出。我后来在西安的碑林,在唐太宗的昭陵,在泰山脚下的岱庙,都见过好几通高度超过三米的丰碑。譬如在昭陵博物馆前的那通李勣碑,就高达三米以上。因此,这通《大悲菩萨传碑》最特出的地方,不在它的高度,而在它那 1.46 米的宽度。这个宽度,差不多等于两通普通石碑的宽度,在中国古碑当中,倒是非常少见的,虽然不是排名第一,恐怕也在前五名之内!

中国绝大多数名碑的宽度,都在一米以下。例如现在位于陕西麟游县的欧阳询书《九成宫醴泉铭碑》,宽仅 0.93 米。西安碑林所藏的《大秦景教流行中国碑》,宽仅 0.89 米。碑林的另一通名碑,柳公权书《玄秘塔碑》,也只有 0.87 米的宽度。看来,一米左右是一般中国古碑的正常宽度,也是理想的宽度。超过一米,技术上虽然可行,但这也同时意味着,石碑需要一个同样宽巨的碑额和龟趺来配搭,那就会增加许多倍的工程和成本。看来,中国古碑尽可以高达三米以上,但却不宜太宽。

据我所知,只有云南省的一通名碑,宽度超过《大悲菩萨传碑》。那就是鼎鼎有名的《南诏德化碑》。这通唐碑,目前竖立在云南大理市太和村的太和城遗址上,在风景秀丽的苍山脚下,面临洱海,是研究南诏史和泰国古代史的最重要碑刻材料之一。我在去宝丰之前的三个星期,刚好路过大理,曾经专程到过太和村寻访此碑。碑高达 3.02 米,宽 2.27 米,是个庞然巨物,给我留下十分深刻的印象。不过,它的碑身已严重风化,字迹斑剥,原本的三千八百多字,现在只存数百字。《南诏德化碑》之所以如此庞巨,是可以理解的,因为这是一通由南诏国王阁逻凤,在 766 年所立的建国纪念碑,记录了唐代南诏国建国初期的一系列重大史事,性质自然和一般的碑刻不一样。

然而,宝丰的《大悲菩萨传碑》,体积也如此宽大,就有点不寻常。我在实地看了此碑,才开始领悟到,为什么它的碑文,在过去几百年来,会频频"失踪",频频"失传"。我想,整个关键就在它那特出的宽度上。它之所以会这么宽,显然是因为碑文很长,长达三千多字,和《南诏德化碑》的碑文几乎一样长,确实也需要这么宽的石碑,才能容纳得下这么多字。

但是,这么宽的石碑,却给后来的金石学家,制造了好些难题。其中一个难题是,在拓印的时候,恐怕找不到那么宽的宣纸。即使拓工可以把宣纸拼接成那么宽,但那么宽的纸张,拓印时也显然会有诸多不便。结果,在许多情况下,这一通巨碑极可能需要分成两次来拓印。而两次拓印的后果,拓片分为两张,就比较容易散失了。

清代阮元等人的过录本,之所以"前缺",看来完全是因为拓片散失的结果,而不是因为杭州那通石碑有什么残缺的地方。从宋代到清代,金石学家恐怕很少有机会去实地访碑。许多时候,他们往往坐在舒服的书斋中,全靠拓片来做研究。当年阮元过录《大悲成道传》的碑文时,曾经"疑当时刻石不止一碑,或此碑两面,拓者遗其前耳"。从他这句话看来,他显然并没有亲眼见过原碑,也没有亲自到过宝丰或杭州去访碑。他只是根据拓片来过录碑文,而由于他所见到的拓片不全,散失了前半张,才造成碑文有缺。至于杜春生和陆增祥,也同样没有亲眼见过原碑。他们的过录本,看来是根据阮元的,同样缺了前半。

现在,宝丰的原碑就立在我面前。我可以清楚看到,刻石只有一碑,而且所有的碑文,都刻在此碑的碑阳一面,并无"两面"。阮元的说法不能成立。除非我们把他那句话的后半句,理解为"此碑有两张拓片,拓者遗失了前面那张",那还勉强说得过去。1980 年,我在我那篇《妙善传说的两种新资料》中,曾推测"碑文原本刻在两块石碑上,再拼成一大块,左右并立在一起"。这也是不能成立的。我眼前的原碑,分明全由一块大石头雕成,并非两块拼接在一起。

我和阮元之所以会犯同样的错误,我想关键就在此碑罕见的特殊宽度上。其实,我们当初都见过此碑的后半张拓片,照理不应当犯错。可是,因为这半张拓片,其宽度已经差不多等于中国一般古碑的正常宽度,把我们都"误导"了。我们才会推测有另一块碑石的存在。看来用拓片来做研究,也有不妥的时候,到底不如实地访碑。我们万万没有想到,天下果真有一通那么巨大的石碑。如果不是亲眼见到,恐怕真难相信。而我又是何其有眼福,在短短的同一个月内,竟有缘在两个相隔千里的地方,亲眼见到中国两通最宽巨的石碑。

《大悲菩萨传碑》找到了,我也悟出了碑文残缺的原因,觉得心满意足,个人的心事已了却。然而,天还在下雨,时间也还早,我决定把这通石碑前半部分仍未"面世"的碑文,抄录在我的旅行日记簿里。但洞里的光线实在太暗,我花了整整三个多小时,才把此碑前二十四行未发表的碑文,抄录下来。这中间,马师傅跑进洞里来催了我好几次。好些来香山寺上香的老年夫妻,也不断在我背后烧香拜祭,因为此碑现在已经成了膜拜的对象,大家都来求妙善菩萨的保佑。洞里有时充满香烟,我得跑出洞外透透气。

我费了好大的劲,到中午十二点左右,才把大约一千五百字的前二十四行碑文抄完。下山时,雨还在下着。马师傅顺道载了几个去香山寺烧香的老妇人回县城。我回到县城后,在华丰旅馆楼下的餐厅吃过午饭,雨才慢慢停下,太阳也出来了。我的心里也有一种雨过天晴的感觉。

在离开宝丰之前,我当然也想到该如何取得一张完整的《大悲菩萨传碑》的拓片。既然香山寺现在属于文化馆管理,最好的办法自然是到文化馆跑一趟。可惜那天正巧是星期天,文化馆不办公,而我又想在当天下午离开宝丰,前往洛阳。然而,即使等到星期一,文化馆重开,也未必管用。我知道,索取拓片是一件困难的事。古碑属于重要文物,不允许任意拓印。《大悲菩萨传碑》是一通元代重刻碑,历史悠久,恐怕更不许拓印。我这次到宝丰,对我个人来说,目的已经达到,所缺的碑文也抄了一份,已经满心欢喜。至于拓片,倒是不急,我想还是等我回到香港后,再慢慢想办法吧。

当天下午,我搭乘 184 次火车到洛阳去。火车开行后,宝丰离我越来越远了。我当时想,我的万里寻碑记,该要结束了,而妙善传说这一段曲折离奇的碑文失踪记,到此也应当是尾声了。

八、奇异的插曲

我万万没想到,我的万里寻碑,甚至在我离开宝丰后,还没有真正完全结束。原来后头还有一些奇异的插曲。

1990 年的一个秋日,有一天我很偶然在香港一家小书店发现,七八年前我和其他几个外文系学长合作翻译的杜德桥那本《妙善传说》专书,刚刚在那年年初在台北出版了。我想,既然中文译本都已出版了,我从宝丰抄回来的那半篇碑文,暂时也没有什么用处。整整两年的时间,我一直把我找到的那半篇"失踪"的碑文,深锁在抽屉中,没有向学术界公布。那时,我和杜德桥已经许多年没有书信来往。我听说他离开了剑桥,回到牛津大学,出任东方研究院的汉学讲座教授,但没有他的详细通讯地址,也一直没有给他写信。至于向宝丰县文化馆取得拓片的事,我知道没那么容易,更一直提不起劲来写信。

1992 年夏,我决定辞去教职,离开香港,腾出几年的时间来自己读书写作和旅行。就在我即将离港的一个月前左右,妙善菩萨突然又出现在我生命中。有一天,我很偶然地在香港湾仔会议展览中心举行的一个书展上,看到一本叫《中国古塔大观》的书。我从前为了找寻那半篇失踪的碑文,曾经翻查过好几本此类描述中国古塔的书,但都没有什么新发现。宝丰的那个香山寺塔,甚至往往被这类书忽略,榜上无名。

我眼前的这本《中国古塔大观》,编者是李保栽和赵涛二人,封面印得五颜六色,薄薄的两百多页,看来毫不起眼,不像严肃的学术著作。但它封面上印着的"河南科学技术出版社"这几个字,却吸引了我。我想,宝丰香山寺正好在河南,这家河南的出版社,占了地利,说不定会提供什么新材料。于是,我拿起这本书来翻看。想不到,此书在第 109 页处,真的宣布了一项惊人的消息:原来,妙善菩萨居然还曾经飘洋过海,到过英国作"秀"!

这真是个非同小可的消息,我简直不敢相信自己的眼睛。我再仔细读一次,没错,这本书上说:"大悲观音大士塔,在河南宝丰县城东十五公里的香山寺中。……根据宋代书法家蔡京所撰《大悲观音菩萨得道证果史话碑》记载:大悲观音菩萨是楚庄王的三女儿,在香山寺修炼得道,圆寂后埋葬在塔下,故香山远近闻名。……蔡京书法碑拓片曾应英国牛津大学特邀而展出。"

我当时的第一个反应是,杜德桥就在牛津大学,妙善到牛津展出,必定跟杜德桥有关联,而且他看来也已找到所缺的另一半碑文了。不过,我回家再研究后,发现事情不那么简单,这里面疑点重重。根据书的版权页,《中国古塔大观》是在 1987 年 9 月出版的。如果妙善真的出国到牛津展出,那应该是 1987 年之前的事。可是,这么重大的事,何以杜德桥在 1990 年初出版的那本《妙善传说》中译本里,竟完全没有一字提到?而且他在 1989 年 4 月特别为中译本所写的序,也完全没有提及此事。难道牛津那个特展和杜德桥无关?难道是考古艺术系举办的,为的是欣赏蔡京的书法,并非为了妙善,所以连杜德桥这位研究妙善的牛津专家,也毫不知情,被蒙在鼓里?

这些疑问在我心中打转,我终于忍不住。那时,我即将离开香港,开始另一段新生活,心情也比较轻松愉快,于是决定打破两年来的沉默,到图书馆找到牛津大学东方研究院的详细地址,写了一封信给杜德桥,问他那个牛津特展,到底是怎么回事。我在信中也告诉他,两年前,我曾到过宝丰,找到那通《大悲菩萨传碑》。

我很快便收到杜德桥的回信。他说牛津从未举办过那个《大悲菩萨传碑》拓片的特展,但《中国古塔大观》上所说的事,却是可以解释的。原来,在二十多年之前,他刚开始研究妙善传说时,曾经从牛津写了一封中文信给河南郑州的省博物馆,询问《大悲菩萨传碑》是否还存在,而如果存在的话,他问馆方可否提供一张拓片。然而,可能因为那时大陆还正处于"文革"期间,杜德桥一直没有接到回信。但是河南省博物馆显然收到他的来信,知道牛津有位学者在研究妙善传说。或许,事情便这样传开来,而且和许多传说一样,越传就增添越多的枝节,而最后传到《中国古塔大观》的编者耳中时,就变成妙善出国到牛津展出了!

我想这是十分合理的解释。杜德桥也说,既然那本书上都说该拓片曾经应牛津的邀请展出,现在或许可以再联络河南省博物馆,请他们提供一张拓片,好让牛津大学真的可以来个妙善特展。好些年没联系,杜德桥也在回信中告诉我,他原正准备出版《妙善传说》英文本的修订版。不过,现在从我的来信中知道,《大悲菩萨传碑》还存在,打算延迟出版计划,要等找到所缺的另一半碑文再说。而且,他也想明年初亲自到宝丰访碑。

我趁着离开香港前的一段空档,终于把1990年夏天从宝丰抄回来的另一半碑文,输入个人电脑中,稍加整理,打印了一份,寄给杜德桥,希望这有助于他的研究工作。另一方面,我想到我自己的抄本,在那个幽暗券洞的恶劣环境中完成,恐怕不免会有一些抄错的地方,于是决定写信给宝丰县的文化馆,请他们提供一张拓片,或一份比较好的抄本。我在找寻文化馆的邮区号码时,才知道它已升格为文化局了。

隔了三个月,我离开香港后,收到宝丰县文化局张局长的回信。信中没有提到拓片的事,这是我意料中事,也很能体谅——古碑到底不该随意拓印。不过,张局长寄给我一份抄录的《大悲菩萨传》的碑文,并且邀请我再到宝丰县去,参加他们明年春节期间举行的全国曲艺盛会"宝丰十三马街书会",这是我十分感激的。

然而,宝丰县文化局的这份碑文抄录本,似乎是个"简本",在好几个地方有所删节。特别明显的是,第六到第二十三行的碑文,不知如何完全失踪。我曾亲眼见过原碑,知道碑上是有这十多行的。我也算不清,这是第几次见到残缺不全的《大悲菩萨传》的碑文了。难道是因为此碑的碑文太长,长达三千多字,连现代抄写的人,也不免觉得费事,能省则省?果如此,那么这跟从前碑石太宽,以致需要分两次拓印,造成拓片散失,有异曲同工之妙。

即使到今天我写这篇文章时,我发现,妙善菩萨依然没有完全透露她的所有秘密。当然,我在宝丰找到了那通石碑,但在那通石碑上,每行碑文靠近碑额处,仍然有十来个缺字。现在,我们虽然比从前知道更多妙善菩萨的秘密,近乎全部了,但这些缺字,对妙善研究者来说,不免仍是小小的遗憾。

据宝丰县文化局提供的材料,这些缺字是因为"文革"中,碑的上部被

"打烂一段"造成的,而"残缺部分已参照有关史料基本补齐"。但所谓"基本补齐",看来还是不等于完全补齐。在文化局寄给我的碑文抄录本中,我也发现好些缺字,不知何故仍未补上。我仍希望,我们最终能找到清代李光映和缪荃孙所收藏的那三张拓片,盼望这些拓于 20 世纪之前的拓片,能够真的补齐缺文,完全揭开妙善菩萨的秘密。

可是,自从我亲眼见过《大悲菩萨传碑》的原碑后,这些奇异的插曲已经不会再让我觉得有什么缺憾了。亲眼见过原碑,我确实已经心满意足。1979 年,杜德桥是第一个全面认真研究妙善传说的现代学者,而掀起这场碑文的追寻。我希望这场追寻,将随着他那本专书在不久的将来出版修订版后,圆满结束。而如果《大悲菩萨传碑》的拓片,能够像谣传所说,真的送到牛津大学展出,那更是中西文化交流史上的一段奇缘!

　　　　　　原载《台湾宗教研究通讯》第 3 期,2002 年,第 134—183 页。

后记: 以上这篇文章,初稿于 1992 年 11 月。文章长达三万字,一直无法全部发表。1993 年 4 月 8 日到 10 日,台北《中国时报·人间版》曾刊登本文的一个删节本,约一万字。1994 年 2 月号的台湾《讲义》杂志月刊,转载了《中国时报》刊出的那个删节本。《讲义》的编者对文章又有所删改,仅剩八千字左右,但加印了三张我当年在宝丰访碑拍摄到的彩色照片:一张是香山寺立在小山上的远景照,另两张是《大悲菩萨传碑》立在那寺塔底下的照片。这三张照片,也收在我的《坐火车游盛唐:中国之旅私相簿》,台北人人出版社,2002 年,第 81 页,以及中华书局 2009 年简体字版,第 117 页。

2002 年初,《台湾宗教研究通讯》的主编李世伟教授来电邮,说有意发表我从宝丰抄回来的《大悲菩萨传》那前半篇碑文,并刊载这篇三万字的《万里寻碑记》。我趁这机会又在这长文中做了一些修订。在此对李教授的一片好意,深致谢意。

　　　　　　　　　　　　　　　　作者识。2002 年 2 月 28 日。

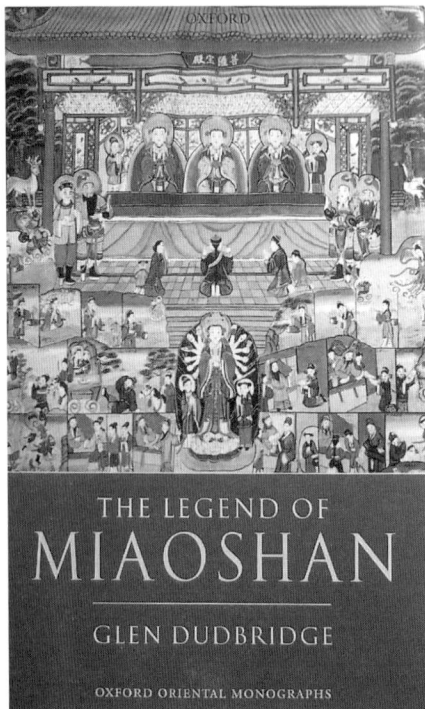

杜德桥《妙善传说》的英文修订版（2004）

又记：杜德桥的英文专书《妙善传说》（*The Legend of Miaoshan*），在2004年由牛津大学出版社出了修订版，对1978年的第一版作了不少修正，并附有这篇《大悲菩萨传》的校点本和英译本，但靠近碑额处每行的缺字，依然没有办法补齐。杜德桥于2005年从牛津大学退休。我和家人在2009年夏旅游英法时，曾经到他牛津家中拜访，共进英式下午茶。这是我和他第一次也是最后一次见面。他于2017年2月因病去世。回想起来，我跟杜先生虽然没有正式的师生关系，但他是我台大老师王秋桂的师兄。他们皆受教于已故牛津汉学讲座教授龙彼得（Piet van der Loon）。按照中国传统，我应当称杜先生为"师伯"。他无疑是我"汉学师承记"中最重要的师长之一。

2009年2月，宝丰书画研究院和香山普门禅寺编辑的《香山大悲菩萨传》一书，由文物出版社出版。宝丰书画研究院的曹二虎先生，当年5月正好随一个县级代表团访问台湾，亲自把这本书带到台北送给我五册，也快递送给远在牛津的杜德桥。此书收了一张《香山大悲菩萨传碑》早年拓片的影印本、释文和注释等，呈现了此碑的全貌。拓片是文物出版社苏士澍社长和清华大学美术学院教授肖红，在北京大学图书馆找到的，说是"20世纪30年代初入藏"，但未说明拓片的来历，或拓于何时。它很可能拓于清代或民国初年，也可能就是上文提到的李光映或缪荃孙的旧藏。从影印的拓片看来，当时碑仍完好，靠近碑额处所有后来的缺字，当时仍在，且清晰可读。至此，我们终于可以说，完整的碑文找到了。

2019年10月16日补记

现立于河南宝丰县香山寺塔下券洞内的《汝州香山大悲菩萨传》碑,靠近碑额部分有缺损,以致几乎每行碑文都有十到二十多个缺字不等。1990 年我亲访香山寺时找到的,就是这通石碑。

北京大学图书馆所收藏的一张拓片，可能拓于清末民初，于 20 世纪 30 年代入藏，清楚显示《汝州香山大悲菩萨传》碑当时仍完好，靠近碑额部分未残缺，无缺字。2009 年文物出版社印行的《香山大悲菩萨传》，即根据这张完整拓片录文和注释。

妙善传说的两种新资料

——评杜德桥《妙善传说》

The Legend of Miao-shan. By Glen Dudbridge. London: Ithaca Press (Oxford Oriental Monographs No. 1), 1978. 128 pp. Appendix, List of Works Cited, Index.

杜德桥这本书——第一本研究妙善传说的专书——自 1978 年出版以来,至少已有两人写过英文书评。[①] 中文书评似尚未见。本文目的主要在介绍两种前未为人注意的资料,略加考证,而不拟全面评估杜德桥此书。这两种材料涉及杜德桥书中的第一及第三章,对于他在讨论妙善传说起源及其演变时的若干疑问,或可提出解答。

一、大悲菩萨传

研究妙善传说的现代学者,从朱弁(卒于 1148 年)《曲洧旧闻》中的一条记载,都晓得蒋之奇(1031—1104)晚年知汝州时,曾经"用香山僧怀昼之请,取唐律师弟子义常所书天神言大悲之事,润色为传。载过去国庄王,不知是何国王,有三女。最幼者名妙善,施手眼救父疾"[②]。蒋之奇"润色"的这篇"传",是我们目前所知最早记载妙善公主如何演变成观世音菩萨的一篇文献。从撰作的年代上看,它早于宋僧祖琇在《隆兴佛教编年通论》(成书于

---

① Victor H. Mair, in *Harvard Journal of Asiatic Studies*, 39: 1 (June 1979), pp. 215 - 218; Anna Seidel, in *Journal of Asian Studies*, 38: 4 (Aug. 1979), pp. 770 - 771.

② 《曲洧旧闻》卷六,知不足斋丛书本,第 6 页。

1164 年)中所记载的妙善传说。①

杜德桥对妙善观音研究的一大贡献,就是他在 1797 年刊印的一本《宝丰县志》中,找到蒋之奇此"传"所附的一篇"赞"。② 由此我们才晓得此"传"叫《大悲菩萨传》,于 1100 年初次刻在河南宝丰香山寺的一通石碑上。但可惜《宝丰县志》的纂修者,却注明"碑文不录录赞"③。所谓"碑文"即此"传"。换言之,现代学者极需要的这篇文献,看来是失传了。杜德桥对此也感到惋惜。他写道:"此碑文似乎并未保存于他处,因此也就不可得。"(第 14 页)但蒋之奇的"赞"仍然非常具有史料价值。杜德桥此书的第二及第三章,便充分利用这篇"赞",配合朱弁、祖琇及觉连在《销释金刚科仪会要注解》④中的记载,重建那篇"失传"的《大悲菩萨传》的故事概况,借以讨论妙善传说的诞生,以及这传说在 16 世纪之前的演变情况。

事实上,《大悲菩萨传》并没有失传。此碑的碑文先后录于至少三种石刻史料中:阮元(1764—1849)的《两浙金石志》、杜春生(活跃于 1830 年)的《越中金石记》,以及陆增祥(1833—1889)的遗作《八琼室金石补正》。⑤ 陆本最晚出,对此碑的考证也较阮本及杜本详细。在这三家录本中,此碑称为《大悲成道传》(陆本补一"赞"字)。⑥ 同时,三家过录的碑文,都标明"前缺",即缺故事开始的一部分。尽管如此,它仍然是至今为止,我们所能找到的最早一篇记载妙善传说的文献。更可贵的是,此传以传奇小说的形式写成,细节更丰富,也包含较多的对白。就叙事技巧和人物描写而言,它比祖琇及觉连等佛书中的平实记载,生动许多。

令人惊喜的是,除了以上三家的过录,此碑还有拓片传世,现藏南港"中研院"傅斯年图书馆,编号 02202。拓片长 164 厘米,宽 110 厘米,已装裱成

---

① 《续藏经》本,卷一三,第 277—278 页。

② 陆蓉修、武亿纂《宝丰县志》卷一五,1797 年刻本,第 7 页上至第 8 页上。

③ 《宝丰县志》卷一五,第 7 页下。

④ 《续藏经》本,卷一,第 129 页上下。

⑤ 《两浙金石志》卷七,广州 1824 年刻本,第 6 页下至第 11 页下;《越中金石记》卷三,1830 年詹波馆刻本,第 23 页上至 27 页下;《八琼室金石补正》卷一〇九,1925 年希古楼刻本,第 19 页上至第 25 页下。

⑥ 石碑额刻名称往往是简称。金石学家为了易于辨别,往往给一通碑取个描述性的碑名。

一个卷轴。它不但让我们得以对校三家过录的碑文，①更让我们得以欣赏碑文的书法真迹。很可惜，拓片来自"浙江会稽"，跟三家过录的来源一样，缺前面一部分。但它保留了石碑的真迹大小原貌。从这幅拓片，我们才知道三家所谓"前缺"，并非指此碑断裂残缺。从拓片看来，石碑本身相当完整，方方正正，除了若干字迹磨损之外，没有截角断裂痕迹。"前缺"部分，缺得很整齐。这表示碑文原本刻在两块石碑上，再并成一大块，左右并立在一起。拓片保留的是左半部分。从它碑额上横题"悲之传"三大字的右到左排列位置判断，前缺的右半部分，很可能在碑额上题"重立大"三字，假定右半部分跟左半是同样大小的一通碑。如此，则此碑只有一半左右的碑文保留下来。在清代，它可能已失去其右半一块，或者拓片不全。阮元怀疑"当时刻石不止一碑，或此碑两面，拓者遗其前者"②。这非常可能。杜春生说"右边截去数行"③，则较不可能，因为从我们所知的妙善传说看来，"前缺"部分不可能只缺"数行"。

　　《大悲菩萨传》这通碑的刊刻历史颇复杂。我们不妨查考它的来龙去脉。就我们所知，此碑先后刻了至少三次，而且刊立地点至少有两处。第一次刻于元符三年（1100）九月，立在河南汝州宝丰县香山寺。④ 第二次刻于崇宁三年（1104）五月，这次立在杭州天竺寺；到了清代，又移至绍兴府学。前文提到的傅斯年图书馆拓片及阮元等三家录本，即根源此碑。⑤ 第三次刻于至大元年（1308）七月，仍然重立于宝丰香山寺内。《宝丰县志》所载的蒋之奇"赞"，过录此碑。第二通碑虽称作《大悲成道传》，但碑后亦有蒋之奇

---

① 我曾以此拓片校陆增祥本，未发现异文。陆本第 24 页下，"元符二年"应作"元符三年"。拓片上此字模糊；阮本、杜本皆作"元符三年"。拓片各行最后一字皆阙，陆本、阮本、杜本同。

② 《两浙金石志》卷七，第 11 页下。

③ 《越中金石记》卷三，第 27 页上。

④ 《宝丰县志》卷一五，第 7 页上。《宝丰县志》的主纂者武亿（1745——1799），是清代有名的金石学家，编有《偃师金石录》《安阳金石录》等书。他不录《大悲菩萨传》的碑文，对我们来说确是不幸。

⑤ 此碑后署"杭州天竺寺僧道育重立"。阮元及杜春生对此碑何时移至绍兴府学，表示不解。陆增祥以为"天竺僧立未必定在天竺"。龚嘉俊等修，李榕等纂《杭州府志》卷九七，1898 年成书，1922 年铅印本，第 15 页上，引阮元《两浙金石志》，把此碑归在杭州金石门内。天竺寺在宋代是颇有名的观音寺，分上、中、下三寺。详见明代吴之鲸编《武林梵志》卷五，景印《四库全书》珍本四集，第 39 页下至第 50 页下；及明代释广宾编《杭州上天竺讲寺志》，《武林掌故丛编》本。

"赞",可证明即《大悲菩萨传》,只是第二次刻碑时可能修改了一些碑文。我们把第二通碑的"赞"跟第三通碑的"赞"对校,可以发现一些异文,例如第三通碑作:

> 书题曰《香山大悲菩萨传》,乃唐南山道宣律师问天神所传灵神妙之语,叙菩萨化之迹。

第二通碑则作:

> 书题曰《香山大悲成道传》,乃终南宣律师所闻天神之语,叙菩萨应化之迹。

但可以肯定的是,这三通碑都是同一根源。我找不到第一及第三通碑上《大悲菩萨传》的碑文过录或拓片。至于碑本身是否还存在呢?吴式芬(1796—1856;1835年进士)的《金石分编汇目》,列了这三通先后重刻的碑。[①]《金石分编汇目》是一本访碑目,"分州县编之,其尚存者,皆列为已见;其未见者,则注明见于某书,列为待访"[②]。由于那三通碑都列在此目录中的"已见"部分,这表示三者到19世纪前半叶仍存在。吴式芬并提供进一步的材料。关于第一通,他注明是"残碑",但仍留在香山寺。第二通在绍兴"府学"。第三通立于"香山寺玉石佛洞内","额刻千手佛像阎孝卿画"。

作为研究资料,碑有其特殊性质及寿命。即使这三通碑现已全毁,它们仍然能以拓本传世。《大悲菩萨传》的拓本,在清代至少为两位金石学家收藏。李光暎《观妙斋金石文考略》(成书于1729年),记录他所收藏的《汝州香山寺大悲菩萨传》拓本。[③] 他没有注明此碑刻立的日期。从名称看来,这可能指第一通也可能指第三通碑(后者可能性较大)。李光暎在金石学上,算是"书法派","以品评书迹为主"[④],不以考订旧闻见长。他对这拓本的"考略",只是引用《宣和书谱》的一段话,来赞美写碑人蔡京(卒于1126年)的书

---

① 《金石分编汇目》卷七,北平文禄堂刻本,1936年,第37页上;卷九,第88页上及第89页上。

② 《金石分编汇目》"凡例",第1页上。关于这本访碑目的编刻历史,见无名氏书讯《国立北平图书馆馆刊》第11卷第1期,1937年,第135—136页。

③ 《观妙斋金石文考略》卷一四,景印《四库全书》珍本五集,第1页下至第2页上。文渊阁本《四库全书》,将此书书名省略作《金石文考略》,虽然《钦定四库全书总目》仍列全名。李光暎的收藏原属朱彝尊(1629—1709)。

④ 《钦定四库全书总目》卷八六,大东书局刊本,第42页上。

法,对我们没有什么帮助。另一位收藏者缪荃孙(1844—1919),在他的藏碑目《艺风堂金石文字目》中,列了第二通碑的拓本《大悲成道传并赞》,①以及第三通碑的拓本《重刻汝州香山大悲成道传》。② 我们感兴趣的是这第三通碑的拓本,因为它是唯一没有记录显示它已残缺的一通碑。如果缪荃孙所藏的拓本,仍能发掘出来(这很有可能③),则我们可以补齐第二通碑的缺文。

《大悲菩萨传》的重现,或可解决妙善传说的诞生背景及其早期历史的若干疑问。比如这传说是否确是起源于唐代,抑是宋人依托道宣律师(596—667)而伪造?祖琇、觉连的记载以及管道升的《观世音菩萨传略》,是否根据《大悲菩萨传》而来?今后我们探讨妙善传说的流传问题,考察其故事演变时,将可以《大悲菩萨传》作为我们所知最早且尚留存的根据,而非祖琇的记载,同时亦无须再作推测之词。此外,我们还可注意,此碑几乎是同时立在河南宝丰和杭州两大观音寺处。这是否意味着,妙善传说不单跟宝丰的香山寺有关联,它同时应当也跟杭州的天竺寺有关系。在宋朝那个书籍刊刻还不普及的时代,此碑几乎同时立在中国南北两个不同的公共场所,任人阅览——这点对妙善传说在其早期历史上的传播,有什么意义?

如以《大悲菩萨传》之文来印证杜德桥的论点,我们时常发现他在第二章及第三章的许多推测,确是对的。例如在第 24 页,他推测"祖琇的记载并非完全一字不漏地照录 1100 年那通碑。至少他曾稍作编订;很可能他完全改写"。我们拿《大悲传》跟《隆兴佛教编年通论》的记载对照,祖琇的确不是"照录"。两者没有什么共同的文字;叙事层次也不尽相同。但这也引出另一个可能性:祖琇的记载可能不是根据《大悲传》,而是根据更早或我们尚未发现的其他材料。

---

① 《艺风堂金石文字目》卷一一,1906 年刻本,第 28 页上。

② 《艺风堂金石文字目》卷一六,第 1 页上。

③ 缪荃孙收藏的拓片约一万六千余件。在他死后,前国立北京大学国学研究所曾收购其中二千余件,其余的下落不明。南港"中研院"傅斯年图书馆藏有数万件金石拓片,并编有十三册的目录稿本,已编目的共二五二〇五件。但这目录稿本编得不理想,未严格按照刻碑年代或地点来归类,查阅极不便。我翻查过这十三册目录稿本,未能发现第三通碑的拓片。台北"中央图书馆"收藏约五千件拓片,编目尚未完成,无法使用。已编目的仅墓志拓片二千余件,见《"中央图书馆"墓志拓片目录》,台北中华丛书编审委员会,1972 年。

二、观世音菩萨传略

俞正燮(1775—1840)的《癸巳类稿》中引证广博的考据《观世音菩萨传略跋》,一开头就说:"元大德丙午岁(1306),赵魏公管夫人,书刊《观世音菩萨传略》。谓菩萨为妙庄王第三女,名妙善。盖元僧所述,既装成册。"①由此现代学者也晓得有一篇《观世音菩萨传略》的存在。日本学者常提到俞正燮这篇文章,但都找不到管道升(1262—1319)的这篇《菩萨传略》。杜德桥对妙善观音研究的另一贡献,就是他在现今只有晚明刊本传世的《绿窗女史》中,找到一篇署名管夫人所作的《观音大士传》。此文没有俞正燮所说的日期"元大德丙午岁"。我们也无法从中知悉管道升的撰作缘起。不过,据杜德桥的推论,此文即《观世音菩萨传略》(第39页)。

杜德桥的推论可由一条石刻史料证实。其实原本也无须考证《绿窗女史》所载的《观音大士传》,是否即管道升的《观世音菩萨传略》,因为这篇"传略"并没有失传。它就收在严观(活跃于1778年)所辑的《江宁金石记》中。② 严观本直接录自管道升亲笔所书的石碣,而且还提供了《女史》本所没有的背景材料:

> 戊戌(1778)初夏,与友人王小石作清凉山下之游,得石碣一,高二尺许,乃赵魏国夫人所画观音大士像。上方楷书观音传略,后署大德丙午(1306)春三月清明日,吴兴弟子管氏斋沐焚香拜书。法像端严,字画秀整。相与赞叹,得未曾有。夫人名道升,字仲姬,吴兴人。赵孟頫《松雪集》称其翰墨词章,不学而能,心信佛法,手书金刚经至数十卷,以施名山名僧。此本殆当时施诸寺中者也,因奉置于左所巷地藏庵内。③

由此看来,管道升的《观世音菩萨传略》,曾以好几种方式传世。它先有管夫人所书所画的原本,而且可能不只一本。其中一本"施诸寺中",然后被用来刻在石碣上。俞正燮所见到的可能是另外一本,或者即严观所发现的这通

---

① 《癸巳类稿》卷一五,上海古籍出版社,1957年,第570页。
② 《江宁金石记》卷六,江苏编译局重刊本,1910年,第2页上至第3页下。
③ 《江宁金石记》卷六,第3页上下。

石碣的拓本,①而我们所找到的是严观的过录本。过录本的价值当然不及管夫人书刊的原本,或石碣及其拓本。但从清代金石学家过录这些石刻史料的严谨标准来看,严观本应该也足够我们研究所需了。

我们拿严观本跟杜德桥英译所据的晚明《女史》本对校,发现《女史》本有若干增益之处,很可能是明代刻书人所加。底下引两本开头的一部分,以见其增益之一斑。

严观本:

> 观音生西土,讳妙善,妙庄王第三女也。生而聪慧,断荤持戒。将笄,王欲招婿,观音忤旨。王窘辱之,摈诸白雀寺,命僧驱役如奴。观音志益坚,甘劳瘁,若有神代之者。僧闻于王,王谓诬。纵火焚寺,五百僧皆煨烬,惟观音端坐火中,诵经不辍。王乃召还,反复譬晓之。观音上曰:"以生死故。"王愈怒,押弃市,刀自折。虎咆哮,负观音去,置之林中。②

《绿窗女史》本:

> 观音生西土,讳妙善,妙庄王之季女也。从幼断荤持戒,性喜朴素。聪慧异常。将笄,王以三女觅赘婿。长妙音,次妙缘,顺旨。观音以忤王被贬,王薄其衣食,命妃嫔劝之,弗德。王怒,摈诸白雀寺,诒主僧迫其从约,七日不报,合寺僧俱焚死。僧惧,驱役观音如奴婢,而观音持志益坚,亲操井臼,若一神代其劳者。主僧骇以告王。王谓其诳也。围寺纵火,五百僧煨烬无遗。独观音端坐诵经,火不能害。王于是召之还。谕以祸福利害,冀其易虑。观音曰:"老者不再少,死者不复生。生死轮回,无限苦楚。女所以辞繁华者,欲长生耳。"王闻奏愈怒,命赴法场受刑。刑临斩,刀自折。有虎咆哮至场,负观音去,王以观音死虎吻矣。虎负观音行千里,置之林中。③

严观本总共 329 字,《女史》本则有 633 字,增加近一倍。《女史》本所增加的,

---

① 严观曾将一张拓本送给钱大昕。见钱大昕《潜研堂金石文跋尾》卷一八,潜研堂全书本,第 30 页下至第 31 页上。
② 《江宁金石记》卷六,第 2 页上。
③ 《绿窗女史》,晚明刊本,第十六册。

主要在于使叙事描写更具体生动,对于整个故事的结构、情节没有什么重大的改动。杜德桥用此本来探讨妙善传说的故事演变,倒也不怎样影响他的整体结论。但如果我们以严观本为准,则他的一些评语便显得过于严苛。例如在第 42 页,他说:"管道升的叙事,因为整篇不断使用'观音'这名称,而有些刻板。"事实上,严观本中"观音"这名称的出现次数,并没有《女史》本那么多。

最后,我想再介绍一条材料,一条关于《观世音菩萨本行经》(即所谓乾隆版《香山宝卷》①)中所题"编集"者普明禅师的资料。杜德桥书第 47 页,说"我们对普明别无所知"。根据明代释广宾所编的《杭州上天竺讲寺志》,普明是天竺寺第五代住持慈辩法师(1090 年成为住持)的"门学"。大观二年(1108),慈辩法师"辞归"时,普明等十人曾"诣师省候"②。普明本人于建炎六年(1132)成为天竺寺第九代住持。③

《观世音菩萨本行经》编集者的题署是否可信,是一个值得探讨的问题。杜德桥已指出该书中含有明清才设的官名(第 47 页)。就此书的形式看来,它也较可能是宝卷发展至中期(也就是明清之际④)的作品。不过如上文所提,《大悲传》曾于 1104 年重刻于杭州天竺寺(蒋之奇于崇宁元年〔1102〕十月至二年〔1103〕八月知杭州⑤),普明当时既然是天竺寺禅师,应当见过《大悲传》碑。也许他曾据以编撰成书以便信徒阅读,而《本行经》则是根据他的撰述编集,因此保留了他的名字。另一种可能性是后人知道普明的生平,而伪托是他所编。

本书评写作期间,承蒙王秋桂老师指导、审阅初稿,提供改进意见,并惠借若干罕见材料,特此致谢。

原载台北《中外文学》9 卷 2 期,1980 年,第 116—126 页。

---

① 吉冈义丰藏;影印在《道教研究》第四册(1971),第 127—194 页。
② 《杭州上天竺讲寺志》卷三,第 10 页下。
③ 《杭州上天竺讲寺志》卷三,第 2 页下。
④ 参阅泽田瑞穗《宝卷の研究》,东京国书刊行会,1975 年增订版,特别是第一部第三章《宝卷の变迁》,第 34—38 页。
⑤ 《续资治通鉴》卷八八,中华书局,1975 年,第 2258 页。

追忆杜希德老师 *

一、杜 公 与 龙 公

1981 年的某个秋日,我刚进美国普林斯顿大学东亚系,第一次和杜希德①(Denis Twitchett,1925—2006)老师见面闲聊,他便跟我提起龙彼得(Piet van der Loon,1920—2002)先生。龙公是荷兰人,出身于欧洲汉学重镇莱顿(Leiden)大学,但长年在英国任教,曾经担任过牛津大学的汉学讲座教授(1972—1987),专长中国书目学、版本学、道教、明清小说戏曲和宗教仪式研究等等,是西方汉学界的一位高人。② 他的学生包括杜德桥(Glen Dudbridge,1938—2017,曾任剑桥、牛津中文讲座教授),以及教我

杜希德教授,1988 年留影。
John Miller 摄,普林斯顿大学提供

---

* 本文当初发表前,获得王秋桂老师、王贞平、陈珏、陆扬、冀小斌和朱玉麒诸兄,以及我的学生范玫宜提供改进意见或资料,特此致谢。

① 杜公自己取的中文名是杜希德,但中国大陆学界经常称他为"崔瑞德"。他自己并不以为意。有一次我问起他,他说"没有关系,两个都可以"。

② 关于龙公的生平传略和学术成就,见伦敦《泰晤士报》(*The Times*)2002 年 5 月 28 日的一篇《讣文》("Obituary")。此《讣文》在《泰晤士报》上发表时,依该报的传统,没有署上作者名字,但作者是龙公的高徒杜德桥。有杜德桥署名的版本发表在 *EACS Newsletter* no. 29 (Nov. 2002),Part 2,可从网上下载:http://www.soas.ac.uk/eacs/newsl/nl29b.doc. 又见 Judith Magee Boltz, "Obituary: Piet van der Loon (7 April 1920 – 22 May 2002)," *Journal of Asian Studies* 62.1 (2003), pp.361 – 364.

西方汉学的王秋桂老师。我后来才发现,原来龙公竟也是杜公早年的老师之一。

或许因为这层"同门"的关系,后来五年我在普大念博士,和杜公相处得非常愉快。他对我一直是宽厚仁慈的,在课业上没有给我太多压力。1986年夏天我从普大毕业以后离开美国,长期在中国香港、马来西亚、中国台湾等地飘泊,没有机会再见到杜公(除了1988年夏短暂回美再见过一次外),但不时还保持书信联系。2005年初,我的新书《唐代基层文官》由台北联经出版公司出版,曾经邮寄赠送他一册。他回了一封电邮,美言几句,并且希望我将来能够写个英文版:"如果你能写个英文本……你会帮西方汉学一个忙。"("You would do western sinology a favour if… you write an English version.")可是,杜公在2006年2月过世后,我这方面的意愿好像越来越低了,主要当然是因为"知音人"已经不在了。

1990年,龙公70岁生日时,杜公主编的老牌汉学期刊 Asia Major(3卷1期)出了个纪念专号。龙公的学生和朋友都撰文为他祝寿。杜公也发表了一篇论文《论〈旧唐书·音乐志〉》("A Note on the 'Monograph on Music' in Chiu T'ang shu")。在论文一开头,他以一种感性的笔调,这样回忆他从前跟龙公问学的一段经历(为免失真,我直引他优雅的英文原文,后附中译):

> Almost forty years ago, when I was beginning work on my Ph.D. dissertation, I spent many enjoyable evenings reading through the "Monograph on Finance" of the *Chiu T'ang shu* 旧唐书 with Piet van der Loon, attempting to relate its text with other T'ang period sources, and to see what it is possible to deduce about the way in which *Chiu T'ang shu* was put together over a period of more than two centuries. It therefore seems appropriate to offer this brief study of the "Monograph on Music" from the same history to my friend and erstwhile teacher on his seventieth birthday, doubly so since music, ritual, and dramatic performance have been a central part of his scholarly interest.[1]

---

[1] *Asia Major* 3rd. Series 3.1 (1990), p.51.

　　译文：将近四十年前，我开始准备写博士论文时，便和龙彼得一起读完《旧唐书·食货志》，度过许多愉快的夜晚，尝试探索《旧唐书·食货志》的文本，跟其他唐时期史料的关系，并且想试着看看，是否可能从中去推论《旧唐书》是如何在逾二百多年的时间里编纂成书的。现在，我的朋友和从前的老师 70 岁生日，能够给他献上这篇短论，论同一本史书中的《音乐志》，看来是很恰当的，而且，更因为他学术兴趣的中心在音乐、仪式和戏曲表演，献上这篇短论应当就加倍适合了。

这一段文字虽然简短，意蕴却非常丰富。最难得的是，这是杜公夫子自道，最为可信，不但披露了他的汉学师承（这点似鲜为人所知），提到他一位"从前的老师"（"erstwhile teacher"），而且还把他自己一生治学的方向、方法和学术风格，都悄悄告诉我们了。

　　杜公文中的"将近四十年前"，指 1950 年之前，当时他正在剑桥大学攻读博士。他的博士论文是要把《旧唐书·食货志》翻译成英文，然后写一篇很长的 "Introduction"（导论），详论唐代财政制度的种种问题。在上一个世纪，这是英美和欧洲汉学界撰写博士论文或某一历史专题的一个好方法。有不少学者就在中国正史的志书部分，挑选他感兴趣的某一"志"，然后开始翻译、注释并撰写长篇的导论。

　　例如，杨联陞在哈佛所写的博士论文，选《晋书·食货志》。[1] 何丙郁呈给马来亚大学的博士论文，选《晋书·天文志》。[2] 60 年代末，萧启庆的哈佛博士论文，选《元史·兵志》。[3] 甚至到了 90 年代，仍有学者在从事这种工作，如钱立方的哈佛博士论文，选《宋史·食货志》榷盐的部分。[4] 法国学者

---

[1]　导论部分后来发表为 Lien-sheng Yang, "Notes on the Economic History of the Chin Dynasty," *Harvard Journal of Asiatic Studies* 9.2 (1946), pp.107 - 185。

[2]　后出版为 Ho Peng Yoke, *The Astronomical Chapters of the Chin Shu: With Amendments, Full Translation and Annotations* (Paris: Mouton & Co., 1966). 何丙郁是中国科技史家李约瑟（Joseph Needham）的长期合作者，也是"中研院"院士。关于他"纵横四海"、很不平凡的生平和学术经历，见他的英文自传 *Reminiscence of a Roving Scholar: Science, Humanities, and Joseph Needham* (Singapore: World Scientific, 2005)。

[3]　后出书为 Ch'i-ch'ing Hsiao, *The Military Establishment of the Yuan Dynasty* (Cambridge, Mass.: Council on East Asian Studies, Harvard University, 1978)。

[4]　后出为专书 Cecilia Lee-fang Chien, *Salt and State: An Annotated Translation of the* Songshi *Salt Monopoly Treatise* (Ann Arbor: Center for Chinese Studies, University of Michigan, 2004)。

戴何都(Robert des Rotours)以法文翻译《新唐书》的《选举志》《百官志》和《兵志》,也属于这一类。[1]

翻译中国志书,看起来好像很容易,但实行起来却困难重重,试过的人应当都知道。西方汉学的这种翻译,不但要求志书中每个中文字词都要能译成英文或其他西文,不能遗漏,而且更重要的是,还要求详细的注释,并且尽可能把原文的出典或出处找出来,详考其文本源流。例如《旧唐书·食货志》有这么一段话:

> 九年,张滂奏立税茶法。自后裴延龄专判度支,与盐铁益殊涂而理矣。十年,润州刺史王纬代之,理于朱方。数年而李锜代之,盐院津堰,改张侵剥,不知纪极。私路小堰,厚敛行人,多自锜始。时盐铁转运有上都留后,以副使潘孟阳主之。王叔文权倾朝野,亦以盐铁副使兼学士为留后。[2]

这段文字,跟《唐会要》卷八七《转运盐铁总叙》中的一段叙述,有许多雷同之处:

> 九年,张滂奏立税茶法。郡国有茶山,及商贾以茶为利者,委院司分置诸场,立三等时估为价,为什一之税。是岁,得缗四十一万。茶之有税,自滂始也。自后裴延龄专判度支,与盐铁益殊涂而理矣。十年,润州刺史王纬代之,理于朱方。数年而李锜代之,盐院津堰,供张侵剥,不知纪极,私路小堰,厚敛行人,多是锜始。时盐铁、转运有上都留后,以副使潘孟阳主之。王叔文权倾朝野,亦以盐铁副使兼学士为留后,故盐铁副使之俸,至今独优。[3]

两相对照,可以看出《唐会要》的文本比较优胜,有一些重要而有意义的细节是《旧唐书·食货志》所没有的。《唐会要》的这段文字,很可能是《旧唐书》所本,可以大大补充它的不足。所以像杜公这类注重史源的现代史家,便常常要追本溯源,把更早或相关的材料找出来,以求得更佳的理解。这正是欧洲老派汉学家的拿手好戏,也是下文要提到的 philology 工作之一。可以说,他们不像许多中国史家那样"迷信"中国正史的权威,或仅仅满足于正史

---

[1] *Le traité des examens* (Paris: Ernest Leroux, 1932); *Traité des fonctionnaires et traité de l'armée* (Leiden: E. J. Brill, 1947-8).

[2] 《旧唐书》卷四九,第 2119 页。

[3] 《唐会要》卷八七,第 1886—1887 页。

的记载,而经常要追问正史中的那些记载是怎么来的? 是根据什么更原始的材料写成的? 结果便是,他们往往能挖掘到比正史更早、更原始,可能也更有用的史料。

其实,找到了《唐会要》的这段记载,杜公恐怕还不能满足。这时,他应当还会追问:《唐会要》的记载又是根据什么?《唐会要》这本书又是怎么编成的? 它有哪些早期的写本和刻本? 它的传世历史如何? 我们现在读到的《唐会要》,跟《旧唐书》的编者在后晋时代所见的,又有什么相同或不同处? 这些问题正是杜公后来在他那本专书《唐代官修史籍考》(*The Writing of Official History under the T'ang*)中详细讨论过的。[①]

二、杜公的博士论文

在 1950 年左右,《旧唐书·食货志》尚无笺注本。[②]《旧唐书》甚至跟许多其他正史一样,连一个校点本都没有,一直到 1975 年北京中华书局才出了个标点本。那时更没有现在可供全文检索的电子数据库,如"中研院"历史语言研究所制作的汉籍全文资料库。在那个时代,杜公要英译《旧唐书·食货志》并探索其文本源流,困难可想而知。这就是为什么当时他会跟龙公"一起读完《旧唐书·食货志》,度过许多愉快的夜晚",并且"尝试探索《旧唐书·食货志》的文本,跟其他唐时期史料的关系"。

若非杜公自己透露,我们很难猜到杜公当年是和龙公一起"读完《旧唐书·食货志》"的。龙公并非专攻唐史的专家,但他的学问渊博,从中国书目版本源流到道教和明清小说戏曲,无不精通。或许正是他对中国古籍如何传世的深厚学养,[③]得以帮助杜公探索《旧唐书·食货志》的文本源流。

---

① *The Writing of Official History under the T'ang* (Cambridge: Cambridge University Press, 1992), pp.109 - 118.

② 潘镛的《旧唐书食货志笺证》在 1989 年始由三秦出版社出版。另一本相关的著作是谭英华的《两唐书食货志校读记》,也迟至 1988 年才由四川大学出版社印行。

③ 龙公的若干重要著作,都跟古书的文本源流有关,例如他早年的论文 "On the Transmission of Kuan Tzu," *T'oung Pao* 41 (1952), pp.357 - 393,以及他后来的专书 *Taoist Books in the Libraries of the Sung Period* (Oxford Oriental Institute Monographs no. 7; Oxford: Ithaca Press, 1984)。

1956 年,杜公在香港大学出版的 *Journal of Oriental Studies* 上发表一篇论文《〈旧唐书·食货志〉文本源流考》("The Derivation of the Text of the 'Shih-huo chih' of the *Chiu T'ang Shu*"),便很能透露他治学的一个基调。此文是他一生发表的最早论文之一,是他博士论文研究的一个副产品,面世至今已超过五十年。虽然近年来中日学者已有更进一步的研究成果,但我觉得此文在方法上,在探索史源的精细处,仍有许多地方可以给后人启示。

杜公这种追溯史源的方法,表面上看起来有点像陈垣所提倡的"史源学",但我觉得他应当不是受陈垣的影响。西方史学原就有很深厚的philology 传统。此词不好中译,一般译为"历史语文学""历史训诂学"或"考据学"都易生误解,其要点是重视文字(特别是古文字和外来文字)的掌握,以及追踪史料来源,是解读史料的一套严谨方法,和清代乾嘉之学不无相通之处。① 杜公所继承的,应当是欧洲汉学大师沙畹(Édouard Chavannes,1865—1918)和伯希和(Paul Pelliot,1878—1945)的传统,强调对中国史料文本的彻底了解,并常以一种高度"批判"(critical)的精神来看待所有史料。即使像中国正史那样"正经"的史料,也绝不能轻信,而要追本溯源,先对它做好基本工作——史料评估(source assessment)。这是任何尽责史家都应当做的。

杜公的博士论文,其英译《旧唐书·食货志》的部分后来并没有出版。但 1980 年代初,我在普大东亚系上他的唐史研讨课,有一个学期我们研读的史料正好是《旧唐书·食货志》。上课时,他要求学生每人轮流做口头英译。这时,他便会把他当年博士论文的这一部分拿出来(是个有点老旧的大本子;普大东亚系老校友朱鸿林兄曾戏称之为杜公的"宝书"),摆在桌边,一边听学生的口译,一边不时对照他自己三十年前所做的英译,然后一一指正学生的翻译,并讲解原文背后的典章制度。

杜公博士论文的导论部分,后来发展成为他的第一本专书《唐代财政》

---

① David B. Honey 有专书论及此点: *Incense at the Altar: Pioneering Sinologists and the Development of Classical Chinese Philology* (Philadelphia: American Oriental Society, 2001)。感谢朱玉麒兄提醒我这本书的存在。

(*Financial Administration under the T'ang Dynasty*)。① 此书大抵依《旧唐书·食货志》的论述范围,分章讨论唐代财政史上的几个大问题,如均田制、租庸调、两税法、货币、盐政和漕运等。正文只有 123 页,但附录和注释却长达二百多页,注比正文还多,详细注明立论的根据,不发空言,不故扮高深,尽显欧洲汉学的朴实本色。此书出版至今快五十年了,但在西方仍无类似专书足以取代,现在依然是欧美学者和学生,在唐史方面经常需要引用的一本英文著作。

我自己到现在仍不时在翻阅这本书,常会有所启发。比如 2008 年初,我在修订我的《唐代中层文官》书稿,涉及县令和录事参军等州县官,不免特别留意唐代的地方行政问题。有一天翻阅杜公此书,发现他在第 120—123 页,谈到唐代地方行政,竟有不少可贵的论点。例如,他提到节度使下面的马步院,有一些精细的观察,可说把握了唐代中叶以后地方行政的复杂面。

三、杜公与被遗忘的史家柳芳

杜公注重史源和汉学基本功的治学风格,在几件事情上表现得最为明显不过。

1960 年代初期,美国的东亚学界发生过一场"汉学对社会科学"(Sinology versus social sciences)之争论。杜公写了一篇热情洋溢的短文《独自为汉学鼓掌打气》("A Lone Cheer for Sinology"),②独排众议,为传统汉学辩护,很有"打抱不平"的气概。这事件的起因是,当时美国年轻一辈的学者,觉得伯希和所代表的"老派欧洲汉学"已经过时了,觉得伯希和那种注重 philology 的治学方法有点"迂腐",而提倡以比较新的社会科学方法来研究传统中国历史、文化和社会。但杜公不以为然,他认为汉学的 philology 和统计学等社会科学的新方法一样重要。两者其实不必互相排斥。汉学家需要的时候,可以使用社会科学的方法。社会科学家要研究传统中国,当然

---

① 现有丁俊的中译本,由中西书局出版,2016 年。
② 此文的标题显然用了一个典故,暗喻英国小说家 E. M. Forster 的那篇名文 "Two Cheers for Democracy"。

也必须具备汉学家那种语文训练,才能读通中国古籍,才能评估他所使用的中国史料,否则不免沦于理论空谈。

杜公在此文中也透露他的学术背景,一开头就告诉我们他"出身于欧洲汉学的鼎盛传统"("graduated in the high tradition of European Sinology")①,并且处处为 philology 的方法辩护,也为伯希和说了不少好话。

1979 年,杜公主编的《剑桥中国史》(*Cambridge History of China*)第 3 册隋唐史部分出版,《导论》部分特别立有一节,讨论唐史的"史料问题"。这是一般断代史不会有的做法。但杜公特别强调,我们今天对唐朝的认识,大抵要依靠唐代史馆那一批史官所留下来的记录。我们对唐代官方史家修史的过程,他们所用的方法,他们的意识形态和局限,都要有个彻底的了解,否则我们很容易就被这些唐代史官的偏见和成见,左右了我们对唐朝的认识。

杜公这种治史的态度和他对唐代史学史的浓厚兴趣,导致他在 1980 年代,写了他晚年的一部力作《唐代官修史籍考》,于 1992 年出版,详考《旧唐书》是怎样编成的。他这本书,有很长的一段孕育史。书前的《序》文这么说:

> 我构思这本书已有很长的一段时间。它的起源远在 1950 年,当时我开始认真研究唐代,有必要把唐代那批颇为单薄的史料,加以最深入的研究和评估,这成了我每天必做的事。

换句话说,这是一种探溯史源和评估史料的基本功,也就是他在上引那篇献给龙公的论文中开头所说,要"推论《旧唐书》是如何在逾二百多年的时间里编纂成书的"。我觉得,这句话最关键的一点,就是杜公认为《旧唐书》的编纂期,长达"逾二百多年",是一部历经多朝史家长期酝酿而成,有多层次内容,非常庞杂的史书。

关于这个课题,国内史学界一般的看法是:《旧唐书》是在后晋天福六年(941)开始编纂,在开运二年(945)完工,只花了约五年就修成,最后署名

---

① 若再往上追溯,杜公较早的老师是剑桥第四任汉学教授夏伦(Gustav Haloun, 1898—1951)。他是德国汉学莱比锡学派的代表人物,在哥廷根大学创立了汉学研究所。二战前夕,纳粹横行,他被剑桥大学聘请为讲座教授,为英国汉学建立了欧洲根基。此点蒙朱玉麒兄来信提示,特此感谢。

为刘昫所编,因为他是当时负责监修国史的宰相。但这是一种很"表相"的见解,也是一般对此问题无研究的学者常持有的看法。许多中国史学史一类的著作如此立论;许多念唐史的大学生和研究生也如此吸收。在这观点下,《旧唐书》的编纂是后晋那几个史官的功劳。

但杜公的看法颇不相同。他认为,后晋那批史官其实并没有多少修史的功绩。他们所做的,只不过是把当时已有的《国史》和几种残存的实录,略加整理,草草了事。我们现在所见到的《旧唐书》,其核心部分应当就是柳芳等唐代史官的旧作,早在唐后半叶就已编好。后晋那几年是个乱世,战争不断。那些史官实在没有安定的环境来好好修史:

> 在这种情况下,唐史的修撰必然是件无关重要的活动。我们很容易理解,为什么后晋那些史官愿意"整个照搬"柳芳《国史》中已完成的部分,而且,他们在撰写志书时,为什么那么深深依赖那些已经完成的作品,比如《会要》和《续会要》。[1]

当然这涉及非常复杂的史源问题,当中有不少争议,但我在这里不打算细论,以免卷入无谓的争论。我只想指出一点,那就是在《旧唐书》的编纂上,杜公非常重视柳芳这个唐代史官的贡献,而且认为柳芳是个有很"强烈个人意见"的史官,跟传统那种"沉默"的史官很不一样,但后来因为种种原因,柳芳竟被人"遗忘"了。现在许多专论唐代史学史的著作,在讨论《旧唐书》的修撰时,几乎不会提到柳芳这个人。但杜公却对他另眼相看,为此他还曾经写过一篇论文,叫《柳芳:被遗忘的唐朝史家》("Liu Fang: A Forgotten T'ang Historian"),详考柳芳的生平和他所修的《国史》。可惜此文从来不曾正式发表,只在 1970—1971 年间,在耶鲁大学一个中国和比较史学的研讨会上宣读。但我们这些跟杜公读书的唐史研究生,都读过他这篇精彩的论文。杜公也让我影印了一份。

四、沉 船 遗 宝

杜公对史籍传承的关注,自然引发他对中国印刷史的兴趣。1983 年他

---

[1] *The Writing of Official History under the T'ang*, p.194.

出版的那本小书《中古中国的印刷和出版》(*Printing and Publishing in Medieval China*)，原本是他在伦敦一个印刷学会所作的一个专题演讲，对唐宋的书籍形式和印刷发展，作了精要的论述。此书有不少精彩的插图，都是杜公亲自挑选的。我觉得挑得非常精，非常有品味，充分显现他在中国印刷史和版本方面的精湛修养。我相信他这兴趣，应当也跟龙公有点关系，因为龙公正是一个出色的中国图书版本学家。

顺此一提，英国几个重要的汉学家，似乎都对中国古书的流传和版本，情有独钟。除了龙公和杜公外，龙公的得意门生杜德桥也如此。他2000年在大英图书馆作了三次专题演讲，后来由大英图书馆出了本演讲集，就叫《中古中国的逸书》(*Lost Books of Medieval China*)，详论中国古书失传和后世辑逸过程中的种种问题，有不少精妙的论点，好些是中国学者没有留意的。2006年，剑桥大学的周绍明(Joseph P. McDermott)出版了一本《中国书的社会史》(*A Social History of the Chinese Book：Books and Literati Culture in Late Imperial China*. Hong Kong University Press)，可说是英国汉学这种学风的延续。周绍明在此书序文中透露，三十多年前龙公就劝他不要以这课题来写博士论文，因为资料太少，劝他先读书找够材料再说。

杜公对史源和史学史的兴趣，更反映在他于1996年出任"中研院"史语所傅斯年汉学讲座时所作的三次专题演讲，后收在他的演讲集《史家、读者与时间的流逝》(*The Historian，His Readers，and The Passage of Time*)。这一系列的演说，从《剑桥中国史》的编纂过程，讲到契丹与唐的渊源，甚至还谈到现代那些在大学任教的"专业史家"的窘境，比如他们的出版和升等压力等等，内容非常丰富。当中杜公又再次提到唐代史书的史源问题，以及我们现代史家，如何受这些传统史官的影响。杜公这本演讲集后来由史语所出版，但流通似乎不广，许多大型研究图书馆都未收藏，知道的人好像也很少。

当然，杜公并非只注重史源。在青壮年(大约在1980年他转到普林斯顿任教之前)，他便在唐代经济、财政史等方面，发表过不少专题论文，涉及佛教庄园、佛寺经济、国有土地制、中国正史列传问题、宰相陆贽、水利灌溉、唐令式、敦煌文献、士族问题、商业和市场、藩镇、人口和瘟疫问题、官员群和科举等等(见文末他的著作目录)，从此奠定了他的学术威望。这些论文在发表时往往都很有开创意义。比如他的第一篇论文，论安史乱后的盐铁使，早在 1954 年就面世，当时海峡两岸暨香港的唐史学界都还没有人注意到这课题。大陆学者何汝泉等人的相关著作，要到"文革"以后才开始陆续出现。

对杜公这一代的汉学家来说，"文革"也造成若干深远的影响。以他主编的《剑桥中国史》第 3 册（隋唐政治篇）为例，编纂期间正逢"文革"，中国大陆的唐史研究几乎一片空白。各撰稿人只好也只能引用日本和中国台湾学人的著作。1979 年此书出版时，"文革"才刚刚结束。但"文革"后二十多年，大陆的唐史研究突飞猛进，近年更是佳作不断，也开发了不少新领域。希望《剑桥中国史》第 4 册（隋唐制度篇）将来出版时可以迎头赶上。

杜公晚年除了撰写《唐代官修史籍考》和主编《剑桥中国史》外，同时也是汉学期刊 *Asia Major* 与剑桥大学出版社《剑桥中华文史丛刊》(*Cambridge Studies in Chinese History, Literature, and Institutions*)的总编辑。*Asia Major* 历史悠久，1923 年创刊，至今仍然是中国文史学界享誉很高、排名在最前面的西文期刊之一，现由"中研院"史语所负责出版。《剑桥中华文史丛刊》则是一系列高质量的专书，对整个中国文史研究产生过深远的影响，可惜这丛刊前几年因经费问题停止出书了。

即使年过 65 岁，杜公仍不断有新论文面世，而且在选题和创见上更胜于他青壮期的著作。其中有些还相当长篇，等于是一本小书。例如他 1996年发表的《如何当皇帝》("*How To Be an Emperor*")便长达 102 页，细论唐代的皇权，并且把唐太宗的《金镜》和《帝范》翻译成英文，加上非常详尽的背景讨论和注释，再次展现他欧洲汉学的踏实学风。他 2000 年那篇论吐蕃的专文《唐朝大战略中的吐蕃》("*Tibet in Tang's Grand Strategy*")，论吐蕃和李唐争霸的种种，长达 70 多页，观点和国内史家很不相同，很有新见，值得留意。1994 年那篇论文《唐朝的皇室》("The T'ang Imperial Family")，是这课题上很重要的一篇论文，长 60 多页，厘清了李唐皇室的复杂面，特别是在各种皇室职官方面，至今中日唐史学界似还未有类似论著可比。

他去世前不久发表的那篇《沉船遗宝：一艘十世纪沉船上的中国银锭》("Chinese Silver Bullion in a Tenth-Century Indonesian Wreck")，也属长型论文。它甚至开辟了一个全新的研究领域，是历史和海洋考古的结合，利用 10 世纪在今印度尼西亚水域沉没的一艘五代沉船上所捞起的银锭和其他文物,细考这些银锭的来源和背后的经济、运输和海外贸易等问题,属杜公晚年最有创见的一篇力作。他年迈仍然这样奋力勤勉做研究,又不断有新作发表,常给我不少启示和鼓舞。

杜公去世前几年,健康不佳,对大陆唐史研究的快速发展,大概有一种"时不我予"的感触,有几次在电邮中跟我谈到此事。大约在 2004 年尾,我把兰州大学中文系王勋成教授那本力作《唐代铨选与文学》(中华书局,2001年)寄了一本送给杜公,向他大力推荐,说是"中国大陆过去二十年来在唐代制度,特别是在科举和铨选方面最佳的一本力作"。我之所以寄赠此书给他,是因为我知道他负责撰写《剑桥中国史》第 4 册隋唐制度部分唐代官僚体系专章。这跟王勋成的论述范围有很大的关系。杜公很快就有回信,也盛赞此书,并跟我说,王教授"不单写得很清楚,想法也很清楚"("He not only writes clearly, but also thinks clearly.")他这样回复,是因为之前我跟他说,王教授的中文写得十分"口语化"(我当时用的英文是"colloquial"),写得很清楚,让人读起来十足过瘾,不像如今许多学术著作,常把很简单的东西,用很复杂的文句去写,故扮"高深"。

杜公为《剑桥中国史》所写的唐代官僚体系初稿,我曾经见过麦大维(David McMullen)和包弼德(Peter Bol)等人在他们的论著中引用,仅简单称为"The Bureaucracy"。近年来我自己也在研究唐代的官员群体,很想拜读他这篇初稿。但 2005 年初杜公回信说,那还是一个稿本,缺注释等部分,还得"加工"云云。当时他说他正忙于其他事,不久就会"回去修订此稿",有结果会给我寄一份。但一直到他去世,没有下文。我猜想他没有完成这部分的工作。我到现在也还没有机会读到此文。

五、最温馨的回忆

杜公的学术道路坦顺,一生都在英美的一流名校任教。1955 年他在剑桥大学取得博士的前一年,已开始在伦敦大学任教。1956 到 1960 年他转到剑桥大学。1960 年又回到伦敦大学,出任中文讲座,那时他才不过 35岁,可说是非常年轻的讲座教授。1967 年他当选为英国国家学术院院士(相当于中国的院士),也不过是 42 岁。1968 年他重返剑桥,出任讲座,直到 1980 年。他在剑桥培养了两位杰出的学生,一是杜德桥,一是麦大维。两人后来都在唐代文史研究上有出色的表现。

1980 年秋天,杜公转到普林斯顿大学东亚系任教,不久出任普大首任胡应湘讲座教授(Gordon Wu Professor of Chinese Studies)。这是普大校友香港建筑商胡应湘所捐赠的一个讲座,直到 1994 年才改为荣休(emeritus)教授。但他退休回剑桥老家,每年仍有一段时间回返普林斯顿,主持《剑桥中国史》的编务。

我在 1981 年秋天入学后不久,便追随杜公念隋唐史,在他指导下写完博士论文毕业。回想起来,杜公在普大期间指导的博士生似乎不算太多,而且少数几个唐史博士生当中,竟有多位是华裔。在我念博士那段时期,杜公的华裔学生,除了我之外,还有黄清连兄和王贞平兄。清连兄比我早几年入普大,当时任职"中研院"史语所,现已退休。贞平兄是中国大陆知名学者王利器先生的公子,于 1983 年入学,比我稍晚两年,是第一个跟杜公读唐史博士的中国大陆留学生,毕业后任教于新加坡南洋理工大学教育学院历史系,现在也退休了。后来在杜公指导下写唐史博士论文的大陆学生,还有陆扬,1999 年写完论文,毕业后曾留在母校普大东亚系任教多年,再转到美国堪萨斯大学(University of Kansas)历史系,近年回到北京大学中古史研究中心。

杜公在英国任教期间,也培养了好几位华裔博士生。其中名声最响亮的一位,就是曾任香港大学校长,现今东南亚史以及海外华人研究的专家王赓武。他于 1957 年在伦敦大学完成的博士论文《五代时期北方中国的权力结构》(*The Structure of Power in North China during the Five Dynasties*),①导师正是当时在伦大执教的杜公。

1980 年代的普大东亚系,师资阵容强大,可说是鼎盛时期。在我求学期间,有三位史学大将坐镇:杜公、宋史专家刘子健老师和明清史专家牟复礼教授(Frederick Mote)。英美的东亚系,中国史方面一般只有一两位老师。那时只有普大东亚系可以同时开设隋唐史、宋史和明清史的课程(近现

---

① 此博论的英文本,在 1963 年由吉隆坡的马来亚大学出版社出版,1967 年又由美国斯坦福大学出版社推出北美版。中译本在 2014 年由中西书局出版。

代中国史则由历史系负责）。1986 年秋我毕业以后，余英时先生从耶鲁大学转到普大任教，普大东亚系恐怕是全美最好的一个。

杜公是引领我走进隋唐史研究的老师。他对我影响最深的一点，就是他对唐代史料那种高度批判的态度，不免让我也经常在关注唐代史料的传承，流传中所经历的传本，以及新史料出现所引起的种种新问题。比如近年唐代墓志的大量面世和出版，大大改变了唐史研究的风貌，改变了我们对旧有史料的评估，也改变了我们的选题和可以做的研究课题。我们拿墓志和两《唐书》列传来比对，常会发现两《唐书》的记载太过简略了，删去了许多精彩的细节。例如唐人的官历和官衔（我研究的重点之一），在两《唐书》中经常是混乱的，不但年代不清楚，还常被省略不书，尤其是在《新唐书》中。

可惜杜公晚年已来不及利用这些新出土的墓志。他的《唐代官修史籍考》没有探讨《旧唐书》列传部分的史源，就是因为他在 80 年代写书时，唐代墓志正开始陆续出版，他觉得探究这些列传史源的时机还不成熟（"premature"，见该书第 4 页）。否则，以他对唐代原始材料那种高度"批判"的态度和学风，他一定会觉得这是一个很刺激的时代，有那么多新出土的墓志材料可以运用。他从前的一些看法和推测，也可以得到墓志的证实或修正。

前几年，有一次我跟他写电邮，提到在我们这个网络时代，像"中研院"汉籍全文电子资料库那样的新研究工具，如何改变了唐史研究。杜公不无感触地回信说，"我其实一直没有喜欢上电脑"（"I never really like computers"），又补了一句："我属于另一个时代"（"I belong to another age."）实际上，杜公很早就在使用电脑。远在 1980 年代初，个人电脑还不是很流行的年代，我就见到他在研究室，用电话联线到普大电脑中心的大电脑，在进行《剑桥中国史》的文字编辑工作。那时他跟我说起用电脑来修改文稿，是如何省时和容易的事。但或许他长年用书本和纸本来查找材料，对电子数据库这种新玩意儿，毕竟还有些抗拒。倒是他在《史家、读者与时间的流逝》这本演讲集中，有几处谈到了电子文本对现代史学研究的冲击。

我对杜公最温馨的一个回忆片断，常停留在 1981 年某个秋日下午五点左右。当时，天色快黑了。我刚从壮思堂（Jones Hall）的东亚系办公室走出来，拐过门外那条长廊，正要打开走道上那个侧边小门离去时，杜公正好在

廊上另一端见到我。他快步走过来,把我叫住:

"Mr. Lai,你什么时候得空,可以来看看我吗?我们还没有好好谈过呢。"

这是秋天开学不久的事。其实,在这之前,他已经叫过我一次,要我找个时间去跟他好好"谈一谈"。我知道,这会是小学徒见大师傅的第一次谈话,有点惶恐,得准备准备。但我那时初到异国,一切忙乱,实在还没有培养好足够的勇气,去拜见西方一位最权威的唐史专家。想不到,这位大师傅竟追过来,把小学徒叫住,那么亲切地要小学徒去见他。我还能拖延不去吗?于是,我跟他约好一个时间。

就在第一次学生见导师的会面上,杜公跟我提起了他"从前的老师",也是我台大汉学老师王秋桂的老师——龙彼得龙公,从而开启了我们这段师徒之缘。

原载台北《汉学研究通讯》26 卷 4 期,2007 年,第 24—34 页。

附录：杜希德教授著作目录

专书

1963. *Financial Administration under the T'ang Dynasty*. Cambridge：Cambridge University Press. Rev. ed. 1970.

1992. *The Writing of Official History under the T'ang*. Cambridge：Cambridge University Press.

专题演讲集

1962. *Land Tenure and the Social Order in T'ang and Sung China*. London：School of Oriental and African Studies，University of London.（出任伦敦大学汉学讲座的就职演讲 Inaugural Lecture）。

1976. *The Birth of the Chinese Meritocracy: Bureaucrats and Examinations in T'ang China*. China Society Occasional Papers no. 18. London：China Society.

1983. *Printing and Publishing in Medieval China*. London：The Wynkyn de Worde Society；New York：Frederic C. Beil.

1997. *The Historian，His Readers，and the Passage of Time*. The Fu Ssu-nien Memorial Lectures 1996. Taipei：Institute of History and Philology，Academia Sinica.（此演讲集中的第一篇有王贞平的中译本《关于〈剑桥中国史〉的编撰》,《海外中国学评论》第 2 辑,上海古籍出版社,2007 年,第 23—46 页）。

编著

1962. With Arthur F. Wright，eds. *Confucian Personalities*. Stanford：Stanford University Press.

1973. With Arthur F. Wright，eds. *Perspectives on the T'ang*. New Haven：Yale University Press.

1974. With P. J. M. Geelan, eds. *The Times Atlas of China*. London: Times Books.

1979. *The Cambridge History of China*, Vol. 3: *Sui and T'ang China*, 586 - 906. Cambridge: Cambridge University Press. (此书有中国台湾和中国大陆两种中译本。杜公也是《剑桥中国史》从上古到民国时期各册的主编或共同编辑，此不尽列）。

单篇论文

1954. "The Salt Commissioners after the Rebellion of An Lu-shan." *Asia Major* New Series 4.1: 60 - 89.

1956. "The Derivation of the Text of the 'Shih-huo chih' of the *Chiu T'ang shu*." *Journal of Oriental Studies* 3: 48 - 62.

1956. "The Government of T'ang in the Early Eighth Century." *Bulletin of the School of Oriental and African Studies* 18.2: 322 - 330.

1956. "Monastic Estates in T'ang China." *Asia Major* New Series 5.2: 123 - 146.

1957. "The Fragment of the T'ang Ordinances of the Department of Waterways Discovered at Tun-huang." *Asia Major* New Series 6: 23 - 79.

1957. "The Monasteries and China's Economy in Medieval Times." *Bulletin of the School of Oriental and African Studies* 19: 526 - 549.

1959. With Anthony Christie. "A Medieval Burmese Orchestra." *Asia Major* New Series 7.1 - 2: 176 - 195.

1959. "The Fan Clan's Charitable Estate, 1050 - 1760." *Confucianism in Action*, ed. David S. Nivison and Wright Arthur F. Stanford: Stanford University Press.

1959. "Lands under State Cultivation under the T'ang Dynasty." *Journal of Economic and Social History of the Orient* 2: 162 - 203; 335 - 336.

1960. "Documents on Clan Administration I: The Rules of Administration of the Charitable Estate of the Fan Clan." *Asia Major* New Series 8: 1 - 35.

1960. "Some Remarks on Irrigation under the T'ang." *T'oung Pao* 48: 175 - 194.

1961. "Chinese Biographical Writing." *Historians of China and Japan*, eds. W. G. Beasley and E. G. Pulleyblank. London: Oxford University Press. pp.95 - 114.

1962. "Problems of Chinese Biography." *Confucian Personalities*, eds. A. F. Wright and D. C. Twitchett. Stanford: Stanford University Press. pp.24 - 39.

1962. "Lu Chih (754 - 805): Imperial Adviser and Court Official." *Confucian Personalities*, eds. A. F. Wright and D. C. Twitchett. Stanford: Stanford University Press. pp.84 - 122.

1964. "A Lone Cheer for Sinology." *Journal of Asian Studies* 24.1: 109 - 112. (有高勇等人中译本,载《海外中国学评论》第 2 辑,上海古籍出版社,2007 年,第 314—317 页)。

1965. "Provincial Autonomy and Central Finance in Late T'ang." *Asia Major* New Series 11.2: 211 - 232.

1965. "A Critique of Some Recent Studies of Modern Chinese Social-Economic History." *Transactions of the International Conference of Orientalists in Japan* 10: 28 - 41. (有李弘祺中译本《评论近代中国社会经济史的几本近著》,《思与言》13 卷 2 期, 1975 年,第 63—67 页)。

1966. "The T'ang Market System." *Asia Major* New Series 12.2: 202 - 248.

1966. "Chinese Social History form the Seventh to the Tenth Centuries: The Tunhuang Documents and Their Implications." *Past and Present* 35: 28 - 53.

1967. "A Note on the Tunhuang Fragments of the T'ang Regulations, ko." *Bulletin of the School of Oriental and African Studies* 30.2: 369 - 381.

1967. "Niida Noboru and Chinese Legal History." *Asia Major* New Series 13.1 - 2: 218 - 228.

1968. "Merchants, Trade and Government in Late T'ang." *Asia Major* New Series 14.1: 63 - 95.

1969. "Local Financial Administration in Early T'ang Times." *Asia Major* New Series 15.1: 82 - 114.

1973. "The Composition of the T'ang Ruling Class: New Evidence from Tun-huang." *Perspectives on the T'ang*, ed. Arthur F. Wright and Denis Twitchett. New Haven: Yale University Press. pp.47 - 85. (有何冠环中译本《从敦煌文书看唐代统治阶层的成分》,《唐史论文选集》,台湾编译馆主编,台北:幼狮文化事业公司, 1990 年,第 80—130 页)。

1973. "A Confucian's View of the Taxation of Commerce: Ts'ui Jung's Memorial of 703." *Bulletin of the School of Oriental and African Studies* 26.2: 429 - 445.

1976. "Varied Patterns of Provincial Autonomy in the T'ang Dynasty." *Essays on T'ang Society*, ed. John Curtis Perry and Bardwell L. Smith. Leiden: E. J. Brill. pp.90 - 109.

1979. "Hsuan-tsung (reign 712 - 56)." *The Cambridge History of China*, *Vol. 3*, ed. Denis Twitchett. Cambridge: Cambridge University Press. pp.333 - 463.

1979. With Howard J. Wechsler. "Kao-tsung (Reign 649 - 83) and the Empress Wu: the Inheritor and the Usurper." *The Cambridge History of China*, *Vol. 3*, ed. Denis Twitchett. Cambridge: Cambridge University Press. pp.242 - 289.

1979. "Population and Pestilence in T'ang China." *Studia Sino-Mongolica: Festschrift für Herbert Franke*, ed. Wolfgang Bauer. Wiesbaden: Franz Steiner Verlag. pp.35 - 68.

1986. "The Inner Palace Diary (*Nei ch'i-chü chu*)." *T'ang Studies* 4: 1 - 9.

1988. "The Seamy Side of Late T'ang Political Life: Yu Ti and His Family." *Asia Major* 3rd. Series. 1.2: 29 - 63.

1988. With Tilemann Grimm. "The Cheng-T'ung, Ching-t'ai, and T'ien-Shun Reigns, 1436 - 1464." *The Cambridge History of China*, *Vol. 7: The Ming Dynasty 1368 - 1644*, *Part 1*, eds. Frederick W. Mote and Denis Twitchett. Cambridge: Cambridge University Press. pp.305 - 342.

1989. "Po Chü-i's 'Government Ox.'" *T'ang Studies* 7: 23 - 38.

1990. "A Note on the 'Monograph on Music' in *Chiu T'ang shu*." *Asia Major* 3rd. Series 3.1: 51 - 62.

1993. With Wallace Johnson. "Criminal Procedure in T'ang China." *Asia Major* 3rd. Series 6.2: 113 - 146.

1994. "The T'ang Imperial Family." *Asia Major* 3rd. Series 7.2: 1 - 61.

1994. With Klaus-Peter Tietze. "The Liao." *The Cambridge History of China*, *Vol. 6: Alien Regimes and Border States*, *907 - 1368*, eds. Herbert Franke and Denis Twitchett. Cambridge: Cambridge University Press. pp.43 - 153.

1995. With Donald Holzman. "The Life and Work of Robert des Rotours." *T'ang Studies* 13: 13 - 31.

1995. "Chinese Studies in Britain: A Review Article." *Journal of the Royal Asiatic Society* Series 3, 5.2: 245 - 252.

1996. "How to be an Emperor: T'ang T'ai-tsung's Vision of His Role." *Asia Major* 3rd. Series 9.1 - 2: 1 - 102.

2000. "Tibet in Tang's Grand Strategy." *Warfare in Chinese History*, ed. Hans van de Ven. Leiden: Brill. pp.106 - 179.

2002. With Janice Stargardt. "Chinese Silver Bullion in a Tenth-Century Indonesian Wreck." *Asia Major* 3rd. Series 15.1：23 - 72.(有朱隽琪中译本《沉船遗宝：一艘十世纪沉船上的中国银锭》,《唐研究》第 10 卷,荣新江主编,北京大学出版社,2004 年,第 383—432 页。*Asia Major* 在这几年脱期。这一期的实际出版时间为 2005 年初)。

2003. "*Chen gui* and Other Works Attributed to Empress Wu Zetian." *Asia Major* 3rd. Series 16.1：33 - 109.(这一期实际出版时间约为 2005 年)。

附注：杜公写过许多书评和其他短文,限于篇幅,这里无法列入。

图书在版编目(CIP)数据

品味唐朝：唐人的文化、经济和官场生活/(马来)
赖瑞和著. —上海：中西书局，2022(2025.3 重印)
ISBN 978-7-5475-1998-1

Ⅰ.①品… Ⅱ.①赖… Ⅲ.①文化史-中国-唐代-
文集 Ⅳ.①K242.03-53

中国版本图书馆 CIP 数据核字(2022)第 158857 号

品味唐朝——唐人的文化、经济和官场生活

赖瑞和　著

责任编辑	吴志宏
装帧设计	黄　骏
责任印制	朱人杰
出版发行	上海世纪出版集团
	中西書局(www.zxpress.com.cn)
地　址	上海市闵行区号景路 159 弄 B 座(邮政编码：201101)
印　刷	上海中华印刷有限公司
开　本	700×1000 毫米　1/16
印　张	26
字　数	396 000
版　次	2022 年 10 月第 1 版　2025 年 3 月第 2 次印刷
书　号	ISBN 978-7-5475-1998-1/K·400
定　价	128.00 元

本书如有质量问题，请与承印厂联系。电话：021-69213456